EinFach
Deutsch

Unterrichtsmodell

Wolfgang Koeppen

Tauben im Gras

Erarbeitet von
Dirk Bauer und Judith Schütte

Herausgegeben von
Johannes Diekhans

Baustein 5: Die Welt der Figuren (S. 126–154 im Modell)

5.1	„Das Figurenkabinett"	ges. Text	Schreibauftrag Szenisches Spiel Arbeitsblatt 25
5.2	Ein Teufelskreis menschlicher Beziehung – Die Ehe zwischen Emilia und Philipp	S. 28–35, 133–135, 138–141, 155f., 159–161, 203f., 208f.	Tafelskizze Schreibauftrag Szenisches Spiel Arbeitsblatt 26, 27
5.3	Leben hinter einer Fassade – Alexander und Messalina	S. 10, 110, 141, 207 S. 49, 55, 97f., 111, 149f.; 161	Tafelskizze Zusatzmaterial 3
5.4	Die Utopie eines anderen Lebens – Carla und Washington Price	S. 59f., 104f., 116ff., 152ff., 164 S. 43f., 78–85, 108, 152ff., 186	Schreibauftrag Tafelskizze Arbeitsblatt 28
5.5	Der gelebte Traum – Herr Behrend und Vlasta	S. 179f.	Tafelskizze Schreibauftrag
5.6	Das Verstummen der Künstler – Philipp und Edwin	S. 14ff., S. 19ff.; S. 52–55 S. 40ff.; S. 98–102 S. 175f., 195f., 198f.; S. 32f.	Tafelskizze Schreibauftrag szenisches Spiel Zusatzmaterial 4, 5

Baustein 6: „Ich lebe in einem Roman" – Biografie und künstlerisches Selbstverständnis des Autors (S. 155–180 im Modell)

6.1	Die Biografie Wolfgang Koeppens und deren Selbstinterpretation durch den Autor	ges. Text	Schreibauftrag Tafelskizze Arbeitsblatt 29–36
6.2	Koeppens künstlerisches Selbstverständnis – Fragmente einer „Poetik"	ges. Text	Tafelskizze Schreibauftrag Arbeitsblatt 37
6.3	Koeppens „Schweigen" – oder: Schreiben als „eine Fahrt durch die Nacht"	ges. Text	Tafelskizze Zusatzmaterial 6

Baustein 7: Literaturgeschichtliche Kontexte: Wolfgang Koeppen und die Moderne (S. 181–205 im Modell)

7.1	„Tauben im Gras" im Kontext der Nachkriegsliteratur	S. 22, 24	Schreibauftrag Tafelskizze Arbeitsblatt 38
7.2	Merkmale der literarischen Moderne – Theorie des modernen Romans	ges. Text	Schreibauftrag Arbeitsblatt 39, 40
7.3	„Tauben im Gras" in der Tradition des modernen Erzählens im 20. Jahrhundert: James Joyce, John Dos Passos und Alfred Döblin	ges. Text S. 52ff., S. 138–141	Schreibauftrag Tafelskizze Arbeitsblatt 41–44

Baustein 8: Der „Fall Koeppen" – Rezeptionsgeschichte (S. 206–224 im Modell)

8.1	Die Rezeption des Romans	ges. Roman	Tafelskizze Schreibauftrag Arbeitsblatt 45
8.2	Der Mythos vom „Fall Koeppen"	ges. Roman	Schreibauftrag Arbeitsblatt 46, 47 Zusatzmaterial 7–8
8.3	Die Aktualität des Romans	ges. Roman	Schreibauftrag szenisches Spiel Arbeitsblatt 48, 49

Tauben im Gras

Baustein 1: Zugänge zum Roman – Möglichkeiten des Einstiegs (S. 27–39 im Modell)

1.1	Eine Frage der Motivation: Analyse des Erzählanfangs	S. 9 f.	Tafelskizze Schreibauftrag
1.2	Dokumentieren des Leseprozesses: Lesetagebuch und Rollenbiografie	ges. Text	Schreibauftrag Arbeitsblatt 1–2
1.3	Die ersten Leseeindrücke: Kartenabfrage und Reihenplanung	ges. Text	Schreibauftrag Arbeitsblatt 3
1.4	Eine Neuauflage?	ges. Text	Malauftrag Zusatzmaterial 1

Baustein 2: Der Aufbau des Romans (S. 40–60 im Modell)

2.1	Die Gesamtstruktur des Romans	ges. Text	Schreibauftrag Tafelskizze Arbeitsblatt 4
2.2	Wege durch das Labyrinth – Wege der Figuren	ges. Text	Schreibauftrag Arbeitsblatt 5–6
2.3	Die Gestaltung von öffentlichen und privaten Räumen	ges. Text S. 38–49	Schreibauftrag Tafelskizze Arbeitsblatt 7
2.4	Erarbeitung der Erzählstruktur: Die Rahmenstruktur des Romans	ges. Text S. 9 f., 209 f.	Tafelskizze Arbeitsblatt 8

Baustein 3: Nachkriegszeit und Zeitkritik (S. 61–93 im Modell)

3.1	Deutschland in der Nachkriegszeit		Schreibauftrag Tafelskizze Szenisches Spiel Arbeitsblatt 9 Zusatzmaterial 2
3.2	„Der Urgrund unseres Heute" – die Darstellung des Zeitklimas in *Tauben im Gras*	ausgewählte Textstellen	Schreibauftrag Tafelskizze Arbeitsblatt 10–14
3.3	„Tauben im Gras" – ein Zeitroman?	ges. Text	Schreibauftrag Tafelskizze Arbeitsblatt 15–16

Baustein 4: Techniken des Erzählens (S. 94–125 im Modell)

4.1	Einführung in die Erzähltechnik des Romans	S. 29 f., S. 60 f., S. 133 f.	Schreibauftrag
4.2	Erzähltheorie der Gegenwart		Tafelskizze Schreibauftrag Arbeitsblatt 17
4.3	Erzählstrukturen im Roman – der Erzähler	S. 10 f.	Schreibauftrag Tafelskizze Arbeitsblatt 18
4.4	Verknüpfungstechniken im Roman	S. 158 f., 198 ausgewählte Textstellen	Zusatzmaterial 9 Schreibauftrag Tafelskizze Arbeitsblatt 19–24

Bildnachweis

S. 9 o., 56, 168: © bpk/Nationalgalerie, SMB, Sammlung Scharf-Gerstenberg/Volker-H. Schneider; unten: dpa –
S. 83: von o. li. nach u. re.: ullstein bild; © Volker Ernst – picture-alliance/dpa; ullstein/Henry Ries; picture-alliance/
dpa; ullstein bild; ullstein bild-dpa (85); © bpk Hanns Hubmann; Süddeutscher Verlag (2x); © bpk/Jochen Moll;
© bpk – S. 152: akg-images – S. 165, 180: © Stefan Moses – S. 168: dpa – S. 225: 1. Wolfgang Koeppen, Tauben
im Gras; Süddeutsche Zeitung Bibliothek 2008; 2. Wolfgang Koeppen, Tauben im Gras, Werke Band 4, Suhrkamp
2006; 3. Wolfgang Koeppen, Tauben im Gras, btb 2001 – S. 226: Süddeutscher Verlag/Bilderdienst – S. 229: Foto:
R. C. James, in: Peter H. Lindsay, Einführung in die Psychologie, Springer, Berlin/Heidelberg/New York 1981, S. 8

© 2009 Bildungshaus Schulbuchverlage
Westermann Schroedel Diesterweg Schöningh Winklers GmbH
Braunschweig, Paderborn, Darmstadt

www.schoeningh-schulbuch.de
Schöningh Verlag, Jühenplatz 1–3, 33098 Paderborn

Druck 8 7 6 / Jahr 2014 13 12
Die letzte Zahl bezeichnet das Jahr dieses Druckes.

Umschlaggestaltung: Jennifer Kirchhof
Druck und Bindung: westermann druck GmbH, Braunschweig

ISBN 978-3-14-022458-1

Vorwort

Der vorliegende Band ist Teil einer Reihe, die Lehrerinnen und Lehrern erprobte und an den Bedürfnissen der Schulpraxis orientierte Unterrichtsmodelle zu ausgewählten Ganzschriften und weiteren relevanten Themen des Faches Deutsch bietet.
Im Mittelpunkt der Modelle stehen Bausteine, die jeweils thematische Schwerpunkte mit entsprechenden Untergliederungen beinhalten.
In übersichtlich gestalteter Form erhält der Benutzer/die Benutzerin zunächst einen Überblick zu den im Modell ausführlich behandelten Bausteinen.

Es folgen:

- Hinweise zu den Handlungsträgern

- Zusammenfassung des Inhalts und der Handlungsstruktur

- Vorüberlegungen zum Einsatz des Romans im Unterricht

- Hinweise zur Konzeption des Modells

- ausführliche Darstellung der einzelnen Bausteine

- Zusatzmaterialien

Ein besonderes Merkmal der Unterrichtsmodelle ist die Praxisorientierung. Enthalten sind kopierfähige Arbeitsblätter, Vorschläge für Klassen- und Kursarbeiten, Tafelbilder, konkrete Arbeitsaufträge, Projektvorschläge. Handlungsorientierte Methoden sind in gleicher Weise berücksichtigt wie eher traditionelle Verfahren der Texterschließung und -bearbeitung.
Das Bausteinprinzip ermöglicht es dabei den Benutzern, Unterrichtsreihen in unterschiedlicher Weise und mit unterschiedlichen thematischen Akzentuierungen zu konzipieren. Auf diese Weise erleichtern die Modelle die Unterrichtsvorbereitung und tragen zu einer Entlastung der Benutzer bei.

Das vorliegende Modell bezieht sich auf folgende Textausgabe: Wolfgang Koeppen: Tauben im Gras. Frankfurt am Main: Suhrkamp 2008. ISBN: 978-3-518-37101-5

Aus lizenzrechtlichen Gründen sind die Texte von Wolfgang Koeppen nicht in reformierter Schreibung abgedruckt.

 Arbeitsfrage

 Einzelarbeit

 Partnerarbeit

 Gruppenarbeit

 Unterrichts-
gespräch

 Schreibauftrag

 szenisches
Spiel,
Rollenspiel

 Mal- und
Zeichenauftrag

 Bastelauftrag

 Projekt, offene
Aufgabe

Inhaltsverzeichnis

Baustein 5: Die Welt der Figuren   126

Baustein 6: „Ich lebe in einem Roman" – Biografie und künstlerisches Selbstverständnis des Autors   155

Baustein 7: Literaturgeschichtliche Kontexte: Wolfgang Koeppen und die Moderne   181

„So durfte ich jung die Carceri von Piranesi betrachten und bin in diesem bewundernswerten grausamen Labyrinth verirrt geblieben; gefesselt, geängstigt und unbegreiflich entzückt. Es war die Gewalt des Ästhetischen, des Möglichen, des Spiels. Vielleicht aber war mir aufgegeben, nach einem Ausweg zu suchen, den ich nicht finden werde."[1]

Giovanni Battista Piranesi (1720 Mojano di Mestre – Rom 1778) Die Zugbrücke. Aus der Serie Carceri D'Invenzione. 1761

„Es [das Schreiben] ist weniger der Versuch eines Dialogs mit der Welt als eines Monologs gegen die Welt."[2]

Porträtfoto von Wolfgang Koeppen. Deutschland. 1950er-Jahre.

[1] Aus: „Der geborene Leser, für den ich mich halte …" In: Wolfgang Koeppen. Gesammelte Werke in sechs Bänden. Hrsg. von Marcel Reich-Ranicki. Bd. 5, Berichte und Skizzen II, Frankfurt/M.: Suhrkamp 1986, S. 323 [Erstveröffentlichung 1975]
[2] Aus: Schriftsteller im Gespräch mit Heinz Ludwig Arnold. Bd. I. Zürich: Haffmanns Verlag 1990, S. 109 [1974]

Figuren

Edwin	Der amerikanische Schriftsteller Edwin ist in die Stadt gekommen, um einen Vortrag im Amerikahaus über die europäische Kultur und die „unvergängliche Seele des Abendlandes" zu halten.
Philipp	Er ist ein erfolgloser Schriftsteller und leidet unter einer Schreibblockade. Philipp ist mit Emilia verheiratet, hat sich allerdings mit ihr gestritten und deshalb die Nacht im Hotel verbracht.
Emilia	Sie leidet erheblich unter ihren materiellen Verlusten infolge des Krieges, da ihr Erbe mittlerweile weitestgehend wertlos geworden ist. Emilia plagen Trennungsängste und sie ist alkoholabhängig.
Alexander	Er ist ein egozentrischer Schauspieler, der sehr erfolgreich in der Rolle als Erzherzog ist. Mit seiner Frau Messalina feiert er exzessiv, ist jedoch nicht fähig, sich um seine Tochter Hillegonda zu kümmern.
Messalina	Sie ist dem kurzweiligen und oberflächlichen Partyleben verfallen und kümmert sich primär um das Organisieren von Festen.
Hillegonda	Die kleine Tochter von Alexander und Messalina leidet unter großen Ängsten, wird aber von ihren Eltern nicht wahrgenommen. Sie ist der Obhut der bigotten Kinderfrau Emmi ausgeliefert.
Emmi	Sie ist eine gottesfürchtige Frau und besucht täglich die Kirche, um zu beten und zu beichten. Sie zwingt die kleine Hillegonda, für die Sünden ihrer Eltern Buße zu tun.
Frau Behrend	Sie ist von ihrem Mann im Zweiten Weltkrieg wegen einer Tschechin verlassen worden, hasst alles Fremde und ist in ihrem Denken von Vorurteilen geprägt.
Herr Behrend	Er ist Carlas Vater und lebt mittlerweile glücklich mit Vlasta zusammen. Seinen Lebensunterhalt erspielt er sich mit Unterhaltungsmusik.
Carla Behrend	Sie ist die Mutter von Heinz und ihr Mann ist im Krieg gefallen. Sie erwartet von Washington Price ein Kind.
Heinz Behrend	Der Junge hadert mit seinem neuen Stiefvater Washington und ist sich seiner eigenen Zukunft nicht sicher.
Washington Price	Washington ist ein schwarzer Sergeant der US-Army und glaubt an eine gemeinsame Zukunft mit Carla in Paris. Dort möchte er eine Bar eröffnen, in der *niemand unerwünscht ist*.
Dr. Behude	Er ist Psychologe und leidet trotz der zahlreichen, durch den Krieg psychisch krank gewordenen Menschen unter Geldnot.

Schnakenbach	Der entlassene Gewerbelehrer hat sich während des Krieges mit Tabletten aufgeputscht, um zu verhindern, dass er zum Militärdienst eingezogen werden kann. Die physischen und psychischen Folgen sind eklatant, da er tablettensüchtig geworden ist.
Dr. Frahm	Der Frauenarzt erklärt sich zunächst bereit, die Abtreibung bei Carla vorzunehmen, lehnt diese jedoch nach dem Gespräch mit Washington ab.
Odysseus Cotton	Er ist ein schwarzer US-Amerikaner, der die Stadt besucht und von dem Kofferträger Josef begleitet wird.
Josef	Der alte Dienstmann leidet physisch und psychisch unter den Folgen des Krieges und kommt schließlich bei einem tragischen Unfall ums Leben.
Richard Kirsch	Der amerikanische Luftwaffensoldat deutscher Abstammung will seine Verwandten, die Familie Behrend, in Deutschland besuchen.
Christopher Gallagher	Der amerikanische Steueranwalt ist mit seinem Sohn Ezra zu Besuch in Deutschland.
Henriette Gallagher	Sie ist mit Christopher verheiratet und hält sich in Paris auf. Ihre jüdischen Eltern sind im Zweiten Weltkrieg von den Nationalsozialisten ermordet worden.
Ezra Gallagher	Der Junge ist mit seinem Vater zu Besuch in der Stadt und lebt in seiner eigenen Traum- und Fantasiewelt.
Susanne	Sie ist eine Prostituierte und begegnet Odysseus, zu dem sie sich hingezogen fühlt.
Die Lehrerinnen Mrs. Wescott/ Mrs. Burnett	Sie gehören einer Reisegruppe an und besichtigen in der Stadt verschiedene Sehenswürdigkeiten.
Kay	Sie ist eine junge Amerikanerin, die sich von der Reisegruppe löst und alleine die Stadt erkundet. Sie begegnet Emilia und Philipp.

Inhalt des Romans und Handlungsübersicht

Kurzbeschreibung des Inhalts

Der Roman „Tauben im Gras" schildert den Ablauf eines einzigen Tages (ca. 18 Stunden) im Februar des Jahres 1951 in einer deutschen Großstadt und stellt das erste Werk von Koeppens Romantrilogie dar. Der Leser wird mit einer schonungslosen und pessimistischen Analyse der Nachkriegszeit konfrontiert, wobei es Koeppen um die Verdichtung des Zeitgeschehens, „die Essenz des Daseins, das Klima der Zeit"[1] geht. Durch eine geschickte, für den Leser aber zunächst verwirrende Komposition werden ca. 30 sehr verschiedene Figuren mit ihren individuellen Lebensentwürfen, ihren Sorgen und Ängsten, ihren Hoffnungen und Träumen in den Blick genommen. Alle verbindet das leidvolle Erleben der Gegenwart und das Bestreben, ihren Platz in einer von Anonymität, Entfremdung, Isolation, Misstrauen und Fremdenfeindlichkeit gekennzeichneten Welt zu finden. Der Roman endet, wie er begonnen hat: mit einer nüchternen Bestandsaufnahme der gesellschaftlichen Situation und einem beinahe beschwörend wirkenden Mahnruf: „die Zeit ist kostbar, sie ist eine Spanne nur, eine karge Spanne, vertan, eine Sekunde zum Atemholen, Atempause auf einem verdammten Schlachtfeld." (S. 228)

Die Romanhandlung ist in Segmente zersplittert, in einzelne parallele Handlungssequenzen, die zum Teil zusammenlaufen, wie zum Beispiel beim Vortrag des amerikanischen Dichters Edwin im Amerikahaus. Die Figuren streifen durch die Stadt und begegnen sich zufällig, zum Teil aber ohne einander wahrzunehmen oder zu kennen. Auffällig dabei ist die Beziehungs- und Kommunikationslosigkeit, die das Leben der meisten Figuren prägt.

Einige Figuren werden genauer in den Blick genommen und man erfährt etwas über ihre soziale Situation, ihre familiären Strukturen und ihre Lebenssituationen. Andere Figuren wiederum stellen Nebenfiguren dar, wie zum Beispiel die Lebensmittelhändlerin oder der Pfandleiher Unverlacht. Grundlegend schildert Koeppen dabei das „Klima der Zeit" durch die Konzeption seiner Figuren, da sie einen Querschnitt der gesellschaftlichen Milieus abbilden. Neben Kriegsopfern, orientierungslosen Jugendlichen, misstrauischen Hausfrauen, Geschäftsmännern mit faschistischer Gesinnung oder erfolglosen Intellektuellen lassen sich auch verarmte Akademiker und vermeintliche Berühmtheiten finden.

Handlungsübersicht

Ab-schnitt	Seite/ Zeile (Beginn)	Figuren	Zentrale Inhalte	Räume/ Schau-plätze
1	S. 9	(Erzähler)	Der Erzähler blickt zum Himmel auf und sieht dort Flugzeuge, die er als Zeichen einer unheilvollen Zukunft deutet.	
2	S. 9	(Erzähler)	Der Erzähler skizziert die angespannte weltpolitische Lage und die politische Situation in Deutschland. Er charakterisiert die Zeit als „Atempause auf dem Schlachtfeld".	

---

[1] Aus: Wolfgang Koeppen: Die elenden Skribenten. In: Wolfgang Koeppen: Die elenden Skribenten. Aufsätze. Hrsg. von Marcel Reich-Ranicki. Frankfurt a. M.: Suhrkamp 1984, S. 289

Ab-schnitt	Seite/ Zeile (Beginn)	Figuren	Zentrale Inhalte	Räume/ Schau-plätze
3	S. 10	Alexander, (Messalina, Alfredo, Susanne, Hillegonda, Emmi)	Der Schauspieler Alexander kleidet sich für die Filmrolle des Erzherzogs an. Er denkt an den frühen Morgen des Tages zurück und an die in der Wohnung vorgefundene Situation in Folge einer exzessiv durchfeierten Nacht. Er erinnert sich auch an die Stimme seiner kleinen Tochter Hillegonda.	Filmstu-dio (Gar-derobe) (Woh-nung)
4	S. 13	Hillegonda, Emmi	Hillegonda geht mit ihrer Kinderfrau Emmi zur Frühmesse, das Kind ängstigt sich.	Woh-nung, Straße, Kirche
5	S. 15	Philipp, Wirt	Der Schriftsteller Philipp hat die Nacht nicht zu Hause verbracht, sondern im Hotel „Zum Lamm". Er tritt auf die Straße und läuft ziellos durch die Stadt.	Straße (Hotel „Zum Lamm")
6	S. 17	Frau Behrend, Tochter der Hausbesorge-rin	Frau Behrend macht es sich vor dem Ofen ge-mütlich. Die Anrede „Frau Obermusikmeister" durch die Tochter der Hausbesorgerin weckt in ihr Erinnerungen an schönere Tage vor dem Krieg, bevor ihr Mann sie verlassen hat. Sie trös-tet sich mit einem Groschenroman.	Wohnung
7	S. 20	Philipp	Philipp geht durch die Stadt und erinnert sich an seine Kindheit in einem Dorf in Masuren, das inzwischen zerstört ist, und an dessen Bewoh-ner, die alle tot zu sein scheinen. Er reflektiert über die Zeit, mit der er nicht zurecht kommt.	Straße
8	S. 22	Schorschi, Bene, Kare, Sepp	Die jungen Männer vertreiben sich schon mor-gens die Zeit im Kino. Sie haben keine Lehrstel-le und keine Arbeit und beschaffen sich Geld als Kleinkriminelle.	Kino
9	S. 23	(Erzähler)	Der Erzähler berichtet von den Flüchtlingen, die in die Städte strömen.	
10	S. 24	Dr. Behude	Der Psychiater Dr. Behude spendet Blut, weil er die zehn Mark benötigt, die er für die Blutspen-de erhält. Außerdem betrachtet er die Blutent-nahme als Reinigungsprozess.	Klinik
11	S. 25 (Z. 28)	(Erzähler)	Der Erzähler berichtet von den Kriegsheimkeh-rern, die in die Städte zurückkehren.	
12	S. 26 (Z. 16)	Odysseus Cotton	Odysseus Cotton, ein schwarzer Amerikaner, trifft am Bahnhof ein.	Bahnhof
13	S. 27	Philipp, Dr. Behude	Philipp ist am Bahnhof und will seinen Psychia-ter Dr. Behude anrufen, den er allerdings in der Praxis nicht erreichen kann. Er überlegt, nach Hause zu gehen. Offensichtlich hat er sich am Vorabend mit seiner Frau Emilia gestritten und hat deshalb im Hotel übernachtet. Zeitgleich beendet Dr. Behude die Blutspende und verlässt die Klinik.	Bahnhofs-platz Klinik
14	S. 28	Odysseus, Josef	Josef, der beinahe 70-jährige Dienstmann, der zwei Kriege durchlebt hat, bietet sich etwas auf-dringlich an, Odysseus' Kofferradio zu tragen.	Bahnhof

Ab-schnitt	Seite/ Zeile (Beginn)	Figuren	Zentrale Inhalte	Räume/ Schau-plätze
15	S. 30	Emilia	Umgeben von ihren Tieren erwacht Emilia in ihrer verdunkelten Wohnung. Sie sucht nach Philipp, ihrem Mann. Der Anblick seines Schreibtisches und der unbeschriebenen Papierseiten erinnert sie an die enttäuschte Hoffnung, er könne ein erfolgreicher Autor sein. Schließlich gibt sie sich ihrer Lust hin und masturbiert.	Wohnung
16	S. 32	Odysseus, Josef	Odysseus engagiert Josef als Träger, indem er ihm das Kofferradio überlässt.	Bahnhof
17	S. 33	Emilia	Beim Betrachten ihrer geerbten Bücher sowie Philipps Bibliothek erinnert sich Emilia an ihre Herkunft und Vergangenheit.	Wohnung
18	S. 36	Emilia	Philipps Schreibtisch erscheint Emilia als ambivalenter Ort: Einerseits knüpft sie ihre Hoffnungen an einen möglichen schriftstellerischen Erfolg ihres Mannes, andererseits hasst sie den Ort, weil Philipp nichts schreibt. Sie fordert Rechenschaft für den Verlust ihres Erbes, das in den Wirren des Krieges verloren gegangen ist. Erinnert wird auch an Emilias Wutausbruch am vergangenen Abend, der dazu führte, dass Philipp die Wohnung verlassen hat.	Wohnung
19	S. 37	Richard Kirsch	Richard Kirsch, ein deutschstämmiger 18-jähriger amerikanischer Luftwaffensoldat, kommt in Deutschland an. Aus dem Flugzeug betrachtet er gleichgültig das Land seiner Vorfahren.	Flugzeug, Flughafen
20	S. 40 (Z. 18)	Odysseus, Josef	Odysseus und Josef gehen durch die Straßen und „erleben" ein Panorama der Stadt. Dabei werden sie von zwielichtigen Händlern und Zuhältern angesprochen.	Straßen, Kreuzung
21	S. 42 (Z. 25)	Emilia	Emilia steht an der roten Ampel. Sie ist auf dem Weg zum Leihamt und zu diversen Händlern, um einige Dinge zu verkaufen.	Kreuzung/ Ampel
22	S. 43	Mr. Edwin	Der amerikanische Dichter Mr. Edwin ist in der Stadt eingetroffen und fährt in einem Cadillac über die Kreuzung. Er ist gekommen, um am Abend einen Vortrag über die europäische Kultur und die „unvergängliche Seele des Abendlandes" (S. 42) zu halten. Er ist müde, geplagt von Zweifeln und fragt sich, welche Botschaft er den Menschen übermitteln könne.	Kreuzung/ Auto
23	S. 45 (Z. 34)	Dr. Behude	Dr. Behude ist mit dem Rad auf dem Weg zu Schnakenbach, dem er ein Rezept für ein Wachhaltemittel bringen will. Er denkt über den am Abend stattfindenden Vortrag von Mr. Edwin nach und reflektiert über Emilia und Philipp.	Kreuzung/ Rad
24	S. 46	Washington Price	Washington Price, ein schwarzer amerikanischer Sergeant und berühmter Baseballspieler, überlegt, während er an der Kreuzung vorüberfährt, ob er Benzin aus dem Depot der Streitkräfte stehlen soll. Er benötigt Geld, um seine deutsche Freundin Carla zu beeindrucken, die von ihm schwanger ist und das Kind nicht bekom-	Kreuzung/ Auto

Ab-schnitt	Seite/ Zeile (Beginn)	Figuren	Zentrale Inhalte	Räume/ Schau-plätze
			men will. Er sorgt sich um sie und ihre gemein-same Zukunft. Schließlich entscheidet er sich gegen den Diebstahl und entschließt sich, Geld auf legale Weise zu beschaffen.	
25	S. 47	Carla	Carla, die 30-jährige Tochter von Frau Behrend, will zu Dr. Frahm, um einen Schwangerschafts-abbruch vornehmen zu lassen. Sie denkt über ihre Eltern und die Beziehung zu Washington nach. Darüber hinaus erfährt der Leser, dass Carlas Mann im Krieg verschollen ist.	Straße (Straßen-bahn)
26	S. 50	Kay, Katheri-ne, Mildred	Eine Reisegruppe amerikanischer Lehrerinnen ist zu Besuch in Deutschland und besichtigt die Stadt.	Kreu-zung/Bus
27	S. 53	Emilia Messalina	Emilia begegnet Messalina an der Ampel. Mes-salina lädt sie zur Party ein. Emilia ist die Situati-on peinlich, da sie auf dem Weg zum Pfandlei-her ist.	Kreu-zung/ Ampel
28	S. 55	Odysseus, Josef	Odysseus und Josef gehen in eine alte, halb zer-störte Kneipe, um Bier zu trinken.	Kreu-zung/ Ampel, Wirtshaus „Zur Glocke"
29	S. 55 (Z. 25)	Philipp	Aus Geldnot hat Philipp eine Arbeit als Vertreter für einen Patentkleber angenommen. Er betritt ein Schreibmaschinengeschäft, wagt aber nicht, den Grund seines Erscheinens zu nennen. Statt-dessen gibt er sich als Kunde aus und testet ein Diktiergerät. Beim Abspielen der Aufnahme er-schrickt er so sehr über seine Stimme, dass er fluchtartig das Geschäft verlässt.	Schreib-maschi-nenge-schäft
30	S. 59	Odysseus, Josef, Friseur Klett, Gäste	Odysseus und Josef sitzen im gut besuchten Wirtshaus und trinken Bier. Der Friseur Klett isst eine Weißwurst, während Messalina in seinem Geschäft unter der Trockenhaube wartet. Ande-re Gäste sprechen über ihre Kriegserlebnisse.	Wirtshaus „Zur Glocke"
31	S. 61	Washington, Washingtons Eltern	Washington ruft bei seinen Eltern in Louisiana an und bittet um Geld. Angesichts der Erfah-rungen mit dem bestehenden Rassismus träumt Washington von der Eröffnung eines Hotels bzw. einer Bar namens „Washington's Inn" mit der Türaufschrift „Niemand ist unerwünscht" (S. 59).	Telefon-zelle Central Exchange
32	S. 64	Carla, Dr. Frahm	Carla sucht Dr. Frahm, Facharzt für Frauenheil-kunde und Chirurgie, auf, um eine Abtreibung vornehmen zu lassen. Sie befürchtet gesellschaft-liche Nachteile, wenn sie ein schwarzes Kind zur Welt bringt. Dr. Frahm denkt über ethische Fra-gen und die Zukunft des ungeborenen Kindes nach. Schließlich stimmt er dem Schwanger-schaftsabbruch zu.	Praxis

Ab-schnitt	Seite/Zeile (Beginn)	Figuren	Zentrale Inhalte	Räume/Schau-plätze
33	S. 66	Washington, Verkäuferin, Kundinnen	Washington sucht nach einem Geschenk für Carla. Er denkt an Kinderwäsche, entschließt sich aber dann für Reizwäsche, weil er glaubt, Carla würde lieber selbst die Wäsche für das Ungeborene aussuchen. Die Gedanken der Verkäuferin während des Gesprächs werden deutlich; sie sind geprägt von Vorurteilen.	Central Exchange
34	S. 67 (Z. 33)	Odysseus, Josef, Griechen, Gäste	Odysseus spielt in der „Glocke" Würfelspiele mit Griechen. Josef versucht, ihn vom Spieltisch wegzuziehen, weil er erkennt, dass es sich um Falschspieler handelt. Odysseus hört nicht auf ihn, weil er hinter den Trick kommen möchte.	Wirtshaus „Zur Glocke"
35	S. 69	Christopher Gallagher, Henriette	Der Steueranwalt Christopher Gallagher telefoniert mit seiner Frau Henriette, die sich in Paris befindet. Er versucht, seine Frau zu überreden, nach Deutschland zu kommen, wo er sich mit dem gemeinsamen Sohn Ezra aufhält. Sie lehnt es ab, in das Land zurückzukehren, in dem ihre jüdischen Eltern ermordet worden sind und aus dem sie selbst vertrieben worden ist.	Telefon-zelle
36	S. 73 (Z. 6)	Ezra, Heinz, Washington, Kinder	Ezra sitzt im Wagen seines Vaters. Er stellt sich vor, er sei ein Kampfpilot, der auf die Menschen feuert und eine Bombe auf die Stadt wirft. Auf dem Platz kommt es zu verschiedenen Begegnungen: Heinz, Carlas elfjähriger Sohn, versteckt sich zunächst vor Washington, der in einer Limousine angefahren kommt und einem Mädchen Schokolade schenkt. Heinz' ambivalentes Verhältnis zu Washington wird offenbar. Ezra und Heinz unterhalten sich. Ezra möchte den kleinen Hund kaufen, den Heinz mit sich führt. Die beiden Elfjährigen verabreden sich für den Abend am Bräuhaus, um den Handel abzuschließen.	Platz vor dem Central Ex-change/Auto
37	S. 81 (Z. 27)	Odysseus, Josef, Griechen, Gäste	Odysseus durchschaut den Trick der Falschspieler, wendet ihn selber an und gewinnt. Danach verlassen er und Josef das Lokal.	Wirtshaus „Zur Glocke"
38	S. 84 (Z. 9)	Washington, Frau Welz	Washington möchte Carla in ihrer Wohnung besuchen, findet sie aber nicht vor. Die Wohnung liegt in einem Haus, das als Bordell genutzt wird. In Carlas Zimmer betrachtet er die Familienfotos, die u. a. Carlas verschollenen Mann und ihren Sohn zeigen. Auch von Washington selbst befindet sich ein Foto an der Spiegelkommode. Schließlich erfährt er von der Vermieterin Frau Welz, dass Carla bei Dr. Frahm ist, um den Schwangerschaftsabbruch vornehmen zu lassen.	Carlas Wohnung
39	S. 89	Emilia, Unverlacht	Nachdem Emilia im Städtischen Leihamt gewesen ist, geht sie nun zum Pfandleiher Unverlacht, um einen kleinen Gebetsteppich zu verkaufen. Sie benötigt das Geld, will aber gleichzeitig Philipp, der den Teppich liebt, dafür strafen, dass er kein Geld besitzt. Insgesamt wird deutlich, dass sie mit dem Verlust ihres Familienvermögens nicht fertig wird.	Pfandleih-haus (Gewölbe „Unver-lacht")

Ab-schnitt	Seite/ Zeile (Beginn)	Figuren	Zentrale Inhalte	Räume/ Schau-plätze
40	S. 97 (Z. 28)	Philipp, Kay, Katherine, Mildred, Journalisten	Philipp soll im Auftrag des Neuen Blattes ein Interview mit Edwin führen. Als er in Edwins Hotel eintrifft, kommt es zu einer Reihe von Verwechslungen: Zunächst wird Philipp für Edwin selbst gehalten, anschließend für seinen Sekretär und schließlich für seinen Freund, obwohl er ihn persönlich gar nicht kennt, sondern nur seine Werke. In dem Durcheinander lernt Philipp die drei amerikanischen Lehrerinnen kennen, von denen die 21-jährige Kay ihn an Emilia erinnert.	Hotel
41	S. 104 (Z. 14)	Philipp, Messalina	Philipp erkennt, dass er nicht in der Lage ist, das Interview zu führen, und möchte flüchten. Als er nach einer Hintertreppe sucht, um das Hotel unauffällig verlassen zu können, begegnet er Messalina, die ihn bereits zuvor beobachtet hat. Schließlich beendet er das Gespräch abrupt und flieht vor ihr in die Küche des Hotels.	Hotel
42	S. 106 (Z. 4)	Edwin, Philipp	Edwin hält sich in seinem Hotelzimmer auf. Er denkt über seine Situation und die Zukunft der Stadt nach. Als er in die Halle gehen will, entdeckt er Messalina und flieht vor ihr. Anschließend begegnen sich Edwin und Philipp im Hof des Hotels. Sie „erkennen" sich, sind aber nicht fähig, miteinander zu sprechen.	Hotel/ Hotelhof
43	S. 112	Frau Behrend, Carla	Carla sucht ihre Mutter im Domcafé, wo sie sich nachmittags häufig aufhält. Frau Behrend ist die Begegnung aufgrund von Carlas Lebensumständen peinlich.	Domcafé
44	S. 114	Odysseus, Josef	Odysseus und Josef besteigen den Domturm und blicken über die vom Krieg gezeichnete Stadt. Josef denkt über den Wahnsinn des Krieges nach.	Domturm
45	S. 116	Frau Behrend, Carla	Frau Behrend denkt über die „Schande" ihrer Tochter nach. Carla kann mit ihrer Mutter nicht über die Schwangerschaft sprechen und wundert sich darüber, dass ihre Mutter bereits alles weiß.	Domcafé
46	S. 117	Washington, Dr. Frahm	Washington sucht Dr. Frahm auf, um sich nach Carla zu erkundigen. Der Arzt erkennt Washingtons Verzweiflung und beschließt, den Schwangerschaftsabbruch nicht vorzunehmen.	Praxis (Dr. Frahm)
47	S. 117	Frau Behrend, Carla	Carla und ihre Mutter sitzen schweigend im Kaffeehaus. Carla denkt über ihre Situation nach und entschuldigt ihre „Schande" vor sich selbst mit der „unordentlich gewordenen Zeit".	Domcafé
48	S. 118	Hillegonda, Emmi	Emmi will, dass die kleine Hillegonda zur Beichte geht, damit sie vor den „Sünden" der Eltern gerettet wird. Das Kind weiß jedoch nicht, was es beichten soll und fürchtet sich in der Kirche.	Kirche
49	S. 119	Alexander	Nach Beendigung eines Drehtages wird Alexander abgeschminkt. Er fühlt sich müde und möchte die Party absagen, weiß aber schon, dass er es Messalina nicht sagen kann.	Filmstudio (Garderobe)

Ab-schnitt	Seite/ Zeile (Beginn)	Figuren	Zentrale Inhalte	Räume/ Schau-plätze
50	S. 120	Messalina	Messalina sitzt in der Hotelbar und bereitet die Party vor. Sie sucht verzweifelt in ihrem Notizbuch nach Adressen von Mädchen, die sie zur Party einladen könnte.	Hotel (Bar)
51	S. 120	Frau Behrend	Frau Behrend denkt über ihre Tochter nach und klagt über ihre eigene Lebenssituation.	Domcafé
52	S. 120 (Z. 31)	Richard	Richard fährt vom Flughafen in die Stadt und ist enttäuscht über das geringe Ausmaß der Zerstörung. Er geht durch die Straßen und sucht die Wohnung von Frau Behrend, mit der er entfernt verwandt ist.	Autobus Straßen
53	S. 123	Dr. Behude (Schnaken-bach)	Dr. Behude sucht Schnakenbach auf, um ihm Wachhaltemittel zu bringen. Schnakenbach hat sich während des Krieges bewusst unter Schlafentzug gestellt, um nicht eingezogen zu werden. Die Medikamente haben ihn schlafsüchtig gemacht.	Keller (Schnakenbachs Wohnung)
54	S. 126	Frau Behrend, Carla	Carla und ihre Mutter verabschieden sich förmlich vor dem Café. Carla will das Kind nun abtreiben lassen. Sie bedauert, dass sie anstatt mit Washington nicht mit einem weißen Amerikaner ein Verhältnis angefangen hat.	Domcafé
55	S. 128	Washington, Heinz, Odysseus, Josef	Washington befindet sich auf dem Spielfeld und spielt Baseball für die Red Stars. Von der Tribüne aus schauen u. a. Odysseus, Josef und Heinz zu.	Baseball-stadion
56	S. 129 (Z. 24)	Richard, Tochter der Hausbesorgerin	Richard spricht mit der Tochter der Hausbesorgerin, die ihn kühl und herablassend behandelt, weil sie die Amerikaner zu den „geringen Leuten" (S. 120) zählt und ablehnt.	Treppenhaus (Behrend)
57	S. 131	Washington, Heinz, Christopher, Ezra	Washington scheint das Spiel zu verlieren und Heinz, obwohl er sich innerlich dagegen sträubt, unterstützt die negative Stimmung gegen die Red Stars lautstark. Auch Christopher und Ezra, den das Spiel langweilt, sind im Stadion. Ezra interessiert sich nur für den „Kampf" (S. 122) um Heinz' Hund. Er will von seinem Vater zehn Dollar, um Heinz damit am Abend zu täuschen.	Baseball-stadion
58	S. 133 (Z. 1)	Richard, Lebensmittelhändlerin	Richard, auf der Suche nach Frau Behrend, unterhält sich mit der Lebensmittelhändlerin. Es kommt zu verschiedenen Missverständnissen. Er fühlt sich unwohl in dem Laden und bereut sein Vorhaben, Frau Behrend zu suchen, lässt ihr aber dennoch ausrichten, dass sie ihn abends im Bräuhaus finden könne.	Lebensmittelladen
59	S. 134	Carla	Carla will das Kind abtreiben lassen. Doch Dr. Frahm hat in der Klinik kein Bett reserviert.	Klinik
60	S. 135	Josef, Washington, Heinz, Jungen, Schorschi, Bene, Kare, Sepp	Josef ist auf der Tribüne eingeschlafen und träumt von seinem eigenen Tod. Im Traum setzt er sich mit der Frage auseinander, ob die Pflicht, in den Krieg zu ziehen, Sünde gewesen sei. Währenddessen hat die Mannschaft Washingtons gesiegt, wodurch bei ihm ein Gefühl der Freiheit ausgelöst wird.	Baseball-stadion

Ab-schnitt	Seite/ Zeile (Beginn)	Figuren	Zentrale Inhalte	Räume/ Schau-plätze
			Heinz bekennt sich zu Washington und prügelt sich mit den anderen Jungen, während Schor-schi, Bene, Kare und Sepp den Jungen zuschau-en und sie anfeuern. Heinz bemerkt, dass der Hund entlaufen ist, worüber er sich ärgert. Unter der Dusche träumt Washington davon, in Paris sein Lokal zu eröffnen.	
61	S. 140	Carla, Dr. Frahm	Carla fleht Dr. Frahm an, den Schwanger-schaftsabbruch vorzunehmen, doch dieser lehnt Carlas Bitte mit der Begründung ab, dass Wash-ington das Kind haben wolle.	Klinik
62	S. 142 (Z. 16)	Frau Behrend, Lebensmittel-händlerin	Frau Behrend ärgert sich darüber, dass sie Richard verpasst hat. Sie fürchtet, die Händlerin habe über Carlas Situation gesprochen. Auch glaubt sie ihr nicht, dass Richard sie ins Bräuhaus bestellt hat.	Lebens-mittella-den
63	S. 144	Philipp, Dr. Behude	Philipp liegt auf dem Patientenbett bei Dr. Be-hude und erinnert sich an seine glückliche, friedliche Kindheit im Osten.	Praxis (Dr. Be-hude)
64	S. 146	Edwin, Emilia, Frau de Voss	Im Pfandhaus von Frau de Voss begegnen sich Emilia und Edwin. Sie erkennt ihn, da sie ihn auf einer Fotografie auf Philipps Schreibtisch gese-hen hat. Sie denkt über einen möglichen Erfolg Philipps als Schriftsteller nach und fürchtet, dass er sie dann verlassen könnte.	Pfand-haus de Voss
65	S. 150 (Z. 4)	Philipp	Philipp liegt auf dem Patientenbett bei Dr. Be-hude und denkt über Emilia und sein Leben nach.	Praxis (Dr. Be-hude)
66	S. 153	Alexander, Hillegonda	Alexander hadert mit sich und seinem Leben und fühlt sich leer. Seine Tochter kommt ins Zimmer, um ihren Vater zu fragen, ob Gott wirklich böse sei, doch Alexander bemerkt sie nicht.	Wohnung
67	S. 154	Odysseus, Josef, Susanne	Odysseus und Josef trinken Schnaps in einer heruntergekommenen Wirtschaft. Odysseus entlohnt Josef mit 50 DM für seine Dienste. Su-sanne drängt Josef beiseite und nähert sich Odysseus mit der Absicht, ihn zu verführen.	Heilig-geistwirt-schaft
68	S. 157	Emilia, Juwe-lier Schellack, Kay	Emilia versucht, ihren Erbschmuck zu verkaufen, doch der Juwelier lehnt das Geschäft ab. Im Ju-weliergeschäft befindet sich auch Kay, der Emi-lia schließlich die Kette schenkt, wodurch sie sich befreit fühlt. Die beiden Frauen umarmen und küssen sich.	Juwelier-geschäft
69	S. 161	Messalina, Susanne, Odysseus, Josef	Messalina sucht nach Susanne. Diese sagt zu, am Abend auf Messalinas Party zu erscheinen. Währenddessen wird Odysseus (durch Susanne) bestohlen, worauf sich ein Handgemenge mit mehreren Gästen ergibt, die Odysseus beschul-digen. Schließlich eskaliert die Situation; Odys-seus, Josef und Susanne verlassen fluchtartig die Wirtschaft.	Heilig-geistwirt-schaft

Ab-schnitt	Seite/ Zeile (Beginn)	Figuren	Zentrale Inhalte	Räume/ Schau-plätze
70	S. 164	Emmi, Hillegonda	Emmi und Hillegonda beichten. Draußen hören sie Schreie.	Kirche
71	S. 164 (Z. 27)	Odysseus, Josef, Susanne	Odysseus und Josef werden von der aufge-brachten Menge verfolgt.	Heiligen-geistplatz
72	S. 165 (Z. 14)	Carla, Washington	Carla und Washington streiten. Carla ist erbost darüber, dass Washington mit Dr. Frahm ge-sprochen hat, der daraufhin den Eingriff abge-lehnt hat.	Carlas Wohnung
73	S. 166	Odysseus, Josef, Susan-ne, Leute	Josef wird durch einen Steinwurf am Kopf schwer verletzt und liegt blutend am Boden. Odysseus nimmt Josefs Geld und flieht. Auch Susanne verlässt schnell den Tatort. Josef wird auf einer Trage in das Hospital gebracht, Emmi und Hillegonda folgen ihm.	Heiligen-geistplatz
74	S. 168	Philipp	Philipp geht am Abend („heure bleue") durch die lebendige Stadt. Er denkt über seine poli-tische Haltung nach.	Straßen
75	S. 170	Katherine, Mildred	Die Lehrerinnen besichtigen die Stadt. Sie sind auf dem Weg zum Amerikahaus und unterhal-ten sich über Kay, die sich bereits am Nachmit-tag abgesondert hat.	Straßen
76	S. 172	Philipp	Philipp denkt über Emilia nach. Er trifft auf den Redakteur des Abendechos, der ihm Vorwürfe wegen des unterlassenen Interviews mit Edwin macht; als Entschädigung soll er nun vom Vor-trag Edwins berichten.	Weinaus-schank (Schloss)
77	S. 174	Messalina, Emilia, Kay, Edwin	Messalina beobachtet, wie sich Emilia und Kay küssen. Edwin betritt die Bar und betäubt sein Lampenfieber vor dem Vortrag mit einem Kog-nak. Als er die Bar verlässt, folgt ihm Kay.	Hotelbar
78	S. 177	Carla, Washington, Christopher, Ezra	Carla und Washington haben sich versöhnt. Carla glaubt nun an eine gemeinsame Zukunft in Frankreich. Christopher und Ezra fahren im Auto an ihnen vorbei. Christoph hat zuvor für Henriette Emilias Tasse in einem Antiquitätenge-schäft gekauft. Ezra denkt über den „Handel" mit Heinz nach.	Straßen/ Autos
79	S. 179	Dr. Behude	Dr. Behude trinkt Wodka im Stehausschank „Alter Nazi". Er hofft, Emilia dort zu treffen.	Stehaus-schank 1
80	S. 180	Emilia	Emilia trinkt im Stehausschank „Alte Dirne" Kirschwasser. Sie nimmt sich des Hundes an, der Heinz entlaufen ist.	Stehaus-schank 2
81	S. 182	Richard	Richard trinkt beim „Italiener" Wermut. Er dis-kutiert mit dem Besitzer über Hitler.	Stehaus-schank 3
82	S. 183 (Z. 28)	Josef, Hille-gonda, Emmi, ein Priester, Polizisten	Josef stirbt im Krankenhaus, während Emmi und die anderen an seinem Bett stehen. Mit seinen letzten Worten beschuldigt er den „Reisenden" (Odysseus) der Tat. Unterhalb des Krankenbet-tes steht das Radio; die Radiostimme weist auf Edwins Vortrag hin.	Klinik
83	S. 186	Schnakenbach	Schnakenbach hat den Nachmittag in der Bib-liothek verbracht und sich über die neuesten	Amerika-haus

Ab-schnitt	Seite/ Zeile (Beginn)	Figuren	Zentrale Inhalte	Räume/ Schau-plätze
			wissenschaftlichen Erkenntnisse der Schlaffor-schung informiert. Schließlich schläft er ein.	(Bilblio-thek)
84	S. 188 (Z. 1)	Edwin, Messa-lina, Alexan-der, Dr. Behu-de, Philipp, Kay, die Lehre-rinnen, Schna-kenbach u. a.	Edwin beginnt seinen Vortrag, wird von den Zuhörern aber nicht verstanden, weil das Mi-krofon nicht funktioniert. Der schlaftrunkene Schnakenbach, der für den Haustechniker ge-halten wird, schreit ins Mikrofon: „Schlaft nicht! Wacht auf! Es ist Zeit!"	Amerika-haus
85	S. 192 (Z. 17)	Heinz, Susan-ne	Heinz beobachtet den Platz zwischen dem Bräuhaus und dem „Klub der Negersoldaten" und überlegt, wie er Ezra betrügen kann. Su-sanne überquert den Platz und geht in den Klub.	Platz (zwischen Bräuhaus und Klub)
86	S. 193	Herr Behrend, Vlasta	Herr Behrend spielt auf der Bühne mit seiner Jazz-Band. Vlasta, seine Geliebte, die ihn als ehemaligen Wehrmachtssoldaten in Prag vor der Rache der Tschechen gerettet hat, hört zu.	Klub
87	S. 195 (Z. 1)	Susanne	Susanne sucht Odysseus im Klub.	Klub
88	S. 195 (Z. 30)	Heinz, Carla, Washington, Christopher, Ezra	Heinz wartet auf dem Platz auf Ezra. Er sieht, wie seine Mutter und Washington den Klub be-treten. Schließlich treffen auch Christopher und Ezra ein.	Platz (zwischen Bräuhaus und Klub)
89	S. 196 (Z. 34)	Richard, „Fraulein"	Richard spricht eine deutsche Frau an und geht mit ihr ins Bräuhaus.	Straße (Bräuhaus)
90	S. 198	Richard, „Fräulein", Frau Behrend, Christopher, Ezra	Im Bräuhaus herrscht eine ausgelassene Stim-mung. Die Kapelle spielt den „Badenweiler Marsch", den Lieblingsmarsch Hitlers. Christo-pher ist im Gegensatz zu Ezra begeistert. Frau Behrend sucht Richard, der sich mit seiner neu-en Bekanntschaft amüsiert.	Bräuhaus
91	S. 202	Carla, Washington, Herr Behrend, Vlasta, Susanne, Odysseus u. a.	Carla und Washington feiern voller Optimismus ihre Zukunft. Herr Behrend stellt seiner Tochter Vlasta vor, und Carla zeigt dem Vater ihren Freund Washington. Susanne findet Odysseus, der sich, obwohl er gesucht wird, in den Klub gewagt hat.	Klub
92	S. 203	Heinz, Frau Behrend u. a.	Heinz, der nach Ezra Ausschau hält, entdeckt im Saal des Bräuhauses seine ungeliebte Großmut-ter, Frau Behrend. Er spielt ihr einen Streich.	Bräuhaus
93	S. 204	Ezra, Christo-pher u. a.	Ezra fürchtet sich vor den Menschen im Bräuhaus. Als er Heinz erblickt, gibt er ihm ein Zeichen. Seinem Vater sagt er jedoch, dass er ganz schnell nach Hause möchte.	Bräuhaus
94	S. 205 (Z. 23)	Frau Behrend, Geschäftsleute u. a.	Frau Behrend feiert mit zwei Geschäftsleuten. Sie vergleicht die Schwarzen mit „wilden Tie-ren".	Bräuhaus
95	S. 206	Heinz, Ezra	Ezra und Heinz treffen sich in einer Ruine. Beide überlegen, wie sie den anderen betrügen kön-nen. Schließlich eskaliert die Situation und sie beginnen zu raufen, worauf die Mauer ein-	Ruine (unweit des Bräu-hauses)

Ab-schnitt	Seite/ Zeile (Beginn)	Figuren	Zentrale Inhalte	Räume/ Schau-plätze
			stürzt. Durch die Schreie der Jungen alarmiert, kommen amerikanische und deutsche Polizisten herbei.	
96	S. 208	Frau Behrend, Christopher u. a.	Die Schreie und der Lärm der Polizeisirenen lassen die Menge mutmaßen, dass die „Neger" ein neu-es Verbrechen begangen haben. Die allgemeine Pogromstimmung richtet sich gegen den „Neger-klub", dessen Fensterscheiben unter den Stein-würfen der aufgebrachten Menge zerbersten.	Bräuhaus, Platz
97	S. 209	Edwin, Philipp, Zuhö-rer (s.o.)	Edwin hält seinen Vortrag im Amerikahaus, während die meisten Zuhörer schlafen. Allein Philipp setzt sich mit den Worten Edwins ge-danklich auseinander und erkennt in Edwin ei-nen „hilflosen, gequälten Seher".	Amerika-haus
98	S. 216	Christopher, Ezra, Richard, Frau Behrend, Geschäftsleu-te, Carla, Was-hington, Heinz, Susan-ne, Odysseus	Auf dem Platz zwischen Bräuhaus und „Neger-klub" entsteht eine chaotische Situation. Christo-pher versucht, die aufgebrachte Menge zu beru-higen. Susanne und Odysseus fliehen. Ezra und Heinz haben ihren Streit inzwischen beigelegt. Als Washington und Carla zu ihrem Auto ge-hen, wird, ausgelöst durch einen Ausruf Frau Behrends, die Pogromstimmung wieder ange-heizt. Erneut fliegen Steine aus der Menge und treffen Washingtons Auto, Richard und Heinz.	Platz (zwischen Bräuhaus und Klub)
99	S. 218	Emilia, Edwin, Philipp, Kay u. a.	Emilia nimmt den kleinen Hund mit nach Hau-se. Sie vermisst Philipp, fühlt sich unwohl in der Wohnung und überlegt, zu Messalinas Party zu gehen.	Woh-nung, Amerika-haus
100	S. 220 (Z. 3)	Philipp	Edwin hat seinen Vortrag beendet. Der Beifall beschämt ihn, weil er weiß, dass die Zuhörer seine Botschaft nicht verstanden haben. Philipp denkt an Emilia. Schließlich verlässt er gemein-sam mit Kay den Vortragssaal.	Amerika-haus
101	S. 223 (Z. 3)	Susanne, Odysseus	Susanne und Odysseus schlafen miteinander.	Kammer
102	S. 223	Dr. Behude, Schnakenbach	Dr. Behude bringt Schnakenbach nach Hause.	Straßen
103	S. 224 (Z. 6)	Edwin, Bene, Schorschi, Kare, Sepp	Edwin durchstreift die Gassen der Altstadt auf der Suche nach Strichjungen. Als er Bene und die an-deren entdeckt, meint er, in ihnen die Schönheit zu erkennen. Die jungen Männer sehen in ihm ei-nen eleganten Freier und überfallen ihn.	Stadt
104	S. 225	Emilia, Messa-lina, Alexan-der u. a.	Emilia betrinkt sich auf Messalinas Party.	Wohnung
105	S. 226	Philipp, Kay	Philipp und Kay befinden sich im Hotelzimmer, als sie von draußen Edwins ersterbenden Schrei hören. Als Kay geht, legt sie Emilias Kette auf die Fensterbank.	Hotelzim-mer (Ho-tel „Zum Lamm")
106	S. 227	(Erzähler)	Der Erzähler kündigt das Ende des Tages an. Er berichtet von den Nachrichten des kommenden Tages und skizziert die bedrohliche weltpoliti-sche Situation.	

Vorüberlegungen zum Einsatz des Romans im Unterricht

Eine positive Aufnahme durch ein breites Publikum bleibt Koeppen beim Erscheinen seines ersten Werkes der Romantrilogie 1951 verwehrt. Thematisch und stilistisch scheint der Roman den Zeitgeist und Anspruch an Literatur nicht zu treffen, und nicht zuletzt wegen seiner kritischen Position wird er von der zeitgenössischen Leserschaft abgelehnt. Doch worin liegt das Ungewöhnliche, das Neue, das Besondere dieses Romans? Vor allem stellt sich die Frage, ob der Roman, der bei seinem Erscheinen auf vehemente Kritik stieß, Jugendlichen heute noch etwas sagen kann. Warum erscheint es trotz neuer gesellschaftlicher Verhältnisse, einer veränderten politischen Kultur und sich wandelnder Interessen angebracht, den Roman als Schullektüre zu wählen?

Die pessimistische und hoffungslose Stimmung, die der Roman transportiert, ist unweigerlich an seine Entstehungszeit gekoppelt, und so enthalten die Probleme, denen sich die Figuren im Roman ausgesetzt sehen, eine real-historische Dimension. In besonderer Weise spiegelt sich die historische Situation in den Schlagzeilen aus Zeitungen oder Rundfunkmeldungen wider, die Koeppen in den Roman einmontiert. Die Stationierung amerikanischer Superbomber wird ebenso aufgegriffen wie die internationalen Spannungen: *„Superbomber in Europa stationiert"* (S. 26), *„Atomversuche in Neu-Mexiko, Atomfabriken im Ural"* (S. 10). Und so sind Zeitgenossen und Figuren der Labilität der friedlichen Beziehungen und der Bedrohung durch einen dritten Weltkrieg ausgeliefert. Auch die unbewältigte, verdrängte Vergangenheit und die Kontinuität nationalistischer Mentalitäten sind im Roman in vielfacher Weise spürbar. Angesichts dieser politisch-gesellschaftlichen Situation erscheinen die Figuren ohnmächtig und das „Zeitklima" ist für den Rezipienten ernüchternd, da die fiktionale Wirklichkeit eine Verankerung in der historischen Wirklichkeit erfährt. Der Leser bekommt dadurch einen eindringlichen Einblick in die Atmosphäre der Nachkriegszeit und wird permanent angehalten, sich der Schrecken und existenziellen Schwierigkeiten dieser Zeit zu erinnern. Der Roman schärft den Blick des Lesers für Vergangenes, sensibilisiert aber auch für Gegenwärtiges und Zukünftiges. Vor allem aber führt die Lektüre zu einer Auseinandersetzung mit den Fragen, welches Vermächtnis an die nachfolgenden Generationen ergeht, welche gesellschaftliche und politische Verantwortung getragen werden muss, welche Forderungen sich an jeden Einzelnen stellen lassen und welche kritischen Appelle nicht ungehört bleiben dürfen.

In diesem Kontext zeigen sich im Roman in besonderer Weise die extreme Verunsicherung und die Angst der Figuren. Die Destabilisierung der Gesellschaft führt zum Werteverlust, zu sozialer Isolation, Entfremdung und Orientierungslosigkeit. Die damit verbundene Kommunikations- und Beziehungsunfähigkeit offenbart sich in zahlreichen Facetten und Ausprägungen. So tauchen immer wieder Beispiele von fehlender Kommunikation, vorurteilsgeladenen Begegnungen und missverständlichen Gesprächen auf. Die Abgründe des menschlichen Daseins angesichts von Tod, Trauer und Verlust werden exemplarisch aufgezeigt. Das Gefühl der Angst prägt die Atmosphäre des Romans und offenbart dem Leser Grundstrukturen des Lebens. Damit erhält er einen unverfälschten, ungefilterten Einblick in menschliche Krisensituationen und der Roman hinterlässt beim Leser Unsicherheit und Zweifel. Für die aufsteigenden, existenziellen Fragen bietet der Roman allerdings keine überzeugenden Antworten. Er liefert keine hoffnungsvollen Lösungen, er stellt keine erfolgversprechenden Perspektiven dar, sensibilisiert aber für menschliche Zusammenbrüche und menschliches Miteinander. „Die Essenz des Daseins" wird erschreckend nüchtern dargelegt, führt aber zu einer intensiven Beschäftigung und kritischen Fragehaltung des Lesers: Wie gehen Menschen mit Krisenerfahrungen, Verlusten und einer komplexer werdenden Wirklichkeit um? Wie ist ein sinnerfülltes Leben angesichts einer von Anonymität und Entfremdung geprägten Welt möglich? Inwiefern kann die Begegnung zwischen Menschen vorurteilsfrei und ehrlich sein? Welche weltpolitischen und gesellschaftlichen Entwicklungen müssen gegenwärtig kritisch betrachtet werden?

Der Roman „Tauben im Gras" hilft Schülerinnen und Schülern somit nicht nur, sich zu erinnern, er hilft auch zu erkennen, das eigene Leben zu hinterfragen und für gesellschaftliche Entwicklungen sensibel zu werden.

Weiterhin sei darauf verwiesen, dass der Roman durch seine biografischen Bezüge, die sich vor allem an der Figur des gescheiterten, unter einer Schreibblockade leidenden Schriftstellers Philipps festmachen lassen, an Bedeutung gewinnt. So eröffnet der Roman die Möglichkeit, sich mit der biografischen Selbstinterpretation des Autors, der existenziellen Bedeutung des Schreibens für ihn und vor allem mit seinem „Schweigen" zu beschäftigen. Es wird dadurch Interesse am Leben des Schriftstellers und vor allem an dem Menschen Koeppen geweckt, was neue Einsichten beim Leser ermöglicht. Des Weiteren lässt sich der Roman in seiner künstlerisch-ästhetischen Gestaltung in die Tradition der literarischen Moderne einordnen, was seine literarische Aktualität und Relevanz beweist. Auf der einen Seite herrschen die Sprachreduktion und parataktische Verknappung auf das Wesentliche vor, auf der anderen Seite die Akkumulation von Bildern, Assoziationen und intertextuelle Bezüge, die charakteristisch für Koeppens Schreiben sind. Simultanes, multiperspektives und filmisches Erzählen zeigen die Vielfältigkeit des Daseins und verdeutlichen die Gleichzeitigkeit des Ungleichen. Gerade diese komplexe, vielschichtige Konzeption des Romans und die aufgegriffenen Themen zeugen von seiner Aktualität. Der Leser ist gefordert, mit gewohnten Denkmustern zu brechen, sich auf die spezifische Erzählweise des Romans einzulassen und sich mit der pessimistischen Weltsicht auseinanderzusetzen. Gerade diese Romankonzeption und die gezielte Desorientierung des Lesers offenbaren das Besondere und Aktuelle des Romans. Literatur wird dadurch in ihrer Aktualität und Relevanz auch für Schülerinnen und Schüler in neuer Weise erfahrbar und bietet eine intensive Beschäftigung mit der eigenen Wirklichkeit.

Klausurvorschläge befinden sich im **Zusatzmaterial 11**, S. 239 ff.

Konzeption des Unterrichts-
modells

Der Roman „Tauben im Gras" eignet sich für die Arbeit in einem Leistungskurs oder Grund-
kurs, wobei seine Komplexität für viele Schülerinnen und Schüler sicherlich eine Herausforderung darstellen wird. Bei den einzelnen Bausteinen handelt es sich um Angebote, aus
denen die Lehrperson im Blick auf die Schülergruppe auswählen kann. Dabei entspricht die
vorgegebene Reihenfolge einem Konzept, von dem individuell abgewichen werden kann,
um eine für den jeweiligen Kurs optimale Unterrichtsreihe durchzuführen. Grundlegend ist
bei der Konzeption der Bausteine auf eine schlüssige Inhaltsverknüpfung geachtet worden,
sodass sich die Verbindung verschiedener Themen und Verfahren aus dem Zusammenhang
ergibt. Bei der Auswahl der Methoden ist eine Synthese von analytischen sowie handlungs-
und produktionsorientierten Verfahren angestrebt worden. Ein besonderer Wert wurde
darüber hinaus auf Verfahren gelegt, die geeignet sind, die sachbezogene Interaktion zwischen den Lernenden zu fördern.

Im **Baustein 1** werden unterschiedliche Möglichkeiten des Einstiegs in den Roman aufgezeigt, wobei verschiedene Methoden vorgestellt werden, die der Motivation und Unterstützung des Leseprozesses dienen. Es geht dabei neben einem allgemeinen Erfahrungsaustausch über die Leseeindrücke auch schon um eine erste unmittelbare Auseinandersetzung
mit dem Text.

Baustein 2 stellt den Romanaufbau näher vor. Ziel ist es, einen Überblick über die komplexe
Handlung und einzelne Handlungsstränge zu erlangen. Dabei findet die Analyse der Rahmenstruktur und die Funktion dieser Struktur für den Gesamtaufbau des Romans besondere Beachtung.

Baustein 3 vermittelt ein differenziertes Hintergrundwissen der zeithistorischen Gegenwart
des Romans. Dabei geht es um die Frage, inwiefern die fiktionale Welt des Romans in der
Wirklichkeit verankert ist und auf welche Weise sich sowohl in der Art der Darstellung als
auch durch das dargestellte Geschehen selbst eine zeitkritische Position manifestiert.

Der **Baustein 4** befasst sich mit der spezifischen Erzählsituation im Roman sowie den cha-
rakteristischen Erzähltechniken. Dabei werden die grundlegenden Kategorien der Erzähltext-
analyse erläutert und es findet eine vertiefende Analyse einzelner erzähltechnischer Mittel
statt. Die spezifischen Verknüpfungselemente des Romans werden exemplarisch behandelt.

Im **Baustein 5** geht es um die Untersuchung einzelner Figuren, wobei jeweils bestimmte
Analyseaspekte gezielt im Mittelpunkt stehen. So werden insbesondere folgende Paare genauer betrachtet: Emilia und Philipp, Messalina und Alexander, Carla und Washington, Herr
Behrend und Vlasta. Die zwei Künstlerfiguren Philipp und Edwin werden im Hinblick auf ihr
künstlerisches Selbstverständnis und ihre Wahrnehmung der Wirklichkeit abschließend genauer untersucht.

Im Zentrum des **Bausteins 6** steht das Leben und Denken des Autors, wobei es um seine
Biografie, die Selbstinterpretation des Autors, Koeppens künstlerisches Selbstverständnis und
die existenzielle Bedeutung des Schreibens für ihn geht.

Der **Baustein 7** geht der Frage nach, inwiefern Koeppens Roman in den literaturhistorischen Zusammenhang einzuordnen ist und an welche literarische Tradition er anknüpft. Dabei werden Verbindungspunkte zu verschiedenen Autoren der Moderne gezogen. Des Weiteren werden romantheoretische Aspekte in die Untersuchung eingebunden.

Baustein 8 zeigt auf, wie der Roman von der Literaturkritik und der Öffentlichkeit aufgenommen wurde und inwiefern diese Reaktionen sich auf den Produktionsprozess des Autors ausgewirkt haben. In diesem Zusammenhang bildet der von Marcel Reich-Ranicki konstruierte „Fall Koeppen" einen Schwerpunkt der Diskussion.
Abschließend wird die Frage nach der Aktualität des Romans aufgeworfen.

Die thematischen Bausteine des Unterrichtsmodells

Zugänge zum Roman – Möglichkeiten des Einstiegs

Im Baustein 1 soll sichergestellt werden, dass die Schülerinnen und Schüler trotz der verschiedenen Handlungsstränge und der Figurenvielfalt in die Thematik hineinfinden. Aus diesem Grund werden verschiedene Verfahren zur ersten Begegnung mit dem Roman aufgezeigt, die nicht aufeinander aufbauen, sich zum Teil aber ergänzen. Die ersten beiden Verfahren können vor dem eigentlichen Lesen des Romans durchgeführt werden, da sie der Motivation und der Unterstützung des individuellen Leseprozesses dienen. Die anderen Methoden setzen die Kenntnis des Romans voraus. Möglich ist es auch, bevor die eigentliche Erarbeitung des Romans im Unterricht erfolgt, den Baustein 3 zu behandeln bzw. Teile daraus mit den hier entwickelten Vorschlägen zu kombinieren. Im Einzelnen geht es um:

- Analyse des Erzählanfangs
- Dokumentieren des Leseprozesses
  - Lesetagebuch und Rollenbiografie
  - Kartenabfrage und Reihenplanung
  - Umschlaggestaltung und Klappentext

1.1 Eine Frage der Motivation: Analyse des Erzählanfangs

Koeppen führt mit seinem Erzählanfang in die Atmosphäre und das Empfinden der Nachkriegszeit ein. Die noch lebendigen Erinnerungen an den Krieg, die Flieger, die Bomben und die Zerstörung sind präsent. Zeitgleich scheint die Situation bedrohlich, da der Erzähler vor einem erneuten Krieg warnt; die Zeichen der Zeit stehen schlecht. Bereits in den ersten beiden Abschnitten klingt die apokalyptisch anmutende Grundstimmung des Romans an. Durch die kurzen, bedeutungsvoll wirkenden Parataxen wird der Leser ohne Vorwarnung in die Szenerie eingeführt: „Flieger waren über der Stadt, unheilkündende Vögel. Der Lärm der Motoren war Donner, war Hagel, war Sturm" (S. 9). Die Flieger erscheinen bedrohlich und beängstigend; der Vergleich mit den „unheilkündenden Vögel[n]" beschwört eine anstehende Gefahr herauf. Durch das verwendete Asyndeton wirken die Geschehnisse unmittelbar und pausenlos fortschreitend. Es gibt kein Atemholen, kein Innehalten, kein Entrinnen. Die nachfolgende chiastisch gesetzte Wiederholung der Geräuschassoziation wirkt wie eine beschwörende Formel. Dabei erhalten die Vorgänge selbst einen naturhaften Charakter.

Eine Folge von Assoziationen verdeutlicht das Fortdauern des Flugzeuglärms: „täglich und nächtlich, Anflug und Abflug". Die Personifikation „Übungen des Todes" zeigt die Absurdität und Grausamkeit des Krieges. Der Erzähler verweist darauf, dass die Erinnerungen an diese Erlebnisse noch spürbar sind (vgl. Z. 5) und zeitgleich schon wieder die Gefahr eines neuen Krieges besteht: „*Noch* waren die Bombenschächte der Flugzeuge leer. Die Auguren lächelten." Damit ist der Erzähler selbst nicht mehr nur Beobachter, sondern wird zum Zeichendeuter. Das bereits im ersten Satz aufgenommene Bild der Vögel wird durch den Verweis auf die „Auguren" konkretisiert. Das Lächeln der Auguren signalisiert, dass sie um die Zukunft dieser Stadt, dieses Landes wissen und so wird der Blick in den Himmel zum Blick in die Zukunft. Die Flieger werden wahrhaftig zu „unheilkündenden Vögeln", da sie auf einen erneuten Krieg hindeuten.

„Niemand blickte zum Himmel" ist die Perspektive eines einsamen Sehers, denn nur er, der den Blick in den Himmel nicht scheut, kann die Zeichen der Zeit deuten. Es sind demnach lediglich die Auguren, welche die apokalyptischen Zeichen der Zeit begreifen. Fraglich ist, wer zur Kaste der Zeichendeuter gehört. Zur Beantwortung dieser Frage sind verschiedene Lösungen denkbar: Es ist neben dem Erzähler, der den Blick zum Himmel richtet und damit die gegenwärtigen Zeichen der Nachkriegszeit interpretiert und vor ihnen warnt, auch Mr. Edwin, dessen Ansprache im Amerikahaus einer prophetischen Rede gleicht. Oder Philipp, dessen Begegnung mit Edwin im Hinterhof des Hotels an ein stummes Einverständnis zweier Kastenmitglieder erinnert. Weiterführend können sicherlich auch die Zeitungsproduzenten oder Machthaber wie Politiker dazugezählt werden.

Der zweite Abschnitt (Z. 8 f.) ist Teil des Erzählanfangs und knüpft an den ersten an, da er die Grundthematik des Romans präzisiert. Der Erzähler umreißt den zeitlichen Hintergrund und schildert die politische Situation in Deutschland und der Welt. Er verweist auf den Kampf der Weltmächte um Öl und das Spannungsfeld „östliche Welt, westliche Welt" (S. 9) sowie die Teilung Deutschlands. Die im ersten Abschnitt noch unklare Warnung und der ängstliche Blick zu den „unheilkündende[n] Vögel[n]" scheinen, auch vor dem Hintergrund der innen- und außenpolitischen Lage, somit begründet.

Auffällig sind zu Beginn des zweiten Abschnitts die Aufzählungen und der elliptische Satzbau. Eingeleitet durch das Schlüsselwort „Öl", welches sechsmal genannt wird (Z. 8–20), lenkt der Erzähler den Fokus auf die alles dominierende Ressource. Mit einer Reihe von Assoziationen, welche auf die Entstehung des Öls vor Millionen Jahren durch Ablagerungen pflanzlicher und tierischer Partikel anspielt, verknüpft er die Kriegsgefahr mit einer märchenhaft-fantastischen Dimension: „vergrabenes Erbe, von Zwergen bewacht, geizig, zauberkundig und böse, die Sagen, die Märchen, der Teufelsschatz [...]." Diese Einbettung der Existenz des Öls in eine längst vergangene, märchenhafte Zeit erklärt den Kampf um die Bodenschätze auf mythische Art und Weise. Schon hier gilt Öl als Lebensspende für die Erde, da es in ihren „Adern" fließt und ein „Erbe" ist, welches von Zwergen bewacht wird. Die Adjektive „geizig, zauberkundig und böse" (Z. 11 f.) verdeutlichen eine Magie, die vom Öl ausgeht, und eine Gefahr, welche sich im Kampf um das Öl manifestiert. Die Metapher „Teufelsschatz" (Z. 13 f.) beinhaltet diese Ambivalenz. Der „Schatz" wird von den Menschen aus den Tiefen der Erde geborgen und verwandelt sich in ein verkäufliches Gut.

Damit wird der Blick in die Gegenwart gelenkt und der Erzähler „kommentiert die Zitate und Passagen über das Erdöl so, dass dieses selbst als Subjekt erscheint, allerdings für die Abhängigen, Flieger, Presse, die ‚Menschen' und die Zeitungsfahrer."[1] Eingeleitet durch die Frage „Was schrieben die Zeitungen?" (Z. 14), werden im Montagestil reale Schlagzeilen eingefügt, welche die gegenwärtige Problematik widerspiegeln. Um die existierende Stimmung zu verdeutlichen, listet der Erzähler nachfolgend auf, welche Kraft und Gefahr von

---

[1] Hielscher, Martin: Zitierte Moderne: Poetische Erfahrungen und Reflexionen in Wolfgang Koeppens Nachkriegsromanen und in „Jugend". Heidelberg: Winter 1988, S. 48

dieser Ressource ausgeht. Auffällig ist auch hier die beinahe anaphorische Aneinanderreihung, welche durch die nachfolgende Aufzählung der rein pejorativen Adjektive (vgl. Z. 23–25), die angespannte weltpolitische Lage betont. Unterstützt wird diese negative Darstellung durch die metaphorische Schilderung der Nachkriegszeit als „Frühjahr" (Z. 28). Das in dieser Jahreszeit beginnende neue Leben und die lang ersehnte Wärme bleiben aus, d. h., die Nachkriegszeit scheint sich nicht vom Krieg (dem Winter) selber zu unterscheiden, da nach dem Krieg vor dem Krieg ist.

Die politische Situation in Deutschland ist geprägt von Spannungen und Konflikten, der Kalte Krieg und die Aufrüstung lassen Deutschland zur „Nahtstelle"(Z. 31) werden, die jederzeit aufbrechen kann. Die vom Erzähler verwendete Hypotaxe (S. 9, Z. 29–S. 10, Z. 9) verdeutlicht dieses Spannungsgeflecht und lässt erahnen, dass im wahrsten Sinne keine Zeit für eine „Atempause" (Z. 32) bleibt. Die verwendeten Schlagworte wie *Spannung"*, „Nahtstelle", „Bruchstelle", „Atempause", „Schlachtfeld" oder „Rüstung" sowie die pejorativen Verben „verteuern", „horten", „sprengen", „flicken", „zerbrechen" oder „gebrochen" spiegeln das Leben der Menschen zu dieser Zeit wider und offenbaren die Brisanz der politischen Situation. Eben diese explosive Lage lässt sich bei genauem Hinsehen auch den Zeitungen entnehmen, sodass sie zum Spiegel der Gegenwart werden. Durch das Asyndeton hervorgehoben, werden negative Exempel genannt, die tagtäglich in den Zeitungen zu lesen sind: „Unglücksbotschaften", „gewaltsamer Tod" (S. 10, Z. 11). Zudem hebt das Stilmittel der Personifizierung die Bedeutsamkeit dieses Mediums noch hervor. Bei genauem Lesen und Hinsehen werden Zeitungen somit zu einem Messinstrument des gesellschaftlichen Klimas.

„Im vielleicht schärfsten Passus dieses Abschnittes wird nun die ganze Atmosphäre der Selbstrechtfertigungen, der heimlichen Kontinuität faschistischer Mentalität und deutscher Untertanengesinnung in ihrer spießig-militaristischen Variante evoziert; aber die Rede von *den* Tapferen, *den* Aufrechten, *den* Unschuldigen ist letztlich abstrakt."[1] So werden hier die Reaktionen autoritärer Charaktere kritisiert, wie sie auf den Umgang mit den Geschehnissen und der eigenen Vergangenheit reagieren. Damit korrespondieren die Fragen nach dem Umgang der Deutschen mit der eigenen Vergangenheit, nach einer Aufarbeitung der Kriegsereignisse und einer notwendigen Zivilcourage angesichts vergangenheitsverklärender Publikationen. Mit dem letzten Satz nimmt der Erzähler die zuvor geschilderte Situation wieder auf, da er auf die Flieger am Himmel verweist: „Die Flieger, die am Himmel rumorten, waren die Flieger der anderen."

Im Erzählanfang zeigt sich demnach bereits die implizite Kritik an den restaurativen Tendenzen der Gesellschaft und dem Umgang mit der eigenen faschistischen Vergangenheit. Hierdurch erfolgt eine sehr eindringliche, bedrohlich wirkende Schilderung der Nachkriegsrealität. Erfahrungen von Krieg, Leid, Aufrüstung und Verdrängung prägen das Bild. Die analytische Sicht auf die gesellschaftliche und politische Situation 1951 und die kritisch-warnende Distanz des Erzählers sind Ausgangspunkt und Basis der beginnenden Handlung. Vor diesem Hintergrund beginnt der Roman, und der Leser wird bedingungslos in die Welt der Figuren entlassen.

Es bietet sich an, dass die Lehrperson den ersten Textabschnitt laut vorliest, vielleicht sogar zweimal, um durch das Hörerlebnis eine stärkere Vorstellung der geschilderten Situation zu erlangen. Die gewonnenen Eindrücke und entstandenen Bilder können in einer ersten Phase ungeordnet geäußert und ggf. notiert werden. Im Anschluss an die Primärrezeption und den gemeinsamen Austausch über die Wirkung erfolgt eine detaillierte Analyse des ersten und zweiten Textabschnitts unter besonderer Berücksichtigung der Sprache und Wortwahl.

■ *Lesen Sie die ersten beiden Abschnitte und analysieren Sie die Wortwahl und den Satzbau.*

■ *Inwiefern stehen die beiden Abschnitte zueinander in Bezug?*

---

[1] ebd., S. 50

Die Ergebnisse der Analyse können in Form eines Tafelbildes oder von den Schülerinnen und Schülern eigenständig auf Overhead-Folie festgehalten werden. Im Anschluss an die Analyse des Erzählanfangs sollte eine vertiefende Deutung erfolgen, die auf die Themen und Inhalte Bezug nimmt, welche dem Leser hier eröffnet werden. Die Frage nach der Funktion einer derart negativen Darstellung der Nachkriegszeit und der warnenden Haltung des Erzählers eröffnet den Blick für den weiteren Handlungsverlauf und bietet den Schülerinnen und Schülern die Möglichkeit, Vermutungen hinsichtlich einer möglichen Figurenkonzeption anzutreten, indem sie die Rolle eines Schriftstellers übernehmen. Ebenso kann zu diesem Zeitpunkt schon die Funktion der Schlagzeilen thematisiert werden (vgl. Baustein 3.2). Folgende Aspekte könnten aufgegriffen werden:

- ■ *Welche Themen oder Aspekte, die im Erzählanfang aufgegriffen werden, scheinen Ihnen zentral?*

- ■ *Beschreiben Sie Erzählperspektive und Atmosphäre des gesamten Erzählanfangs.*

- ■ *Welche Funktion erfüllt diese Darstellung Ihrer Meinung nach zu Beginn des Romans?*

- ■ *Welche Bedeutung messen Sie in diesem Zusammenhang den Schlagzeilen bei?*

Die Ergebnisse der Erarbeitung können in einem Tafelbild festgehalten werden:

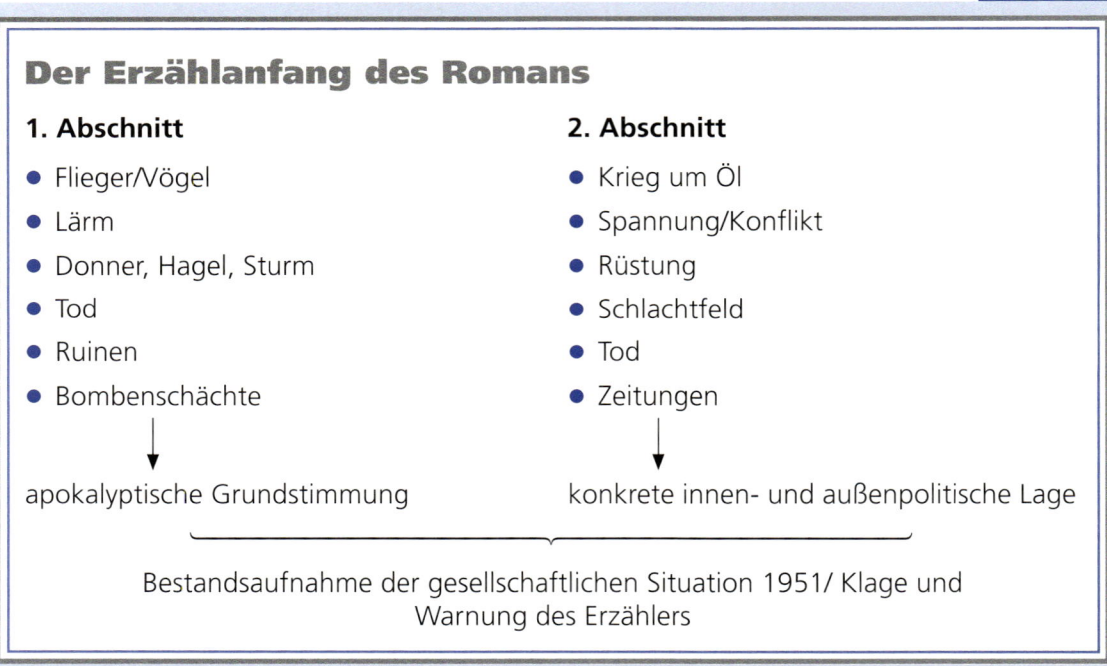

Der Erzählanfang des Romans

1. Abschnitt	**2. Abschnitt**
● Flieger/Vögel	● Krieg um Öl
● Lärm	● Spannung/Konflikt
● Donner, Hagel, Sturm	● Rüstung
● Tod	● Schlachtfeld
● Ruinen	● Tod
● Bombenschächte	● Zeitungen
↓	↓
apokalyptische Grundstimmung	konkrete innen- und außenpolitische Lage

Bestandsaufnahme der gesellschaftlichen Situation 1951/ Klage und Warnung des Erzählers

Um die Lesemotivation zu steigern, bietet es sich im Anschluss an die Analyse an, die Lernenden selbst in die Rolle des Autors schlüpfen zu lassen. Vor dem Hintergrund der gewonnenen Erkenntnisse können eigene Ideen und Erwartungen hinsichtlich der Figurenkonzeption entfaltet werden. Das Aktivieren individueller Vorstellungen führt so zu einer Verflechtung der eigenen Ideenwelt mit der Romanhandlung. Der Arbeitsauftrag für einen weiterführenden Schreibanlass lautet:

- ■ *Stellen Sie sich vor, Sie sind der Autor des Romans und konzipieren eine Romanfigur, die in dieser geschilderten Zeit (Erzählanfang) lebt. Was prägt und beeinflusst diese Figur? Wovon wird ihr Leben bestimmt? Stellen Sie Vermutungen an und skizzieren Sie Ihre Vorstellung von einer/mehreren Figur/en.*

Das Vorstellen der unterschiedlichen Figurenkonzeptionen kann nachfolgend in kleineren Gruppen erfolgen. Der Austausch über Gemeinsamkeiten und Unterschiede eröffnet den Blick für die individuelle Lesart und Leseerwartungen der Schülerinnen und Schüler. Erscheinen die Entwürfe ergiebig, ist es möglich, diese auch zu einem späteren Zeitpunkt noch einmal heranzuziehen (Figurenanalyse, Beurteilung des Romans etc.).

1.2 Dokumentieren des Leseprozesses: Lesetagebuch und Rollenbiografie

Bevor die Schülerinnen und Schüler mit der häuslichen Lektüre des Romans beginnen, sollte die Lehrperson eine kurze Einführung geben. Es ist wichtig, darauf hinzuweisen, dass die Struktur des Romans und die Vielzahl von Figuren anfangs sehr verwirrend sind. Koeppen schildert in seinem Roman den Ablauf eines einzigen Tages in einer deutschen Großstadt. Die Komplexität seiner Beobachtungen zeigt sich vor allem in der Vielzahl der Figuren. In diesem Zusammenhang wird die Kommunikations- und Beziehungsunfähigkeit der Menschen deutlich, wobei die Handlung in einzelne Episoden zersplittert ist. Die Figuren streifen durch die Stadt und begegnen sich immer wieder, ohne einander wahrzunehmen oder gar zu kennen. Zum Teil werden die Beziehungen der Figuren dem Leser erst zum Ende hin deutlich, da einige Handlungsstränge lange Zeit parallel verlaufen. Erst das Zusammenspiel aller Handlungen und Erzählabschnitte lässt das spezifische Bild der Nachkriegsgesellschaft entstehen. Zur Erleichterung der Lektüre dient eine Figurenübersicht (**Arbeitsblatt 1**, S. 35), welche während des Leseprozesses von den Lernenden ergänzt werden kann.

Die Lehrperson erklärt die Funktion des Lesetagebuchs und der „Patenschaft" über einzelne Figuren: Um die Merkmale der Figuren später im Unterricht besser besprechen zu können, werden während des Leseprozesses Fragen oder relevante Textstellen schriftlich festgehalten. Auch Aspekte oder Themen, die das Interesse wecken, können notiert werden. Zudem übernimmt jeder die „Patenschaft" für eine oder mehrere Figuren. Ziel ist es, den Blick für einen Handlungsstrang zu schärfen und den Prozess der nachfolgenden Erschließung des Romans zu vereinfachen. Es wird erwartet, dass die jeweiligen „Paten" Erläuterungen zu der jeweiligen Figur geben können. Im Anschluss an die Lektüre sollen sich die Lernenden durch das Verfassen einer Rollenbiografie möglichst intensiv in die Figur hineinversetzen und ihre Eigenschaften, Sichtweisen und die Beziehung zu anderen Figuren aufdecken (**Arbeitsblatt 2**, S. 38). Zu welchem Zeitpunkt auf die Ergebnisse zurückgegriffen wird, kann die Lehrperson entscheiden. Denkbar ist es auch, die Rollenbiografien (vgl. Arbeitsblatt 2) im Verlauf der Unterrichtsreihe an geeigneter Stelle einzubinden.

Auswerten der Rollenbiografien

Das Auswerten der Rollenbiografien kann im Anschluss an die häusliche Lektüre oder zu einem späteren Zeitpunkt im Verlauf der Unterrichtsreihe erfolgen. Falls die Auswertung als Einstieg in die Unterrichtsreihe geplant ist, muss ein zeitlicher Rahmen von ca. einer Doppelstunde eingeplant werden. Denkbar ist es, zunächst die individuellen Leseeindrücke, welche durch das Lesetagebuch dokumentiert werden, auszuwerten und anschließend die Rollenbiografien zu verlesen. Falls mehrere Schülerinnen und Schüler die „Patenschaft" für eine Figur übernommen haben, sollte eine erste Phase des Austausches und der Abstimmung in Kleingruppen erfolgen. Es folgt das Vorstellen der Ergebnisse im Plenum und ein anschließendes Deutungsgespräch. Im Anschluss können die anderen Kursteilnehmer Fragen an die Figuren stellen, welche die jeweiligen „Paten" aus ihrer Rolle heraus beantworten. Die Schülerinnen und Schüler versetzen sich durch diese Methode in die Figuren und müssen aus

ihrer Textkenntnis heraus argumentieren und antworten. Die Chance besteht darin, sich in das Denken und Fühlen der Figuren hineinzuversetzen und somit einen ersten, individuellen Zugang zu erlangen. Wichtig ist dabei, dass nicht *über* die Figur gesprochen wird, sondern aus der Rolle heraus geantwortet wird (*„Ich denke, dass…"*).
Der Arbeitsauftrag für die Gruppenarbeit lautet:

■ *Setzen Sie sich in Ihrer Gruppe zusammen und lesen Sie sich gegenseitig Ihre Rollenbiografien vor. Vergleichen Sie diese, indem Sie Gemeinsamkeiten und Unterschiede herausstellen.*

■ *Wählen Sie eine gelungene Rollenbiografie aus und ergänzen Sie diese ggf. um relevante Aspekte. Ein Schüler/eine Schülerin sollte diese vorlesen und sich den Fragen der Mitschüler (an die Figur) stellen.*

Ergänzend ist für Gruppen, die vorzeitig fertig sind, folgende Aufgabe denkbar:

■ *Überlegen Sie sich Fragen, die Sie den Figuren stellen möchten.*
Beispiele: Edwin, fühlen Sie sich in der Stadt wohl? Alexander, was bedeutet Ihnen Ihre Tochter? Carla, was denken Sie über Ihre Mutter?

Während der Präsentationsphase bietet es sich an, die Gesprächsleitung an die jeweiligen Gruppen oder einen Schüler, der die Moderationstätigkeit übernehmen will, abzugeben. Für Schülergruppen, die darin geübt sind, stellt das selbstständige Präsentieren und Auswerten keine Schwierigkeit dar. Die Lehrperson kann sich so auf die Inhalte konzentrieren und ggf. selbst Fragen an die Figuren stellen, um das methodische Vorgehen zu verdeutlichen. Eine Absprache hinsichtlich der Ergebnissicherung sollte vorher getroffen werden (Notizen anlegen, Kopien erstellen).
Nachdem alle Figuren vorgestellt worden sind, sollte ein Auswertungsgespräch erfolgen, welches sowohl auf die Inhalte als auch auf die Methodik Bezug nimmt. Zu erwarten ist, dass die Schüler im Anschluss an dieses Verfahren eine genauere Vorstellung von den Figuren haben und sich Fragen bereits in dieser Phase geklärt haben. Existierende Beziehungen, Konflikte oder Handlungsstränge erscheinen transparenter. Insofern wird diese Methodik zwar als sehr zeitintensiv eingestuft, die Ergebnisse rechtfertigen aber das Vorgehen. Abschließend bietet es sich an, die Ergebnisse schriftlich festzuhalten und eine weiterführende Aufgabe zu stellen, welche das existierende Personengefüge systematisiert.

■ *Wie beurteilen Sie das durchgeführte Verfahren im Hinblick auf die Ergebnisse?*

Der weiterführende Arbeitsauftrag kann wie folgt lauten:

■ *Lassen sich die Figuren bestimmten Gruppen zuordnen? Welche Beziehungen und Konflikte zeigen sich zwischen den Figuren? Entwerfen Sie ein Schaubild, welches die Figurenkonstellation des Romans zum Ausdruck bringt.*

Als (vereinfachte) Alternative ist folgender Arbeitsauftrag möglich:

■ *Wie ist das Verhältnis Ihrer Figur zu anderen Figuren des Romans? Gibt es Spannungen und Konflikte, Liebesbeziehungen oder familiäre Verknüpfungen? Welche Begegnungen werden geschildert? Entwerfen Sie ein Schaubild, welches dieses zum Ausdruck bringt.*

1.3 Die ersten Leseeindrücke: Kartenabfrage und Reihenplanung

In der Phase der Primärrezeption ist es vorstellbar, dass sich die Schülerinnen und Schüler gruppenweise zusammenfinden und ihre individuellen Leseeindrücke austauschen. Falls der Auftrag zum Erstellen eines Lesetagebuches (**Arbeitsblatt 2**, S. 38) gegeben wurde, wird die Auswertung etwas mehr Zeit in Anspruch nehmen. Bei aufwendiger Gestaltung der Lesetagebücher sollte die Lehrperson diese einsammeln und eine individuelle Rückmeldung geben.

Jede/r Lernende erhält zunächst drei vorbereitete Karten (**Arbeitsblatt 3**, S. 39) und den Auftrag, positive und negative Leseeindrücke stichwortartig zu notieren. Dann findet ein Austausch innerhalb der Gruppe statt, die Ergebnisse werden zusammengefasst und schriftlich festgehalten (Zettel, Plakat, Folie etc.).

Der Arbeitsauftrag für die Erarbeitung lautet:

■ *Was haben Sie als positiv, was als negativ empfunden? Notieren Sie Ihre Leseeindrücke zunächst jede/r für sich auf dem Arbeitsblatt.*

■ *Tauschen Sie sich im Anschluss in den Gruppen über Ihre Leseerfahrungen aus. Welche Fragen oder Probleme haben sich beim Lesen ergeben? Welche Aspekte oder Themen interessieren Sie?*

■ *Fassen Sie Ihre Ergebnisse stichpunktartig zusammen, halten Sie diese schriftlich fest (Zettel, Folie, Plakat) und präsentieren Sie sie.*

Nach der Gruppenarbeit erfolgt eine gemeinsame Auswertung, in der die Gruppen ihre Ergebnisse kurz vorstellen. Eine anschließende Systematisierung und Abstraktion findet statt, indem die auftauchenden Gemeinsamkeiten einzelner Karten als übergeordneter Aspekt (Erzählstil, Orte, Figuren, Handlung, Beziehungen etc.) an der Tafel festgehalten und Reihenschwerpunkte festgelegt werden.

■ *Lassen sich die Karten zu Gruppen ordnen? Formulieren Sie jeweils einen übergeordneten Aspekt.*

■ *Gibt es Aspekte im Unterricht, die wir behandeln sollten?*

1.4 Eine Neuauflage?

Der Einstieg in den Roman kann auch in kreativer Form durch das Illustrieren eines Umschlags erfolgen. Da der Roman in verschiedenen Verlagen erschienen ist, sind die unterschiedlichen Titelbilder als Impuls für eine kreative Auseinandersetzung denkbar (**Zusatzmaterial 1**, S. 225). Die Lehrperson kann zum Beispiel eine andere Ausgabe mitbringen oder das Titelbild auf Folie kopieren. Durch die individuelle Gestaltung des Umschlags und die nachfolgende Diskussion erfolgt eine erste Auseinandersetzung mit dem Roman und den individuellen Lesarten.

■ *Betrachten Sie das Titelbild. Halten Sie es für gelungen? Begründen Sie Ihre Meinung.*

Der Arbeitsauftrag für den folgenden Schreibanlass lautet:

■ *Der Roman „Tauben im Gras" soll aufgrund der hohen Nachfrage in einer Neu-auflage erscheinen. Sie werden als Illustrator mit dem Entwurf des Umschlags beauftragt. Entwerfen Sie ein Titelbild und begründen Sie Ihren Entwurf.*

Die einzelnen Entwürfe werden im Plenum vorgestellt und diskutiert, um die verschiedenen Facetten der Deutung zu erschließen. Dazu werden die Produkte einzeln vorgestellt, erläu-tert und an der Tafel befestigt. In einer anschließenden Phase der Auswertung kann Stellung bezogen werden. Die Lehrperson tritt in dieser Phase zurück, um eine freie Meinungsäuße-rung der Kursteilnehmer zu ermöglichen. Zum Abschluss bietet es sich an, die verschiedenen Aspekte der Diskussion im Hinblick auf den Roman zu bündeln.

■ *Fassen Sie noch einmal die zentralen Aspekte der Auswertung zusammen. Was haben Sie über den Roman erfahren?*

Notizen

_____

_____

_____

_____

_____

_____

_____

_____

_____

_____

_____

_____

_____

_____

_____

_____

Figurenübersicht – Wolfgang Koeppen „Tauben im Gras"

Figuren	Charakter/Beziehung	Textstellen	Fragen/Anmerkungen
Edwin	Der amerikanische Schriftsteller ist in die Stadt gekommen, um einen Vortrag im Amerikahaus zu halten.		
Philipp	Er ist ein erfolgloser Schriftsteller und ist mit Emilia verheiratet.		
Emilia	Sie leidet erheblich unter dem Verlust ihres eigenen Wohlstandes.		
Alexander	Er ist ein erfolgreicher Schauspieler und mit Messalina verheiratet.		
Messalina	Sie ist dem kurzweiligen und oberflächlichen Partyleben verfallen.		
Hillegonda	Die kleine Tochter von Alexander und Messalina leidet unter großen Ängsten.		
Emmi	Sie ist das Kindermädchen von Hillegonda und eine gottesfürchtige Frau.		
Frau Behrend	Sie ist von ihrem Mann wegen einer Tschechin im Zweiten Weltkrieg verlassen worden.		

Figuren	Charakter/Beziehung	Textstellen	Fragen/Anmerkungen
Herr Behrend	Herr Behrend lebt glücklich mit Vlasta zusammen und verdient sich seinen Lebensunterhalt mit Unterhaltungsmusik.		
Carla Behrend	Sie ist die Mutter von Heinz und erwartet von Washington Price ein Kind.		
Heinz Behrend	Der Junge hadert mit seinem neuen Stiefvater Washington.		
Washington Price	Washington ist ein schwarzer Sergeant der US-Army. Er glaubt an eine gemeinsame Zukunft mit Carla.		
Dr. Behude	Er ist Psychologe und leidet trotz der zahlreichen, durch den Krieg psychisch krank gewordenen Menschen an Geldnot.		
Schnakenbach	Der ehemalige Gewerbelehrer hat sich während des Krieges mit Tabletten aufgeputscht und ist tablettensüchtig geworden.		
Dr. Frahm	Der Frauenarzt erklärt sich zunächst bereit, die Abtreibung bei Carla vorzunehmen.		
Odysseus Cotton	Er ist ein schwarzer US-Amerikaner und besucht die Stadt.		
Josef	Der Dienstmann leidet unter den Folgen des Krieges und trägt Odysseus das Kofferradio.		

Figuren	Charakter/Beziehung	Textstellen	Fragen/Anmerkungen
Richard Kirsch	Er ist Luftwaffensoldat und besucht in Deutschland seine Verwandten, die Familie Behrend.		
Christopher Gallagher	Der Steueranwalt Christopher Gallagher ist mit seinem Sohn Ezra in Deutschland zu Besuch.		
Henriette Gallagher	Ihre jüdischen Eltern sind von den Nationalsozialisten ermordet worden.		
Ezra Gallagher	Der Junge ist mit seinem Vater in der Stadt.		
Susanne	Sie ist eine Prostituierte und begegnet Odysseus, zu dem sie sich hingezogen fühlt.		
Die Lehrerinnen Mrs. Wescott/ Mrs. Burnett	Die Reisegruppe amerikanischer Lehrerinnen trifft in der Stadt ein und besichtigt verschiedene Sehenswürdigkeiten.		
Kay	Die junge Amerikanerin löst sich von der Reisegruppe.		

■ *Ergänzen Sie während des Lesens die Spalten der vorliegenden Figurenübersicht, indem Sie die Angaben zum Charakter bzw. zu den Beziehungen der Figuren vervollständigen und zentrale Textstellen, Fragen oder Anmerkungen notieren.*

Lesetagebuch und Rollenbiografie

1. *Machen Sie sich bereits während der Lektüre des Romans erste Notizen. Notieren Sie Fragen, Unklarheiten oder Aspekte, die Sie interessieren. Achten Sie dabei besonders auf die hier farbig markierte Figur (Figuren), für welche Sie die Patenschaft/en übernehmen:*

Emilia	Philipp	Edwin	Christopher Gallagher	Schnakenbach	Heinz
	Dr. Behude	Herr Behrend	Alexander	Frau Behrend	Susanne
	Richard Kirsch	Josef	Carla	Washington Price	Kay	Ezra
	Die Lehrerinnen	Hillegonda	Messalina	Dr. Frahm	Odysseus Cotton

2. *Halten Sie wichtige Textstellen und Ihnen zentral erscheinende Zitate schriftlich fest (mit Textbelegen).*
- *Welche Eigenschaften zeigt die Figur?*
- *Welche Meinungen vertritt sie?*
- *In welcher Beziehung steht sie zu anderen Figuren des Romans?*
- *Was fällt insgesamt auf?*
- *…*

3. *Versetzen Sie sich nun möglichst intensiv in Ihre Figur (Figuren) hinein und schreiben Sie eine Rollenbiografie. Eine Rollenbiografie ist ein kreativer Akt, in welchem Sie sich in die Rolle einer Figur hineinversetzen. Sie können z. B. so beginnen: „Mein Name ist Emilia. Ich bin …"*
Um eine Rollenbiografie zu erstellen, können Sie diesen Impulsen folgen:
- *Wer bin ich?*
- *Welche Meinungen und Ansichten vertrete ich?*
- *Welche Gefühle habe ich?*
- *Welchen Anteil habe ich an der Handlung der „Geschichte"?*
- *…*

Orientieren Sie sich bei der Arbeit zunächst am Romantext. Bauen Sie in Ihre Rollenbiografie mindestens zwei Zitate aus dem Roman ein. Fügen Sie aber vor allem auch eigene Gedanken, Fantasien usw. hinzu, die Sie für passend halten.

Die ersten Leseeindrücke (Kartenabfrage)

Was hat Ihnen an dem Roman gefallen?

_____
_____
_____
_____
_____
_____
_____

Was hat Ihnen an dem Roman nicht gefallen?

_____
_____
_____
_____
_____
_____
_____

Fragen und Themen, denen Sie im Verlauf der Reihe nachgehen wollen:

_____
_____
_____
_____
_____
_____
_____

Der Aufbau des Romans

Dieser Baustein soll den Schülerinnen und Schülern eine Hilfe bieten, sich der zunächst unübersichtlich erscheinenden Handlung zu nähern und einen Überblick über die Grundstruktur des Romans zu erhalten. Da sich Koeppen in seinem Roman nicht auf einen Handlungsstrang konzentriert, sondern viele kleine, zersplitterte Episoden aufzeigt, sind als Hilfestellung eine tabellarische Übersicht über Inhalte, Figuren und Schauplätze (**Handlungsübersicht, Arbeitsblatt 4**, S. 54) sowie das gezielte Aufzeigen von einzelnen Handlungssträngen vorgesehen. Die gemeinsame Analyse des Erzählanfangs und -schlusses öffnet den Blick für die spezifische Erzählstruktur des Werkes. Im Einzelnen geht es um:

● das Erstellen eines tabellarischen Romanüberblicks
● das Visualisieren der Wege einzelner Figuren
● die Analyse der Raumgestaltung
● die kreative Ausgestaltung einer Szene (Kreuzung)
● die Analyse der Rahmenstruktur

2.1 Die Gesamtstruktur des Romans

Eine stringente und komprimierte Inhaltserläuterung ist bei der Vielzahl von Personen und Handlungssträngen schwierig. Die Erlebnisse der einzelnen Protagonisten werden nicht stringent erzählt, sondern verdichten sich erst allmählich zu einem Gesamtbild. Das Geschehen ist in Kurzszenen aufgelöst, welche dem Leser wie Mosaiksteinchen erscheinen. Sie wirken auf den ersten Blick unübersichtlich, denn es werden erst nach und nach Verbindungen zwischen den Figuren hergestellt. Erst am Ende der Romanhandlung kommt es zu einer Zusammenführung der Erlebnisse vieler Figuren beim Vortrag des amerikanischen Dichters Edwin und dem Angriff gegen den „Negerklub". „Die formale Anlage des Romans hat dabei durchaus Arrangement-Charakter; die Personen werden kunstvoll gegeneinander bewegt: sie treffen und begegnen sich, verlieren sich wieder, treffen andere, finden sich erneut, in stets wechselnden Konstellationen, einer kaleidoskopartigen Kombinatorik vergleichbar."[1]

Diese Anordnung und die fehlende Kapitelzählung erschweren den Leseprozess. Somit erscheint es für die Analyse des Romans und das genauere Betrachten einzelner Aspekte notwendig, eine grobe Gliederung und Inhaltserläuterung vorzunehmen. Da ein detailliertes Vorgehen jedoch aufgrund der Konzeption des Romans wenig sinnvoll erscheint, wird das nachfolgende Verfahren als eine Art Strukturierung verstanden. Die Übersicht kann demzufolge Unterrichtsprozesse erleichtern und verhindert das lange Suchen von Textstellen; sie stellt ein hilfreiches Instrument bei der anschließenden Romananalyse dar.

---

[1] Hartmut Buchholz: Eine eigene Wahrheit: Über Wolfgang Koeppens Romantrilogie *Tauben im Gras, Das Treibhaus, Der Tod in Rom.* Frankfurt am Main/Bern: Peter Lang 1982, S. 57 f.

An dieser Stelle bietet es sich an, induktiv vorzugehen und die Schülerinnen und Schüler die Handlungsübersicht selbstständig erstellen zu lassen. Es erfolgt so eine vertiefende Auseinandersetzung mit dem Roman, welche den Blick für die Gesamtstruktur öffnet und eine Hilfe für nachfolgende Analysen ist. Aus Zeitgründen sollte man arbeitsteilig vorgehen, sodass die Schülerinnen und Schüler gruppenweise arbeiten und bestimmte Abschnitte des Romans zusammenfassen. Denkbar ist es auch, das Erstellen der Übersicht als langfristige, lektürebegleitende Hausaufgabe anzulegen. Die Vorgaben der Seiten und Abschnittseinteilung sollten verbindlich geregelt werden, da die Diskussion sich sonst im Detail verfangen könnte[1] (**Arbeitsblatt 4**, S. 54). Inwiefern die Ergebnisse der Gruppen kontrolliert oder verglichen werden müssen, sollte die Lehrperson individuell entscheiden. Eine Lösung für die Lehrperson findet sich vor den Bausteinen (Handlungsübersicht).
Der Auftrag für die Gruppenarbeit lautet:

- *Übertragen Sie die Tabelle in Ihr Heft und übernehmen Sie die vorgegebene Abschnittseinteilung.*

- *Erstellen Sie eine Übersicht, indem Sie kurz den Inhalt der Ihnen zugewiesenen Abschnitte zusammenfassen (Figuren, Inhalt, Schauplätze).*

Nachdem die Übersicht über den Roman erstellt wurde, sollte ein vertiefendes Unterrichtsgespräch über die Gesamtstruktur erfolgen. Auffällig ist, dass die zunächst ungeordnet erscheinenden Handlungsepisoden durchaus einem Gliederungsprinzip folgen. So wählt Koeppen zunächst einmal die Zeit als Strukturprinzip aus, da sich die Handlung an einem einzigen Tag (ca. 18 Stunden) ereignet. Hinweise im Text lassen dies erkennen, wie z. B.: „Die Glocken riefen zur Frühmesse" (S. 13), „Ein Tag lag vor ihm" (S. 28), „der Nachmittag" (S. 148) oder „Mitternacht schlägt es von der Turmuhr" (S. 227).
Von Bedeutung sind zudem die verschiedenen Schauplätze oder Orte, an denen sich einzelne Figuren begegnen. Als Beispiel sei auf den Bahnhof, verschiedene Kneipen oder das Baseballstadion verwiesen. In besonderer Weise fällt dem Leser eine Kreuzung auf, welche zeitgleich von Odysseus, Josef, Emilia, Messalina, Mr. Edwin, Dr. Behude, Washington Price und den Lehrerinnen passiert wird. Mit unterschiedlichen Verkehrsmitteln aus unterschiedlichen Anlässen und mit ganz unterschiedlichen Zielen kreuzen sich die Wege dieser Figuren. Das Aufeinandertreffen an der Straßenkreuzung offenbart die Zufälligkeit und Beliebigkeit des menschlichen Zusammenlebens. Menschen streifen durch die Stadt, sie begegnen sich immer wieder, ohne einander wahrzunehmen oder gar zu kennen. Der Mensch lebt als isoliertes Wesen in einer von Betriebsamkeit und Hektik geprägten Stadt. Markant ist in diesem Zusammenhang die Konzeption des Schlusses, da die Erlebnisse der einzelnen Figuren beim Vortrag des amerikanischen Dichters Edwin, dem Besuch des Bräuhauses und dem Angriff auf den „Negerklub" zusammengeführt werden. Verschiedene Figuren begegnen sich an diesen Orten, sprechen miteinander, trennen sich aber auch wieder. Durch das erzählerische Arrangement ist dem Leser bewusst, dass ein Gespräch zwischen einzelnen Figuren interessant wäre, wie zum Beispiel zwischen Philipp und Edwin. Doch das Aufeinander-Zugehen, die Begegnung, die Kommunikation findet hier nicht statt. Menschliche Isolation dominiert das Leben.
Hinzu kommt, dass Koeppen als weiteres Gliederungsprinzip Verbindungen zwischen Figuren wählt, die der Leser erst sukzessiv erkennt. Zum Beispiel wird die Figur der Frau Behrend schon zu Beginn des Romans (vgl. S. 17) eingeführt, die Beziehung zu ihrer Tochter Carla (vgl. S. 47) und die Rassismusproblematik in Verbindung mit ihrem Mann (vgl. S. 85) werden für den Leser aber erst zum Ende hin deutlich. Zudem zeigt sich, dass durch die Gestaltung des Erzählanfangs und -schlusses ein weiteres Gliederungsprinzip existiert. Im

---

[1] Es gibt in den verschiedenen Ausgaben keine einheitliche Kapitelzählung. Die vorgenommene Abschnittserzählung wird durch Arbeitsblatt 4, S. 54, ersichtlich.

Folgenden können diese einzelnen Aspekte noch genauer analysiert werden und die Lehrperson kann individuelle Schwerpunkte setzen (vgl. 2.2/2.3).

Zusammenfassend lässt sich festhalten, dass Koeppen die zunächst ungeordnet erscheinenden Episoden bei genauerem Betrachten strukturiert und nach einem Gliederungsprinzip anordnet. So entsteht eine Struktur, welche der Leser jedoch erst nach und nach entdeckt. In gewisser Weise wird der Leser durch dieses erzählerische Arrangement selbst in die Rolle der Figuren hineinversetzt, die ständig fremden Menschen begegnen und sich in der Großstadt zurechtfinden müssen. Inwiefern Sprache oder Motive zum Gliederungsprinzip werden, wird in Baustein 4 detailliert aufgegriffen.

Impulse für ein Deutungsgespräch können sein:

- ■ *Betrachten Sie den Aufbau des Romans. Fällt Ihnen etwas auf?*

- ■ *Lassen sich im Roman Gliederungsprinzipien erkennen?*

- ■ *Wodurch werden Figuren und Handlungsstränge zusammengehalten?*

- ■ *Wie legt Koeppen die Gesamtstruktur seines Romans an?*

- ■ *Welche Wirkung hat die Anlage des Romans auf den Leser?*

Die Ergebnisse des Unterrichtsgesprächs können in Form eines Tafelbildes festgehalten werden.

Die Gesamtstruktur des Romans

- ● zeitlicher Rahmen (ca. 18 Stunden)
- ● Einheit des Ortes (Großstadt)
- ● Schauplätze/Orte
- ● Figurengruppen
- ● verschiedene Handlungsstränge
- ● Rahmenstruktur (Erzähler)
- ● Knotenpunkte (z. B. Amerikahaus, Bräuhaus, Negerklub)

➡ Zu Beginn des Leseprozesses: Desorientierung des Lesers

Mit fortschreitender Lektüre: Entdecken einzelner Strukturelemente

---

2.2 Wege durch das Labyrinth – Wege der Figuren

Nachdem sich die Schülerinnen und Schüler einen ersten Überblick über die Gesamtstruktur des Romans verschafft und Gliederungsprinzipien entdeckt haben, bietet es sich an, einzelne Handlungsstränge und Wege der Figuren genauer zu betrachten. Alle Figuren sind in Parallelaktionen miteinander verknüpft; Koeppen konzipiert die Figuren im Einzelnen aber sehr unterschiedlich: Einige Figuren erscheinen regelrecht isoliert, da sie keinen Bezug zu anderen Figuren haben (Edwin). Andere Figuren scheinen sich nur zufällig zu begegnen, ohne dass es zu einer Kommunikation kommt (Edwin und Philipp). Ebenso lassen sich Beispiele von einem zufälligen, beinahe grotesk wirkenden Aufeinandertreffen (Lehrerinnen und Philipp) finden. Begegnungen, die als gelungen oder konstruktiv bezeichnet werden können, stellen im Roman die Ausnahme dar (Washington und Carla).

Besondere Bedeutung kommen in diesem Zusammenhang Orten und Schauplätzen zu, an denen es zu Begegnungen und Gesprächen zwischen einzelnen Figuren kommt. „[Sie] eröffnen sozusagen Durchgangsstrecken und Treffpunkte für die Hauptfiguren, Sammelpunkte des zufälligen Nebeneinanders [...], Zielpunkte für korrespondierende, aber auch zeitlich verschoben auftretende Personen."[1] Das Amerikahaus oder der „Negerklub" zum Beispiel gleichen einem Knotenpunkt im Netz der Begegnungen, da sie das Zusammentreffen zahlreicher Figuren ermöglichen. Verschiedene Handlungsstränge werden gezielt zusammengeführt, sodass es an diesen Orten zu Begegnungen, zum Kontakt, aber auch zu Missverständnissen kommt. Ziel der nachfolgenden Verfahren ist es, diese räumlichen Verknüpfungen deutlich zu machen und die Knotenpunkte der Begegnungen genauer in den Blick zu nehmen. Die Gestaltung des Raumes und die Konstruktion der Figurenwelt werden folglich wie in einem „Zoomverfahren" betrachtet, einzelne Figuren und ihre Wege werden genauer „unter die Lupe" genommen.

Als Einstieg in die Erarbeitung bietet es sich an, ein Bild des Architekten Giovanni Battista Piranesi (1720–1778), zu wählen, den Koeppen einige Male erwähnt (**Arbeitsblatt 5**, S. 56). Piranesi veröffentlichte 1750 eine Serie von vierzehn Radierungen mit dem Titel *Invenzioni Capric(ciose) di Carceri,* eine einfallsreiche Erfindung von Kerkern, die einer Labyrinth-Darstellung gleicht. Dabei werden neue, komplexe Raumkonzeptionen experimentell erprobt und mit großer grafischer Freiheit optisch zugleich erschlossen und verrätselt. Der Rezipient lässt sich beim Betrachten in diese architektonische Vielfalt hineinziehen und stellt inmitten des Labyrinths fest, dass er in ein Chaos zusammenhangloser Einzelperspektiven geraten ist, die sich im Unendlichen verlieren. Bislang verbindliche Gesetze des räumlichen Vorstellungsvermögens besitzen hier keine Gültigkeit mehr und erweisen sich als unzureichend.

In analoger Weise erscheinen auch die Figurenwelt und die geschilderten Wege in der Stadt auf den Leser wie ein Labyrinth, da sie unstrukturiert und verwirrend wirken. Zum Teil entsteht der Eindruck, als würden die Figuren planlos umherirren und jede Begegnung erfolge zufällig. Wo die Wege der einzelnen Figuren enden oder hinführen, ist am Ende des Romans nicht beantwortbar, da Koeppen lediglich einen Ausschnitt ihres Lebens, einen Tag schildert. Somit ist auch der Leser auf dem Weg durch das Labyrinth, da er sich seinen Weg durch die Figurenwelt suchen und sich zurechtfinden muss. Das Bild kann auf Folie präsentiert werden. Spontane Assoziationen und Deutungen sollten geäußert und ggf. von der Lehrperson im Hinblick auf die Fragestellung gebündelt werden. Die gedankliche Überleitung zu einem der nachfolgenden Verfahren ist dadurch möglich.

Impulse für den Einstieg über das Bild können lauten:

■ *Äußern Sie sich zu den Bildern.*

■ *Mit welchem Problem sieht sich der Rezipient konfrontiert?*

■ *Lassen sich Bezüge zum Roman herstellen?*

■ *Inwiefern ähneln die Wege der Figuren Wegen in einem Labyrinth?*

Das Netz der Begegnungen – die Wege einzelner Figuren

Die Verortung der Romanhandlung in die Stadt München ist allgemein unumstritten, für die Deutung aber eher sekundär, da die Exemplarität im Vordergrund steht. Ebenso wie die Figuren und Ereignisse dienen auch die Schauplätze der Konzeption eines realitätsnahen Bildes einer deutschen Großstadt der Nachkriegszeit. So entsteht durch die wiedererkennbaren Plätze und Straßen, Kirchen und Gaststätten, Kinos und Kneipen nach und nach das

---

1 Jürgen Hein: Wolfgang Koeppen: Tauben im Gras. In: Herbert Kaiser; Gerhard Köpf (Hrsg.): Erzählen, Erinnern. Deutsche Prosa der Gegenwart. Interpretationen. Frankfurt am Main: Diesterweg 1992, S. 44

Bild einer typischen, zertrümmerten Nachkriegsstadt. Die Ausgestaltung des Raumes spielt demnach eine zentrale Rolle im Roman. „Die beschriebene räumliche Nähe von Amerika-haus, Bräuhaus, Negerclub lässt die Gebäude wie auf einer Kulisse perspektivisch verkürzt, nahe gerückt, vergrößert und symbolisch bedeutsam erscheinen. Die erwähnten Lokalitäten [...] gewinnen metaphorische Aussagekraft für die unterschiedlichen Brennpunkte der Stadt."[1] Vor diesem Hintergrund bietet es sich für die nachfolgende Erarbeitung an, eine fiktionale Skizze der im Roman geschilderten Stadt heranzuziehen, um die Wege und Be-gegnungen der Figuren zu visualisieren. Nicht die maßstabs- und wahrheitsgetreue Abbil-dung steht hier im Vordergrund, sondern das Verfolgen einzelner Wege und Aufzeigen von Knotenpunkten. Ziel ist es, mithilfe des skizzenhaften Stadtplans das Netz der Begegnungen exemplarisch zu entknoten und für die Schülerinnen und Schüler sichtbar zu machen.

Aufgrund der Vielzahl der Figuren ist es sinnvoll, vorab eine Auswahl zu treffen und sich auf einzelne Handlungsstränge zu konzentrieren z. B.: Edwin, Philipp, Emilia, Alexander, Messa-lina, Frau Behrend, Carla und Washington. Die Schülerinnen und Schüler können sich je nach Interesse einzelnen Figuren zuordnen.

Jeder/jede erhält einen „Stadtplan" (**Arbeitsblatt 6**, S. 57) und soll nun die Wege einzelner Figuren rekonstruieren und in den „Stadtplan" einzeichnen. Exemplarisch erhalten einige Schülerinnen und Schüler zusätzlich den Plan auf Folie, um den Weg ihrer Figur festzuhalten. Idealerweise zeichnen alle Gruppen mit unterschiedlichen Farben, sodass beim Vergleich die Unterscheidung leichter fällt. In der anschließenden Präsentationsphase stellen die Schüle-rinnen und Schüler ihre Ergebnisse im Plenum vor, ggf. können Fragen oder Unklarheiten geklärt werden. Weiterführend bietet es sich an, einzelne Folien übereinander zu legen (z. B. Edwin und Philipp, Philipp und Emilia, Carla und Washington, Alexander und Messalina usw.), um so zu verdeutlichen, dass die Wege der Figuren einem Netz gleichen.

Durch dieses Verfahren sollen folgende Aspekte aufgezeigt werden: die Parallelität der Hand-lungen, das Sich-Kreuzen von Wegen, die Existenz von Knotenpunkten oder die identisch verlaufenden Wege einzelner Figuren. Hier kann je nach Interesse und Fragestellung des Kurses der Fokus auf eine Figurengruppe oder Konstellation gelegt werden. Abschließend sollte die Lehrperson das Verfahren im Hinblick auf die gewonnenen Erkenntnisse reflektieren und die Frage nach der Romanstruktur stellen. Der Eindruck der Beliebigkeit der geschilderten Handlung wird sich bei den Schülerinnen und Schülern zum Teil revidieren, da sich zeigt, dass Koeppen die Begegnungen und Wege der Figuren bewusst arrangiert. Es handelt sich hier um eine Form des „arrangierten Zufalls", da gerade das Ausgestalten der Knotenpunkte das bewusste Konzipieren der Figurenwelt offenbart.

Impulse für ein Unterrichtsgespräch können sein:

■ *Welche Kenntnisse haben Sie über das Arrangement der Figuren und ihrer Wege durch die Stadt erhalten?*

■ *Welche Schauplätze und Räume scheinen eine besondere Bedeutung zu bekom-men?*

■ *Welche Rückschlüsse lassen sich im Hinblick auf Koeppens Romangestaltung ziehen?*

■ *Wie beurteilen Sie die Methode hinsichtlich der gewonnenen Kenntnisse?*

Die Ergebnisse können in einem Tafelbild festgehalten werden:

---

[1]   ebd., S. 43

Die Wege der Figuren im Roman

Besonderheiten:

- Parallelität der Wege
- zufälliges Kreuzen der Wege
- Existenz von Knotenpunkten
- Figuren gehen identische Wege
- zeitliche Unterschiede

**Figurenwege gleichen einem Netz
(Netz der Begegnung)**

Wege durch die Stadt – exemplarische Handlungsstränge

Als Alternative ist in diesem Zusammenhang ebenso das exemplarische Betrachten und Visualisieren von Handlungssträngen denkbar. Auch hier ist es sinnvoll, sich auf die Hauptfiguren und ihre Wege durch die Stadt zu konzentrieren (Edwin, Philipp, Emilia, Alexander, Messalina, Frau Behrend, Carla und Washington). Die Schülerinnen und Schüler dürfen sich in einer ersten Phase der Erarbeitung eine Hauptfigur aussuchen und lesen mithilfe der Inhaltsübersicht noch einmal die entsprechenden Textpassagen (**Arbeitsblatt 4**, S. 54). In einer kreativen Weiterführung erhalten die Lernenden nun die Aufgabe, den im Roman geschilderten Tagesablauf der ausgewählten Figur und die von ihr aufgesuchten Orte/ Schauplätze zu skizzieren. Die Umsetzung kann sehr unterschiedlich erfolgen, da eine Vielzahl an Möglichkeiten besteht, z. B. Skizzen, Symbole, tabellarische Übersichten, Stadtpläne, Verlaufsprotokoll etc. So ist es denkbar, dass der Tagesablauf von Emilia in einem Verlaufsprotokoll festgehalten wird (Beispiel: 8.00 Uhr: Emilia erwacht in ihrem Haus in der Fuchsstraße/10.00 Uhr: Sie geht durch die Stadt zum Leihamt etc.).

Die Vielfalt an Umsetzungsmöglichkeiten stellt an dieser Stelle eine sinnvolle Öffnung dar, da individuelle Deutungen realisiert werden können. Das anschließende Präsentieren der Ergebnisse kann in Form einer „Ausstellung" erfolgen. Die Kursteilnehmerinnen und Kursteilnehmer legen ihre Ergebnisse auf den Tischen aus und jeder darf umhergehen, um sich die Produkte anzuschauen. Fragen oder Rückmeldungen werden im Anschluss geäußert. Durch dieses schüleraktivierende Verfahren kann jede Leistung honoriert werden und der direkte Vergleich der Ergebnisse stellt den Ausgangspunkt für ein nachfolgendes Unterrichtsgespräch dar.

Die Aufgabenstellung für den Schreibauftrag lautet:

■ *Wählen Sie eine Figur aus und lesen Sie noch einmal die entsprechenden Seiten mithilfe der Übersichtstabelle. Achten Sie besonders auf die Schauplätze und Orte, welche die jeweilige Figur besucht, und machen Sie sich kurz Notizen.*

■ *Visualisieren oder skizzieren Sie den Tagesablauf, indem Sie die verschiedenen Orte, welche die Figur besucht, aufnehmen. Berücksichtigen Sie ggf. auch die Begegnungen (verbal – nonverbal) mit anderen Figuren.*

In dem nachfolgenden Unterrichtsgespräch sollte zunächst auf die formale und individuelle Umsetzung, d. h. die konkrete Schülerleistung, Bezug genommen werden. Exemplarisch kann anhand einzelner Ergebnisse noch einmal auf den Weg der Figuren durch die Stadt eingegangen werden. Auch der Vergleich einzelner Arbeiten bietet sich an (Emilia und Philipp, Edwin und Philipp, Carla und Washington etc.), um die Parallelität oder das Sich-Kreuzen von Wegen zu veranschaulichen. Falls zuvor noch nicht auf die Bedeutung oder Existenz von Knotenpunkten (Kreuzung, Amerikahaus, Negerklub) eingegangen wurde, sollte dies jetzt erfolgen. Der anfangs geschilderte Eindruck der Beliebigkeit wird auch durch dieses Verfahren bei den Schülerinnen und Schülern relativiert, da sich in besonderer Weise durch das Aufzeigen der Wege und die Ausgestaltung des Raumes das gezielte Arrangieren des Geschehens offenbart.

Impulse für ein Unterrichtsgespräch können sein:

■ *Welche Kenntnisse haben Sie durch das Visualisieren über das Arrangement der Figuren und ihrer Wege erhalten?*

■ *Welche Schauplätze sind im Handlungsverlauf zentral?*

■ *Wodurch erhalten die Knotenpunkte ihre Bedeutung?*

■ *Lassen sich Rückschlüsse im Hinblick auf Koeppens Romangestaltung ziehen?*

2.3 Die Gestaltung von öffentlichen und privaten Räumen

Bei genauerem Betrachten der Schauplätze im Roman fällt neben den topografischen Details auf, dass sich die Handlung bis auf wenige Ausnahmen nicht in geschlossenen, privaten Räumen, sondern in öffentlichen Räumen abspielt. Somit steht nicht das familiäre, häusliche Ambiente im Mittelpunkt, sondern eine von lärmender Anonymität geprägte Großstadtkulisse. Öffentliche Schauplätze werden zu Orten der Begegnung, sodass das Zufällige und Kurzweilige der menschlichen Beziehungen dominiert. Der Verlust des Menschen an Individualität und seine Entwicklung hin zur Anonymität und Entfremdung in der Stadt lässt sich demnach auch an der Ausgestaltung der Räume festmachen. Grundlegend misst Koeppen aber allen Schauplätzen des Romans eine besondere Bedeutung bei, da sie das Leben und die Situation der Menschen widerspiegeln. Neben der horizontalen Darstellung der Topografie durch Häuser und Straßen greift Koeppen auch die vertikale Dimension auf. Sie zeigt, dass die Stadt mehrere „Etagen" hat und die urbanen Lebensräume sich ausdehnen. Oftmals beinhalten gerade die vertikalen Ergänzungen auch eine metaphorische Perspektive.

Alexander, der erfolgreiche Schauspieler, wohnt zum Beispiel *oben,* denn der Wagen, der ihn abholt, hupt *unten* (vgl. S. 12). Schnakenbach, am Rande der Gesellschaft und des Lebens verortet, bewohnt eine Kellerwohnung (vgl. S. 125). Auch das Gewölbe des Händlers Unverlacht, welches unter der Erde liegt, wird als zur „Unterwelt" (S. 93) gehörend bezeichnet. Ebenerdig dagegen sind beinahe alle öffentlichen Räume und Einrichtungen. Durch die nachfolgenden Verfahren sollen die Schülerinnen und Schüler die besondere Gestaltung der Räume in „Tauben im Gras" erarbeiten und ihre Relevanz und Bedeutung im Kontext der Romanhandlung einordnen.

Als Einstieg in die genauere Betrachtung der Raumgestaltung bietet es sich an, auf den skizzenhaften „Stadtplan" zurückzugreifen (**Arbeitsblatt 6,** S. 57) und nach einer möglichen Einteilung oder Gruppierung der Räume zu fragen. Die Unterscheidung in private und öffentliche Räume sollte dann farblich kenntlich gemacht werden, sodass die Überzahl der öffentlichen Räume sichtbar wird. Diese Tatsache wird zu unterschiedlichen Fragestellungen motivieren: Wieso dominieren im Roman die öffentlichen Räume? Von wem werden die Orte jeweils aufgesucht (Figuren)? Wie werden die Räume dargestellt? Welche Funktion übernehmen die Räume im Handlungsverlauf? In einer weiterführenden Erarbeitung sollten diese Aspekte noch einmal genauer untersucht, systematisiert und beurteilt werden.

Mögliche Fragen für den Einstieg:

- *Schauen Sie sich die Orte und Schauplätze im Roman an. Lassen sich diese in Gruppen einteilen?*

- *Welche unterschiedliche Bedeutung haben private und öffentliche Räume im Roman?*

- *Welche Rückschlüsse ergeben sich für Sie aus der Fülle an öffentlichen Räumen?*

- *Welche Aspekte können für eine weiterführende Analyse der Räume relevant sein?*

Um die Relevanz und Funktion der einzelnen Räume im Handlungsverlauf deuten zu können, ist es hilfreich, das Aufeinandertreffen der Figuren an zentralen Orten zu veranschaulichen und schriftlich festzuhalten. Aus diesem Grund sollen die Schülerinnen und Schüler die wichtigsten öffentlichen Räume und die Figuren, welche diese Orte zeitgleich aufsuchen, auflisten. Den Schülerinnen und Schülern wird dadurch die Relevanz der Räume im Romangeschehen sowie die Dominanz der öffentlichen Räume bzw. der Knotenpunkte klar. Die Ergebnisse können im Plenum vorgestellt und von der Lehrperson schriftlich festgehalten werden.

Der Arbeitsauftrag für die Erarbeitung lautet:

- *Listen Sie die zentralen öffentlichen Räume und die Figuren, welche diese Orte zeitgleich besuchen, auf.*

Die Ergebnisse können in einem Tafelbild festgehalten werden:

Die Gestaltung von öffentlichen und privaten Räumen im Roman

Öffentliche Räume   **Private Räume**

Kreuzung	Hotel (Lobby)	Amerika-haus	Stadion	Bräuhaus	Negerklub	Wohnungen von Messalina und Alexander; Emilia und Philipp; Carla; Schnakenbach; Praxis; Hotel (z. B. Edwins Zimmer)
Emilia, Messalina, Dr. Behude, Odysseus, Josef, Lehrerinnen, Mr. Edwin, Washington	Mr. Edwin, Philipp, Messalina, Emilia, Lehrerinnen	Mr. Edwin, Philipp, Lehrerinnen, Dr. Behude, Schnakenbach, Alexander, Messalina	Washington, Heinz, Josef, Odysseus, Ezra, Christopher	Frau Behrend, Richard, Heinz, Christopher, Ezra	Herr Behrend, Carla, Washington, Odysseus, Susanne	

Im Anschluss an die Sicherungsphase sollte ein Unterrichtsgespräch hinsichtlich Relevanz und Funktion der Räume erfolgen. Folgendes sollte herausgestellt werden: Es sind mehr und mehr die von Anonymität und Zufälligkeit geprägten Orte, die das Leben der Figuren prägen. Sie eröffnen zwar Durchgangsstrecken und Treffpunkte für die Figuren; sind jedoch in erster Linie Sammelpunkte des Nebeneinanders. Das Einander-Verfehlen wird an diesen Orten sichtbar, aber auch das zufällige Aufeinandertreffen von Fremden. Diese Orte spiegeln demzufolge die Anonymität, Oberflächlichkeit, Schnelllebigkeit und Vergeblichkeit menschlicher Beziehungen wider; echte Begegnungen finden an diesen Orten kaum statt. Dieses Fazit kann ggf. noch im Tafelbild aufgegriffen werden.

Da sich somit die Lebenswirklichkeit in der Wahl der Schauplätze zeigt, erhalten sie metaphorische Bedeutung und exemplarisch wird die Gestaltung einzelner Räume analysiert. Impulse für ein Deutungsgespräch können sein:

- *In welchem Verhältnis stehen öffentliche und private Räume?*

- *Welche Bedeutung besitzen die öffentlichen Räume für die Figuren?*

- *Welche Rückschlüsse lassen sich aus der Dominanz der öffentlichen Räume ziehen?*

An dieser Stelle bietet sich für die vertiefende Analyse an, in Form einer Gruppenarbeit die Raumgestaltung exemplarisch zu untersuchen (private und öffentliche Räume). Die Schülerinnen und Schüler erhalten die Aufgabe, eine selbstständige Auswahl hinsichtlich der zu analysierenden Textstellen zu treffen und exemplarisch eine Raumanalyse vorzunehmen. Als Hilfestellung ist es möglich, vorab einige Kriterien der Analyse festzulegen, wie zum Beispiel: die Licht- und Farbgestaltung, Außen- und Innendarstellung, horizontale sowie vertikale Ausrichtung etc.

Die Aufgaben für die Gruppenarbeiten lauten:

- *Suchen Sie exemplarisch mindestens zwei Textstellen heraus, die sich dem jeweiligen Bereich (öffentlicher/privater Raum) zuordnen lassen.*

- *Konzentrieren Sie sich bei der Analyse auf die Darstellung des Schauplatzes und dessen Ausgestaltung. Achten Sie insbesondere auf folgende Aspekte: die Verwendung von Farb- oder Lichtmetaphorik, die topografische Lage/vertikale Ausrichtung des beschriebenen Ortes, die Darstellung der Außen- oder Innenansicht, die beschriebene Atmosphäre und ggf. der entstehende Eindruck von Stabilität oder Zerstörung.*

- *Überlegen Sie, welche Beziehung zwischen dem Ort und den Figuren, die sich dort befinden/dort leben, besteht.*

- *Halten Sie Ihre Ergebnisse schriftlich fest und stellen Sie diese vor.*

Zur Analyse eines öffentlichen Raumes bietet sich zum Beispiel das Amerikahaus an. Die Beschreibung dieses Hauses stellt einen satirisch-grotesken Höhepunkt der Raumgestaltung dar (S. 221, S. 186/187). Die besondere Bedeutung dieses Schauplatzes liegt in der Zusammenführung vieler Wege und damit korrespondierend auch der individuellen Erwartungen. In zugespitzter Form zeigt sich beim Vortrag des Dichters Edwin die Nähe von Banalem und Erhabenem, da statt Erweckung Einschläferung erfolgt.

Nicht nur die Ereignisse während des Vortrags im Amerikahaus wirken grotesk, auch die Beschreibung des Amerikahauses selbst ist durchweg von Ambivalenz gekennzeichnet. Es ist ein „Führerbau des Nationalsozialismus", es sieht für den Betrachter aus „wie gewisse Museen", „wie ein kolossales Grabmal der Antike, wie ein Bürogebäude, in dem der Nachlass der Antike verwaltet wird" (S. 221). Die Diskrepanz zwischen dem Gedankengut der Antike und der nationalsozialistischen Ideologie repräsentiert dieses Gebäude, da es diese Gegensätze in sich vereint. Der Eindruck des Morbiden und Geheimnisvollen wird durch den Vergleich mit einem „Grabmal" evoziert. Dieser Empfindung entgegengesetzt, in Form einer metaphorischen Ausgestaltung, werden die Lichtverhältnisse beschrieben: Die Fenster fallen „leuchtend" ins Auge; sie bringen Licht in die Dunkelheit der Nacht.

In analoger Weise erscheint auch die Ausgestaltung des Innenraumes des Amerikahauses widersprüchlich. „Der Lesesaal übte eine ungeheure Anziehungskraft auf Obdachlose, Wärmeschinder, Sonderlinge und Naturmenschen aus. [...] Die Bibliothek stand jedermann offen, fast war sie Washington's Inn, fast das Lokal, das der Neger und amerikanische Bürger Washington Price in Paris eröffnen wollte, das Lokal, in dem niemand unerwünscht ist." (S. 187) So wird der Lesesaal zu einem Ort der Begegnung; denn es sind die von der Gesellschaft Ausgeschlossenen, die gescheiterten Menschen wie zum Beispiel Schnakenbach, welche hier Zuflucht suchen und finden. Unabhängig von ihrer sozialen Stellung ist es dieser öffentliche Raum, der die Grenzen in den Köpfen der Menschen und die Barrieren der Gesellschaft überwindet und Gegensätze vereint. Die Atmosphäre ermöglicht Entfaltung und Individualität, sodass jeder so sein kann, wie er ist: „Man kannte Schnakenbach im Lesesaal. Man störte seinen Schlaf nicht." (S. 187) Kurzum bietet diese öffentliche Einrichtung alles das, woran es den Menschen der Nachkriegszeit und damit allen anderen öffentlichen Räumen der Romanhandlung mangelt: Stille, Ruhe, Beheimatung, Geborgenheit, Freiheit und individuelle Entfaltung.

Als Beispiel eines privaten Raumes bietet sich unter anderem die Analyse von Carlas Wohnung an (vgl. S. 85 f.). Die gesamte Szenerie erscheint durch die verwendete Lichtsymbolik disparat, da zwar Wolken am Himmel sind, doch die Sonne diese durchbricht. Des Weiteren liegt die Mietswohnung in der vertikalen Ausrichtung zwar „oben", da Washington die Treppe hinaufsteigt, sie wirkt aber besonders durch die metaphorische Beschreibung seiner Bewohner äußerst negativ und bedrückend. In diesem Zusammenhang dominieren Metaphern aus dem Bereich des Animalischen. „Die kleinen Bürger, die hier in vielen Parteien wohnten, in jedem Raum drei, vier Menschen, jedes Zimmer ein Käfig, im Zoo hauste man geräumiger [...]." Die Enge und Beklemmung sind förmlich spürbar und machen das Haus zu einem Ort, der weder eine Privatsphäre ermöglicht noch die Chance zur freien Entfaltung eröffnet. Für Washington ist dieses deutlich zu spüren: „Dschungeln umgaben ihn. Hinter jeder Tür standen sie und lauschten. Sie waren domestizierte Raubtiere; sie witterten das Wild, aber die Zeit war nicht günstig, die Zeit erlaubte es der Herde nicht, sich auf die fremde, in das Revier der Herde eingedrungene Kreatur zu stürzen." (S. 85) Washington gleicht demnach einem Eindringling, der zwar vordergründig akzeptiert wird, in Wahrheit jedoch kritisch beäugt und mit äußerster Skepsis (vgl. S. 85) begutachtet wird. Interessant ist er nur als „Geschenkelieferant". Eben dieses fremdenfeindliche Verhalten, welches sich für Carla stellvertretend in diesem Haus zeigt, wirkt sich belastend auf ihre Beziehung aus und ist Anlass für Carlas Ängste. Das Mietshaus wird demnach zum Abbild der Gesellschaft und verkörpert im Kleinen das Denken und Handeln der Bevölkerung, es wird zum Mikrokosmos der Gesellschaft. Und so ist es nicht verwunderlich, dass Carla und Washington unter dieser Wohnung, oder vielmehr unter dem Verhalten der Hausbewohnern, leiden: „Washington litt unter dieser Wohnung. Aber er konnte es nicht ändern. Carla fand keine anderen Zimmer. [...] Auch Carla litt unter der Wohnung." (S. 85)

Auch der Ort, an dem Odysseus und Susanne sich lieben, fällt durch seine metaphorische Ausgestaltung auf. Es handelt sich um eine „Kammer, die sich windig auf ein paar Balken stützte und fast wie ein kleiner Balkon über der Tiefe schwebte, denn die Grundmauern des Hauses waren an dieser Seite fortgerissen, eine Bombe hatte sie zur Seite gerissen, und nie würden sie wieder errichtet werden." (S. 223) Deutlicher können die Folgen des Krieges kaum spürbar sein: Zerstörung, Vernichtung und Demolierung kennzeichnen diesen Ort. Es gibt keinen stabilen Boden, kein Fundament, keine Basis für dieses Haus. Dieser Zustand ist irreparabel und somit von Dauer. Das verwendete Vokabular verdeutlicht diesen Verfall eindringlich: „windig", „klein", „schwebte", „fortgerissen". Doch gerade hier findet nun die Vereinigung zweier Menschen statt. Nähe, Intimität, Begegnung ereignen sich inmitten dieses zerstörten Raumes. Die Perspektivlosigkeit und Trostlosigkeit ist greifbar, denn auch diese Verbindung scheint aufgrund der Umstände aussichtslos. Komplettiert wird diese Darstellung durch die Beschreibung des Innenraumes: „Die Wände der Kammer waren mit

Schauspielerbildern beklebt, die meistbetrachteten, die repräsentativen Gesichter der Zeit blickten mit ihrer dummen Wohlgeformtheit, mit ihrer leeren Schönheit auf sie herab." (S. 223)

Oberflächlichkeit und Plattitüden kennzeichnen das Schauspielerdasein und scheinen die Absurdität der Vereinigung zu untermauern. Es ist also klar, dass dieser Liebesakt nicht den Ausgangspunkt für eine dauerhafte Beziehung darstellt, sondern vielmehr als kurzweiliges Zusammentreffen gesehen werden muss. Zusammenfassend wird der Charakter und die Qualität der Begegnung zwischen Odysseus und Susanne durch die Ausgestaltung des Raumes unterstrichen.

Im Anschluss an die Präsentation der Gruppenergebnisse sollte eine abschließende Beurteilung im Hinblick auf die Funktion der Räume erfolgen. Zentrale Aspekte sind die metaphorische Ausgestaltung, der symbolische Gehalt sowie die Relevanz der Räume für die Romanhandlung.

Mögliche Impulse für das Auswertungsgespräch:

- *Vergleichen Sie die Ergebnisse der Gruppenarbeit. Welche Aspekte scheinen Ihnen relevant?*

- *Wie erfolgt die Gestaltung der öffentlichen und privaten Räume?*

- *Welche Bedeutung und Funktion kommt Ihrer Meinung nach der Raumgestaltung zu?*

Zur weiterführenden Analyse von Räumen und Schauplätzen bietet es sich als Hausaufgabe an, den Anfang aus Theodor Fontanes Roman „Effi Briest" heranzuziehen (**Arbeitsblatt 7**, S. 58).

Folgende Aufgaben sind denkbar:

- *Analysieren Sie den vorliegenden Romananfang im Hinblick auf die Darstellung des Raumes und dessen Ausgestaltung. Welche Informationen enthält der Leser direkt/indirekt hinsichtlich der Atmosphäre, des Milieus und der Figuren?*

- *„Das erste Kapitel ist immer die Hauptsache und in dem ersten Kapitel die erste Seite, beinah die erste Zeile [...]; bei richtigem Aufbau muss in der ersten Seite der Keim des Ganzen stecken." (Fontane in einem Brief an Karpeles vom 18.08.1880). Erläutern und prüfen Sie das Zitat Fontanes vor dem Hintergrund des vorliegenden Erzählanfangs.*

- *Lässt sich das Zitat Fontanes auf den Roman „Tauben im Gras" von Koeppen übertragen? Begründen Sie Ihre Meinung.*

Mag der in drei Sätze gefasste Lageplan des Hauses bei dem Leser zunächst eine klar zu definierende Stimmung hervorrufen, so enthält doch diese erste räumliche Beschreibung eine Vielzahl an vorausdeutenden Elementen sowie Figurencharakteristika. So verdeutlicht der „Sonnenschein" zum Beispiel die typisch sonnige Stimmung in Hohen-Cremmen, und die „Sonnenuhr" könnte stellvertretend für Effis Heimat stehen, da sie an diesem Ort in erster Linie glückliche Stunden verlebt. Das Verhältnis von Licht und Schatten offenbart die drohende Gefahr in Effis weiterem Leben (Gesellschaft, Effis Tod). Die detaillierte Beschreibung von Pflanzen (Stauden, Efeu, Platanen) zeigt Effis Verbundenheit zur Natur und das Motiv der „Schaukel" deutet auf ihre Freiheitsliebe hin. Der zweite Absatz beginnt mit der ausführlichen Darstellung der Frontseite des Herrenhauses, wobei die Trennung zwischen Front und Garten betont wird. Zentral erscheint, dass die Einführung der Protagonistin an die Schilderung des Gartens gekoppelt ist, Effi somit bislang von ihrer Familie und dem

Elternhaus beschützt wurde. Hohen-Cremmen wird demnach als Ort der Geborgenheit, als schützender Raum dargestellt, den aber eine innere Offenheit, durch geöffnete Fenster veranschaulicht, kennzeichnet.

Insgesamt kann man feststellen, dass bereits im Rahmen der ersten Raumbeschreibung des Romans zahlreiche Leitmotive genannt werden (Rondell, Sonnenuhr, Schaukel, Teich etc.). Die dargestellten Lichtverhältnisse, die Atmosphäre, die Lage und der Zustand der Gebäude führen dem Leser das Charakteristische des Raumes und seiner Bewohner vor Augen. Dem dargestellten Handlungsschauplatz kommt dabei selbst eine symbolische Dimension zu, da er in bedeutungsvoller Verbindung mit den Figuren steht und in das Romangeschehen unmittelbar integriert ist. Fontanes Forderung, in den ersten Seiten müsse der Kern des Ganzen stecken, ist somit erfüllt.

Der Übertragung des Zitats auf den Roman „Tauben im Gras" lässt sich nicht eindeutig zustimmen. Zwar misst Koeppen dem Romananfang eine bedeutende Funktion zu, da bereits hier die Zeitkritik und Warnung vor einem erneuten Krieg artikuliert wird. Auch durch die Konzeption der Rahmenhandlung wird die Bedeutung des ersten Abschnitts ersichtlich. Die Einführung und Charakterisierung einzelner Figuren fehlt allerdings und ist vor dem Hintergrund des multiperspektivischen Erzählens auch nicht denkbar.

Ein Knotenpunkt im Netz der Begegnung: Die Kreuzung

Es bietet sich im Anschluss an das analytische Verfahren der Raumanalyse eine kreative Weiterführung an. Die vertiefte Auseinandersetzung mit der spezifischen Gestaltung der öffentlichen Räume hat gezeigt, dass es im Roman sogenannte Knotenpunkte gibt. Diese Durchgangstrecken und Treffpunkte für die Hauptfiguren, welche Sammelpunkte des zufälligen Nebeneinanders sind, werden im nachfolgenden Verfahren noch einmal aus einer anderen Perspektive betrachtet. Die Schülerinnen und Schüler sollen durch das individuelle Nachempfinden der Situation aus der Perspektive einer Figur die Anonymität, Oberflächlichkeit und Schnelllebigkeit des Großstadtlebens erkennen. Hinzu kommt, dass gerade durch dieses produktionsorientierte Verfahren die Simultanität des Dargestellten in den Blick rückt.

Für dieses Verfahren bietet sich in besonderer Weise die Kreuzungsepisode an, in welcher zahlreiche Figuren einander begegnen. Die Schülerinnen und Schüler lesen zunächst die Seiten 38–49 und machen sich Notizen. In Absprache verfassen die Lernenden nachfolgend aus der Perspektive einer Figur einen inneren Monolog, der folgende Aspekte beinhalten soll: Welche Gedanken beschäftigt die Figur? Wie fühlt sie sich gerade?! Welchen Weg verfolgt sie in der Stadt? Warum ist sie unterwegs? Was nimmt die Figur wahr?
Die Aufgaben für die Erarbeitung lauten demnach:

■ *Lesen Sie noch einmal die Seiten 40–53. Welche Figuren begegnen sich jeweils an der Kreuzung? Machen Sie sich Stichpunkte.*

■ *Wählen Sie eine der Figuren aus und verfassen Sie aus ihrer Perspektive einen inneren Monolog.*
  ● *Welche Gedanken/Gefühle beschäftigen die Figur?*
  ● *Welchen Weg verfolgt sie in der Stadt? Warum ist sie unterwegs?*
  ● *Was nimmt die Figur wahr?*

Im Anschluss an die Erarbeitungsphase erfolgt dann die szenische Umsetzung. Hier bietet es sich an, einen Raum, der genügend Platz bietet, aufzusuchen. Da nicht alle ihre Monologe vortragen können, ist es sinnvoll, den übrigen Lernenden einen Beobachtungsauftrag zu geben. Es können auch mehrere Durchgänge erfolgen, wobei der Effekt beim ersten Hören sicherlich am größten ist.

Um den simultanen Charakter der Geschehnisse authentisch nachzustellen, tragen die Schülerinnen und Schüler ihre Monologe zeitgleich vor. Falls Vorschläge zur Positionierung einzelner Figuren kommen (Wer steht wo? Wer passiert die Kreuzung? Wer steht an der Kreuzung?), kann die Lehrperson diesen nachgehen und die Lernenden frei entscheiden lassen. In erster Linie geht es aber um das Vortragen der inneren Monologe und weniger um die realitätsgetreue Umsetzung. Im Anschluss erfolgt ein Auswertungsgespräch, in dem sowohl Akteure als auch Zuhörer zu Wort kommen. In besonderer Weise wird durch das gleichzeitige Vortragen die Isolation des Einzelnen deutlich, da jede Figur in beinahe egozentrischer Weise in ihrer eigenen Gedankenwelt verharrt. Nicht das bewusste Wahrnehmen der Umgebung und der Mitmenschen ist zu beobachten, sondern die Fixierung auf persönliche Interessen und Sorgen.

Impulse für ein Auswertungsgespräch:

- *Wie ist es Ihnen in Ihrer Rolle ergangen?*
- *Welche Beobachtung haben Sie als Zuhörer gemacht?*
- *Welche Atmosphäre beherrschte diese Situation?*
- *Was haben Sie über die Figuren erfahren?*
- *Inwiefern hat die Methode Ihnen einen Einblick in die Figurenwelt geboten?*

2.4 Erarbeitung der Erzählstruktur: Die Rahmenstruktur des Romans

Die für den Roman gewählte Ausgangssituation gestaltet Koeppen in zweifacher Weise aus und greift darauf im Schlussteil wieder zurück. Falls die Analyse des Romananfangs noch nicht erfolgt ist, bietet es sich an dieser Stelle an, darauf zurückzugreifen (vgl. Baustein 1.1).
Anfang und Ende sind reine Erzählerrede und stellen eine Art Rahmen des Romans dar. Die analytische Einschätzung des Erzählers am Ende greift zahlreiche Formulierungen des Anfangs, allerdings mit dem entscheidenden Wechsel des Erzähltempus', wieder auf. Einen weiteren Unterschied stellen die Ergänzungen, Konkretisierungen und vor allem Verschärfungen in den Formulierungen durch die Verwendung von Adjektiven, Adverbien oder Wiederholungen dar. So greift der Erzähler zum Beispiel die Textstelle von der kostbaren Zeit und der „Atempause auf dem Schlachtfeld" (S. 9–10) erneut auf, allerdings mit dem Zusatz „sie [die Zeit] ist eine Spanne nur, eine karge Spanne, vertan, eine Sekunde zum Atemholen, Atempause auf einem *verdammten* Schlachtfeld." (S. 228) Dieser Zusatz wirkt wie ein Urteil, ein gnadenloser Fluch, den es angesichts der gegenwärtigen Ereignisse zu ertragen gilt. Ebenso lassen sich in dem Schlussteil eindeutige Wertungen finden, welche die Aussichtslosigkeit und Hoffnungslosigkeit der Nachkriegszeit zum Ausdruck bringen: „östliche Welt, westliche Welt, zerbrochene Welt", „Noch schweigen die Sirenen. Noch rostet ihr Blechmund. Die Luftschutzbunker wurden gesprengt, die Luftschutzbunker werden wiederhergerichtet." Die Bedrohung des Krieges wird durch diese Wortwahl spürbar; alles scheint darauf hinzudeuten, dass ein weiterer Krieg nicht mehr zu verhindern ist. Auch das Bild der Zeitungen wird erneut aufgegriffen, allerdings dominiert auch hier in besonderer Weise der Eindruck von Unheil, Bedrohung und Angst: „Was am Tage geschehen, geredet, gelogen, erschlagen und vernichtet war, lag in Blei gegossen." Bedingungslos wird das Unheilbringende dokumentiert und zugleich manifestiert. Die damit einhergehende pessimistische, nihilistische Bestandsaufnahme erscheint am Ende des Tages für den aufmerksamen Beobachter und damit Leser kaum mehr fraglich. Vor dem Hintergrund seiner Kenntnisse, d. h. seines Wissens von den Ereignissen des Tages, kann der Leser diesem Urteil nur zustimmen.

Folglich sind auch die „Staatenlenker", „die Gelehrten", „die Theologen" ratlos. Die Frage nach einem übergeordneten Sinn und der Glaube an das Gute im Menschen scheinen angesichts der geschilderten Geschehnisse überflüssig.

Die Funktion der Rahmenstruktur lässt sich folgendermaßen zusammenfassen: Die zu Beginn artikulierte Zeitkritik und Warnung vor einem erneuten Krieg gewinnt durch das Wiederaufgreifen und Variieren, vor allem aber vor dem Hintergrund der Binnenhandlung, an Brisanz und Bedeutsamkeit. Folglich wird die geäußerte Gesellschaftskritik Rahmenstruktur intensiviert und gewinnt für den zeitgenössischen Leser an Aktualität und Eindringlichkeit.

Zur Analyse der Rahmenstruktur bietet sich ein Vergleich des Erzählanfangs und -endes an (**Arbeitsblatt 8**, S. 60). Generell ist es denkbar, den Vergleich zunächst allgemein zu halten und die Schülerinnen und Schüler selbstständig Untersuchungsaspekte entwickeln zu lassen. Es ist sinnvoll, die Texte auf Folie zu kopieren und einige Schüler exemplarisch ihre Markierungen festhalten zu lassen. Im Anschluss an die Präsentation erfolgt ein vertiefendes Deutungsgespräch, in dem die Funktion der Rahmenstruktur herausgestellt wird; die Ergebnisse können in einem Tafelbild festgehalten werden.

Mögliche Impulse für das Deutungsgespräch:

- *Welche Gemeinsamkeiten fallen Ihnen beim Vergleich auf (Syntax, Wortwahl etc.)?*

- *Worin sehen Sie die entscheidenden Unterschiede?*

- *Welche Wirkung wird durch die Veränderung erzielt?*

- *Welche Funktion erfüllt Ihrer Meinung nach die Rahmenstruktur im Romanaufbau?*

Die Ergebnisse des Deutungsgespräches können in einem Tafelbild festgehalten werden.

Analyse des Erzählanfangs und Erzählendes

Prolog   **Epilog**

Prolog	20. Februar 1951	Epilog
• „*Spannung, Konflikt,* man lebte im Spannungsfeld, östliche Welt, westliche Welt" • „Flieger waren über der Stadt" • „Zeit war kostbar, sie war eine Atempause auf dem Schlachtfeld" • …		• „*Spannung, Konflikt, Verschärfung, Bedrohung*" • „Am Himmel <u>summen</u> die Flieger" • „Deutschland lebt im Spannungsfeld, östliche Welt, westliche Welt, <u>zerbrochene</u> Welt" • „die Zeit ist kostbar, sie ist eine Spanne nur, eine karge Spanne, vertan, eine Sekunde zum Atemholen, Atempause auf einem <u>verdammten</u> Schlachtfeld" • „Noch schweigen die Sirenen. Noch rostet ihr Blechmund." • …

→ Tempuswechsel („lebte", „lebt", „war", „ist")
→ Adverbien („noch")
→ Adjektive („kostbar", „verdammten", „zerbrochen")

zunehmende Bedrohung/Steigerung

Handlungsübersicht

Abschnitt	Seite/Zeile (Beginn)	Figuren	Zentrale Inhalte	Räume/Schauplätze
1	S. 9	(Erzähler)	Der Erzähler blickt zum Himmel auf und sieht dort Flugzeuge, die er als Zeichen einer unheilvollen Zukunft deutet.	
2	S. 9–10	[…]	[…]	[…]
3	S. 10	[…]	[…]	[…]

Abschnitt	Seite/Zeile	Abschnitt	Seite/Zeile	Abschnitt	Seite/Zeile
1	S. 9	33	S. 66	65	S. 150/Z. 4
2	S. 9–10	34	S. 67/Z. 33	66	S. 153
3	S. 10	35	S. 69	67	S. 154
4	S. 13	36	S. 73/Z. 6	68	S. 157
5	S. 15	37	S. 81/Z. 27	69	S. 161
6	S. 17	38	S. 84/Z. 9	70	S. 164
7	S. 20	39	S. 89	71	S. 164/Z. 27
8	S. 22	40	S. 97/Z. 28	72	S. 165/Z. 14
9	S. 23	41	S. 104/Z. 14	73	S. 166
10	S. 24	42	S. 106/Z. 4	74	S. 168
11	S. 25/Z. 28	43	S. 112	75	S. 170
12	S. 26/Z. 16	44	S. 114	76	S. 172
13	S. 27	45	S. 116	77	S. 174
14	S. 28	46	S. 117	78	S. 177
15	S. 30	47	S. 117	79	S. 179
16	S. 32	48	S. 118	80	S. 180
17	S. 33	49	S. 119	81	S. 182
18	S. 36	50	S. 120	82	S. 183/Z. 28
19	S. 37	51	S. 120	83	S. 186
20	S. 40/Z. 18	52	S. 120/Z. 31	84	S. 188/Z. 1
21	S. 42/Z. 25	53	S. 123	85	S. 192/Z. 17
22	S. 43	54	S. 126	86	S. 193
23	S. 45/Z. 34	55	S. 128	87	S. 195/Z. 1
24	S. 46	56	S. 129/Z. 24	88	S. 195/Z. 30
25	S. 47	57	S. 131	89	S. 196/Z. 34
26	S. 50	58	S. 133/Z. 1	90	S. 198
27	S. 53	59	S. 134	91	S. 202
28	S. 55	60	S. 135	92	S. 203
29	S. 55/Z. 25	61	S. 140	93	S. 204
30	S. 59	62	S. 142/Z. 16	94	S. 205/Z. 23
31	S. 61	63	S. 144	95	S. 206
32	S. 64	64	S. 146	96	S. 208

Abschnitt	Seite/Zeile	Abschnitt	Seite/Zeile	Abschnitt	Seite/Zeile
97	S. 209	101	S. 223/Z. 3	104	S. 225
98	S. 216	102	S. 223	105	S. 226
99	S. 218	103	S. 224/Z. 6	106	S. 227

■ *Übertragen Sie die Tabelle in Ihr Heft und übernehmen Sie die vorgegebene Abschnittseinteilung.*

■ *Erstellen Sie eine Übersicht, indem Sie kurz den Inhalt der Ihnen zugewiesenen Abschnitte zusammenfassen (Figuren, Inhalt, Schauplätze).*

Giovanni Battista Piranesi: Kerkerszenen

Es handelt sich um Bilder des Malers Giovanni Battista Piranesi, den auch Koeppen in seinem Roman erwähnt (vgl. S. 219). Die drei Radierungen stammen aus dem Jahr 1750 und tragen den Titel *Invenzioni Capric(ciose) di Carceri* (Kerkerszenen).

■ *Äußern Sie sich zu den Bildern des Malers Giovanni Battista Piranesi.*

■ *Mit welchem Problem sieht sich der Betrachter konfrontiert?*

■ *Lassen sich Bezüge zum Roman herstellen?*

Stadtplan

Stadtplan

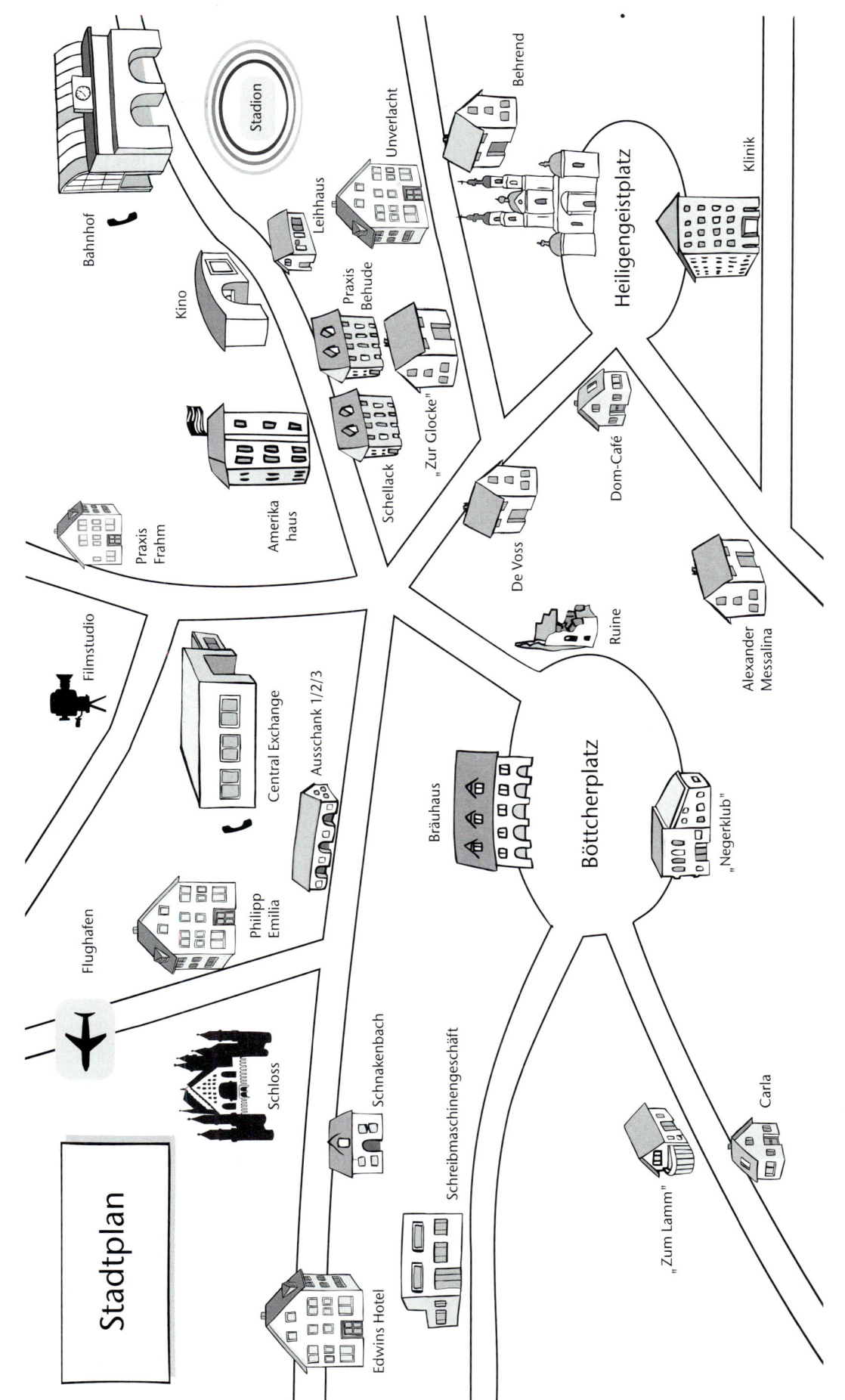

„Effi Briest" und „Tauben im Gras" im Vergleich

Inhaltszusammenfassung
Theodor Fontane: „Effi Briest"

Effi Briest, eine junge Frau mit kindlichem Wesen, wird mit gerade einmal 17 Jahren an den 38-jährigen Baron von Innstetten, ein früherer Verehrer von Effis Mutter, verheiratet. Sie zieht mit ihrem Mann nach
5 Kessin, wo sie, fernab der Heimat, einsam und von Ängsten verfolgt, sehr unglücklich ist. Neun Monate nach der Hochzeit bekommt Effi eine Tochter, die auf den Namen Annie getauft wird. Effi trifft in Kessin auf den emotionalen und leichtlebigen Major Cram-
10 pas und geht eine Affäre mit ihm ein. Nach sechs Jahren, während Effi zur Kur in Bad Ems weilt, findet Innstetten Crampas' Briefe in Effis Nähkasten, welche die damalige Affäre der beiden enthüllen. Aufgrund des gesellschaftlichen Ehrenkodexes fordert er
15 Crampas zum Duell; dieser wird tödlich getroffen. Verstoßen von Ehemann und Eltern, zieht Effi in eine kleine Wohnung in Berlin und lebt dort drei Jahre lang einsam zusammen mit der ihr mittlerweile freundschaftlich verbundenen Haushälterin
20 Roswitha. Nach einem Besuch ihrer Tochter, die sie lange Zeit nicht sehen durfte, erleidet Effi einen Zusammenbruch, da ihre Tochter ihr völlig fremd scheint. Ihre Eltern beschließen auf Anraten eines Arztes, ihre Tochter doch wieder zu sich zu nehmen.
25 Effi Briest stirbt jedoch mit 29 Jahren in ihrem Elternhaus, wobei sich letztendlich die Eltern fragen, ob sie nicht eine Mitschuld am Tod ihrer Tochter tragen.

Textauszug
Effi Briest. Erstes Kapitel

In Front des schon seit Kurfürst Georg Wilhelm von der Familie von Briest bewohnten Herrenhauses zu Hohen-Cremmen fiel heller Sonnenschein auf die mittagsstille Dorfstraße, während nach der Park- und
5 Gartenseite hin ein rechtwinklig angebauter Seitenflügel einen breiten Schatten erst auf einen weiß und grün quadrierten Fliesengang und dann über diesen hinaus auf ein großes, in seiner Mitte mit einer Sonnenuhr und an seinem Rande mit Canna indica und
10 Rhabarberstauden besetztes Rondell warf. Einige zwanzig Schritte weiter, in Richtung und Lage genau dem Seitenflügel entsprechend, lief eine ganz in kleinblättrigem Efeu stehende, nur an einer Stelle von einer kleinen weiß gestrichenen Eisentür unter-
15 brochene Kirchhofsmauer, hinter der der Hohen-Cremmener Schindelturm mit seinem blitzenden, weil neuerdings erst wieder vergoldeten Wetterhahn

aufragte. Fronthaus, Seitenflügel und Kirchhofsmauer bildeten ein einen kleinen Ziergarten umschließendes Hufeisen, an dessen offener Seite man eines 20 Teiches mit Wassersteg und angekettetem Boot und dicht daneben einer Schaukel gewahr wurde, deren horizontal gelegtes Brett zu Häupten und Füßen an je zwei Stricken hing – die Pfosten der Balkenlage schon etwas schief stehend. Zwischen Teich und Ron- 25 dell aber und die Schaukel halb versteckend standen ein paar mächtige alte Platanen. Auch die Front des Herrenhauses – eine mit Aloekübeln und ein paar Gartenstühlen besetzte Rampe – gewährte bei bewölktem Himmel einen angenehmen und zugleich 30 allerlei Zerstreuung bietenden Aufenthalt; an Tagen aber, wo die Sonne niederbrannte, wurde die Gartenseite ganz entschieden bevorzugt, besonders von Frau und Tochter des Hauses, die denn auch heute wieder auf dem im vollen Schatten liegenden Fliesengange 35 saßen, in ihrem Rücken ein paar offene, von wildem Wein umrankte Fenster, neben sich eine vorspringende kleine Treppe, deren vier Steinstufen vom Garten aus in das Hochparterre des Seitenflügels hinaufführten. Beide, Mutter und Tochter, waren fleißig bei 40 der Arbeit, die der Herstellung eines aus Einzelquadraten zusammenzusetzenden Altarteppichs galt; ungezählte Wollsträhnen und Seidendocken[1] lagen auf einem großen, runden Tisch bunt durcheinander, dazwischen, noch vom Lunch her, ein paar Dessert- 45 teller und eine mit großen, schönen Stachelbeeren gefüllte Majolikaschale[2]. Rasch und sicher ging die Wollnadel der Damen hin und her, aber während die Mutter kein Auge von der Arbeit ließ, legte die Tochter, die den Rufnamen Effi führte, von Zeit zu Zeit die 50 Nadel nieder und erhob sich, um unter allerlei kunstgerechten Beugungen und Streckungen den ganzen Kursus der Heil- und Zimmergymnastik durchzumachen. Es war ersichtlich, dass sie sich diesen absichtlich ein wenig ins Komische gezogenen Übungen mit 55 ganz besonderer Liebe hingab, und wenn sie dann so dastand und, langsam die Arme hebend, die Handflächen hoch über dem Kopf zusammenlegte, so sah auch wohl die Mama von ihrer Handarbeit auf, aber immer nur flüchtig und verstohlen, weil sie nicht 60 zeigen wollte, wie entzückend sie ihr eigenes Kind finde, zu welcher Regung mütterlichen Stolzes sie voll berechtigt war. Effi trug ein blau und weiß ge-

---

1 Docke: veraltet, mundartlich für Puppe, Mädchen; hier: aufgewickelter Faden, puppenähnliches Bündel
2 Majolika: ital. für Mallorca; Majolikaschale: bunt bemalte und glasierte Tonschale

streiftes, halb kittelartiges Leinwandkleid, dem erst ein fest zusammengezogener, bronzefarbener Ledergürtel die Taille gab; der Hals war frei, und über Schulter und Nacken fiel ein breiter Matrosenkragen. In allem, was sie tat, paarten sich Übermut und Grazie, während ihre lachenden braunen Augen eine große, natürliche Klugheit und viel Lebenslust und Herzensgüte verrieten. Man nannte sie die „Kleine", was sie sich nur gefallen lassen musste, weil die schöne, schlanke Mama noch um eine Handbreit höher war.

Aus: Theodor Fontane: Effi Briest. Hrsg.: Diekhans, Johannes. Paderborn: Schöningh Verlag 2005, S. 7 f.

■ Analysieren Sie den vorliegenden Romananfang im Hinblick auf die Darstellung des Raumes und dessen Ausgestaltung. Welche Informationen erhält der Leser direkt/indirekt hinsichtlich der Atmosphäre, des Milieus und der Figuren?

■ „Das erste Kapitel ist immer die Hauptsache und in dem ersten Kapitel die erste Seite, beinah die erste Zeile [...]; bei richtigem Aufbau muss in der ersten Seite der Keim des Ganzen stecken." (Fontane in einem Brief an Karpeles vom 18.08.1880). Erläutern und prüfen Sie das Zitat Fontanes vor dem Hintergrund des vorliegenden Erzählanfangs.

■ Lässt sich das Zitat Fontanes auf den Roman „Tauben im Gras" übertragen? Begründen Sie Ihre Meinung.

Romananfang und Romanende im Vergleich

Romananfang

Flieger waren über der Stadt, unheilkündende Vögel. Der Lärm der Motoren war Donner, war Hagel, war Sturm. Sturm, Hagel und Donner, täglich und nächtlich, Anflug und Abflug, Übungen des Todes, ein
5 hohles Getöse, ein Beben, ein Erinnern in den Ruinen. Noch waren die Bombenschächte der Flugzeuge leer. Die Auguren lächelten. Niemand blickte zum Himmel auf.

Öl aus den Adern der Erde, Steinöl, Quallenblut, Fett
10 der Saurier, Panzer der Echsen, das Grün der Farnwälder, die Riesenschachtelhalme, versunkene Natur, Zeit vor dem Menschen, vergrabenes Erbe, von Zwergen bewacht, geizig, zauberkundig und böse, die Sagen, die Märchen, der Teufelsschatz: er wurde ans
15 Licht geholt, er wurde dienstbar gemacht. Was schrieben die Zeitungen? *Krieg um Öl, Verschärfung im Konflikt, der Volkswille, das Öl den Eingeborenen, die Flotte ohne Öl, Anschlag auf die Pipeline, Truppen schützen Bohrtürme, Schah heiratet, Intrigen um den Pfauenthron,*
20 *die Russen im Hintergrund, Flugzeugträger im Persischen Golf.* Das Öl hielt die Flieger am Himmel, es hielt die Presse in Atem, es ängstigte die Menschen und trieb mit schwächeren Detonationen die leichten Motorräder der Zeitungsfahrer. [...] Das Frühjahr war kalt.
25 Das Neueste wärmte nicht. *Spannung, Konflikt,* man lebte im Spannungsfeld, östliche Welt, westliche Welt, man lebte an der Nahtstelle, vielleicht an der Bruchstelle, die Zeit war kostbar, sie war eine Atempause auf dem Schlachtfeld, und man hatte noch
30 nicht richtig Atem geholt, wieder wurde gerüstet, die Rüstung verteuerte das Leben, die Rüstung schränkte die Freude ein, hier und dort horteten sie Pulver, den Erdball in die Luft zu sprengen, *Atomversuche in Neu-Mexiko, Atomfabriken im Ural* [...]: Deutschland war
35 in zwei Teile gebrochen. Das Zeitungspapier roch nach heißgelaufenen Maschinen, nach Unglücksbotschaften, gewaltsamem Tod, falschen Urteilen, zynischen Bankrotten, nach Lüge, Ketten und Schmutz. Die Blätter klebten verschmiert aneinander, als
40 näßten sie Angst. [...]

Romanende

Mitternacht schlägt es vom Turm. Es endet der Tag. Ein Kalenderblatt fällt. Man schreibt ein neues Datum. Die Redakteure gähnen. Die Druckformen der Morgenblätter werden geschlossen. Was am Tage geschehen, geredet, gelogen, erschlagen und vernichtet 5 war, lag in Blei gegossen wie ein flacher Kuchen auf den Blechen der Metteure. Der Kuchen war außen hart, und innen war er glitschig. Die Zeit hatte den Kuchen gebacken. Die Zeitungsleute hatten das Unheil umbrochen, Unglück, Not und Verbrechen; sie 10 hatten Geschrei und Lügen in die Spalten gepreßt. Die Schlagzeilen standen, die Ratlosigkeit der Staatenlenker, die Bestürzung der Gelehrten, die Angst der Menschheit, die Glaubenslosigkeit der Theologen, die Berichte von den Taten der Verzweifelten 15 waren vervielfältigungsbereit, sie wurden in das Bad der Druckerschwärze getaucht. [...] Die Nachrichten wärmen nicht. *Spannung. Konflikt, Verschärfung, Bedrohung.* Am Himmel summen die Flieger. Noch schweigen die Sirenen. Noch rostet ihr Blechmund. 20 Die Luftschutzbunker wurden gesprengt; die Luftschutzbunker werden wiederhergerichtet. Der Tod treibt Manöverspiele. *Bedrohung, Verschärfung, Konflikt, Spannung.* Komm-du-nun-sanfter-Schlummer. Doch niemand entflieht seiner Welt. Der Traum ist 25 schwer und unruhig. Deutschland lebt im Spannungsfeld, östliche Welt, westliche Welt, zerbrochene Welt, zwei Welthälften, einander feind und fremd, Deutschland lebt an der Nahtstelle, an der Bruchstelle, die Zeit ist kostbar, sie ist eine Spanne nur, eine 30 karge Spanne, vertan, eine Sekunde zum Atemholen, Atempause auf einem verdammten Schlachtfeld.

Aus: Wolfgang Koeppen: Tauben im Gras. Frankfurt am Main: Suhrkamp 2008, S. 9 f., 209 f.

■ *Vergleichen Sie Romananfang und -ende und markieren Sie Auffälligkeiten.*

■ *Welche zentralen Unterschiede weisen Erzählanfang und Erzählende auf?*

Nachkriegszeit und Zeitkritik

In diesem Baustein wird der Blick der Schülerinnen und Schüler auf die zeithistorische Gegenwart des Romans gelenkt. Dabei soll der Frage nachgegangen werden, in welcher Form die fiktionale Welt des Romans in der Wirklichkeit verankert ist und auf welche Weise sich sowohl in der Art der Darstellung als auch durch das dargestellte Geschehen selbst eine zeitkritische Position manifestiert.

- Im ersten Teil des Bausteins wird es zunächst darum gehen, die weltpolitische Lage und die zeitgeschichtliche Situation in Deutschland nach 1945 zu beleuchten. Die Erarbeitung dieses Zusammenhangs setzt die Kenntnis des Romans nicht voraus. Sie kann den Einstieg in die Unterrichtseinheit bilden und bereits vor der Lektüre des Romans bzw. während des Leseprozesses durchgeführt werden. Dabei werden verschiedene unterschiedlich aufwendige Verfahren aufgezeigt.
- Im zweiten Teil wird die Verbindung zum Roman hergestellt, indem untersucht wird, in welcher Weise die politische und gesellschaftliche Wirklichkeit in den Roman eingegangen ist und wie sie als „Zeitklima" das Lebensgefühl der Figuren bestimmt. Zentrale Gesichtspunkte werden hierbei die Verunsicherung und die Angst der Figuren, die unbewältigte, verdrängte Vergangenheit und die Kontinuität nationalistischer Mentalitäten sein.
- In der abschließenden Sequenz geht es um die Merkmale des Zeitromans sowie um die Frage, inwieweit Koeppens Roman dieser Klassifikation entspricht. Dabei wird bereits auf die folgenden Bausteine verwiesen, in denen die literarische, ästhetische und existenziale („Die Essenz des Daseins") Dimension des Romans verstärkt in den Mittelpunkt gerückt wird und damit die zeitgebundene Lesart um weitere Lesarten ergänzt wird.

Koeppen ist einer der wenigen Autoren, der bereits kurz nach Gründung der beiden deutschen Staaten die unmittelbare Gegenwart der bundesrepublikanischen Nachkriegsgesellschaft zum Gegenstand seiner Romane macht. Nach seiner Selbstaussage wollte er „das Allgemeine schildern, das Gültige finden, die Essenz des Daseins, das Klima der Zeit, die Temperatur des Tages".[1] In „Tauben im Gras" bleibt er dabei der Gegenwart so dicht auf der Spur, dass die Zeit der Niederschrift mit der des Romangeschehens beinahe unmittelbar zusammenfällt.[2]

Der Roman thematisiert das Leben in der „Zwischenzeit", einer Zeit des gesellschaftlichen Umbruchs in Deutschland zwischen Zusammenbruch, Restauration und versuchtem Neuanfang, der seinerseits bereits überschattet ist von „unheilkündenden" Zeichen, die auf die Gefährdung der Zukunft hinweisen. So ist der Roman insgesamt geprägt von einer Grundstimmung der Angst[3], die alle Lebensbereiche der Menschen in Besitz genommen hat. Bereits der Erzählerkommentar, der den Roman eröffnet, verweist auf dieses Grundgefühl. Der Erzähler charakterisiert die Zeit gleich zu Beginn als eine „Atempause auf dem Schlachtfeld" (S. 9–10) und hebt zusätzlich die geopolitische Sonderstellung des geteilten Deutschlands

---

[1] Aus: Wolfgang Koeppen: „Die elenden Skribenten". In: Wolfgang Koeppen: *Die elenden Skribenten. Aufsätze.* Hrsg. von Marcel Reich-Ranicki. Frankfurt a. M.: Suhrkamp 1984, *S.* 289

[2] Vgl. Norbert Altenhofer: „Wolfgang Koeppen: *Tauben im Gras* (1951)". In: *Deutsche Romane des 20. Jahrhunderts. Neue Interpretationen.* Hrsg. von Paul M. Lützeler. Königstein/Ts.: Athenäum, 1983, S. 284f.

[3] Reich-Ranicki bezeichnet den Roman als eine „Studie über die Angst". Reich-Ranicki: „Der Zeuge Koeppen". In: *Über Wolfgang Koeppen.* Hg. Ulrich Greiner. Frankfurt/M.: Suhrkamp 1976, S. 142

als „Bruchstelle" (S. 9) im Spannungsfeld des Ost-West-Konfliktes hervor. Die Diagnose der politischen und gesellschaftlichen Situation, die durch die einmontierten Schlagzeilen *„Spannung, Konflikt"* (S. 9) auf den Punkt gebracht wird, kehrt am Ende des Romans in modifizierter, zugespitzter Form wieder (zur Rahmenstruktur des Romans vgl. 2.4, S. 52 ff.). Die „Binnenhandlung", die 18 Stunden eines Februartages im Jahr 1951 beschreibt, zeigt eine Vielzahl von Figuren, ihre Bewegungen und Gedanken, ihre Begegnungen und ihr Vorübergehen, ihre Traumata und Träume, ihre Ängste und Sehnsüchte und vermittelt damit ein vielschichtiges Bild der deutschen Nachkriegsgesellschaft. Die Rede von der viel beschworenen „Stunde Null", die suggeriert, man könne einfach von vorne anfangen und die Vergangenheit schnell abschütteln, erweist sich im Kontext des Romans als Illusion. So erscheinen die Figuren, welche in diese „Zwischenzeit" geworfen sind und verwirrt und ziellos umherzulaufen scheinen, auch weniger als Repräsentanten einer Aufbruchstimmung, sondern vielmehr als Desorientierte, die mit der Zeit nicht zurechtkommen, als *displaced persons* ohne ein Zuhause.

Das „Klima der Zeit" bleibt im gesamten Roman gegenwärtig, zum einen spiegelt es sich in den biografischen Splittern wider, in den Gedanken und Mentalitäten der Figuren, aber auch in ihrer Kommunikations- und Beziehungsunfähigkeit, zum anderen wird „die Temperatur des Tages" durch die einmontierten Schlagzeilen aus Zeitungen oder Rundfunkmeldungen für den Rezipienten messbar. Dabei werden sowohl die historische Dimension der jüngsten Geschichte, zu der zentral die Katastrophe des Nationalsozialismus gehört, sowie die innenpolitische und gesellschaftliche Situation in der jungen Bundesrepublik als auch das weltpolitische Klima, welches bereits geprägt ist vom Kalten Krieg, bruchstückartig in das Romangeschehen eingefügt, sodass Vergangenheit, Gegenwart und gefahrvolle Zukunft miteinander verknüpft sind. Die Desorientierung und das Grundgefühl der Angst werden darüber hinaus auch durch die Erzähltechnik selbst abgebildet: Für die Formen traditionellen Erzählens bleibt in der „Zwischenzeit" keine Zeit mehr. Der Modus des Erzählens ist bestimmt durch Atemlosigkeit, Hast und Hektik. Die Fülle disparater Bilder, die assoziativen Reihungen und Anspielungen, die jähe Unterbrechung der Erzählstränge, die Simultanität der Ereignisse, der übergangslose Wechsel der Perspektiven – all diese Merkmale sind erzählerischer Ausdruck einer unsicheren, nicht mehr zu ordnenden Gegenwart, „einer Atempause auf einem verdammten Schlachtfeld" (S. 228), wie es am Ende des Romans heißt.

Um den Schülerinnen und Schülern das „Klima der Zeit" ins Bewusstsein zu heben, ist es sinnvoll, in einem ersten Schritt die politische und gesellschaftliche Situation im Nachkriegsdeutschland im Kontext der weltpolitischen Konstellation nach 1945 genauer zu beleuchten. Es ist davon auszugehen, dass die Schülerinnen und Schüler bereits aus anderen Zusammenhängen (Geschichtsunterricht, Deutschunterricht zur Trümmerliteratur u. a.) über Vorkenntnisse verfügen, sodass eine Erarbeitung der zeithistorischen Hintergründe keine größeren Probleme bereiten dürfte. Im Einzelnen soll es auch weniger darum gehen, bestimmten historischen Ereignissen im Detail nachzuspüren, sondern eher die allgemeine Atmosphäre in der Nachkriegsgesellschaft zu erfassen.

Im Folgenden werden unterschiedliche Wege der Annäherung an das Thema skizziert, die unter Berücksichtigung der Vorkenntnisse der Schülerinnen und Schüler sowie der zur Verfügung stehenden Zeit umgesetzt werden können; z. T. lassen sie sich auch verbinden. Neben den hier aufgezeigten Vorschlägen besteht die Möglichkeit, auf Spielfilme und filmische Dokumentationen zurückzugreifen, in denen die Nachkriegszeit thematisiert wird. Soll der zeithistorische Hintergrund über Schülerreferate erschlossen werden, müssten mögliche Themen frühzeitig vergeben werden.[1]

---

[1] Als Grundlage für Referate eigenen sich u. a.: Helmut M. Müller: *Schlaglichter der deutschen Geschichte.* Sonderausgabe der Bundeszentrale für politische Bildung, Bonn 2009, S. 303–364. Wolfgang Benz (Hg.): *Die Bundesrepublik Deutschland. Geschichte in drei Bänden.* Frankfurt a. M.: Fischer Taschenbuch Verlag 1983. Interessante Online-Angebote finden sich z. B. auf folgenden Seiten: http://www.dhm.de/lemo/ [LeMO = Lebendiges virtuelles Museum Online] und http://einestages.spiegel.de/page/TimeMachine.html [Zeitmaschine von „Spiegel Online"].

3.1 Deutschland in der Nachkriegszeit

Entscheidet sich die Lehrperson dafür, die Unterrichtseinheit mit einem historischen Abriss über die Situation nach 1945 zu beginnen, kann im Anschluss an einen ersten allgemeinen Gedankenaustausch über diese zeitgeschichtliche Phase die Aufmerksamkeit zunächst einmal auf das Vorwort des Romans gelenkt werden. Im Vorwort zur zweiten Auflage skizziert Koeppen selbst den politischen und gesellschaftlichen Hintergrund des Romans, indem er die Niederschrift zeitlich verortet. Mit der Bezugnahme auf die Währungsreform, das beginnende Wirtschaftswunder und die hohe Zeit[1] der Besatzungsmächte spricht er die politische und wirtschaftliche Situation an, mit dem Hinweis auf Korea und Persien deutet er auf das angespannte weltpolitische Klima hin. In verschiedenen, z. T. ironisch wirkenden Einschüben spiegelt sich darüber hinaus die allgemeine Lebenssituation sowie die psychische Befindlichkeit der Bevölkerung wider. Der Wunsch nach Befriedigung materieller Bedürfnisse und das Streben nach Lust werden dabei konterkariert durch die Sorge und Angst vor dem dritten Weltkrieg. Bereits durch diese wenigen Bemerkungen innerhalb des Vorworts gewinnt das Leben in der „Zwischenzeit" erste Konturen; die Erfahrungen des Zusammenbruchs, die Hoffnung auf einen Neuanfang, die Angst vor einem neuen Krieg bilden das Amalgam der erzählerisch gestalteten Gegenwart.

Die Schülerinnen und Schüler erhalten folgenden Arbeitsauftrag:

■ *Wodurch ist das Zeitklima während der Niederschrift des Romans 1951 bestimmt? Lesen Sie den Auszug aus dem Vorwort zur 2. Auflage des Romans (S. 7, Z. 1–15) und halten Sie Koeppens „Zeitdiagnose" in Stichpunkten fest.*

Die Ergebnisse werden zunächst partnerweise besprochen und anschließend im Plenum gesammelt und zusammengefasst. Die wichtigsten Punkte werden im Tafelbild festgehalten:

---

[1] 1949 trat das Besatzungsstatut in Kraft. Obwohl Bund und Ländern die gesetzgebende, vollziehende und Recht sprechende Gewalt übertragen wurde, behielten sich die Besatzungsmächte entscheidende Zuständigkeiten vor, darunter auch das Recht, die vollständige Regierungsgewalt zu übernehmen, wenn sie zu der Auffassung kämen, dass dies aus Sicherheitsgründen notwendig sei. Die alliierten Kontrollrechte wurden durch die sogenannten „Hohen Kommissare" ausgeübt.

Alternative 1: Durchführung einer Recherche zum zeitgeschichtlichen Hintergrund

 Im Anschluss an diese erste zeitliche Verortung wird gemeinsam mit den Schülerinnen und Schülern überlegt, in welcher Form ein differenzierterer Überblick über die Nachkriegszeit erarbeitet werden kann und inwieweit die subjektive diagnostische Skizze des Autors sich auf der Basis weiterer Quellen bestätigen lässt. Es ist zu erwarten, dass dabei auf die Recherche im Internet und in Geschichtsbüchern, auf Möglichkeiten der „Spurensuche" in (Stadt-) Archiven, die Befragung von Zeitzeugen (z. B. die Großeltern), auf die Auswertung filmischer Dokumente, zeitgenössischer Karikaturen u. a. verwiesen wird. Die Vorschläge werden aufgenommen, wobei die Schülerinnen und Schüler möglichst selbst entscheiden, wie sie vorgehen möchten. Der Arbeitsauftrag, der durch die Gruppen entweder arbeitsteilig oder arbeitsgleich bearbeitet wird, lautet:

■ *Informieren Sie sich über die zeitgeschichtliche Phase der Nachkriegszeit (1945–1955). Berücksichtigen Sie dabei*
- *die weltpolitische Lage,*
- *die innenpolitische Situation in Deutschland,*
- *die soziale und gesellschaftliche Situation in Deutschland.*

■ *Sammeln Sie entsprechende Dokumente (Texte, Fotos, Karikaturen u. a.) und bringen Sie diese mit in den Unterricht.*

■ *Erstellen Sie einen Zeitstrahl (1945–1955), auf dem Sie wichtige Daten und Ereignisse der Weltpolitik und der deutschen Geschichte kurz festhalten.*

In der anschließenden Gruppenarbeit werden die individuellen Rechercheergebnisse zusammengetragen, ausgewertet und systematisiert. Die Form der Präsentation der Ergebnisse wird den Gruppen freigestellt; denkbar sind hier z. B. computer-, folien- oder plakatgestützte Vorträge, eine kleine Ausstellung mit entsprechenden Zusatzinformationen etc. Entsprechend lautet der Arbeitsauftrag für die Gruppenarbeit:

■ *Stellen Sie sich in Ihren Arbeitsgruppen Ihre Rechercheergebnisse gegenseitig vor. Treffen Sie anschließend eine Auswahl und überlegen Sie, wie Sie Ihre Ergebnisse in einer für Ihre Mitschülerinnen und Mitschüler interessanten Weise präsentieren können.*

 Im Anschluss an die Gruppenpräsentationen werden die Arbeitsergebnisse in einem Unterrichtsgespräch gebündelt. Dabei wird herausgestellt, dass sowohl die weltpolitische Lage (Kalter Krieg, Koreakrieg, Aufrüstung), die innenpolitische Situation (Besatzungsstatut, die Spaltung Deutschlands und die Integration der beiden Teile in zwei antagonistische politische Systeme) und die gesellschaftliche Situation (materielle und immaterielle Folgen des Krieges) insgesamt ein Gefühl der Verunsicherung und Angst evozieren. Koeppens „Zeitdiagnose" wird vor diesem Hintergrund diskutiert. Eine Sicherung erfolgt in Form eines Tafel- oder Folienbildes, das folgendermaßen gestaltet werden kann:

Deutschland nach 1945

Weltpolitische Situation
- Kalter Krieg
- Polarisierung der Welt aufgrund der ideologischen Gegensätze
- Ost-West-Konflikt
- Führungsanspruch der SU/USA
- Koreakrieg, politische Unruhen in Asien
- Beginn des Rüstungswettlaufs

Innenpolitische Situation
- Besatzungsherrschaft/eingeschränkte Souveränität
- Gründung von zwei deutschen Staaten 1949 (Spaltung)
- Integration in unterschiedliche Machtsysteme
- Diskussion um Remilitarisierung/ Wiederbewaffnung

**Angst
Unsicherheit**

Soziale, gesellschaftliche und psychologische Situation
- Menschenverluste, Armut, Zerstörung, Wohnungsnot…
- Zuwanderung, Flüchtlinge, Kriegsheimkehrer, *displaced persons*
- zerstörte Biografien, zerrissene Familien
- traumatisierende Kriegserfahrungen
- Schuldfrage, Verantwortung für den Terror des Nationalsozialismus
- Wunsch nach einem Neuanfang, Abschütteln der Vergangenheit

Die Ergebnisse, wie sie auf dem komplexen Tafel- bzw. Folienbild dargestellt sind, können anschließend durch einen produktiven Schreibauftrag gebündelt werden:

> ■ *Verfassen Sie unter der Überschrift „Deutschland nach 1945" einen prägnanten Artikel für ein Jugendlexikon.*

Steht mehr Zeit zur Verfügung, ließe sich der Arbeitsauftrag für die Gruppenarbeit um eine produktionsorientierte Komponente erweitern, indem die Schülerinnen und Schüler die Materialien nicht nur aufbereiten, auswerten und zusammenstellen, sondern diese als Grundlage verwenden, um ein fiktives zeitgeschichtliches Dokument zu erstellen. Unter der Überschrift „Deutschland im Jahr 1951" erhalten die Schülerinnen und Schüler dabei die Auswahl zwischen der Gestaltung einer Zeitungsseite oder eines Radiofeatures.[1] In diesem Fall lautet der Arbeitsauftrag für die Gruppenarbeit:

> ■ *Gestalten Sie auf der Basis Ihrer Recherche-Ergebnisse eine Zeitungsseite oder ein Radiofeature, wobei Sie sowohl weltpolitische Aspekte als auch die innenpolitische und gesellschaftliche Situation in Deutschland berücksichtigen.*

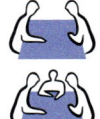

---

[1] Eine digitale oder sonstige Aufzeichnung der Radiosendung ist nicht unbedingt erforderlich. Eine weniger aufwendige Variante besteht darin, dass die Gruppe ihren Radiotext im Unterricht direkt spricht.

Diese anspruchsvollere und aufwendigere Form der Erarbeitung bietet verschiedene didaktische Vorteile. Zum einen erfordert der Prozess der produktiven Umsetzung eine differenziertere Auseinandersetzung mit den Materialien, zum anderen eröffnet er den Schülerinnen und Schülern größere Freiräume, da sie selbstständig Entscheidungen zur thematischen Schwerpunktsetzung, textuellen Umsetzung etc. treffen müssen. Auch wenn die Lernenden ihren Arbeitsprozess weitgehend selbstständig organisieren, sollte angesichts der Komplexität des Arbeitsauftrages die Lehrperson beratend zur Seite stehen.

Im Anschluss an die Präsentation und Würdigung der Schülerarbeiten werden die Ergebnisse hinsichtlich der angesprochenen zeitgenössischen Problemlagen ausgewertet und gesichert (s. o.).

Eine besondere Würdigung erfahren die fiktiven „Zeitdokumente", indem sie zum Ausgangspunkt einer weiterführenden produktionsorientierten Erarbeitung werden. Haben die Schülerinnen und Schüler den Roman bereits vollständig gelesen, kann die Weiterführung bereits an dieser Stelle stattfinden. Um das Lebensgefühl, die Probleme und die Einstellungen einzelner Figuren zu erschließen, sind z. B. folgende Schreibaufträge denkbar:

■ *Stellen Sie sich vor, eine bestimmte Figur (z. B. Philipp, Edwin, Frau Behrend) sitzt im Café und liest eine der dort ausgelegten Zeitungen. Sie schlägt Ihre Zeitungsdoppelseite auf. Welche Gedanken gehen der Figur bei der Lektüre durch den Kopf? Schreiben Sie einen inneren Monolog. Begründen Sie anschließend Ihre Gestaltung.*

■ *Stellen Sie sich vor, eine bestimmte Figur (z. B. Josef, Philipp, Frau Behrend) hört Ihren Radiobeitrag. Schreiben Sie in Form eines Bewusstseinsstroms auf, welche Gedanken der Figur während des Hörens durch den Kopf gehen. Begründen Sie anschließend den Inhalt und die Form Ihrer Gestaltung.*

Nachdem die Schülertexte zunächst in Kleingruppen vorgelesen und diskutiert worden sind, erfolgt eine Präsentation und Besprechung ausgewählter Arbeiten im Plenum. Im Unterrichtsgespräch soll es dabei vor allem um das Lebensgefühl der Figuren gehen sowie um ihre Einstellungen zur Vergangenheit und zu zeitgenössischen politischen und gesellschaftlichen Fragen.

Alternativ können die Schülerdokumente zu einem späteren Zeitpunkt der Unterrichtseinheit aufgegriffen werden, um dann ausgewählte Figuren des Romans mit diesen „Quellen" zu konfrontieren. Dies kann in Abhängigkeit von den jeweiligen Zielvorstellungen in verschiedenen Zusammenhängen und mit unterschiedlichen thematischen Akzentsetzungen erfolgen. Denkbar ist etwa eine Verknüpfung mit dem Baustein 4 „Erzähler" oder mit dem Baustein 5 „Figuren". Hierbei können zum einen unterschiedliche Formen der Figurenrede, wie sie sich im Roman finden lassen (Bewusstseinsstrom, innerer Monolog, erlebte Rede), in einem produktiven Schreibprozess erprobt werden, zum anderen könnten die Denkweise und Haltung bestimmter Figuren verdeutlicht werden.

Alternative 2: Analyse von „Zeitbildern" (Arbeitsblatt 9)

Alternativ oder ergänzend zu dem oben skizzierten Verfahren der Recherche kann die Annäherung an die zeitgeschichtliche Situation über Auszüge aus Geschichtsbüchern (**Zusatzmaterial 2**, S. 226) und/oder eine Fotocollage erfolgen (**Arbeitsblatt 9**, S. 83), in der verschiedene historische Ereignisse und Lebenssituationen dargestellt sind. Eine erste Begegnung mit dem Fotomaterial, die an das Vorwissen der Schülerinnen und Schüler anknüpft, kann auf der Basis folgender Fragestellungen erfolgen:

■ *Welches Ereignis/welche Situation ist auf den Fotos dargestellt? Formulieren Sie zu jedem Foto eine passende Überschrift.*

■ *Auf einigen Fotos sind Alltagssituationen dargestellt. Welche Stimmung vermitteln die Fotos?*

■ *Auf einigen Fotos sind historische Persönlichkeiten abgebildet. Wen können Sie erkennen? Welche Bedeutung haben diese Personen für die deutsche Geschichte?*

Im anschließenden Unterrichtsgespräch werden die Ergebnisse ausgewertet und Zusammenhänge erläutert. Bestimmte Problemfelder der deutschen Nachkriegsgesellschaft und weltpolitischen Lage werden hier bereits angesprochen: die schwierige allgemeine Lebenssituation (Versorgungslage, Wohnungsnot, Flüchtlinge), Besatzungsherrschaft, Spaltung Deutschlands, Kriegsverbrechen und Schuldfrage, Kalter Krieg u. a. Gegebenenfalls wird eine Hausaufgabe gestellt, in der offene Fragen im Rahmen einer individuellen Recherche geklärt werden.

Haben die Schülerinnen und Schüler den Roman bereits ganz oder in Teilen gelesen, wird ihnen beim Betrachten der Fotos auffallen, dass einzelne Abbildungen Situationen widerspiegeln, die in ähnlicher Form im Roman dargestellt werden. In diesem Zusammenhang dürfte z. B. auf die Beziehung zwischen Washington Price und Carla, auf die Kriegsheimkehrer und Flüchtlinge oder auf die Zerstörung der Stadt hingewiesen werden.

Im Einzelnen bilden die Fotos folgendes Ereignis/folgende Situation ab:

1. Reihe (von links nach rechts)

1. (1945/1946) Eine deutsche Stadt
2. (1945) Flüchtlinge; das Bild steht stellvertretend für die Millionen von Flüchtlingen, Vertriebenen und „displaced persons" nach 1945, die, die meisten zu Fuß, auf der Suche nach ihren Familien, Heimatorten oder einem neuen Zuhause sind.
3. (1945) Ein russischer Soldat hisst die sowjetische Flagge auf dem Berliner Reichstag. Die historische Szene wurde vermutlich am 2. Mai 1945 für den Fotografen nachgestellt.

2. Reihe (von links nach rechts)

4. (1948) „Rosinenbomber" – Wenige Tage nach der Währungsreform in den westlichen Besatzungszonen sperrt die Sowjetunion die Zugangswege nach West-Berlin ab. Über eine „Luftbrücke" stellen die Westmächte die Versorgung Westberlins sicher.
5. (1949) Nachdem der Parlamentarische Rat das Grundgesetz erarbeitet hat und es am 24. Mai in Kraft getreten ist, findet im August die erste Bundestagswahl statt, aus der die CDU knapp als stärkste Partei hervorgeht. Das Foto zeigt die Vereidigung Konrad Adenauers zum ersten Bundeskanzler der Bundesrepublik Deutschland am 15. September.
6. (1948) Heimkehr eines deutschen Soldaten aus der Kriegsgefangenschaft.

3. Reihe (von links nach rechts)

7. (1945) Nürnberger Prozess gegen die Hauptkriegsverbrecher des Dritten Reichs. Der Prozess beginnt am 20. November 1945, am 1. Oktober 1946 werden 12 der 24 Hauptkriegsverbrecher zum Tode verurteilt und hingerichtet.
8. (1946) Deutsche Frauen und ein amerikanischer Soldat auf dem Münchner Oktoberfest. Das Fraternisierungsverbot erlaubte amerikanischen Soldaten zunächst keine privaten Kontakte zu Deutschen. Es wurde aber bereits wenige Monate nach Ende des Krieges aufgehoben, da es in der Praxis kaum durchsetzbar war.
9. (1948) Währungsreform in den Westzonen. Am Tag nach der Währungsreform finden sich zuvor gehortete Waren in den Schaufenstern.

4. Reihe (von links nach rechts)

10. (1945) Potsdamer Konferenz der Siegermächte; die Siegermächte beraten im Juli/ August 1945 über die Neuordnung Europas. Im sogenannten Potsdamer Abkommen wird die Demokratisierung, Demilitarisierung, Denazifizierung, Dekartellisierung und Dezentralisierung Deutschlands festgelegt. Auf dem Foto von links nach rechts: Winston S. Churchill, Harry S. Truman und Josef Stalin.

11. (1949) Am 7. Oktober, also kurz nach der Gründung der Bundesrepublik Deutschland, tritt in Ost-Berlin der Volksrat zusammen. Er erklärt sich zur provisorischen Volkskammer und beauftragt Otto Grotewohl mit der Regierungsbildung. Zum ersten Präsidenten der DDR wird Wilhelm Pieck (Foto) gewählt. Damit ist Deutschland in zwei Staaten gespalten. Das Motto im Hintergrund lautet vollständig: „Es lebe die nationale Front des demokratischen Deutschland".

12. (1945) Ein amerikanischer Soldat verteilt Süßigkeiten an deutsche Kinder.

3.2 „Der Urgrund unseres Heute" – die Darstellung des Zeitklimas in „Tauben im Gras"

In diesem Bausteinabschnitt wird untersucht, in welcher Weise die politische und gesellschaftliche Wirklichkeit im Roman verankert ist und wie sie als „Zeitklima" das Lebensgefühl der Figuren bestimmt. Darüber hinaus wird der Frage nachgegangen, worin sich Koeppens Zeitkritik manifestiert.

Zu Beginn wird den Schülerinnen und Schülern als Impuls eine Selbstaussage des Autors zu seinem Roman präsentiert:

Wolfgang Koeppen über „Tauben im Gras"

Ich wollte „einen Tag meiner Zeit einfangen, die Zeit und ihre Menschen beschreiben, wie ich sie sehe und empfinde, [...] ich wollte das Allgemeine schildern, das Gültige finden, die Essenz des Daseins, das Klima der Zeit, die Temperatur des Tages".[1]

Das Zitat veranschaulicht, dass es Koeppen um mehr geht als um eine möglichst naturalistische Wiedergabe des Lebens in der Nachkriegszeit. Er selbst erteilt dieser Form der literarischen Zeitgebundenheit auch an anderer Stelle eine eindeutige Absage: „nur noch zweitrangige Geister werden weiterhin versuchen, mit ihrer Schilderung eine Art Fotografie der Welt zu geben, wie es aufs glänzendste Balzac getan hat. Hier haben Wochen- und Tagesschau, die Dokumentation, überhaupt Film und Fernsehen die Aufgabe übernommen".[2] Koeppen geht es also um etwas anderes als um eine reine Ablichtung der zeitgenössischen Gegenwart. An ihre Stelle tritt die existenziale Frage nach der „Essenz des Daseins" in der bundesdeutschen Nachkriegsgesellschaft vor dem Hintergrund der katastrophalen Vergangenheit und der neu entstandenen Kulisse des Kalten Krieges. In diesem Sinne stellt der Roman eine Analyse der Zeit dar, wobei der Erzähler zum Zeitdeuter bzw. Zeichendeuter avanciert.

---

[1] Aus: Wolfgang Koeppen: Die elenden Skribenten. In: ders.: Die elenden Skribenten. Aufsätze. Hrsg. von Marcel Reich-Ranicki. Frankfurt a. M.: Suhrkamp 1984, S. 289

[2] Aus: Wolfgang Koeppen: Antwort auf eine Umfrage: Der Roman, der nichts erzählt. In: Wolfgang Koeppen. Gesammelte Werke in sechs Bänden. Hrsg. von Marcel Reich-Ranicki. Bd. 5. Berichte und Skizzen II. Frankfurt/M.: Suhrkamp 1986, S. 249 [Erstveröffentlichung 1960]

Das Zeitklima manifestiert sich im Roman auf unterschiedliche Weise: Zum einen vermitteln die Kommentierungen des Erzählers sowie die einmontierten Schlagzeilen, Radiomeldungen, Werbeslogans etc. ein Zeitbild, zum anderen sind es die Figuren selbst, die durch ihre Haltungen, Einstellungen und ihre Unfähigkeit zum Miteinander das Klima der Zeit widerspiegeln. Ausgehend von dem Zitatimpuls wird die Frage aufgeworfen, wodurch das Klima der Zeit im Roman deutlich wird.

■ *Wodurch wird das Zeitklima im Roman deutlich?*
  ● *Welche Rolle nimmt dabei der Erzähler ein?*
  ● *Welche Funktion haben die Zitate, Schlagzeilen, Radiomeldungen etc.?*
  ● *Inwiefern spiegeln die Figuren das Klima der Zeit wider?*

Die Ergebnisse des Unterrichtsgesprächs werden stichpunktartig an der Tafel notiert:

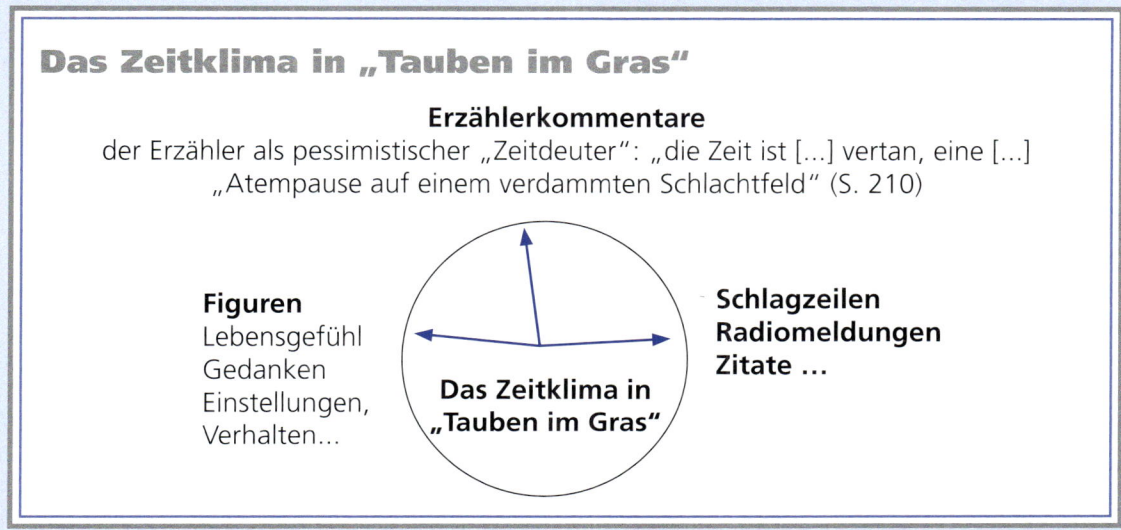

Damit ist zunächst eine allgemeine Orientierung geschaffen, die im Folgenden ausdifferenziert werden kann.

Der Erzähler als Zeitdeuter

Wenn es bisher noch nicht geschehen ist, wird im Anschluss die Funktion des Erzählers als „Zeitdeuter" (Pfeil oben) genauer untersucht, indem der Erzählanfang (**Baustein 1.1**) und die Rahmenstruktur (**Baustein 2.4**) des Romans analysiert werden. In diesem Zusammenhang wird auch die Funktion der dort angeführten Schlagzeilen angesprochen. Die erzählte Zeit endet im letzten Segment um Mitternacht des geschilderten Tages, symbolisch wird ihre „Kostbarkeit" am Schluss des Romans hervorgehoben, indem sie angesichts der Zeitumstände (*„Bedrohung, Verschärfung, Konflikt, Spannung"*, S. 227) als „vertan", als „karge Spanne", als „eine Sekunde zum Atemholen, Atempause auf einem verdammten Schlachtfeld" (S. 228) charakterisiert wird. Die zum Ausdruck kommende pessimistische Grundhaltung des Erzählers wird an der Tafel notiert.

Die Funktion der Zitate und Montagen

Die weiterführende Analyse der Funktion der einmontierten Zitate (Pfeil rechts) wird durch das **Arbeitsblatt 10** (S. 84) eröffnet. Es kann als Folie präsentiert werden. Alternativ können die Schülerinnen und Schüler auch selbstständig nach einmontierten Textelementen suchen, die im Roman durch Kursivschreibung (in anderen Ausgaben durch Großbuchstaben) hervorgehoben sind, und diese im Anschluss an eine Stillarbeitsphase an der Tafel sammeln. Anschließend werden die ausgewählten Zitate geordnet und zu bestimmten Themenbereichen zusammengefasst. Eine grobe Systematisierung kann im Unterrichtsgespräch erfolgen, wobei die Vorschläge der Schülerinnen und Schüler aufgenommen werden. Da sich viele Zitate auf Zeitungsmeldungen beziehen, ist z. B. eine Orientierung an den klassischen Ressorts einer Tageszeitung denkbar: Politik, Wirtschaft, Feuilleton etc. Zwar beziehen sich die meisten einmontierten Zitate auf die unmittelbare zeitgenössische Gegenwart, doch finden sich darüber hinaus auch Textelemente, welche die jüngste Vergangenheit zitieren, wodurch eine Verknüpfung zwischen jüngster Geschichte des Nationalsozialismus und Gegenwart hergestellt wird.

Die Ergebnisse werden im Unterrichtsgespräch zusammengefasst. Dabei wird festgestellt, dass die Zitate die allgemeine Lebenssituation sowie die politischen und wirtschaftlichen Verhältnisse der zeitgenössischen Gegenwart pointiert verdeutlichen.

Beispiele für Zitate und ihre Fundstelle (vgl. **Arbeitsblatt 10**, S. 84):

- „Flugzeugträger im Persischen Golf" (S. 9)
- „Atomversuche in Neu-Mexiko, Atomfabriken im Ural" (S. 10)
- „Wehrbeitrag gefordert, Adenauer gegen Neutralisierung … Millionen Zwangsarbeiter" (S. 10)
- „Alexander, die Liebe des Erzherzogs […] Eine deutsche Superproduktion" (S. 12)
- „Vierzig Mark Kopfgeld" (S. 19)
- „Das Schicksal greift nach Hannelore" (S. 20)
- „Bruttoregistertonnen versenkt" (S. 22)
- „Soldatentod ist der schönste Tod" (S. 23)
- „Zuzugsperre aufgehoben" (S. 23)
- „Superbomber in Europa stationiert" (S. 26)
- „Zehn Millionen Tonnen Kohle fehlen" (S. 42)
- „Marshallplanhilfe auch für Deutschland" (S. 50)
- „Angriff bedeutet Weltkrieg" (S. 55)
- „Wie Emmy Hermann Göring kennenlernte" (S. 57)
- „Candy-I-call-my-sugar-candy" (S. 59)
- „Kein neuer Militarismus aber Verteidigungsbereitschaft" (S. 68)
- „Demokratischer Gedanke in Deutschland gefestigt" (S. 130)
- „Rassenschande, arischer Nachweis" (S. 143)
- „Sanella immer frisch" (S. 150)
- „Erste Legion warnt vor Ohne-mich-Parole, Justizminister sagt…" (S. 162)
- „Fraternization verboten, Fraternization freigegeben" (S. 200)
- „Spannung, Konflikt, Verschärfung, Bedrohung" (S. 227/228)

Da sich die Funktion der Montagen nicht in der bloßen Darstellung des Zeitklimas erschöpft, wird im Anschluss an diese allgemeine Funktionsbestimmung eine differenziertere Analyse durchgeführt. Dabei wird anhand ausgewählter Textstellen untersucht, in welchem Kontext das jeweilige Zitat verwendet wird. Zum einen wird dabei Koeppens erzählerische Technik der assoziativen Verknüpfung veranschaulicht, zum anderen wird verdeutlicht, dass die einmontierten Zitate häufig den Stellenwert eines (ironischen) Erzählerkommentars haben, wodurch sie zur Manifestation einer Zeitkritik werden, die freilich vom Leser zu Ende gedacht werden muss.

Damit die Gruppen unterschiedliche Textstellen untersuchen, sollte zunächst eine Absprache im Plenum getroffen werden. Anschließend erhalten die Gruppen Folien, um ihre Arbeitsergebnisse darauf in komprimierter Form festzuhalten.

Der Auftrag für die arbeitsteilige Gruppenarbeit lautet:

■ *Untersuchen Sie die Bedeutung und Funktion der in den Romantext einmontierten Zitate (Schlagzeilen, Meldungen, Slogans etc.). Gehen Sie dabei folgendermaßen vor:*
  - *Klären Sie zunächst, in welchem Zusammenhang das jeweilige Zitat steht, indem Sie die Textstelle im Textzusammenhang lesen.*
  - *Untersuchen Sie, ob und wie die Zitate mit dem Text verbunden sind.*
  - *Erläutern Sie die Bedeutung und Funktion, die das jeweilige Zitat im Textzusammenhang hat.*
  - *Halten Sie ihre Ergebnisse auf der Folie stichpunktartig fest und bereiten Sie sich in Ihrer Gruppe auf die Präsentation im Plenum vor.*
  - *Orientieren Sie sich an folgender Übersicht:*

Textstelle	Romanzusammenhang/ Verknüpfungstechnik	Bedeutung/Funktion des Zitats
S. ?: „ [Zitat] "		

Mögliche Beispiele für eine ausgefüllte Übersicht:

Textstelle	Romanzusammenhang/ Verknüpfungstechnik	Bedeutung/Funktion des Zitats
S. 10: „Atomversuche in Neu-Mexiko, Atomfabriken im Ural"	Einfügung von Schlagzeilen in den Erzählerkommentar, Assoziationen des Erzählers	Unterstreichen der angespannten weltpolitischen Situation, Kritik der atomaren Rüstung
S. 10: „Wehrbeitrag gefordert, Adenauer gegen Neutralisierung… Millionen Zwangsarbeiter"	Kumulation von Schlagzeilen; Personifikation der Schlagzeilen durch den Erzähler: „Die Schlagzeilen schrien" (S. 10).	Verdeutlichung der angstinduzierten Atmosphäre; Hinweis auf Remilitarisierungsdiskussion und Adenauers Politik der Westintegration; Hinweis auf die Versklavung vieler Ausländer im Dritten Reich und ihre Situation als *displaced persons* im Nachkriegsdeutschland
S. 12: „Alexander, die Liebe des Erzherzogs […] Eine deutsche Superproduktion" S. 20: „Das Schicksal greift nach Hannelore"	Zitat eines fiktiven Filmtitels: Einführung der Figur Alexander, Zitat eines fiktiven Romantitels; Frau Behrend liest einen Groschenroman; ➝ direkter Bezug zur Handlung	Charakterisierung der Figuren; Veranschaulichung der Zeitkultur; Bedürfnis nach einer „heilen Welt"; Trivialität der Kultur; Ironie: „lebenswahrer Roman…" (S. 20)
S. 22: „Bruttoregistertonnen versenkt"	Einfügung einer Meldung aus dem Zweiten Weltkrieg; ➝ assoziativer Vergleich	Ironische Kommentierung durch Verknüpfung des Unzusammenhängenden
S. 23 „Soldatentod ist der schönste Tod"	Einfügung eines Soldatenlieds; Lebenssituation und Erfahrungen der ehemaligen Hitlerjungen ➝ semantische Verknüpfung („fällt"- „Soldatentod")	Charakterisierung; Verdeutlichung der Sozialisation der Jungen im NS und der Kontinuität militaristischer Werte, Verknüpfung von Gegenwart und Vergangenheit

71

Textstelle	Romanzusammenhang/ Verknüpfungstechnik	Bedeutung/Funktion des Zitats
S. 26: „Superbomber in Europa stationiert"	Einfügung einer Meldung; keine direkte Verknüpfung zum Thema Kriegsheimkehrer → Kontrast („glücklich" – Bomber)	Anspielung auf die Militarisierung Europas; Verstärkung durch inhaltlichen Bruch
S. 42: „Zehn Millionen Tonnen Kohle fehlen"	Zeitungsmeldung → Kontrast zum Panorama der Schaufensterauslagen	Ironisierung durch Kontrastierung
S. 57: „Wie Emmy Hermann Göring kennenlernte"	Plakataufdruck Reflexion über die Figur Philipp → Zitat als Antwort auf die Frage nach dem Zeitgeist	Kritik an der Banalisierung des NS, die Öffentlichkeit scheint sich nur für das Privatleben der NS-Verbrecher zu interessieren[1], das auch in Zeitschriften aufgegriffen wird
S. 59: „Candy-I-call-my-sugar-candy"	Lied aus dem Kofferradio → zunächst semantisch verknüpft („süß"), anschließend kontrastiv ironisch zu Kletts Essgewohnheiten	Ironie des Erzählers, Vergegenwärtigung der amerikanische Musikkultur
S. 68: „Kein neuer Militarismus aber Verteidigungsbereitschaft"	Einfügung eines Zitats → inhaltliche Verknüpfung zu den Würfelspielen und Betrügereien	Kritische Anspielung auf die Politik Adenauers, Remilitarisierung Westdeutschlands
S. 130: „Demokratischer Gedanke in Deutschland gefestigt"	Einfügung eines Zitats → Kontrast zu den autoritären Einstellungen der Figur	Exemplarische Verdeutlichung der politischen Kultur; ironischer Kontrast: die dargestellten Gedanken stehen im Gegensatz zu dem Zitat
S. 143: „Rassenschande, arischer Nachweis"	Zitat aus der Ideologie des NS → Verknüpfung mit den Gedanken einer Figur (Frau Behrend)	Bezug zur NS-Ideologie, Kontinuität nationalsozialistischer und rassistischer Haltungen
S. 150: „Sanella immer frisch"	Werbeslogan → assoziative Wortverknüpfung	Verdeutlichung des Bewusstseinsstroms einer Figur
S. 162 „Erste Legion warnt vor Ohne-mich-Parole, Justizminister sagt wer Frau und Kind nicht verteidigt ist kein Mann"	Einfügung von Meldungen, kein inhaltlicher Zusammenhang → assoziative Wortverknüpfung	Anspielung auf die Remilitarisierungspolitik Adenauers und die „Ohne-mich-Bewegung" gegen die Wiederbewaffnung
S. 227/228: „Spannung, Konflikt, Verschärfung, Bedrohung"	Einfügung von Schlagworten aus Schlagzeilen → Resümee des Erzählers	Verdeutlichung der Bedrohungssituation, resignativer Kommentar

 Im Anschluss an die Präsentation durch die Schülerinnen und Schüler werden die Ergebnisse der Erarbeitung im Unterrichtsgespräch zusammengefasst. Dabei wird verdeutlicht, dass Zitate aus unterschiedlichen Kontexten (Schlagzeilen, Radiomeldungen, Titel von Filmen und Liedern etc.) in den Roman eingewoben sind. Die eingesetzten Techniken der Montage sind mannigfach: Assoziative Verbindungen durch den Erzähler oder die Figuren in Form

---

[1] 1935 heiratete Hermann Göring in einer pompös inszenierten Hochzeit seine zweite Frau, die Schauspielerin Emmy Sonnemann.

von Wortwiederholungen oder semantischen Verknüpfungen stehen dabei neben bewusst kontrastiven Setzungen.

Die unterschiedlichen kontextuellen Bedeutungen und Funktionen der Zitate werden abschließend an der Tafel gesichert:

Die Funktion der Zitatmontagen

- Charakterisierung der Figuren und Darstellung ihrer Haltungen (indirekt)
- Veranschaulichung der politischen und gesellschaftlichen Situation
- Kommentierung und Kritik der politischen, gesellschaftlichen und kulturellen Verhältnisse in der bundesdeutschen Nachkriegsgesellschaft

Die Zeitkritik bezieht sich auf:
- die Remilitarisierung und Restauration der Gesellschaft
- die Kontinuität rassistischer und nationalsozialistischer Ideologie
- die Banalisierung des Faschismus und die fehlende Auseinandersetzung mit der Vergangenheit
- die Flucht in die kulturelle Trivialität

Die Einstellungen der Figuren

Bereits bei der Untersuchung der Zitate wurde die Haltung und Einstellung einzelner Figuren angesprochen (z. B. Frau Behrend oder die ehemaligen Hitlerjungen). Im Folgenden wird die durch den Roman repräsentierte politische Kultur, die sich in den Mentalitäten, Wertorientierungen und Meinungen der Figuren widerspiegelt, differenzierter betrachtet (Pfeil links). Den Ausgangpunkt bilden zwei längere Sachtexte, die sich mit dem Themenfeld der „Vergangenheitsbewältigung" aus soziologischer bzw. (sozial-)psychologischer Perspektive befassen (**Arbeitsblatt 11**, S. 85 und **Arbeitsblatt 12**, S. 88). Ihre Erarbeitung bildet die Hintergrundfolie, auf der im Anschluss einzelne Figuren betrachtet werden sollen. In methodischer Hinsicht sollen die Schülerinnen und Schüler anhand der längeren Sachtexte Formen einer reduktiven Schreibstrategie kennenlernen und einüben. Außerdem geht es darum, den Prozesscharakter des Schreibens zu erfahren.

Sie erarbeiten zunächst in Einzelarbeit entweder den Text von Arendt oder den Mitscherlichs und fertigen ein Abstract an (Hausaufgabe). Die anschließende Auswertung und Überarbeitung der Schülertexte erfolgt partnerweise im Unterricht (**Arbeitsblatt 13**, S. 90).[1]

Grundlage bildet der folgende komplexe Arbeitsauftrag:

> ■ *Schreiben Sie ein Abstract zu dem vorliegenden Text. Ein Abstract ist eine prägnante Inhaltsangabe, die sich auf den wesentlichen Gehalt einer Vorlage beschränkt. Sie müssen den Text zunächst sehr sorgfältig lesen und bearbeiten, um anschließend eine bewusste inhaltliche Auswahl treffen zu können.*

---

[1] Die hier dargestellte Vorgehensweise kann auch in leicht modifizierter Form durchgeführt werden. Beispielsweise können die Primärtexte zunächst in Partnerarbeit erschlossen und die Abstracts partnerweise formuliert werden, um sich anschließend zu einer Viergruppe zusammenzufinden. Hier bietet sich an, „Lerntempo-Quartette" zu bilden, d. h., das Tandem, welches die Aufgabe als Erstes bearbeitet hat, schließt sich mit dem Paar, welches als Zweites fertig ist, zusammen usf.
Als Alternative zur Anfertigung der Abstracts wäre auch denkbar, dass die Lernenden den Auftrag erhalten, den jeweiligen Text in Form eines Précis' zu raffen, indem sie die Vorlage um zwei Drittel kürzen. Dabei soll ein zusammenhängender Text entstehen, der die wichtigsten Inhalte der Vorlage enthält.

Ihre Darstellung muss auf <u>etwa 120 Wörter</u> beschränkt sein.
Merkmale eines Abstracts:
- *Prägnanz (Beschränkung auf das Wichtigste)*
- *Verständlichkeit (Klarheit der Sprache und Struktur)*
- *Objektivität (Verzicht auf persönliche Wertungen)*

Hannah Arendt: Besuch in Deutschland 1950 (Arbeitsblatt 11)

Der Essay von Hannah Arendt (**Arbeitsblatt 11**, S, 85 f.) basiert auf ihren Beobachtungen und Erfahrungen während mehrerer Aufenthalte in der Bundesrepublik, die sie im Auftrag der Organisation zur Rettung und Pflege jüdischen Kulturguts (*Jewish Cultural Reconstruction Corporation*) unternahm. Arendt setzt sich in dem Text kritisch mit den Folgen der totalitären nationalsozialistischen Gewaltherrschaft auseinander und kritisiert die Gleichgültigkeit und Teilnahmslosigkeit der Deutschen in der Nachkriegszeit, die sich u. a. in der Weigerung manifestiere, sich dem Geschehenen überhaupt zu stellen.

Einleitend beschreibt Arendt die materiellen und immateriellen Folgen des Nationalsozialismus und des Zweiten Weltkriegs. Über Europa liege „ein Schatten tiefer Trauer" aufgrund des Ausmaßes der allgemeinen Zerstörung und des Wissens über die Shoah. In Deutschland werde dieser Schrecken aber kaum gespürt und sei in der Öffentlichkeit kaum ein Thema. Die Wirklichkeitsleugnung zeige sich dabei u. a. in einer Gleichgültigkeit, Apathie und Herzlosigkeit gegenüber den Opfern. Insgesamt konstatiert sie eine Flucht der Deutschen vor der Verantwortung, die sich im Einsatz bestimmter Abwehrstrategien und „Tricks" offenbare. Verschiedene Beispiele, die sich auf Gespräche und Beobachtungen beziehen, unterstreichen die Authentizität des Dargestellten.

Arendt erläutert verschiedene „Ausweichmanöver" und Abwehrstrategien, die im Sinne eines nihilistischen Relativismus darauf abzielten, Tatsachen zu leugnen, worin sich eine Hinterlassenschaft des Nationalsozialismus dokumentiere. Im Einzelnen zeigt sie folgende Strategien auf:

- Darstellung der eigenen leidvollen Erfahrungen bzw. Relativierung des Leidens durch „Aufrechnung"
- Leugnung der Ursachen des Krieges und der Zerstörung durch Verallgemeinerung
- Verschiebung der Verantwortung bzw. Schuld für die aktuelle schwierige Lebenssituation auf die Besatzungsmächte
- Relativierung des Holocaust durch Vergleiche mit anderen Verbrechen und Völkermorden
- Umwandlung und Relativierung der Wirklichkeit zur Möglichkeit
- Leugnung und Relativierung von Tatsachen bzw. Umwandlung von Tatsachen zu Meinungen

Alexander und Margarete Mitscherlich: Die Unfähigkeit zu trauern (1967) (Arbeitsblatt 12)

Das Ehepaar Mitscherlich setzt sich in seinem 1967 erschienenen Werk aus sozialpsychologischer Perspektive mit der politischen Kultur der Nachkriegsgesellschaft auseinander (**Arbeitsblatt 12**, S. 88 f.). Es geht den Autoren dabei um den Versuch, aus Sicht der Psychologie aufzuzeigen, „warum bis heute die Epoche des Dritten Reichs – und schon zuvor der Zusammenbruch der Weimarer Republik durch demokratiefeindliches Verhalten ihrer Bürger – nur unzulänglich kritisch durchdrungen wurde".[1] Dabei gehen sie von der Hypothese aus, „dass zwischen einem intensiven Sich-zur-Wehr-Setzen gegen Tatsachen aus dem versun-

---

[1] Alexander und Margarete Mitscherlich: Die Unfähigkeit zu trauern. Grundlagen kollektiven Verhaltens. München: Piper 1967, S. 9

kenen Dritten Reich und einem psychosozialen Immobilismus in unserer augenblicklichen Gegenwart direkte und nachweisbare Beziehungen bestehen."[1]

In dem Textauszug, der auf der Basis des Aufsatzes „Die Unfähigkeit zu trauern – womit zusammenhängt: eine deutsche Art zu lieben" zusammengestellt ist, geht es um die psychologischen Mechanismen der kollektiven Verdrängung und Verleugnung, die in der Nachkriegsgesellschaft schließlich zur *Entwirklichung* der nationalsozialistischen Vergangenheit geführt hätten. Die Mitscherlichs konstatieren einen „Mangel an Neugier", da das „brennendste Erkenntnisproblem", die Frage nach den Motiven, welche die Katastrophe überhaupt erst ermöglicht habe, nicht gestellt werde. Anstatt zur Aufarbeitung der Vergangenheit diene alle Energie vielmehr der Aufbauarbeit im Zeichen wirtschaftlichen Fortschritts. Die Leugnung und Abwehr der Schuld, auf die alle psychische Energie konzentriert sei, habe die Wahrnehmung der Realität einerseits stark eingeschränkt und andererseits zur Ausbreitung von neuen Vorurteilen geführt. Die Autoren analysieren die psychischen Prozesse der Abwehr als Mechanismen einer Derealisation der Nazivergangenheit. In ihrem eher skeptischen Ausblick kommen sie zu dem Ergebnis, dass eine Wiedererlangung humaner Orientierung und damit die Fähigkeit, um die Opfer trauern zu können, die Bereitschaft und den Willen zur wiederholten, schonungslosen Erinnerung voraussetzt.

In Bezug auf die politische Kultur[2] der Nachkriegsgesellschaft bis weit hinein in die Adenauer-Ära ist festzustellen, dass die obrigkeitsstaatlichen und etatistischen Traditionen des Kaiserreichs und des Preußentums über die Zeit der nationalsozialistischen Herrschaft hinaus fortwirkten. Eine Identifikation mit dem demokratischen System gelang der Mehrheit der Deutschen nur allmählich und war schließlich wesentlich davon geprägt, dass die Demokratie mit wirtschaftlicher Leistungsfähigkeit und wachsendem Wohlstand assoziiert wurde. Erst in den späten 60er-Jahren setzte begünstigt durch die Studentenbewegung die „stille Revolution" (Ronald Inglehart) eines Wandels der politischen Kultur ein, der im Ergebnis insgesamt zu einem höheren Maß an Partizipationsbereitschaft und aktiver Teilhabe an politischen Prozessen führte. Im Hinblick auf die Erinnerungsarbeit im Sinne einer kritischen Auseinandersetzung mit den Verbrechen des Nationalsozialismus ist es in diesem Zusammenhang vor allem die nachfolgende Generation und nicht die Generation der Täter, die den Prozess einer kritischen Aufarbeitung vorangetrieben hat.

„Die zweite Schuld" (Ralph Giordano), das Verleugnen und Verdrängen der ersten, ist nach wie vor ein aktuelles Thema. Dabei sind es nicht nur die Ewiggestrigen, die Geschichtsrevisionisten oder Rechtsextremisten, die eine Relativierung oder Umdeutung der deutschen Geschichte der Zeit des Naziregimes anstreben. Das Bedürfnis, einen historischen „Schlussstrich" zu ziehen, ist durchaus weiter verbreitet. Das Erinnern an die Verstrickung in das Unrecht fällt nach wie vor schwer. Das belegen eine Vielzahl von Beispielen aus der jüngeren Vergangenheit.[3]

Nachdem die Tandems bzw. Vierergruppen ihre Erarbeitung abgeschlossen haben, werden einzelne Texte vorgelesen und im Plenum besprochen. Zentrale Aspekte der gesellschaftlichen und psychologischen Nachkriegsanalyse werden zusammengefasst:

---

[1] Ebd., S. 84

[2] In der Politikwissenschaft bezeichnet die „politische Kultur" die subjektive Dimension eines politischen Systems, d. h. die Meinungen, Einstellungen und Wertorientierungen einer bestimmten Staatsbevölkerung in Bezug auf dieses System.

[3] Beispielhaft sei in diesem Zusammenhang an den schwierigen Prozess der Entschädigung ehemaliger Zwangsarbeiter und die lang andauernde Weigerung deutscher Unternehmen, Entschädigungen zu leisten, erinnert. Ein anderes Beispiel, das zeigt, wie schwer das persönliche Erinnern fällt, bildet das späte Eingeständnis Günter Grass', Mitglied der Waffen-SS gewesen zu sein. Möchte die Lehrperson die Frage nach der Aktualität und Bedeutung des Erinnerns mit den Schülerinnen und Schülern vertiefend diskutieren, bieten sich verschiedene Bezugspunkte an, die z. B. über Referate erschlossen werden können: der Historikerstreit von 1986/1987, die Debatten im Anschluss an die Weizsäcker-Gedenkrede von 1985 oder die Rede Martin Walsers von 1998 unter dem Titel „Erfahrungen beim Verfassen einer Sonntagsrede" oder auch die Auseinandersetzungen im Kontext der Errichtung des Holocaust-Mahnmals in Berlin von 2003 bis 2005.

Die Zeitanalyse durch H. Arendt und A. u. M. Mitscherlich

- Abwehr und Verdrängung der eigenen Verantwortung und Schuld
- Leugnung und Relativierung der Verbrechen des Nationalsozialismus
- Entwirklichung (Derealisation) der Vergangenheit
- Unfähigkeit zur „Trauerarbeit"
- Fixierung auf die eigene materielle Lebenssituation
- Aufbau neuer Stereotype (Zirkel von Vorurteilen und Verdrängungsvorgängen)
- …

Im Folgenden stellt sich die Frage, inwieweit die Gesellschaftsanalyse der Autoren durch den Roman widergespiegelt wird. Ein erster Austausch zu dieser Frage kann zunächst in Partner- oder Kleingruppengesprächen stattfinden, bevor anschließend im Unterrichtsgespräch zentrale Aspekte gesammelt und besprochen werden. Entsprechende Stichpunkte werden an der Tafel oder auf einer Folie festgehalten. Folgende Impulse und Fragestellungen können dabei einen Orientierungsrahmen bilden:

> ■ *Überlegen Sie, ob sich die Zeitanalysen Arendts und der Mitscherlichs in Koeppens Roman widerspiegeln.*
> - *Wie gehen die Figuren mit der Vergangenheit um? Welche Situationen sind Ihnen in Erinnerung?*
> - *Es gibt viele Situationen im Roman, in denen Figuren an Vergangenes zurückdenken. Wodurch sind diese Erinnerungen geprägt?*
> - *Wie empfinden die Figuren ihre aktuelle Gegenwart? Beschreiben Sie das Grundgefühl der Figuren.*
> - *Gibt es Figuren, die „Trauerarbeit" leisten und sich mit dem Thema Schuld und Verantwortung auseinandersetzen?*
> - *Erinnern Sie sich an geschilderte Situationen, in denen die nationalsozialistische Vergangenheit gegenwärtig wird?*

Im Unterrichtsgespräch wird sich das Interesse der Schülerinnen und Schüler an bestimmten Figuren oder verschiedenen im Roman geschilderten Situationen herauskristallisieren.

Da durch das Unterrichtsgespräch und die Besprechung der Sachtexte ein thematischer Orientierungsrahmen vorgegeben ist (Umgang mit der Vergangenheit, „Trauerarbeit", Einstellungen zum NS etc.), kann der Arbeitsauftrag für die anschließende Gruppenarbeit relativ offen formuliert werden, sodass mögliche konkrete Untersuchungsaspekte durch die Gruppen selbst festgelegt werden. Gleiches gilt für mögliche Textstellen, wobei auf die erarbeitete Handlungsübersicht (**Arbeitsblatt 4**, S. 54) zurückgegriffen wird.

Möchte die Lehrperson aus zeitökonomischen Gründen bestimmte Untersuchungsaspekte und geeignete Textstellen vorgeben, bieten sich die auf dem **Arbeitsblatt 14**, S. 91 aufgeführten Romanauszüge an. Die arbeitsteilige Gruppenarbeit schließt an die Zeitanalyse der Autoren an (siehe Tafelbild oben). Der Arbeitsauftrag lautet:

> ■ *Analysieren Sie die Romanauszüge, indem Sie*
> - *die dargestellte Situation kurz in den Romanzusammenhang einordnen,*
> - *die zum Ausdruck kommenden Einstellungen und Wertorientierungen der Figuren herausarbeiten,*
> - *den Umgang der Figuren mit der Vergangenheit/Gegenwart vor dem Hintergrund der Zeitanalyse durch Hannah Arendt und Alexander und Margarete Mitscherlich untersuchen.*
> - *Achten Sie darauf, Ihre Thesen durch Textstellen zu belegen.*

In den Textauszügen wird deutlich, dass sich viele Romanfiguren einer kritischen Auseinandersetzung mit der Vergangenheit und Schuld verweigern und infolgedessen jede Form von Trauer um die Opfer abwehren. Zu dieser Gruppe zählen die weitaus meisten Akteure des Romans; neben Frau Behrend ist hier vor allem an die zahlreichen namenlosen Figuren zu denken: ehemalige Soldaten, die Lebensmittelhändlerin, die Tochter der Hausbesorgerin, Geschäftsleute, Kneipengäste u. a. Diese Figuren repräsentieren in besonderer Weise die Kontinuität eines nationalistisch, rassistisch und militaristisch geprägten Weltbildes, das z. T. Wertvorstellungen des 19. Jahrhunderts tradiert bzw. in unmittelbarer Beziehung zur faschistischen Ideologie steht. Keine der Figuren ist in der Bundesrepublik angekommen, niemandem gelingt die Identifikation mit dem aktuellen politischen System. Dem Problem der normativen Desorientierung in der Nachkriegsgesellschaft begegnen die Romanfiguren vielmehr dadurch, dass sie an autoritären und obrigkeitsstaatlichen Prinzipien festhalten und entsprechende Einstellungen konservieren.

Frau Behrend gehört zu diesen Figuren, die keine Lehren aus der Vergangenheit gezogen haben. Sie klammert sich an überkommene Stereotype und flüchtet aus der Wirklichkeit in die heile Welt der Groschenromane und Liebesfilme. Auch ihre nachträgliche Klage über den Krieg beruht allein auf persönlichen Motiven. So betrauert sie nicht die Opfer, sondern nur den Verlust ihres eigenen ehemaligen Status als angesehene „Frau Obermusikmeister" (S. 17) und schimpft über das „Verbrechen" (S. 120) ihres Mannes, der sich während des Krieges „an eine bemalte Schlampe gehängt hatte" (S. 18), was ihr als Beweis dafür dient, dass der Krieg die Männer „verseuchte" (S. 18). Frau Behrend ist weder zur mitleidsvollen Anteilnahme noch zur kritischen Selbstreflexion bereit oder fähig; ihr Einkauf „beim Juden" (S. 18), der bei ihr zwar durchaus Gedanken an die Shoah hervorruft, dient ihr allein dazu, dem Opfer seinen vorwurfsvollen Blick vorzuhalten und unredliche Geschäftspraktiken zu unterstellen, womit sie ihre antisemitischen Ressentiments aufs Neue bestätigt. Wie sehr sie insgesamt in der Ideologie des Nationalsozialismus und in der Welt ihrer Vorurteile verhaftet ist, dokumentiert sich nicht zuletzt auch im Umgang mit ihrer eigenen Tochter, die sie infolge der „Schande" (S. 143), von einem Schwarzen schwanger zu sein, aus ihrem Leben gedanklich entfernen möchte; schließlich sei der „Ariernachweis" in der Familie bisher „lückenlos gewesen" (S. 143). Aber nicht nur in ihren Gedanken offenbart sich ihre rassistische Gesinnung, diese manifestiert sich auch in dem, was sie öffentlich – allerdings geschützt im Raum der Gleichgesinnten – laut ausspricht. Um die schwarzen amerikanischen Besatzungssoldaten zu charakterisieren, schreckt sie sogar vor Tiervergleichen nicht zurück: „Sie sind wie die wilden Tiere. Sie sind wie wilde reißende Tiere. Man sieht es ihnen ja an." (S. 205). Auf der Basis solcher Einstellungen ist es für sie schließlich kein großer Schritt mehr, sich auch an der physischen Gewalt gegen die Schwarzen zu beteiligen, wie es sich bei den Übergriffen auf den Klub enthüllt. Am Ende wird sie selbst wider besseres Wissen sogar zur Aufwieglerin, indem sie mit den Worten „Da ist er!" (S. 217) auf Washington Price weist, ihre missverständliche Äußerung anschließend aber nicht klarstellt und damit die Steinwürfe billigend in Kauf nimmt.

Ähnlich wie Frau Behrend zeigen auch weitere Figuren bzw. Figurengruppen keine Bereitschaft zu einem Umdenken. Die ehemaligen Soldaten schwelgen in ihren Erinnerungen und glorifizieren den Schrecken des Krieges, die Lebensmittelhändlerin betont „das Gefühl für Sitte und Anstand" (S. 134) und stilisiert die Deutschen zu Opfern, wobei sie gleichzeitig ihren rassistischen Ressentiments freien Lauf lässt, die Tochter der Hausbesorgerin ist gefangen in ihrer naiven, materialistischen und klar hierarchisch organisierten Traumwelt. Die Ablehnung der Demokratie als „Unordnung" (S. 75) sowie die Verherrlichung des Nationalsozialismus gipfeln in den Worten des Vaters der Sockenverkäuferin: „Bei Hitler war's anders! Da war Zug drin." (S. 197)

Ihren radikalsten Ausdruck finden die nazistischen und rassistischen Anschauungen am Ende des Romans, als die latenten Einstellungen und Verhaltensdispositionen der Bräuhausgäste in manifeste Gewalt umschlagen. Dabei genügt als Auslöser die Verbreitung von Gerüchten, um aus der bierseligen „Gaudi" (S. 200) schrecklichen Ernst werden zu lassen und die feiernde Masse in eine gewaltbereite Meute zu verwandeln. Das zweite Gerücht, die „Neger hatten ein neues Verbrechen begangen. Sie hatten ein Kind in die Ruinen gelockt und es erschlagen" (S. 208), beendet schlagartig die Fraternisation zwischen Deutschen und Amerikanern und löst eine Pogromstimmung aus. Die „allmächtige Unheil webende Fama" (S. 208) fällt bei den Deutschen auf fruchtbaren Boden, indem sie bekannte Ritualmordlegenden an Kindern aktualisiert. Die Projektion der antisemitischen Vorurteile auf die schwarzen Besatzungssoldaten erfolgt dann reibungslos – nicht zufällig heißt es an anderer Stelle in den Gedanken Frau Behrends „ob Neger oder Jude, es war dasselbe" (S. 143). Der Angriff auf den Klub erfüllt darüber hinaus die Funktion, der „Schande" (S.208) der Niederlage nachträglich zu entgehen und die traumatische Entwertung des eigenen Ich-Ideals zumindest vorübergehend zu kompensieren. Dass, während die Fensterscheiben des Klubs unter den Steinwürfen zerbersten, sich die Älteren an die Reichspogromnacht erinnern, führt nur für kurze Zeit zu einer Unterbrechung des Angriffs. Bezeichnenderweise gelingt den Tätern auch hier die „Derealisation" der Nazi-Vergangenheit bzw. Umdeutung der Wirklichkeit, indem die Täter sich selbst zu Opfern stilisieren, wodurch jede Verantwortung für damalige und gegenwärtige Taten abgewehrt wird. Kein Gedanke gilt den Betroffenen, weder den jüdischen Verfolgten 1938 noch den schwarzen Besuchern des Klubs 1951: „Wir müssen's doch immer bezahlen, wenn etwas kaputtgeht." (S. 216) Vor diesem Hintergrund kann es kaum verwundern, dass Christoph Gallaghers Appell an die Vernunft überhaupt nicht verstanden wird: „'Seid doch vernünftig, Leute!' Die Leute verstanden ihn nicht." (S. 216)

Im Gegensatz zu diesen Figurengruppen stehen einzelne Charaktere, bei denen der Krieg und der nationalsozialistische Terror tiefe Spuren in der persönlichen Identität hinterlassen haben. Zu dieser Gruppe gehören u. a. der Dienstmann Josef und Henriette Gallagher sowie ihr elfjähriger Sohn Ezra.

Wie alle Figuren des Romans ist auch Josef ein vom Krieg Gezeichneter. Seine Lebensgeschichte ist gekennzeichnet durch Fremdbestimmung und Erfahrungen des Verlustes: die Frau ist gestorben, die Söhne sind im Zweiten Weltkrieg gefallen (vgl. S. 28). Er selbst hat im Ersten Weltkrieg an der Front gekämpft.

Obwohl auch Josef nur in Ansätzen über ein politisches Bewusstsein verfügt und sich aus den Fesseln seiner Sozialisation und den obrigkeitsstaatlichen Denkmustern kaum zu befreien vermag, unterscheidet er sich doch von allen anderen Figuren darin, dass er über seine individuelle Verantwortung und Schuld nachdenkt. Sein pazifistisches Credo, sein Wunsch nach einem polizeilichen Verbot des Krieges, welchem er gerne „gehorcht" hätte (vgl. S. 115), erscheinen zwar angesichts der gesellschaftlichen Wirklichkeit als naiv, wirken aber vor dem Hintergrund seiner Lebensbilanz glaubwürdig. In der in einen Traum eingekleideten erlebten Rede setzt er schließlich die Pflichterfüllung (auf die sich so viele im Sinne einer Schuldabwehr nach 1945 berufen haben) in Beziehung zu seinen individuellen religiösen Vorstellungen: „Oder war doch gerade das In-den-Krieg-Ziehen Sünde gewesen? War die Pflichterfüllung Sünde gewesen? Die Pflicht Sünde? Die Pflicht, von der alle redeten, schrieben, schrien und sie verherrlichten?" (S. 137) Vor dem Hintergrund der ihn quälenden Schuld „des erzwungenen Tötens" (S. 137) wird Odysseus schließlich zum Zentrum seiner Ängste, indem er in ihm den „schwarzen Teufel" (S. 137) zu erkennen meint, der gekommen ist, um ihn zu holen. Sein eigener Tod erscheint ihm schließlich als Sühne für das Töten im Krieg, er ist erleichtert, „dass es der Reisende gewesen war" (S. 184), der ihn tödlich verwundet hat, „die Schuld war beglichen" (S. 184). Dabei erscheint Odysseus in der Erinnerung Josefs als Wiedergänger der durch ihn getöteten Soldaten, denn bereits zuvor verwendet Josef diesen Begriff: „er hatte Reisende getötet" (S. 137).

Die Figur des Dienstmannes nimmt sowohl durch den angstvollen Umgang mit der eigenen Schuld als auch durch ihre aufrichtige Religiosität – hier bildet Josef einen Gegenpol zur bigotten Kinderfrau Emmi – eine Sonderstellung im Figurenensemble des Romans ein.

Das Schicksal von Henriette Gallagher rückt die Seite der Opfer des Nationalsozialismus in den Blick des Lesers. Ihr Lebensweg wird durch eine anaphorische Reihung von Antithesen blitzlichtartig verdeutlicht: „Es ging [...] Es ging nicht" (S. 71). Ihr Vater, der pflichtbewusste Oberregierungsrat, bezeichnenderweise trägt er bis zur verordneten Namensänderung die „preußischen" Vornamen Friedrich Wilhelm, sowie die Mutter – ihr Vorname Gretchen zitiert Goethes „Faust" – sind von den Nationalsozialisten als „Israel" und „Sara" ermordet worden. Henriette selbst hat in den USA überlebt, wo sie versuchte, eine Filmkarriere zu beginnen. Die erste Textstelle (vgl. S. 69 ff.) beleuchtet vor allem Henriettes Geschichte und die Beziehung zu ihrem amerikanischen Mann Christopher, den sie in den USA, als „sie hungrig die Einladung eines fremden Mannes annahm" (S. 71), kennengelernt hat. Christopher befindet sich mit Ezra (Hebräisch für „Hilfe"), dem gemeinsamen Sohn, nun in Deutschland und möchte seine Frau überreden, zu ihm zu kommen. Das Telefonat des Ehepaars verdeutlicht die psychische Situation Henriettes sowie das Unverständnis ihres Mannes für ihre Ängste. Henriette ist durch die Erfahrungen in Deutschland traumatisiert, es ist ihr unmöglich, nach Deutschland zurückzukehren: „Sie hasste nicht mehr. Sie fürchtete sich nur. Sie fürchtete sich, nach Deutschland zu fahren, und sei es nur für drei Tage" (S. 72). Sie sehnt sich danach, vergessen zu können bzw. das Leiden an der Erinnerung zu überwinden, was ihr im Gegensatz zu den meisten anderen Figuren, welche die Täter repräsentieren, aber nicht gelingt. Christopher gibt zwar vor, seine Frau zu verstehen, ist in Wirklichkeit aber unfähig, einen Zugang zu den Gefühlen seiner Frau zu finden. Zwar bedauert er den „förmlichen" Umgang miteinander und stellt sich selbst die Frage nach den Ursachen für ihr distanziertes Verhältnis (vgl. S. 69), doch ist es ihm nicht möglich, eine Antwort darauf zu finden. Seine wenig ausgeprägte Sensibilität spiegelt sich nicht zuletzt auch in seiner insistierenden, lauten Rede, die bei Henriette wohl eher leidvolle Erinnerungen heraufbeschwört: „Christopher hatte eine laute Stimme. Aus der Hörmuschel klang seine Stimme wie ein Brüllen. Er brüllte immer wieder dieselben Sätze" (S. 69).

In den beiden weiteren Auszügen steht der elfjährige **Ezra Gallagher** im Mittelpunkt. Durch kurze Rückblicke erhält der Leser einen Einblick in die psychische Genese des Kindes. Da es Henriette nicht möglich war, ihre Trauer über das erlittene Leid mit der Hilfe ihres Mannes zu verarbeiten, konfrontierte sie das Kind (ungewollt) mit ihren traumatischen Erfahrungen: „die Mutter weinte, im Kinderzimmer weinte sie, sie weinte seltsamen Menschen nach, Verschwundenen, Geraubten, Entführten, Geschlachteten" (S. 78). So erzählt sie am Krankenbett des Kindes in deutscher Sprache die Grimm'schen Märchen, und anschließend, im Glauben, dass der Junge eingeschlafen sei, „erzählte sie für sich" (S. 79) in „Tränenworten" die Geschichte ihrer Eltern, die sich Ezra „ins Gemüt" senkten. Die Interpretation des Kindes, das die Trauer der Mutter nicht verstehen kann, findet seinen Ausdruck schließlich in einer seltsamen Verknüpfung zwischen der Realität des Holocaust und der geschilderten Märchenwelt der „bösen Riesen", die mit den Deutschen identifiziert werden. Ergänzt wird dieses Gemenge noch durch verschiedene Figuren aus „Lederstrumpf"- oder anderen Abenteuergeschichten. Die Psychose des Kindes manifestiert sich darin, dass das Erleben der deutschen Nachkriegsgesellschaft ausschließlich vor diesem Hintergrund gedeutet wird: Die deutsche Stadt wird zum „Dickicht", zum „unheimlichen Zauberwald" (S. 79), wo es den Kampf zu bestehen gilt. Dabei erscheint der „Zauberwald" nicht als romantisch-geheimnisvolle Kulisse, sondern allein als düstere und gefahrvolle Heimat der „bösen Riesen".

Auch die Begegnung zwischen Erza und Heinz steht daher ganz im Zeichen des Kampfes: „Der deutsche Junge war sein ihm von den Riesen des Waldes erwählter Gegner" (S. 205). Beide Jungen sind zu einer kindgerechten menschlichen Begegnung nicht fähig, voller Aggression richten sie ihre Energie darauf, den jeweils anderen zu hintergehen, zu betrügen und zu bekämpfen, womit ihr entfremdetes Verhältnis zum Spiegel der Erwachsenenwelt wird.

Die oben angedeutete mangelnde Sensibilität Christophers zeigt sich auch in Bezug auf das Verhältnis zu seinem Sohn. So bemerkt er weder die Einsamkeit des Kindes noch ahnt er etwas von dessen Fantasien und Angstzuständen. Die Fremdheit des Vaters erreicht für Ezra im Bräuhaus schließlich ihren Höhepunkt, als dieser – sich ganz der bierseligen Fraternisation hingebend – zu einem der gefürchteten deutschen Riesen mutiert: „Ezra schwitzte. Er zitterte. Er glaubte zu ersticken. Auch sein Vater war nun ein Riese geworden, einer der deutschen Riesen in dem deutschen Zauberwald." (S. 204)

Nachdem die Schülerinnen und Schüler ihre Gruppenergebnisse im Plenum vorgestellt haben, werden die wichtigsten Aspekte im Unterrichtsgespräch zusammengefasst. Dabei wird herausgestellt, dass die Gesellschaftsanalyse Koeppens, wie sie sich in dem Verhalten und den Einstellungen der Figuren niederschlägt, große Übereinstimmungen zu den Darstellungen Arendts und denen der Mitscherlichs aufweist. Die Verdrängung der eigenen Schuld, die Unfähigkeit zur „Trauerarbeit", die Entwirklichung der Vergangenheit sowie die Kontinuität nationalistischen und vorurteilsbehafteten Denkens sind dabei charakteristische Merkmale der Figuren, wobei dem Dienstmann Josef eine Ausnahmestellung zukommt. Darüber hinaus ist zu ergänzen, dass eine Identifikation mit dem neuen politischen System nicht besteht und die „verordnete Demokratie" eher abgelehnt wird.

Am Beispiel der Familie Gallagher werden die Folgen des Nationalsozialismus aus einer anderen Perspektive beleuchtet. Hier sind es die Grenzen der Sprache, die angesichts der leidvollen Erfahrungen deutlich werden, sowie die Unmöglichkeit des Vergessens und die Weitergabe traumatisierender Erlebnisse, die das Leben der Figuren überschatten.

Als mögliche Vertiefung verfassen die Schülerinnen und Schüler als Hausaufgabe eine psychologische Persönlichkeitsstudie zu Frau Behrend oder zu Josef. Sollte ein besonderes Interesse an anderen Figuren bestehen, können auch diese betrachtet werden. Dabei sollen sie wichtige Schlüsselbegriffe aus dem Aufsatz der Mitscherlichs berücksichtigen.

■ *Verfassen Sie aus Sicht eines Psychologen/einer Psychologin eine Persönlichkeitsstudie zu Frau Behrend oder zu Josef.*
Berücksichtigen Sie dabei folgende Begriffe aus dem Text der Mitscherlichs und bringen Sie diese an geeigneter Stelle in Ihren Text ein: „Abwehr", „Schuld", „Verdrängung", „Vorurteil", „Derealisierung", „Trauerarbeit", „Narzissmus".

Mit der Besprechung der Hausaufgabe wird diese Teilsequenz abgeschlossen. Eine differenziertere Untersuchung zu einzelnen Figuren und Figurenbeziehungen erfolgt in Baustein 5.

3.3 „Tauben im Gras" – ein Zeitroman?

Eine eindeutige Kategorisierung der epischen Großform „Roman" ist angesichts der Fülle unterschiedlicher Formen und Themen grundsätzlich nicht möglich. Versuche, Romane nach Stoffen, Themen und Problemen, Erzählverfahren, Aussageabsichten etc. einzuteilen, können daher immer nur als Annäherung betrachtet werden, um bestimmte Merkmale eines Textes besonders hervorzuheben. Überschneidungen zwischen den verschiedenen Romantypen sind charakteristisch für die Gattung und vereiteln eine trennscharfe Klassifikation. So entzieht sich auch Koeppens Roman einer diskreten Einordnung in die Romantypologie und entspricht eher dem, was Fontane einen „Vielheitsroman" nennt. Entsprechend unterschiedlich fallen auch die Attribute aus, die man dem Roman angeheftet hat: Roman des Zeitgeistes, dichterischer Zeitroman, gesellschaftskritischer Roman, moderner Roman etc.

Im Folgenden wird der Frage nachgegangen, ob und inwieweit Koeppens Roman dem Typus eines „Zeitromans" entspricht. Dazu werden zunächst die Charakteristika eines Zeitromans erarbeitet, um sie anschließend mit den bisherigen Ergebnissen zu vergleichen.

Die Schülerinnen und Schüler lesen den Lexikonartikel (**Arbeitsblatt 15**, S. 92) und bearbeiten die Aufträge in Einzelarbeit bzw. Partnerarbeit. Ein oder zwei Tandems erhalten während der Bearbeitung eine Folie, um ihre Mind-Map zu übertragen. Sie stellen anschließend ihre Ergebnisse im Plenum vor und notieren auf der Folie gegebenenfalls Ergänzungen der anderen Schülerinnen und Schüler.

■ *Lesen Sie den Text mindestens zweimal, unterstreichen Sie mit einem Bleistift die wichtigsten Aussagen und halten Sie die zentralen Inhalte stichwortartig am Rand fest.*

■ *Vergleichen Sie mit Ihrem Partner/Ihrer Partnerin Ihre Markierungen und Stichpunkte. Fertigen Sie anschließend gemeinsam eine Mind-Map zu diesem Romantypus an.*

■ *Überlegen Sie gemeinsam mit Ihrem Partner/Ihrer Partnerin, welche Aussagen des Lexikonartikels auf den Roman „Tauben im Gras" zutreffen und welche nicht. Markieren Sie entsprechend in zwei unterschiedlichen Farben.*

Im Anschluss daran wird der dritte Arbeitsauftrag gemeinsam an der Tafel ausgewertet. Die Lehrperson hat das Tafelbild so vorbereitet, dass die Schülerinnen und Schüler nun in Form einer Kreidestaffel die wichtigsten Aspekte stichpunktartig in die beiden Spalten der Tabelle eintragen können. Eventuell müssen im Unterrichtsgespräch einzelne Aspekte ergänzt werden. Schließlich können die Ergebnisse in einem Fazit gebündelt werden, welches auch die Grenzen der Klassifikation verdeutlicht.

„Tauben im Gras" – ein Zeitroman?

„Tauben im Gras" als Zeitroman	Einschränkungen/Abgrenzungen:
● Analyse der Gegenwart ● Simultanität mehrerer Erzählstränge (kontrastive Augenblicksbilder) ● Handlung sekundär ● Keine Hauptfigur, aber viele „Zeittypen" ● Perspektivenwechsel verdeutlichen die Vielfalt der Zeitaspekte ● Zeitkritik ● Neue erzähltechnische Mittel: Simultantechnik, Montage etc.	→ aber: weitgehender Verzicht auf Dialoge → aber: kein Bezug zu bekannten zeitgenössischen Personen (keine Schlüsselliteratur) → aber: keine politische oder utopische Programmatik (keine Tendenzliteratur)

„Tauben im Gras" weist typische Merkmale eines Zeitromans auf
→ aber: keine „Fotografie der Gegenwart" (realitätsgetreue Dokumentation), sondern Analyse des Zeitklimas („Essenz des Daseins")

Als Ergänzung werden im Anschluss an die Auswertung des Lexikonartikels zwei kurze Zitate Koeppens präsentiert.[1]

---

[1] Wolfgang Koeppen: Antwort auf eine Umfrage: Der Roman, der nichts erzählt. In: Wolfgang Koeppen. Gesammelte Werke in sechs Bänden. Hrsg. von Marcel Reich-Ranicki. Bd. 5. Berichte und Skizzen II. Frankfurt/M.: Suhrkamp 1986, S. 249 [Erstveröffentlichung 1960]. Das zweite Zitat stammt aus dem Vorwort zu „Tauben im Gras".

Wolfgang Koeppen

„nur noch zweitrangige Geister werden weiterhin versuchen, mit ihrer Schilderung eine Art Fotografie der Welt zu geben, wie es aufs glänzendste Balzac getan hat. Hier haben Wochen- und Tagesschau, die Dokumentation, überhaupt Film und Fernsehen die Aufgabe übernommen".

„man glaubte, in dem Roman ‚Tauben im Gras' einen Spiegel zu sehen, […] und manche […] fühlten sich zu meiner Bestürzung von mir gekränkt, der ich nur als Schriftsteller gehandelt hatte und nach dem Wort Georges Bernanos' ‚das Leben in meinem Herzen filterte, um die geheime, mit Balsam und Gift erfüllte Essenz herauszuziehen'".

Im Unterrichtsgespräch werden die Aussagen Koeppens vor dem Hintergrund der bisherigen Ergebnisse diskutiert. Es wird nochmals herausgestellt, dass es dem Autor offenbar nicht um eine wirklichkeitsgetreue Abbildung der Welt geht, sondern um die dichterische Verarbeitung des Lebens, um die Analyse der Zeit. Die Ergebnisse des Gesprächs werden in das Tafelbild integriert.

Der Text Reich-Ranickis (**Arbeitsblatt 16**, S. 93) bietet die Möglichkeit, wichtige Aspekte dieses Bausteins abschließend zusammenfassend zu diskutieren. Darüber hinaus spricht Reich-Ranicki in seinen Thesen bereits einige Punkte an, die im Rahmen der anderen Bausteine genauer untersucht werden.
Der Text wird in Einzelarbeit (eventuell als Hausaufgabe) erarbeitet und anschließend im Plenum besprochen.

■ *Arbeiten Sie die zentralen Thesen des Textes heraus und erläutern Sie, warum Reich-Ranicki von einer „bestürzenden Diagnose" spricht.*

■ *Greifen Sie einzelne Thesen des Textes heraus und formulieren Sie eine Stellungnahme.*

Der Literaturkritiker stellt heraus, dass Koeppen im Gegensatz zu Döblin und Dos Passos nicht die „Fülle der Zeit" wiedergeben möchte, sondern ein erzählerisches Verfahren der „Auslese", der „gewissenhaften Reduktion" anwendet, um das Wesentliche zu verdeutlichen, was Koeppens eigener Aussage von der „Essenz des Daseins" entspricht. Dabei gilt das besondere Augenmerk Reich-Ranickis der Darstellung der Figuren, deren Schicksale Koeppen auf die historischen und gesellschaftlichen Zeitumstände zurückführe. Der Kritiker veranschaulicht anhand einer Reihe von Beispielen, wie sehr die Figuren Opfer ihrer Zeit seien. Seine Kernthese, der Roman sei vor allem eine Studie über die Angst, spiegelt dabei die existenziale Dimension des Romans wider. Die Interpretation Reich-Ranickis konkretisiert damit die Resultate, die bereits zum Zeitroman notiert wurden. Sie entspricht darüber hinaus im Wesentlichen den Ergebnissen der Erarbeitung dieses Bausteins.

Deutschland nach 1945 – eine Bildcollage

■ *Welches Ereignis/welche Situation ist auf den Fotos dargestellt? Formulieren Sie zu jedem Foto eine passende Überschrift.*

■ *Auf einigen Fotos sind Alltagssituationen dargestellt. Welche Stimmung vermitteln die Fotos?*

■ *Auf einigen Fotos sind historische Persönlichkeiten abgebildet. Wen können Sie erkennen? Welche Bedeutung haben diese Personen für die deutsche Geschichte?*

Zitatencollage

Soldatentod ist der schönste Tod

Zehn Millionen Tonnen Kohle fehlen   Wie Emmy Hermann Göring kennenlernte

Rassenschande, arischer Nachweis

Fraternization verboten

Marshallplanhilfe auch für Deutschland

Sanella immer frisch

Millionen Zwangsarbeiter

Alexander, die Liebe des Erzherzogs

Flugzeugträger im Persischen Golf

Kein neuer Militarismus aber Verteidigungsbereitschaft

Demokratischer Gedanke in Deutschland gefestigt

Erste Legion warnt vor Ohne-mich-Parole

Wehrbeitrag gefordert   **Angriff bedeutet Weltkrieg**

Spannung, Konflikt, Verschärfung, Bedrohung

Fraternization freigegeben

Das Schicksal greift nach Hannelore

Adenauer gegen Neutralisierung   **Vierzig Mark Kopfgeld**

Atomversuche in Neu-Mexiko

Superbomber in Europa stationiert

Candy-I-call-my-sugar-candy

Bruttoregistertonnen versenkt

Zuzugsperre aufgehoben

Hannah Arendt: Besuch in Deutschland 1950

Hannah Arendt gilt als bedeutende Philosophin und politische Theoretikerin, die in ihrem Hauptwerk „Elemente und Ursprünge totaler Herrschaft" (deutsche Fassung: 1955) die Entwicklung und die Merkmale des Nationalsozialismus und Stalinismus untersucht.

Der Auszug aus dem Essay „Nachwirkungen des Naziregimes" basiert auf Beobachtungen und Erfahrungen während ihrer Aufenthalte in Deutschland in den Jahren 1949 und 1950. Als Jüdin musste Arendt 1933 aus Deutschland emigrieren, um sich vor der Verfolgung durch die Nationalsozialisten zu retten.

Die Nachwirkungen des Naziregimes

In weniger als sechs Jahren zerstörte Deutschland das moralische Gefüge der westlichen Welt, und zwar durch Verbrechen, die niemand für möglich gehalten hätte, während die Sieger die sichtbaren Zeugnisse
5 einer über tausendjährigen deutschen Geschichte in Schutt und Asche legten. Danach strömten in dieses verwüstete Land, das durch den Schnitt entlang der Oder-Neiße-Linie verkleinert wurde und seine demoralisierte und erschöpfte Bevölkerung kaum versor-
10 gen konnte, Millionen von Menschen aus den Ostgebieten, dem Balkan und aus Osteuropa. Dieser Menschenstrom fügte dem üblichen Katastrophenbild noch spezifisch moderne Züge, nämlich Heimatverlust, soziale Entwurzelung und politische Recht-
15 losigkeit hinzu. Man mag bezweifeln, ob die Politik der Alliierten, alle deutschen Minderheiten aus nichtdeutschen Ländern zu vertreiben – als ob es nicht schon genug Heimatlosigkeit auf der Welt gäbe –, klug gewesen ist; doch außer Zweifel steht, dass bei
20 denjenigen europäischen Völkern, die während des Krieges die mörderische Bevölkerungspolitik Deutschlands zu spüren bekommen hatten, die bloße Vorstellung, mit Deutschen auf demselben Territorium zusammenleben zu müssen, Entsetzen und nicht bloß
25 Wut auslöste.
Der Anblick, den die zerstörten Städte in Deutschland bieten, und die Tatsache, dass man über die deutschen Konzentrations- und Vernichtungslager Bescheid weiß, haben bewirkt, dass über Europa ein Schatten
30 tiefer Trauer liegt. Beides zusammen hat dazu geführt, dass man sich an den vergangenen Krieg schmerzlicher und anhaltender erinnert und die Angst vor künftigen Kriegen an Gestalt gewinnt. Nicht das „deutsche Problem", insofern es sich dabei um einen
35 nationalen Konfliktherd innerhalb der Gemeinschaft der europäischen Nationen handelt, sondern der Alptraum eines physisch, moralisch und politisch rui-

nierten Deutschlands ist ein fast ebenso entscheidender Bestandteil im allgemeinen Leben Europas geworden wie die kommunistischen Bewegungen.
40 Doch nirgends wird dieser Alptraum von Zerstörung und Schrecken weniger verspürt und nirgendwo wird weniger darüber gesprochen als in Deutschland. Überall fällt einem auf, dass es keine Reaktion auf das Geschehene gibt, aber es ist schwer zu sagen, ob es
45 sich dabei um eine irgendwie absichtliche Weigerung zu trauern oder um den Ausdruck einer echten Gefühlsunfähigkeit handelt. Inmitten der Ruinen schreiben die Deutschen einander Ansichtskarten von den Kirchen und Marktplätzen, den öffentlichen
50 Gebäuden und Brücken, die es gar nicht mehr gibt. Und die Gleichgültigkeit, mit der sie sich durch die Trümmer bewegen, findet ihre genaue Entsprechung darin, dass niemand um die Toten trauert; sie spiegelt sich in der Apathie wider, mit der sie auf das Schick-
55 sal der Flüchtlinge in ihrer Mitte reagieren oder vielmehr nicht reagieren. Dieser allgemeine Gefühlsmangel, auf jeden Fall aber die offensichtliche Herzlosigkeit, die manchmal mit billiger Rührseligkeit kaschiert wird, ist jedoch nur das auffälligste äu-
60 ßerliche Symptom einer tief verwurzelten, hartnäckigen und gelegentlich brutalen Weigerung, sich dem tatsächlich Geschehenen zu stellen und sich damit abzufinden.
Diese Gleichgültigkeit und die Irritation, die sich ein-
65 stellt, wenn man dieses Verhalten kritisiert, kann an Personen mit unterschiedlicher Bildung überprüft werden. Das einfachste Experiment besteht darin, *expressis verbis* festzustellen, was der Gesprächspartner schon von Beginn der Unterhaltung an bemerkt
70 hat, nämlich dass man Jude sei. Hierauf folgt in der Regel eine kurze Verlegenheitspause; und danach kommt – keine persönliche Frage, wie etwa: „Wohin gingen Sie, als Sie Deutschland verließen?", kein Anzeichen für Mitleid, etwa dergestalt: „Was geschah
75 mit Ihrer Familie?" – sondern es folgt eine Flut von Geschichten, wie die Deutschen gelitten hätten (was sicher stimmt, aber nicht hierhergehört); und wenn die Versuchsperson dieses kleinen Experiments zufällig gebildet und intelligent ist, dann geht sie dazu
80 über, die Leiden der Deutschen gegen die Leiden der anderen aufzurechnen, womit sie stillschweigend zu verstehen gibt, dass die Leidensbilanz ausgeglichen sei und dass man nun zu einem ergiebigeren Thema überwechseln könne. Ein ähnliches Ausweichmanö-
85 ver kennzeichnet die Standardreaktion auf die Ruinen. Wenn es überhaupt zu einer offenen Reaktion kommt, dann besteht sie aus einem Seufzer, auf welchen die halb rhetorische, halb wehmütige Frage

folgt: „Warum muss die Menschheit immer nur Krieg
führen?" Der Durchschnittsdeutsche sucht die Ursachen des letzten Krieges nicht in den Taten des Naziregimes, sondern in den Ereignissen, die zur Vertrei-
bung von Adam und Eva aus dem Paradies geführt
95 haben.
Eine solche Flucht vor der Wirklichkeit ist natürlich
auch eine Flucht vor der Verantwortung. [...] In
Deutschland [...] kann man der Versuchung kaum
widerstehen, den Besatzungsmächten für alles Er-
100 denkliche die Schuld zuzuschieben: In der britischen
Zone ist es die Furcht der Briten vor der deutschen
Konkurrenz, in der französischen Zone der franzö-
sische Nationalismus und in der amerikanischen Zone, wo die Lage in jeder Hinsicht besser ist, die ame-
105 rikanische Unkenntnis der europäischen Mentalität.
[...]
Aber die Wirklichkeit der Nazi-Verbrechen, des
Krieges und der Niederlage beherrschen, ob wahrgenommen oder verdrängt, offensichtlich noch das
110 gesamte Leben in Deutschland, und die Deutschen
haben sich verschiedene Tricks einfallen lassen, um
den schockierenden Auswirkungen aus dem Weg zu
gehen.
Aus der Wirklichkeit der Todesfabriken wird eine blo-
115 ße Möglichkeit: die Deutschen hätten nur das getan,
wozu andere auch fähig seien (was natürlich mit vielen Beispielen illustriert wird) oder wozu andere
künftig in der Lage wären; deshalb wird jeder, der
dieses Thema anschneidet, *ipso facto* der Selbstge-
120 rechtigkeit verdächtig. In diesem Zusammenhang
wird die Politik der Alliierten in Deutschland oft als
erfolgreicher Rachefeldzug dargestellt [...], die be-
harrliche Behauptung, dass es einen ausgeklügelten
Racheplan gebe, dient als beruhigendes Argument für
125 den Beweis, dass alle Menschen gleichermaßen Sün-
der seien.
Die Realität der Zerstörung, die jeden Deutschen um-
gibt, löst sich in einem grüblerischen, aber kaum tief
verwurzelten Selbstmitleid auf, das jedoch rasch ver-
130 fliegt, wenn auf einigen breiten Straßen hässliche
kleine Flachbauten, die von irgendeiner Hauptstraße
in Amerika stammen können, errichtet werden, um
ansatzweise die trostlose Landschaft zu verdecken
und eine Fülle provinzieller Eleganz in supermo-
135 dernen Schaufenstern feilzubieten. Verglichen mit
der Haltung der Deutschen angesichts all ihrer verlorenen Schätze, verspüren die Menschen in Frankreich
und Großbritannien eine tiefere Trauer über die vergleichsweise wenigen zerstörten Wahrzeichen ihrer
140 Länder. In Deutschland wird die versiegene Hoff-

nung geäußert, das Land werde das „modernste" Europas; doch dies ist bloßes Gerede, und kaum hat
jemand von dieser Hoffnung gesprochen, dann ver-
steift er sich kurz später im Gespräch darauf, dass der
nächste Krieg in allen anderen europäischen Städten 145
dasselbe anrichten werde wie der vergangene in deutschen Städten – was natürlich möglich ist, was and-
rerseits aber nur ein erneuter Beleg für die Verwandlung der Realität in bloße Möglichkeit ist. Jener
Unterton von Genugtuung, den man oftmals in den 150
Gesprächen der Deutschen über den nächsten Krieg
heraushören kann, signalisiert jedoch nicht, wie so
viele Beobachter behauptet haben, das bösartige Wie-
deraufleben deutscher Eroberungspläne, sondern
stellt nur einen weiteren Kunstgriff dar, um vor der 155
Wirklichkeit zu fliehen: angesichts einer unter-
schiedslosen und endgültigen Zerstörung würde
nämlich die deutsche Situation ihre Brisanz verlieren.
Der wohl hervorstechendste und auch erschreckends- 160
te Aspekt der deutschen Realitätsflucht liegt jedoch
in der Haltung, mit Tatsachen so umzugehen, als
handele es sich um bloße Meinungen. Beispielsweise
kommt als Antwort auf die Frage, wer den Krieg begonnen habe – ein keineswegs heiß umstrittenes The- 165
ma – eine überraschende Vielfalt von Meinungen
zutage. In Süddeutschland erzählte mir eine Frau von
ansonsten durchschnittlicher Intelligenz, die Russen
hätten mit einem Angriff auf Danzig den Krieg begonnen – das ist nur das gröbste von vielen Beispie- 170
len. Doch die Verwandlung von Tatsachen in Meinungen ist nicht allein auf die Kriegsfrage beschränkt;
auf allen Gebieten gibt es unter dem Vorwand, dass
jeder das Recht auf eine eigene Meinung habe, eine
Art Gentlemen's Agreement, dem zufolge jeder das 175
Recht auf Unwissenheit besitzt – und dahinter verbirgt sich die stillschweigende Annahme, dass es auf
Meinungen nun wirklich nicht ankommt. Dies ist in
der Tat ein ernstes Problem, nicht allein, weil Auseinandersetzungen dadurch oftmals so hoffnungslos 180
werden (man schleppt ja normalerweise nicht immer
Nachschlagewerke mit sich herum), sondern vor
allem, weil der Durchschnittsdeutsche ganz ernsthaft
glaubt, dieser allgemeine Wettstreit, dieser nihilistische Relativismus gegenüber Tatsachen sei das We- 185
sen der Demokratie. Tatsächlich handelt es sich dabei
natürlich um eine Hinterlassenschaft des Naziregimes.

Aus: Hannah Arendt: Besuch in Deutschland 1950. Aus: dies.: Zur Zeit. Politische
Essays (Hrsg. Marie Luise Knott). Aus dem Amerikanischen von Eike Geisel.
© Rotbuch Verlag, Berlin 1999 (1986)

■ *Schreiben Sie ein „Abstract" zu dem vorliegenden Text. Ein „Abstract" ist eine prägnante Inhaltsangabe, die sich auf den wesentlichen Gehalt einer Vorlage beschränkt.*

Ein „Abstract" kann die Lektüre eines Originaldokuments zwar nicht ersetzen, soll dem Leser aber dabei helfen, zu entscheiden, ob das genaue Studium des Originals notwendig oder hilfreich ist, um eine bestimmte Problemstellung zu bearbeiten.

Sie müssen den Text also zunächst sehr sorgfältig lesen und bearbeiten und anschließend eine bewusste Auswahl treffen.

Ihre Darstellung muss auf 120 Wörter beschränkt sein.

Merkmale eines Abstracts:
- *Sachliche Richtigkeit des Dargestellten*
- *Prägnanz (Beschränkung auf das Wichtigste)*
- *Verständlichkeit (Klarheit der Sprache und Struktur)*
- *Objektivität (Verzicht auf persönliche Wertungen)*

Alexander und Margarete Mitscherlich:
Die Unfähigkeit zu trauern (1967)

Der Krieg ging verloren. So gewaltig der Berg der Trümmer war, den er hinterließ, es lässt sich nicht verleugnen, dass wir trotzdem diese Tatsache nicht voll ins Bewusstsein dringen ließen. Mit dem Wieder-
5 erstarken unseres politischen Einflusses und unserer Wirtschaftskraft meldet sich jetzt mehr und mehr unbehindert eine Fantasie über das Geschehene. In etwas vergröberter Formulierung ließe sich sagen, dass durch die Verleugnung der Geschehnisse im
10 Dritten Reich deren Folgen nicht anerkannt werden sollen.

Die ubiquitären Schwierigkeiten in den national abgegrenzten, sich industrialisierenden Gesellschaften kamen uns nach Kriegsende sehr gelegen. Aus einer
15 unter dem Nationalsozialismus rückschrittlich aggressiven wandelten wir uns, was den Phänotypus betrifft, in eine apolitisch konservative Nation. Das ist relativ leicht darstellbar am Mangel unserer Neugier. Psychologisches Interesse für die Motive, die uns
20 zu Anhängern eines Führers werden ließen, der uns zur größten materiellen und moralischen Katastrophe unserer Geschichte führte – was mit Vernunft betrachtet das brennendste aller Erkenntnisprobleme sein müsste –, haben wir nur wenig entwickelt und
25 uns auch nur wenig für die Neuordnung unserer Gesellschaft interessiert. Alle unsere Energie haben wir vielmehr mit einem Bewunderung und Neid erweckenden Unternehmungsgeist auf die Wiederherstellung des Zerstörten, auf Ausbau und Modernisierung
30 unseres industriellen Potenzials bis zur Kücheneinrichtung hin konzentriert. Die monomane Ausschließlichkeit dieser Anstrengung ist nicht zu übersehen.

Die Abwehr kollektiv zu verantwortender Schuld – sei
35 es die Schuld der Handlung oder die Schuld der Duldung – hat ihre Spuren im Charakter hinterlassen. Wo psychische Abwehrmechanismen wie etwa Verleugnung und Verdrängung bei der Lösung von Konflikten, sei es im Individuum, sei es in einem Kollek-
40 tiv, eine übergroße Rolle spielen, ist regelmäßig zu beobachten, wie sich die Realitätswahrnehmung einschränkt und stereotype Vorurteile sich ausbreiten; in zirkulärer Verstärkung schützen dann die Vorurteile wiederum den ungestörten Ablauf des Verdrän-
45 gungs- oder Verleugnungsvorganges.

Es ist klar, dass man millionenfachen Mord nicht „bewältigen" kann. Die Ohnmacht der Gerichtsverfahren gegen Täter wegen der Größenordnung ihrer Verbrechen in dieser Vergangenheit beweist diesen
50 Tatbestand in symbolischer Verdichtung. Aber eine so eng juristische Auslegung entspricht nicht dem ursprünglichen Sinn der Formulierung von der unbewältigten Vergangenheit. Mit „bewältigen" ist vielmehr eine Folge von Erkenntnisschritten gemeint. Freud benannte sie als „erinnern, wiederholen, 55 durcharbeiten". Der Inhalt einmaligen Erinnerns, auch wenn es von heftigen Gefühlen begleitet ist, verblasst rasch wieder. Deshalb sind Wiederholung innerer Auseinandersetzungen und kritisches Durchdenken notwendig, um die instinktiv und unbewusst 60 arbeitenden Kräfte des Selbstschutzes im Vergessen, Verleugnen, Projizieren und ähnlichen Abwehrmechanismen zu überwinden.

Die große Majorität der Deutschen erlebt heute die Periode der nationalsozialistischen Herrschaft retros- 65 pektiv wie die Dazwischenkunft einer Infektionskrankheit in Kinderjahren, wenn auch die Regression, die man unter der Obhut des „Führers" kollektiv vollzogen hatte, zunächst lustvoll war – es war herrlich, ein Volk der Auserwählten zu sein. Dieser Glau- 70 be ist für sehr viele zwar nicht unerschüttert geblieben, aber auch nicht widerlegt.

Die Abwehr der mit der Nazivergangenheit verbundenen Schuld- und Schamgefühle ist weiterhin Trumpf. Bücher und Zeitungen bleiben nicht unge- 75 lesen, in denen die Auffassung vertreten wird, dass wir nur unter dem Druck bösartiger Verfolger all das tun mussten, was wir taten – gleichsam in unserer Ehre unbetroffen. Eine solche Einstellung bedeutet, dass nur die passenden Bruchstücke der Vergangen- 80 heit zur Erinnerung zugelassen werden. Alle Vorgänge, in die wir schuldhaft verflochten sind, werden verleugnet, in ihrer Bedeutung umgewertet, der Verantwortung anderer zugeschoben, jedenfalls nicht im Nacherleben mit unserer Identität verknüpft. Die 85 siegreichen Vormärsche werden glorifiziert, der Verantwortungslosigkeit, mit der auch Millionen Deutscher in einem Größenrausch geopfert wurden, wird selten gedacht. Zu dieser Trennung in genehme und nicht genehme Erinnerung ist ein ganz erheblicher 90 Aufwand an psychischer Energie vonnöten. Was von ihr zur Abwehr im Dienste eines Selbst verbraucht wird, das sich vor schwersten Gewissensanklagen und Zweifeln an seinem Wert schützen will, fehlt in der Initiative zur Bewältigung der Gegenwart. 95
Der kollektiven Verleugnung der Vergangenheit ist es zuzuschreiben, dass wenig Anzeichen von Melancholie oder auch von Trauer in der großen Masse der Bevölkerung zu bemerken waren. Einzig die Verbissenheit, mit der sofort mit der Beseitigung der Ruinen 100 begonnen wurde und die zu einfach als Zeichen deutscher Tüchtigkeit ausgelegt wird, zeigt einen ma-

nischen Einschlag. Vielleicht ist es auch von dieser manischen Abwehr her zu verstehen, mit wie wenig
105 Anzeichen äußerer Gemütsbewegung die Nachrichten von den größten Verbrechen in unserer Geschichte hingenommen wurden.

Genau betrachtet sind es also drei Reaktionsformen, mit denen die Einsicht in die überwältigende Schuld-
110 last ferngehalten wird. Zunächst ist es eine auffallende Gefühlsstarre, mit der auf die Leichenberge in den Konzentrationslagern, das Verschwinden der deutschen Heere in Gefangenschaft, die Nachrichten über den millionenfachen Mord an Juden, Polen,
115 Russen, über den Mord an den politischen Gegnern aus den eigenen Reihen geantwortet wurde. Die Starre zeigt die emotionelle Abwendung an; die Vergangenheit wird im Sinne eines Rückzugs alles lust- oder unlustvollen Beteiligtseins an ihr entwirklicht, sie
120 versinkt traumartig. Diese quasi-stoische Haltung, dieser schlagartig einsetzende Mechanismus der Derealisierung des soeben noch wirklich gewesenen Dritten Reiches, ermöglicht es dann auch im zweiten Schritt, sich ohne Anzeichen gekränkten Stolzes
125 leicht mit den Siegern zu identifizieren. Solcher Identitätswechsel hilft mit, die Gefühle des Betroffenseins abzuwenden, und bereitet auch die dritte Phase, das manische Ungeschehenmachen, die gewaltigen kollektiven Anstrengungen des Wiederaufbaus, vor.
130 Die Getöteten können wir nicht zum Leben erwecken. Solange es uns aber nicht gelingen mag, den Lebenden gegenüber aus den Vorurteilsstereotypen unserer Geschichte uns zu lösen – das Dritte Reich stellte nur eine letzte Epoche dar –, werden wir an
135 unseren psychosozialen Immobilismus wie an eine Krankheit mit schweren Lähmungserscheinungen gekettet bleiben. Was unter einer über zwei Jahr-

zehnte andauernden Zensur unseres Bewusstseins nicht als schmerzliche Erinnerung eingelassen wird, kann ungebeten aus der Vergangenheit zurückkeh- 140 ren, denn es ist nicht „bewältigte" Vergangenheit geworden. Trauerarbeit kann nur geleistet werden, wenn wir wissen, wovon wir uns lösen müssen; und nur durch ein langsames Ablösen von verlorenen Objektbeziehungen – solchen zu Menschen oder zu 145 Idealen – kann die Beziehung zur Realität wie zur Vergangenheit in einer sinnvollen Weise aufrechterhalten werden. Ohne eine schmerzliche Erinnerungsarbeit wird dies nicht gelingen können, und ohne sie wirken unbewusst die alten Ideale weiter, die im Na- 150 tionalsozialismus die fatale Wendung der deutschen Geschichte herbeigeführt haben. Aber fordern wir nicht Unerfüllbares? Unser Ich war in dieser Vergangenheit unserem Narzissmus zu Diensten. Das narzisstische Objekt, das wir verloren haben, war in der 155 Vorstellung von uns selbst als Herrenmenschen zentriert. Nicht der geschichtlichen Belehrung, dass dem nicht so ist, wäre also nachzutrauern. Vielmehr müssten wir die Einfühlung in uns selbst erweitern.

Psychologisch wäre es keine Unmöglichkeit, nach 160 der Tat einzusehen, was wir im Dritten Reich taten, uns also von der narzisstischen Liebesform zur Anerkennung von Mitmenschen als Lebewesen mit gleichen Rechten weiterzuentwickeln. Diese Korrektur unseres falschen und eingeengten Bewusstseins, das 165 Auffinden unserer Fähigkeit des Mitleidens für Menschen, die wir hinter unseren entstellenden Projektionen zuvor nie wahrgenommen haben, würde uns die Fähigkeit zu trauern zurückgeben.

Text zusammengestellt aus: Alexander und Margarete Mitscherlich: Die Unfähigkeit zu trauern © 1967 Piper Verlag GmbH, München

■ *Schreiben Sie ein „Abstract" zu dem vorliegenden Text. Ein „Abstract" ist eine prägnante Inhaltsangabe, die sich auf den wesentlichen Gehalt einer Vorlage beschränkt.*

Ein „Abstract" kann die Lektüre eines Originaldokuments zwar nicht ersetzen, soll dem Leser aber dabei helfen, zu entscheiden, ob das genaue Studium des Originals notwendig oder hilfreich ist, um eine bestimmte Problemstellung zu bearbeiten.

Sie müssen den Text also zunächst sehr sorgfältig lesen und bearbeiten und anschließend eine bewusste Auswahl treffen.

Ihre Darstellung muss auf <u>*120 Wörter*</u> *beschränkt sein.*

Merkmale eines Abstracts:
- *Sachliche Richtigkeit des Dargestellten*
- *Prägnanz (Beschränkung auf das Wichtigste)*
- *Verständlichkeit (Klarheit der Sprache und Struktur)*
- *Objektivität (Verzicht auf persönliche Wertungen)*

Verfassen und Beurteilen eines Abstracts

1. Verfassen eines Abstracts (Einzelarbeit)

■ *Schreiben Sie ein Abstract zu dem vorliegenden Text. Ein Abstract ist eine prägnante Inhaltsangabe, die sich auf den wesentlichen Gehalt einer Vorlage beschränkt.*
Sie müssen den Text zunächst sehr sorgfältig lesen und bearbeiten und anschließend eine bewusste inhaltliche Auswahl treffen.
Ihre Darstellung muss auf <u>etwa 120</u> Wörter beschränkt sein.

Merkmale eines Abstracts:
- *Sachliche Richtigkeit des Dargestellten*
- *Prägnanz (Beschränkung auf das Wichtigste)*
- *Verständlichkeit (Klarheit der Sprache und Struktur)*
- *Objektivität (Verzicht auf persönliche Wertungen)*

2. Beurteilung und Diskussion der Abstracts (Partnerarbeit)

■ *Lesen Sie den Primärtext Ihres Partners/Ihrer Partnerin.*

■ *Lesen Sie anschließend aufmerksam das Abstract Ihres Partners/Ihrer Partnerin.*

■ *Beurteilen Sie das Abstract nach unten stehender Skala.*

■ *Tauschen Sie sich über Ihre Beurteilungen aus und begründen Sie Ihre Bewertungen.*

■ *Verbessern Sie gegebenenfalls Ihre Abstracts.*

Bewertung der Abstracts					
Sachliche Richtigkeit des Dargestellten	++	+	0	–	– –
Prägnanz (Beschränkung auf das Wichtigste)	++	+	0	–	– –
Verständlichkeit (Klarheit der Sprache und Struktur)	++	+	0	–	– –
Objektivität (Verzicht auf persönliche Wertungen)	++	+	0	–	– –
Formale Richtigkeit (Rechtschreibung, Grammatik etc.)	++	+	0	–	– –
	Vollst. erfüllt	- - - - - - - - - - - -			nicht erfüllt

Weitere Anmerkungen:

_____

_____

_____

_____

Vergangenheitsbewältigung – Textauszüge für die Analyse

Frau Behrend
- Abschnitt 6, S. 17, Z. 18 – S. 19, Z. 7: „Geflüstert oder gerufen […] Unversteuertes zu verkaufen."
- Abschnitt 45, S. 116, Z. 8 – Z. 26: „Was brachten einem die Amerikaner […] in dieses Café kommen."
- Abschnitt 51, S. 120, Z. 19 – 30: „So viele Nutten […] der Krieg machte ihn schlecht."
- Abschnitt 62, S. 142, Z. 16 – S. 143, Z. 6: „Es ist entsetzlich […] und nun diese Schande!"
- Abschnitt 94, S. 205, Z. 23 – S. 206, Z. 20: „Die Fama erreichte Frau Behrend […] keine schwarzen Kunden."
- Abschnitt 98, S. 217, Z. 32 – S. 218, Z. 21: „Aus dem Klub kamen Washington und Clara […] zum horizontblauen Wagen gelaufen war."

Namenlose Nebenfiguren (ehemalige Soldaten, Lebensmittelhändlerin u.a.)
- Abschnitt 34, S. 68, Z. 12 – 24: „Die Bläserkapelle […] um ihren Sieg betrogen worden."
- Abschnitt 36, S. 75, Z. 1 – Z. 19: „Die Deutschen bewunderten […] Frevel und Sybaritentum."
- Abschnitt 37, S. 82, Z. 5 – S. 83, Z. 12: „Die ‚Glocken'-Kapelle spielte […] wenn er's nach Hause bringt."
- Abschnitt 56, S. 129, Z. 24 – S. 131, Z. 8: „Richard hatte zum Haus […] auf der Treppe stehengelassen hatte."
- Abschnitt 58, S. 133, Z. 23 – S. 134, Z. 16: „Alles hatten sie uns genommen […] verkehren würde."
- Abschnitt 89, S. 197, Z. 14 – 29: „Das Fräulein verkaufte […] ein angesehener Mann."

Bräuhausgäste
- Abschnitt 90, S. 198, Z. 26 – S. 200, Z. 15: „Die Säle waren überfüllt […] Christopher fand es wunderbar."
- Abschnitt 96, S. 208, Z. 17 – S. 209, Z. 22: „Die Schreie der Sirenen […] zerbrachen unter den Steinen."
- Abschnitt 98, S. 216, Z. 3 – S. 217, Z. 4: „Die Steine, die Steine […] Geschrei und Gelächter."
- Abschnitt 98, S. 217, Z. 33 – S. 218, Z. 21: „‚Da ist er!' […] zum horizontblauen Wagen gelaufen war."

Josef
- Abschnitt 14, S. 28, Z. 17 – S. 29, Z. 16: „Night-and-day […] Er traute dem Tag."
- Abschnitt 44, S. 114, Z. 16 – S. 115, Z. 23: „Odysseus und Josef […] vor so viel Weite."
- Abschnitt 60, S. 135, Z. 28 – S. 137, Z. 22: „Josef schlief […] Er schreckte ins Leben zurück."
- Abschnitt 82, S. 183, Z. 28 – S. 184, Z. 22: „Der Krieger […] Der Priester sprach die Absolution."

Henriette und Ezra Gallagher
- Abschnitt 35, S. 69, Z. 1 – S. 73, Z. 5: „In Paris schien die Sonne […] ‚Sag Ezra' –"
- Abschnitt 36, S. 78, Z. 2 – S. 79, Z. 17: „Ezra beobachtete Heinz […] den Kampf bestehen."
- Abschnitt 93, S. 204, Z. 27 – S. 205, Z. 11: „Ezra schwitzte […] hatte er den Wald besiegt."

■ *Analysieren Sie die Romanauszüge, indem Sie*
- *die dargestellte Situation kurz in den Romanzusammenhang einordnen,*
- *die zum Ausdruck kommenden Einstellungen und Wertorientierungen der Figuren herausarbeiten,*
- *den Umgang der Figuren mit der Vergangenheit/Gegenwart vor dem Hintergrund der Zeitanalyse durch Hannah Arendt und Alexander und Margarete Mitscherlich untersuchen.*
- *Achten Sie darauf, Ihre Thesen durch Textstellen zu belegen.*

Zeitroman (Lexikonartikel)

Zeitroman, in der dt. Lit. des 19. Jh.s entwickelter Romantypus, in dem die zeitgeschichtl. Situation des Autors, die Analyse der polit., sozialen, ökonom., kulturellen u. eth.-religiösen Verhältnisse seiner Gegen-
5 wart im Mittelpunkt stehen. Die Bez. wurde erstmals 1809 von C. Brentano geprägt für A. v. Arnims „Gräfin Dolores". Der Z. ist stoffl.-themat. nicht eindeutig abzugrenzen vom histor. Roman, vom europ. Gesellschaftsroman oder Entwicklungsroman, stellt aber
10 *struktural einen neuen*, theoret. fundierten (u. a. K. Gutzkow, L. Wienbarg u. a.) erzähler. Bautyp dar: Anstelle des Nacheinanders einer chronolog. fortschreitenden Handlung tritt das Nebeneinander mehrerer simultan ablaufender Erzählstränge aus oft kontras-
15 tiv gereihten Augenblicks- oder Zeitbildern, in denen (meist in Gesprächsform) jeweils ein Aspekt streiflichtartig beleuchtet wird. Die Handlung wird sekundär, dient nur der stoffl. Einkleidung, ‚ereignet sich' in den Lücken zwischen den Zeitbildern. An die Stel-
20 le einer zentralen, mehrschicht. gezeichneten Hauptfigur tritt eine Vielzahl eher eindimensional, rein funktional entworfener, in ihrer Relevanz gleichwertiger sog. *Zeittypen* als Repräsentanten bestimmter zeitgeschichtl. Strömungen, oft nach bekannten zeit-
25 genöss. Persönlichkeiten gestaltet, wodurch sich viele Z.e zur Schlüsselliteratur stellen. Das Prinzip der Gleichzeitigkeit wird durch genaue Zeitangaben, der Anspruch auf Aktualität und Wirklichkeitstreue durch realist. Beschreibung des Details, die Vielfalt
30 der Aspekte durch Perspektivenwechsel zu erreichen versucht. Einige Z.e enthalten über die Zeitanalyse hinaus auch Zeitkritik, z. T. auch utop. Programme (Immermann, die Z.e des Jungen Deutschland), sodass sie auch der polit. Dichtung oder der Ten-
35 denzliteratur zuzurechnen sind. Zwar bergen die Verschlüsselungen und aktuellen Anspielungen die Gefahr des Veraltens in sich; der Z. ist jedoch durch die neuen erzähltechn. Mittel von Bedeutung für die Entwicklung moderner Romanstrukturen (Simultan-
40 technik, Montage, Aufhebung der Handlung etc.) [...].

In: Günther Schweikle/Irmgard Schweikle (Hrsg.): Metzler Literatur Lexikon. Stichwörter zur Weltliteratur. S. 481. © 1984 J. B. Metzlersche Verlagsbuchhandlung und Carl Ernst Poeschel Verlag GmbH in Stuttgart

■ Lesen Sie den Text mindestens zweimal, unterstreichen Sie mit einem Bleistift die wichtigsten Aussagen und halten Sie die zentralen Inhalte stichwortartig am Rand fest.

■ Vergleichen Sie mit Ihrem Partner/Ihrer Partnerin Ihre Markierungen und Stichpunkte. Fertigen Sie anschließend gemeinsam eine Mind-Map zu diesem Romantypus an.

■ Überlegen Sie gemeinsam mit Ihrem Partner/Ihrer Partnerin, welche Aussagen des Lexikonartikels auf den Roman „Tauben im Gras" zutreffen und welche nicht. Markieren Sie entsprechend in zwei unterschiedlichen Farben.

Marcel Reich-Ranicki: Der Zeuge Koeppen

Das Geschehen ist in Kurzszenen aufgelöst, das Bild wird aus Mosaiksteinen zusammengesetzt. In sämtlichen Episoden durchdringt Koeppen den Alltag seiner Gestalten. Sie werden – wie einst in *Berlin Alexan-*
5 *derplatz*[1] – unaufhörlich von der Brandung des Lebens umspült. Während jedoch Döblin und schon vor ihm Dos Passos[2] rohes, nahezu unermessliches Tatsachenmaterial zusammengerafft und in ihren Riesengemälden untergebracht hatten, fällt bei Koeppen die
10 strenge Auslese der berücksichtigten Phänomene auf. Seiner epischen Bestandsaufnahme haftet nichts Naturalistisches an. Statt der grandiosen Expansion Döblins bietet Koeppen die gewissenhafte Reduktion. Nicht um ein gigantisches Fresko, das die Fülle der
15 Zeit wiedergibt, ist er bemüht, sondern um ein raffiniert konstruiertes Kaleidoskop, um ein strenges Konzentrat, das lediglich ihre wesentlichen Merkmale verdeutlichen soll.

Die Menschen, die Koeppen auftreten lässt – Deut-
20 sche und Amerikaner, Weiße und Schwarze, Erwachsene und Kinder, komplizierte und primitive Naturen, Erfolgreiche und Gescheiterte –, sie alle sind auf der Jagd: nach Liebe und Erkenntnissen, nach Geld, Genuss und Ruhm, nach Sicherheit und Frieden, nach
25 einem besseren Leben. Aber in Wirklichkeit jagen sie nicht, sondern werden gejagt, streben nicht einem Ziel zu, sondern wimmeln durcheinander wie Tauben im Gras, fliehen wie aufgescheuchte Vögel – „frei und von Schlingen bedroht, dem Metzger preisgegeben".
30 Die Großen und die Kleinen, die Arrivierten und die Beladenen sind auf der Flucht vor einem Dasein, dessen Unheimlichkeit sie spüren, vor einer Welt, die ihnen sinnlos, unbegreiflich und rätselhaft zu sein scheint: „Im Gras hockten Vögel [...] Die Vögel sind
35 zufällig hier, [...] vielleicht ist die Welt ein grausamer und dummer Zufall Gottes, keiner weiß, warum wir hier sind, die Vögel werden wieder auffliegen, und wir werden weitergehen."
Doch nicht metaphysisch wird diese innere Unruhe
40 und Hast erklärt, jenes „Flatternde" und „Rastlose", dessen Darstellung Döblin in einer freilich ganz anderen Situation gefordert hatte. Der Erzähler Koep-

pen führt immer wieder – ohne es je aufdringlich zu tun – die Schicksale seiner Helden auf die historischen und gesellschaftlichen Zeitumstände zurück. Der 45 Lehrer, der sich mit Drogen zugrunde gerichtet hat, weil er nicht Soldat werden wollte; der Arzt, der seinen Lebensunterhalt als Blutspender verdienen muss; der Schriftsteller, der so große Hemmungen hat, dass er nicht mehr schreiben kann; die Deutsche, die boy- 50 kottiert wird, weil sie mit einem Neger zusammenlebt; der Gepäckträger, der sich von seinen Kriegserlebnissen nicht freimachen kann; die in Konventionen erstickende, von ihrem Mann verlassene Frau; der Junge, der einen Gleichaltrigen zu betrügen beab- 55 sichtigt; die jüdische Emigrantin, die Deutschland nicht mehr wiedersehen will: Sosehr sie sich voneinander unterscheiden, sosehr sind sie doch alle Opfer ihrer Zeit, auf ihnen lastet – bewusst oder unbewusst – die Vergangenheit. 60
Sie leiden alle an der schrecklichen Krankheit des Jahrhunderts: an der Angst. *Tauben im Gras* – das ist vor allem eine Studie über die Angst. Die Handlungen und Episoden sind Variationen eines einzigen Themas, das in mannigfaltigen Spiegeln reflektiert wird. 65 Und da Koeppens Gestalten auf der Flucht vor sich selber sind, da sie von Lebensangst gepeinigt werden, können sie nie zueinander kommen. Sie sind nicht imstande, ihre Einsamkeit zu durchbrechen – auch wenn ihre Wege sich hier und da kreuzen. Denn es 70 sind, bestenfalls, nur äußerliche Begegnungen: Die Menschen bleiben sich fremd, sie leben nicht miteinander, sie existieren nur nebeneinander [...].
Mag der Roman damals, 1951, als ungewöhnlich aggressiv empfunden worden sein – im Grunde ist die- 75 ser erste Teil der Trilogie Koeppens noch kein militantes Buch. Nicht die Anklage dominiert, sondern die Klage, nicht mit einem epischen Plädoyer haben wir es zu tun, sondern mit einer – freilich bestürzenden – Diagnose. 80

Aus: Marcel Reich-Ranicki: Der Zeuge Koeppen. In: Über Wolfgang Koeppen. Hg. Ulrich Greiner. Frankfurt/M.: Suhrkamp 1976, S. 141–143

---

[1] Roman von Alfred Döblin (1878–1957), veröffentlicht 1929. *Berlin Alexanderplatz* gilt als bedeutendster deutscher Großstadtroman.
[2] John Dos Passos (1896–1970) zählt zu den herausragenden Autoren der amerikanischen Literatur. Reich-Ranicki spielt hier auf Dos Passos' Roman *Manhattan Transfer* (1925) an, einen Meilenstein der internationalen literarischen Moderne.

■ *Arbeiten Sie die zentralen Thesen des Textes heraus und erläutern Sie, warum Reich-Ranicki von einer „bestürzenden Diagnose" spricht.*

■ *Greifen Sie einzelne Thesen des Textes heraus und formulieren Sie eine Stellungnahme.*

Techniken des Erzählens

In diesem Baustein geht es um die detaillierte Analyse der Erzählsituation im Roman sowie die spezifischen Erzähltechniken. Die einzelnen Verfahren sind alternativ im Unterricht einsetzbar, wobei gerade die Analyse der Erzählsituation in Abhängigkeit vom Vorwissen der Schülerinnen und Schüler erfolgen sollte. Im Einzelnen geht es um folgende Aspekte:

- Vergleich zwischen traditionellem und modernem Erzählen
- Erzählstrukturen im Roman (Erzählmodell nach Petersen)
- Erzähltechniken
  - Verknüpfung von Erzählabschnitten
  - Metaphorik und Motive im Roman
- Verwendung mythischer Elemente (Intertextualität)

Ausgehend von den Erfahrungen des 20. Jahrhunderts hat sich die Vorstellung von Literatur und insbesondere vom Erzählen stark verändert. Angesichts des Identitätsverlustes, einer komplexer werdenden Wirklichkeit, den Erfahrungen von Krieg und Entfremdung sowie der empfundenen Unzulänglichkeit von Sprache werden traditionelle Vorstellungen des Erzählens radikal in Frage gestellt. Diese Veränderungen führen dazu, dass Techniken des Erzählens verstärkt werden, wie zum Beispiel die erlebte Rede, der innere Monolog oder der Bewusstseinsstrom. So lösen sich die Autoren von bislang verlässlichen Konzepten, wie zum Beispiel dem allwissenden Erzähler, einer linearen Handlungsführung oder einer Identifikation mit den Figuren. Es erfolgt das Experimentieren mit Sprache, das Ergründen von neuen Darstellungsweisen, das Zusammenfügen verschiedener Blickwinkel und Wissensgebiete (Theologie, Psychologie, Mythologie etc.). Neue Formen des Erzählens entstehen, wie zum Beispiel simultanes, mulitperspektivisches oder filmisches Erzählen. Dadurch werden vertraute Rezeptionsmuster radikal in Frage gestellt, um dem zeitgenössischen Empfinden und den Herausforderungen einer sich verändernden Welt gerecht zu werden.

Bei näherem Betrachten wird sich zeigen, dass Koeppen in „Tauben im Gras" zahlreiche dieser Techniken verwendet, zugleich aber auch an der Instanz des Erzählers festhält, der trotz wechselnder Perspektiven fortwährend präsent bleibt. Nachfolgend werden verschiedene Aspekte der im Roman existierenden Erzählsituation in den Blick genommen und exemplarisch analysiert.

4.1 Einführung in die Erzähltechnik des Romans

Die Handlung in „Tauben im Gras" ist wie bereits mehrfach erwähnt in mehrere Erzählstränge zergliedert, die vom Erzähler nach einem für den Leser zunächst undurchschaubaren Prinzip angeordnet sind. Erschwert wird das Einfinden in die Romanhandlung durch das multiperspektivische Erzählen, d.h., der Leser sieht sich abrupten Wechseln im Erzählverhalten, der Erzählhaltung, der Erzählperspektive sowie den Darbietungsformen ausgesetzt. Hinzu kommen schnelle Schauplatzwechsel, Rückblenden sowie eingefügte Zitate oder Schlagzeilen. Diese spezifische Art des Erzählens, auch als „Mosaiktechnik" bezeichnet, prägt die Vorstellung von scheinbar zufällig angeordneten Erzählabschnitten, die jedoch zusammen ein Ganzes ergeben.

Bevor eine tiefergehende Analyse dieser spezifischen Erzähltechnik erfolgt, bietet es sich an, das zunächst assoziativ erscheinende Erzählverfahren Koeppens in einem kreativen Schreibprozess nachzuempfinden, um seine Relevanz und Wirkungsweise zu erfassen. Gerade das subjektive Wahrnehmen und sprachliche Ausgestalten einer Situation eröffnet den Blick für die Erzählweise Koeppens, da es ihm hierdurch gelingt, die Disparität der Welt und die Isolation des Individuums darzustellen und sie für den Leser nachvollziehbar zu machen.

Als Einstieg kann der relativ kurze Auszug aus dem Roman (siehe unten) vorgelesen werden (ggf. kann auch eine längere Sequenz herangezogen werden). In besonderer Weise zeigt sich hier das beinahe sprunghaft-assoziative Vorgehen des Erzählers. Verschiedene Sinneswahrnehmungen werden geschildert, sodass der Leser das Gefühl hat, er selbst streife durch die Stadt und sei Teil der Figurenwelt. Nicht das Ordnen und Lenken durch eine Erzählinstanz findet statt; der Leser ist selber gefordert, den Schilderungen gedanklich zu folgen und einzelne Erzählabschnitte einander zuzuordnen. Dadurch sind die Gefühle von Betriebsamkeit und Chaos für den Leser unmittelbar greifbar.

Auszug aus „Tauben im Gras"

„[...] sie gingen weiter, gingen an den Neubauten der Kinos *Unsterbliche Leidenschaft gnadenlos ergreifendes Arztschicksal*, an den Neubauten der Hotels *Dachgarten über den Ruinen Cocktailstunde* vorbei, wurden von Kalkstaub berieselt, mit Mörtel beworfen, gingen durch die auf Trümmerfeldern errichteten Ladenstraßen, zur Linken und zur Rechten die ebenerdigen Baracken, blitzend mit Chromleisten, Neonleuchten und Spiegelscheiben: Parfum aus Paris, Dypont-Nylon, Ananas aus Kalifornien, schottischer Whisky, bunte Zeitungsstände: *Zehn Millionen Tonnen Kohle fehlen*. Die Verkehrsampel stand auf Rot und hemmte den Übergang. Straßenbahnen, Automobile, Radfahrer, schwankende Dreiradwagen und schwere amerikanische Heerestrucks strömten über die Kreuzung."

Aus: Wolfgang Koeppen: Tauben im Gras. Frankfurt am Main: Suhrkamp 2008, S. 39

Im Anschluss an die Primärrezeption erhalten die Lernenden den Auftrag, selber einen belebten Ort aufzusuchen und die Situation mit allen Sinnen nachzuempfinden. Die Lehrperson kann ggf. darauf hinweisen, dass ein bewusstes Einlassen auf die Situation erforderlich ist. Anschließend erfolgt das Verschriftlichen der individuellen Erfahrungen und Wahrnehmungen im Stil Koeppens. Es ist denkbar, diesen kreativen Schreibauftrag auch als Hausaufgabe aufzugeben.

Der kreative Schreibauftrag kann wie folgt lauten:

> ■ *Suchen Sie einen belebten Ort in Ihrer Nähe auf (Straße, Kreuzung, Schulhof, Kaufhaus etc.). Lassen Sie sich bewusst auf die Atmosphäre des Ortes ein und achten Sie gezielt auf Ihre Sinneseindrücke. Schreiben Sie Ihre Gedanken anschließend im Stil Koeppens auf:*
> - *Was hören Sie?*
> - *Was sehen Sie?*
> - *Was riechen Sie?*
> - *Was denken Sie?*
> - *Wie wirkt der Ort auf Sie?*
> - *…*

In Absprache mit den Lernenden können die eigenen Texte entweder im Plenum vorgelesen werden oder es erfolgt der Austausch in Kleingruppen. Exemplarisch werden nachfolgend einzelne Ergebnisse vorgestellt. Im Anschluss erfolgt eine Auswertung, welche die Funktion des kreativen Schreibauftrages thematisiert und nach der Funktion einer solchen Erzählweise fragt. Festzuhalten bleibt, dass sowohl die Mannigfaltigkeit als auch die Subjektivität der

Wahrnehmung in dieser Erzählweise besonders zum Ausdruck kommen. Angesichts der in der Moderne dominierenden Erfahrungen von Entfremdung und Beziehungslosigkeit erfolgt die Suche nach neuen, variablen Darstellungsweisen.

■ *Mögliche Impulse für ein Auswertungsgespräch:*
- *Welche Erfahrungen haben Sie beim Verfassen der Texte gemacht?*
- *Welche Erfahrung haben Sie als „Leser"/„Hörer" gesammelt?*
- *Wie geht Koeppen erzähltechnisch vor und was erreicht er dadurch?*
- *Welche Intention ist mit der spezifischen Erzähltechnik verbunden?*

Um den Aspekt der Beziehungs- und Kommunikationslosigkeit zu vertiefen, ist es an dieser Stelle möglich, einen kurzen Lehrervortrag zu halten und nachfolgend exemplarisch Textstellen heranzuziehen, in denen die Darstellung in Form des inneren Monologes oder Bewusstseinsstroms erfolgt (vgl. S. 30f., S. 64f., S. 144f.). Denkbar ist es auch, diese Darstellungsweise in einem kreativen Schreibprozess zu vertiefen.

Innerer Monolog und Bewusstseinsstrom (Lehrervortrag)

Der innere Monolog und der Bewusstseinsstrom sind Formen der Figurenrede, die eine besondere Stellung in der modernen Erzähltechnik besitzen. Die Definition der Begriffe ist uneinheitlich, sodass die Abgrenzung nicht immer leicht fällt.

1. Merkmale des inneren Monologes
- Ich-Form, 1. Person Indikativ Präsens
- syntaktisch unabhängig im Vergleich zur indirekten Rede
- Innensicht ohne kommentierende Einmischung des Erzählers bzw. der Erzählinstanz (Erzähler ist während des inneren Monologs nicht präsent)
- vollständige oder unvollständige grammatische Form
- keine festen Regeln für die Zeichensetzung, ohne Anführungszeichen

2. Merkmale Bewusstseinsstrom
- 1. Pers. Indikativ Präsens oder ohne Person
- Innensicht ohne kommentierende Einmischung des Erzählers
- unvollständige grammatische Form, persönliche Sprachmerkmale, willkürliche Wortbildungen, Lautmalerei, Sprachexperimente, assoziative Verknüpfungen
- fehlende Zeichensetzung
- direkte Wiedergabe und assoziative Verknüpfung von Bewusstseinsinhalten, keine inhaltliche Strukturierung

---

Mögliche Aufträge für die Erarbeitung lauten:

■ *Lassen sich im Roman Beispiele für den inneren Monolog oder den Bewusstseinsstrom finden?*

■ *Lesen Sie die Seiten 64f. (S. 30f., S. 144f.) und belegen Sie vor dem Hintergrund Ihrer Kenntnis, ob es sich um einen inneren Monolog oder einen Bewusstseinsstrom handelt.*

Arbeitsaufträge für eine kreative Weiterführung:

■ *Ergänzen Sie Ihre eigenen Texte, indem Sie fiktive Figuren in Form des inneren Monologes oder Bewusstseinsstroms zu Wort kommen lassen.*

■ *Wohin gehen sie? Welche Gedanken, Sorgen, Wünsche oder Ängste beschäftigen sie?*

Falls im Unterricht, wie im Baustein 3.1 dargelegt, auf der Basis der individuellen Recherche-ergebnisse „fiktive Zeitdokumente" erstellt worden sind, kann an dieser Stelle darauf zurück-gegriffen werden, indem die Schülerinnen und Schüler folgende Aufgabe erhalten:

■ *Stellen Sie sich vor, eine bestimmte Figur (z. B. Philipp, Edwin, Frau Behrend) sitzt im Café und liest eine der dort ausgelegten Zeitungen. Sie schlägt Ihre Zeitungs-doppelseite auf. Welche Gedanken gehen der Figur bei der Lektüre durch den Kopf? Schreiben Sie einen inneren Monolog. Begründen Sie anschließend Ihre Gestaltung.*

■ *Stellen Sie sich vor, eine bestimmte Figur (z. B. Josef, Philipp, Frau Behrend) hört Ihren Radiobeitrag. Schreiben Sie in Form eines Bewusstseinsstroms auf, welche Gedanken der Figur während des Hörens durch den Kopf gehen? Begründen Sie anschließend den Inhalt und die Form Ihrer Gestaltung.*

4.2 Erzähltheorie der Gegenwart

Im Anschluss an das produktionsorientierte Verfahren (oder als Alternative) kann der Sach-text „Erzähltheorie der Gegenwartsprosa" (2001) von Irmgard Scheitler gelesen werden, da er die Veränderungen des Erzählens vom 19. Jahrhundert bis zur Moderne aufzeigt und so den Blick für die spezifische Erzählsituation im Roman „Tauben im Gras" öffnet (**Arbeitsblatt 17**, S. 113). Aufgrund der Länge und der gedanklichen Struktur des Textes bietet es sich an, die Schülerinnen und Schüler in Einzelarbeit einen Kurzvortrag vorbereiten zu lassen, um so das Vortragen zu üben. Aufgabe ist es, die Ursachen für die Veränderungen des Erzählens aufzuzeigen sowie die Merkmale der Epik des 20. Jahrhunderts darzulegen. Im Anschluss erfolgt in einem Unterrichtsgespräch die Übertragung der Ergebnisse auf den Roman. Ggf. können zentrale Aspekte noch einmal in einem Tafelbild festgehalten werden.

Impulse für das Unterrichtsgespräch können zum Beispiel sein:

■ *Setzen Sie die Ergebnisse in Bezug zum Roman „Tauben im Gras".*

■ *Lassen sich die von Irmgard Scheitler genannten Merkmale des modernen Erzäh-lens auf den Roman übertragen? Belegen Sie Ihre Meinung.*

Zusammenfassend ist zu sagen, dass sich die Mehrheit der genannten Merkmale auf den Roman übertragen lässt, Koeppen sich von der Instanz des Erzählers als Mittler jedoch nicht löst. Diese Beobachtung erfordert eine weiterführende Analyse des Erzählers und stellt somit die Überleitung zur nachfolgenden Erarbeitung dar.

Folgendes Tafelbild kann sich daraus ergeben:

Irmgard Scheitler: „Erzähltheorie der Gegenwartsprosa" (2001)	**Wolfgang Koeppen: „Tauben im Gras"**
Merkmale modernen Erzählens: • Fehlen von „konsistenten Figuren" • keine lineare, finale Handlung • keine feststehende Erzählinstanz • Multiperspektivität • offenes Ende • Montageprinzip • fehlende Hoffnung/Sinnstiftung • keine Vermittlung von moralischen Werten	→ Erzähler als Mittler/fließender Wechsel des Erzählverhaltens

„Tauben im Gras" als Exempel des modernen Erzählens

4.3 Erzählstrukturen im Roman – der Erzähler

Wie bereits im Baustein 2.4 dargelegt, zeigt sich zu Beginn und am Ende des Romans eine warnende Analyse des Erzählers über die gegenwärtige Situation in Deutschland. Die Rahmenstruktur offenbart damit in besonderer Weise die Existenz des Erzählers. Bei einer genaueren Analyse der Binnenhandlung des Romans zeigt sich, dass der Erzähler trotz zahlreicher Perspektiv- und Schauplatzwechsel auch hier präsent ist, man demnach also von einer Omnipräsenz des Erzählers sprechen kann.

Das Erzählen erfolgt im Roman grundlegend in der Er-Form (Erzählform). Der Erzähler wird dabei vom Leser nicht als Figur mit eigenständigem Charakter wahrgenommen, gewinnt aber durch seine Allgegenwärtigkeit an Bedeutung für das Erzählgeschehen.

Der Standort des Erzählers erscheint auf den ersten Blick olympisch, da er den Überblick über das zeitliche und räumliche Geschehen der Handlung besitzt. Zum Beispiel weiß er, was an verschiedenen Orten zeitgleich passiert (vgl. S. 177 – 183), schildert Hillegondas Besuch in Frühmesse (vgl. S. 14) oder beschreibt, wie Richard über Bayern fliegt (vgl. S. 40). Der Erzähler vermag zudem die Ereignisse an weit entfernten Orten darzulegen (vgl. S. 69 ff., S. 61 f.). Seine Allwissenheit in zeitlicher Hinsicht zeigt sich in der Tatsache, dass er über die Vorgeschichte der Figuren informiert ist (vgl. S. 22, S. 47 f., S. 124). Grundlegend ist der Erzähler dabei in der Lage, in das Innere der Figuren zu blicken (Innensicht) und somit weiß er um ihre Gedanken, Wünsche, Sehnsüchte und Ängste: „Im Traum wurde sie vergewaltigt. Sie träumte von Negern" (S. 49), „Doch Philipp dachte ‚welchen Film soll ich schreiben?'" (S. 56), „Frau Behrend hatte für einen Augenblick die Empfindung, dass nicht ihre Tochter, sondern der Domturm erdrückend vor ihr stünde" (S. 114).

Dennoch kann bei genauerem Betrachten nur bedingt von einem allwissenden Erzähler gesprochen werden, da er den Leser mit seinen Schilderungen nicht über alles in Kenntnis setzt. Es scheint wie ein bewusstes Auslassen, das gezielte Erzeugen von Leerstellen, welches dem Leser im Roman begegnet. Beispielsweise bleibt unklar, wer der Mörder Josefs ist (vgl. S. 166 ff.). Auch ringt der Erzähler selbst um die Beantwortung der Frage: „Waren sie Akquisiteure der Blätter, oder warben sie ein Heer?" (S. 10) Der Erzähler scheint in der geschilderten

Welt verhaftet zu sein; er sieht und beobachtet, kann aber in letzter Konsequenz nichts verhindern. Die Frage ist, ob nicht gerade durch diese Konzeption ein Spannungselement geschaffen wird und der warnende, beinahe klagende Grundton des Romans an Schärfe und Intensität gewinnt.

Das Erzählverhalten wechselt ständig, oftmals plötzlich und für den Leser unbemerkt zwischen auktorial und personal, sodass der Leser sich selbst überlassen bleibt und keinerlei Orientierung durch den Erzähler erhält. Der schnelle und zum Teil unersichtliche Wechsel der Perspektiven stellt eine Herausforderung dar, sodass Erzähler und Leser sich zugleich nah und fern sind. Stellvertretend sei folgende Textstelle genannt: „Was fehlte Carla denn? Warum war sie hiergewesen, wenn alles in Ordnung war? ‚Eine kleine Störung' , sagt Frahm. Das war er also, der schwarze Vater. Ein schöner Mann, wenn man sich an die Haut gewöhnte. ‚Wir erwarten ein Kind', sagte Washington. ‚Ein Kind?' fragte Frahm. Er blickte Washington erstaunt an." (S. 117) Innerhalb kürzester Zeit erfolgt in einem gleitenden Übergang der Perspektivwechsel von Washington zu Frahm. Hier zeigt sich, dass der Erzähler nicht völlig hinter den Figuren verschwindet, sondern immer noch als Mittler anwesend bleibt. Sprachlich fassbar bleibt er auch durch das häufige Wiederholen der Formulierung „er/sie dachte".

Ebenso vollzieht sich auch der Wechsel zwischen Figurenperspektive und Erzählerbericht oftmals fließend, da die Übergänge nicht immer klar voneinander zu trennen sind (vgl. S. 175 f.). In analoger Weise erfolgt die plötzliche Einführung von Figuren oder der unvermittelte Einstieg in eine Szenerie durch den Erzähler (vgl. S. 18, S. 20, S. 28, S. 139). Es sei an dieser Stelle darauf verwiesen, dass auch der innere Monolog neben der erlebten Rede als ein charakteristisches Element des modernen Erzählens im Roman auftaucht. Die direkte Wiedergabe der Gedanken und Gefühle vermittelt dem Leser unmittelbar die Denkweise der Figuren und hebt ihre Isolation und Beziehungslosigkeit hervor (vgl. S. 33f., S. 150f.). Jedoch besteht nie die Gefahr, dass sich der Leser in diesen subjektiven Schilderungen verliert, da der Erzähler sich durch Anmerkungen und Kommentare immer wieder ins Bewusstsein des Lesers ruft.

Folglich gibt sich der Erzähler zwar oft zu erkennen, bietet aber keine zuverlässige Instanz für den Leser. Sehr häufig werden implizit Urteile oder Sichtweisen dargeboten, sodass seine wertende Haltung ersichtlich ist. Die Stellungnahmen des Erzählers wechseln dabei zwischen neutral, affirmativ, skeptisch oder sarkastisch. Auffallend sind in diesem Zusammenhang die beinahe ironisch-grotesk wirkenden Anmerkungen oder Darstellungen: „Der Geschäftsmann zur Linken von Frau Behrend verdächtigte sie im Stillen, seinen Schnaps ausgetrunken zu haben. [...] Aber er fand, dass Frau Behrend eine anständige Gesinnung hatte (S. 206). Die Ansprache Edwins im Amerikahaus zeugt regelrecht von Situationskomik, da das Nichtverstehen vom Erzähler als rebellischer Akt der Technik gegen den Geist gedeutet wird und es letztendlich der „Schläfer" Schnakenbach ist, der vom Publikum verstanden wird und dabei ungewollt zur Kassandra wird (vgl. S. 192).

Zahlreiche Figurencharakterisierungen des Erzählers offenbaren seine negative Einschätzung: „Die Gewaltige lag noch im Bett, Messalina, seine Frau, das Lustross, wie man sie in den Bars nannte" (S. 11); „einer derben Person vom Lande [Emmi], in deren breitem Gesicht die einfache Frömmigkeit der Bauern böse erstarrt war" (S. 13), „Sie [die Tochter der Hausbesorgerin] glich einer schäbigen, hässlichen Puppe, die jemand auf der Treppe stehengelassen hatte" (S. 131). Zum Teil ist aber auch Sympathie oder Mitgefühl des Erzählers für die Figuren spürbar und der Versuch, ihr Handeln begreiflich zu machen: „Schnakenbach wollte nicht kämpfen. Er lehnte den Krieg als Mittel menschlicher Auseinandersetzung ab, und er verachtete den Soldatenstand, den er als Überbleibsel barbarischer Zeiten, als einen unwürdigen Atavismus in der fortgeschrittenen Zivilisation betrachtete. Er hatte den Zweiten Weltkrieg still für sich gewonnen und verloren. Er hatte seinen Krieg, den berechtigten, gefährlichen und fintenreichen Krieg gegen die Musterungskommissionen, gewonnen, aber er war invalid aus dem Kampf zurückgekommen." (S. 123/124) Durch diese Art der Darstellung sensibilisiert der Erzähler die Leser für das Schicksal der Figuren und agiert regelrecht wie ein Psychiater, der seine Diagnosen offenbart.

Im Gegenzug erfolgen aber auch Irritationen oder unzusammenhängende Kommentare des Erzählers, die den Leser völlig unerwartet treffen: „Er [Dr. Behude] war über die Lenkstange gebeugt, die rechte Hand an der Bremse, den Zeigefinger der linken an der Klingel: ein Fehlläuten konnte töten, eine Fehlleistung entlarven, das Fehlläuten der Nachtglocke, verstand er Kafka ?–" (S. 46). Hierbei handelt es sich um ein Zitat aus der Erzählung „Ein Landarzt" (1918) von Franz Kafka. Zwar erfolgt durch die direkte Nennung Kafkas der Hinweis auf die Übernahme, doch ist grundlegend festzustellen, dass im Roman eine Fülle von literarischen Bezügen vorzufinden ist, die zu einer Überlagerung des Textes führen, da der Leser diese kaum noch erfassen oder deuten kann.

Zusammenfassend lässt sich sagen, dass der Erzähler das Geschehen und die Schilderung der Figurenwelt dominiert. Es handelt sich demnach um einen Konstrukteur, der wie ein „planender und ordnender Regisseur am Werk"[1] ist und dabei nie den Überblick verliert, gewisse Informationen aber gezielt zurückhält. Durch das erzählerische Arrangement wird ein „Schwebezustand" erreicht, welcher den Leser im Ungewissen lässt. Diese Orientierungslosigkeit stellt nicht nur die Möglichkeit eines sprachlichen Experiments dar, sondern spiegelt auch die zeitgenössische Wahrnehmung der Welt wider.

Der Erzähler – Das Erzählmodell nach Petersen

Im Anschluss an den thematischen Einstieg über den Schreibauftrag oder/und den Sachtext ist eine tiefergehende Analyse der erzähltheoretischen Grundformen des Romans erforderlich. In Abhängigkeit von den Vorerfahrungen sollte eine Detailanalyse unter Bezugnahme der Fachbegriffe erfolgen. Es ist in diesem Zusammenhang sinnvoll, sich auf die Definition von Petersen zu beziehen und sein Erzählmodell als Grundlage zu verwenden (**Arbeitsblatt 18**, S. 114). Um eine genaue Kenntnis der Grundbegriffe zu gewährleisten, bietet es sich an, den Kurs ein Schaubild erstellen zu lassen, welches die Basis der weiterführenden Analyse ist. Die Kursteilnehmer können ihre Schaubilder auf Folie übertragen und exemplarisch werden einzelne Ergebnisse vorgestellt. An dieser Stelle ist das genaue Bestimmen der Begrifflichkeiten notwendig (Erzählverhalten, Erzählform, Darbietungsform, Erzählstandort etc), da nachfolgend eine Analyse der erzählerischen Grundformen erfolgt. Denkbar ist an dieser Stelle aus Zeitgründen sicherlich auch ein Lehrervortrag. (**Arbeitsblatt 18**).

Die Aufgabenstellung für die Erarbeitung lautet:

■ *Entwerfen Sie ein Schaubild, welches die zentralen Erzählkategorien nach Petersen veranschaulicht. Achten Sie darauf, wie die Elemente miteinander verknüpft sind.*

■ *Analysieren Sie den dritten Erzählabschnitt (S. 10 f.), indem Sie die genannten Begriffe von Petersen anwenden.*

Das dritte Erzählsegment (S. 10–13) führt den Leser ebenso unmittelbar wie der Prolog in die Szenerie ein. Erzählform, -perspektive und -verhalten entsprechen der Eingangsschilderung. „Der Erzherzog wurde angekleidet, er wurde hergestellt. Hier ein Orden, da ein Band, ein Kreuz, ein strahlender Stern, Fangschnüre des Schicksals, Ketten der Macht."

In Form des Erzählerberichts wird die Situation beschrieben, wobei der Erzähler in relativer Distanz zum Geschehen steht. Mit den nächsten beiden Sätzen „Alexander schwitzte. Übelkeit quälte ihn. Das Blech, der Tannenbaumzauber, der gestickte Uniformkragen, alles schnürte und engte ihn ein. Der Garderobier fummelt zu seinen Füßen" erfolgt die sukzessive Einordnung dieser zuvor geschilderten Situation. Erst nach und nach erfährt der Leser, dass Alexander Schauspieler ist und für die Rolle als Erzherzog angekleidet wird. Für den

---

[1] Jürgen H. Petersen: Erzählsysteme. Eine Poetik epischer Texte. Stuttgart, Weimar: Metzler 1993, S. 79

Leser zunächst unmerklich wechselt allerdings abrupt das Erzählverhalten: „Das elektrische Licht in der Umkleidekabine, diesem Holzverschlag, den man Alexander anzubieten wagte, kämpfte mit der Morgendämmerung. Was war es wieder für ein Morgen!"

Der Erzählerbericht wird durch die erlebte Rede ohne sprachlichen Bruch abgelöst. Der Ausruf „Was war es wieder für ein Morgen!" könnte zudem als eine direkte Wiedergabe von Alexanders Gedanken verstanden werden. Ob die vorausgegangene Frage, „[w]as war der Garderobier vor den blankgewichsten Schaftstiefeln des Erzherzogs?", Erzählerbericht oder bereits die Wiedergabe von Alexanders Gedanken ist, bleibt an dieser Stelle unklar. Der abrupte Wechsel setzt sich fort, da der Erzähler zunächst wieder die Situation beschreibt, „Alexanders Gesicht war käsig unter der Schminke, es war ein Gesicht wie geronnene Milch", bevor er zur Schilderung der Erinnerungen übergeht. Der Wechsel ist auch hier nicht eindeutig festlegbar, da zum Beispiel der Ausruf „Welche Persönlichkeit!" zugleich ein ironischer Kommentar des Erzählers sein könnte. Es folgt die rückblickende Schilderung der Ereignisse des Morgens, wobei die Darbietungsformen und Erzählperspektiven wechseln. So ist der Leser mit Formen der direkten Rede („Was ist? Gehst du?"), Elementen des inneren Monologes („Der einzige Mensch, über den man lachen konnte. Wie nannten die Mexikaner die Lesbierinnen?"), Darstellungen der Außen- und Innensicht („wenn er an seine Liebe zu Messalina dachte") sowie erlebter Rede („Er hätte es anbringen können") konfrontiert.

Diese kurze exemplarische Analyse der Erzählsituation ist charakteristisch für den gesamten Roman. Der schnelle und abrupte Wechsel des Erzählverhaltens und der Darbietungsformen erzeugt beim Leser Irritation. Er ist immer wieder gefordert, seine Unkenntnis auszuhalten und der Situationsbeschreibung des Erzählers zu folgen. Doch er erkennt auch, dass der Erzähler seinen Erzählplan bewusst angelegt hat, denn er ordnet das Erzählte souverän an. Der Erzähler ist niemals darauf bedacht, dem Leser eine Orientierungshilfe zu bieten, aber er ist stets als „Regisseur der Szenerie" für den Leser wahrnehmbar.

Die Ergebnisse der Analyse werden nachfolgend im Plenum gesammelt und systematisiert. Denkbar ist es auch, dass die Analyse schriftlich erfolgt oder als Hausaufgabe eine weitere Szene untersucht wird (z. B. S. 45/46).
Mögliche Impulse für das Unterrichtsgespräch:

■ *Wird der Erzähler selbst sichtbar? Lassen sich seine Erkenntnisse auch auf ihn als Person rückbeziehen? Welches Verhältnis hat er zur Figur/zum Erzählten?*

■ *Welche Funktion haben diese Erzählaspekte im Hinblick auf den Leser des Romans?*

■ *Welche Intention verfolgt Koeppen möglicherweise mit seinem Erzählstil?*

Im Anschluss an die Detailanalyse kann eine Vertiefung und Systematisierung erfolgen, da eine sehr komplexe Erzählstrategie vorliegt und der Erzähler auf unterschiedlichste Weise das Geschehen kommentiert oder deutet. Ausgangspunkt ist eine Übersicht, welche exemplarisch Textstellen aufführt. Aufgabe ist es, die Erzählhaltung und ggf. das Erzählverhalten aufzuzeigen (**Arbeitsblatt 19**, S. 117). In stärkeren Lerngruppen können auch selbstständig Textstellen zur Analyse herangezogen werden.
Die Aufgabe für die Erarbeitung lautet:

■ *Bestimmen Sie die Erzählhaltung und das Erzählverhalten in den vorliegenden Beispielen, indem Sie herausstellen, in welcher Weise der Erzähler kritisiert, ironisch abwertet oder aufwertet etc.*

Die Ergebnisse werden auf Folie am Rand festgehalten (**Lösungsblatt 19**, S. 118) und es erfolgt im Anschluss eine zusammenfassende Auswertung im Hinblick auf die Funktion und

Wirkung der Erzähltechnik. Exemplarisch offenbart sich in den vorliegenden Textstellen die Mannigfaltigkeit des erzählerischen Eingreifens. Der Erzähler lenkt fortwährend die Einschätzung des Lesers und lässt seine subjektive Bewertung ungefiltert einfließen. Durch seine erzählerische Gegenwart schafft er Orientierung, stiftet aber auch Verwirrung beim Leser. Mögliche Impulse für ein weiterführendes Deutungsgespräch:

- *In welcher Art und Weise greift der Erzähler in die Darstellung ein?*

- *Was wird durch die spezifische Erzählhaltung erreicht? Welche Wirkung hat diese auf den Leser?*

- *Inwieweit ist der Roman geeignet, Einsichten in die existenziale Lebenssituation der Figuren („Essenz des Daseins") zu vermitteln? Berücksichtigen Sie die erzähltechnischen Faktoren.*

- *Welche Chancen und Grenzen liegen Ihrer Meinung nach in der spezifischen Darstellungsweise Koeppens?*

Der Erzähler in „Tauben im Gras"

Erzählertyp	auktorialer Erzähler/Wechsel zu personalem Erzählen
Funktion	führt und lenkt durch den Roman, arrangiert das Handlungsgeschehen, greift wertend ein, gibt Rückblicke, schafft Spannung
Erzählhaltung	ironisch, distanziert, sarkastisch, mitfühlend, analytisch, warnend
Beurteilung der Figuren	variiert
Einfluss auf den Leser	steuert die Einschätzung des Lesers, schafft Nähe und Distanz zum Geschehen, bewirkt Irritation und Desorientierung

 Omnipräsenz des Erzählers/bewusstes Arrangieren

4.4 Verknüpfungstechniken im Roman

Die „Montagetechnik", das Verbinden verschiedenster Elemente, zeigt sich im Roman in vielfältiger Weise. Dass die Handlung angesichts dieser erzählerischen Komplexität nicht zerfällt, erreicht Koeppen durch inhaltliche und sprachliche Verzahnungen.

Zum Einstieg in die Analyse der erzähltechnischen Verknüpfungen bietet es sich an, eine „Wortwolke"[1] zu präsentieren (vgl. **Zusatzmaterial 9**, S. 235). Anhand der Abbildung lassen sich zwei charakteristische Merkmale von Koeppens Schreibweise aufzeigen: Zum einen die Tendenz, einmal genannte Wörter mehrfach zu wiederholen und damit satzübergreifende Verbindungen zu schaffen, zum anderen abschnittsübergreifende Repetitionen einzubauen, sodass Verzahnungen zwischen den verschiedenen Erzählsegmenten entstehen. Darüber hinaus fallen in dem ausgewählten Auszug (vgl. Zusatzmaterial 9) eine Vielzahl von Anaphern, Epiphern und Parallelismen auf.

---

[1] Mithilfe des einfachen Computerprogramm „wordle" können Häufigkeitsverteilungen von Wörtern in bestimmten Textauszügen visualisiert werden. Unter www.wordle.net können die Schülerinnen und Schüler das Verfahren auch selbstständig erproben.

Die „Wortwolke" kann als stummer Impuls präsentiert werden. Im Anschluss erfolgt im Rahmen eines Unterrichtsgesprächs eine Analyse der sprachlichen Auffälligkeiten des Textauszuges.

Grundlegend kann festgehalten werden, dass durch die Repetitionen die Intensität des Erzählten gesteigert wird. Zudem werden Verklammerungen erzeugt, welche die spezifischen Verknüpfungstechniken des Romans widerspiegeln. Überleitend kann im Nachfolgenden der Frage nachgegangen werden, welche Formen der Verzahnung Koeppen insgesamt verwendet. Wie bereits im Baustein 2.1 herausgestellt, erfolgen Verklammerungen auf der inhaltlichen Ebene, die – wie hier gezeigt – durch sprachliche Elemente ergänzt werden. Zudem werden durch die im Roman verwendeten Motive, Symbole, Metaphern und intertextuellen Bezüge (Mythen/Literatur/Theologie etc.) Bindeglieder geschaffen.

Das Verknüpfen der Erzählabschnitte

Koeppen ordnet die einzelnen Segmente seiner Erzählung nicht wahllos an; greift immer wieder auf sprachliche Verzahnungen einzelner Abschnitte zurück. Sehr häufig bestehen diese in Wortwiederholungen. Zum Beispiel wird ein unterbrochener Erzählstrang mit denselben Worten wieder aufgenommen: „Night-and-day. Odysseus Cotton lachte" (S. 28); „Night-and-day. Odysseus sah herab" (S. 32). Oft werden die aufeinanderfolgenden disparaten Erzählpartikel durch Wortwiederholungen regelrecht ineinander verhakt, wobei häufig die Worte in einen völlig anderen Kontext gestellt werden.

„Wann kam das Goldene Zeitalter, die hohe Zeit – Er war ein Hochzeiter" (S. 84). Bezieht sich das Ende des ersten Abschnitts noch auf die Gedanken von Josef, wird mit dem neuen Abschnitt bereits zu Washington Price übergeleitet. Worte werden somit zu Brücken zwischen den Abschnitten. Oftmals scheint ein Abschnitt den vorausgegangenen fortzusetzen, der Leser stellt jedoch fest, dass der Kontext ein völlig neuer ist: „Ich liebe dich doch, Philipp. Bleib bei mir. – Er liebte sie nicht. Warum sollte er sie lieben?" (S. 37). Das gleiche Verb wird in einem anderen Kontext, von einer anderen Figur verwendet. Zunächst handelt es sich um die Anfangsworte des Briefes von Emilia an Philipp, dann werden die Gedanken Richard Kirschs wiedergegeben. Koeppen bedient sich demnach in seinem Roman jener Darstellungsverfahren, die gerade im Film verwendet werden, wie zum Beispiel der Überblendungstechnik. Durch diese Art der Montage kommen überpersönliche Zusammenhänge zum Vorschein, die dem Einzelnen nicht bewusst sind. Der Autor enthüllt durch diese Variationen des Erzählens, dass es eine Simultaneität im Denken gibt.

Zusammenfassend kann festgehalten werden, dass diese sprachlichen Gelenkstellen dem Leser sowohl als Orientierungshilfe dienen, zeitgleich aber auch den gegenteiligen Effekt erzielen. Der Leser erkennt, dass das Verbindende in Form und Sprache zugleich mit einer Trennung im Inhalt einhergeht. Gedanken, Beobachtungen oder Formulierungen können ähnlich sein, bedeuten aber niemals das Gleiche. Man kann demnach Koeppens Kritik in seiner erzähltechnischen Vorgehensweise festmachen, da er durch das ästhetische Montageprinzip eingespielte Rezeptionsmuster überwindet und eine neuartige, fremde Wahrnehmung der Wirklichkeit beim Leser ermöglicht.

Zur detaillierten Analyse der Montagetechnik erhalten die Schülerinnen und Schüler ein Arbeitsblatt (**Arbeitsblatt 20**, S. 119). In Partnerarbeit erschließen sich die Kursteilnehmer die Verzahnungsprinzipien der einzelnen Abschnitte und kategorisieren sie. Die anschließende Auswertung erfolgt im Plenum, wobei das entsprechende Fachvokabular ggf. ergänzt werden kann (**Lösungsblatt 20**, S. 120). Abschließend wird die Frage nach der Funktion und Wirkung sowie weiterer im Roman verwendeter Verknüpfungselemente gestellt. Falls die Schülerinnen und Schüler keine anderen Elemente nennen können, kann auf folgende Textstellen verwiesen werden:

- **Motive:** „Dr. Behude brauchte *Geld*" (S. 46), „Sie hatte ihm sein *Geld* gestohlen, aber sie würde ihn nicht verraten" (S. 195), „Haben Sie die zehn Dollar bei sich?" (S. 207)
- **Symbolik/Metaphorik:** „Carla zappelte in seinen Armen wie ein *Fisch* in der Hand des *Fischers*." (S. 166), „Das ist dasselbe [...] es spielt sich alles unter *Spatzen* ab. Auch Sie sind nur ein *Spatz,* liebe Westcott." (S. 172), „Sein armer Kopf sah wie ein gerupftes *Vogelhaupt* aus." (S. 223) „La Morgue ist – dunkele-süße – Onanie, *les paradis artificiels* – auf den Holzwegen." (S. 34)
- **Anspielungen auf Mythen/Literatur:** „das Fehlläuten der Nachtglocke, verstand er Kafka?–" (S. 46)

Mögliche Impulse für ein weiterführendes Deutungsgespräch:

   ■ *Welche Funktion übernehmen die Verknüpfungselemente?*

   ■ *Bedient Koeppen sich weiterer Verknüpfungselemente im Roman?*

Verknüpfungselemente im Roman

- Lexik/Wortebene
- Syntax
- Motive
- Symbolik/Metaphorik
- Anspielungen auf Mythen/Literatur/Theologie

Funktion:

- Orientierungshilfe für den Leser/Gelenkstellen im Roman
- Bedeutungsvielfalt von Worten offenbart die Isoliertheit der Menschen
- Sprache stellt kein verbindendes Element dar
- Komplexität/Disparität der Welt wird verdeutlicht

Die Metaphorik im Roman

In „Tauben im Gras" liegt eine sehr ausgeprägte Bildlichkeit vor, wobei die Tendenz, einmal aufgenommene Bilder wieder aufzunehmen, hervorsticht: „Ihre Triebe machten Treibjagd, Lustjagd auf den weißen Hirsch des Selbstbetruges." (S. 82), „Da war der Hirsch!" (S. 82). Ein Bildkreis, der den Roman durchzieht, ist die Gleichsetzung von Mensch und Tier. „Gemeinsam ist all diesen Vergleichen ihre groteske, enthumanisierende Bedeutung. Ekelerregende, dem menschlichen Lebensbereich weit entfernte oder als komisch geltende Tiere geben den Bereich der Bildgegenstände ab."[1] Auffallend ist, dass im Roman vor allem Kleingetier wie Ameisen, Kröten, Mäuse, Frösche oder Vögel dominiert. Die Entfremdung des Menschen ist so weit fortgeschritten, dass ihr Dasein dem von triebgesteuerten, beutegierigen Tieren ähnelt. Zu diesem Bildkreis zählen auch Vergleiche, in denen Körperteile mit Tieren verglichen werden (vgl. S. 82).
Diese Art stellt sowohl eine anschauliche als auch eine „ökonomische" Form der Deskription dar, da die verwendeten Bilder keiner weiteren Erklärung bedürfen. Die prägnante Porträtierung stellt das Charakteristische der jeweiligen Figur funktional in den Mittelpunkt. Wenn Edwin als „alter gieriger Geier" (S. 44) bezeichnet wird oder Carla ihre Mutter als „fischig"

---

[1] Dietrich Erlach: Koeppen als zeitkritischer Erzähler. Diss., Uppsala 1973, S. 108

(S. 114) beschreibt, erübrigen sich weitere Erläuterungen. Aus der jeweiligen Situation ergibt sich explizit die Bedeutung der tiermetaphorischen Beschreibung, unabhängig davon, ob sie sich auf physische und psychische Aspekte der Figuren bezieht.

In diesem Kontext sei auf den Titel des Romans verwiesen, der eine Übersetzung des dem Roman voranstehenden Zitats der amerikanischen Schriftstellerin Gertrude Stein „Pigeons on the grass alas"[1] darstellt. Das Zitat wird zum programmatischen Leitgedanken des Romans, da es die existenzielle Problematik der Figuren aufgreift. Das Bild von den Menschen, deren Leben dem der Tauben ähnelt, wird im Roman sowohl von Mrs. Burnett (vgl. S. 171 f.) als auch von Edwin, jedoch völlig anders gedeutet, innerhalb seines Vortrags im Amerikahaus aufgegriffen (S. 214 f.).[2]

Die verwendete Daseinsmetapher vermittelt die Vorstellung von zufällig miteinander agierenden Geschöpfen, deren Leben plan- und orientierungslos und von einem Mangel an sinnstiftenden Modellen gekennzeichnet ist. Doch lässt sich diese Deutung nur vordergründig bestätigen, da bei genauerem Betrachten die Figuren durchaus Parallelen aufweisen. So ist jede Figur Opfer ihrer Zeit, und das individuelle Meistern des Alltags bestimmt ihr Handeln. Folglich ist innerhalb der Romanhandlung ein ordnendes, verbindendes Prinzip nicht gleich erkennbar; das genaue Hinschauen lässt jedoch Strukturen und Parallelen erkennen.

Um einen thematischen Zugang zu der im Roman verwendeten Tiermetaphorik zu erlangen, ist es möglich, Bilder von Tieren auszuwählen, welche ausnahmslos als abscheulich und ekelerregend gelten (Ratten, Geier, Schlangen, Hyänen etc.).

Der Transfer zum Roman ist offensichtlich, wobei sich an dieser Stelle erste Vermutungen hinsichtlich Koeppens Intention äußern lassen. Eine weiterführende Analyse soll der Hypothesenprüfung dienen, wobei das Arbeitsblatt als Leitfaden dient. Weitere Textstellen können unterstützend von den Lernenden hinzugezogen werden (**Arbeitsblatt 21**, S. 121).

■ *Deuten Sie die vorliegenden Metaphern, indem Sie das Charakteristische des Beschriebenen aufzeigen. Welche Wertungen beinhalten die Metaphern?*

■ *Ordnen Sie die verwendeten Bilder einem übergeordneten Deutungszusammenhang zu.*

■ *Was kennzeichnet diese Form des Erzählens?*

Im Anschluss an den Ergebnisaustausch kann auf die Funktion und Bedeutung des Titels eingegangen werden. Folgende Fragen können in diesem Kontext aufgegriffen werden:

■ *In seinem Vortrag im Amerikahaus zitiert Edwin die amerikanische Schriftstellerin Gertrude Stein, welche die Menschen mit „Tauben im Gras" vergleicht. Erläutern Sie die Funktion des verwendeten Bildes im Roman: Zitat am Anfang als Motto, Edwins Rede, Aussage Mrs. Burnetts (S. 171 f., S. 214 f.).*

■ *Deuten Sie den Titel vor dem Hintergrund Ihrer Textkenntnis.*

Die Ergebnisse können in einem Tafelbild festgehalten werden:

---

[1] Dieses Zitat stammt aus dem 1929 veröffentlichten Gedicht „Four Saints in Three Acts" von Gertrude Stein. In der wörtlichen Übersetzung kann das Wort „alas" mit „weh uns/weh mir" oder „leider" übersetzt werden, wodurch der klagende Grundton des Romans bereits hier deutlich wird.

[2] Mrs. Burnett verwendet die Metapher in einem historischen und existenzialistischen Kontext, da sie die zufällige Existenz der Vögel auf das Dasein der Menschen sowie die geschichtlichen Ereignisse überträgt und zu der Schlussfolgerung kommt, dass die Welt „ein grausamer und dummer Zufall Gottes" (S. 171) ist. Edwin hingegen greift die Metapher in einem philosophisch-theologischen Zusammenhang auf und konstatiert, der Mensch sei wie der Vogel „in Gottes Hand" (S. 215) geborgen, er sei bei ihm aufgenommen.

Die Daseinsmetapher „Tauben im Gras" im Roman

Motto "Pigeons on the grass alas"	Mrs. Burnett (S. 171f.)	Edwins Rede (S. 214f.)
• „alas" bedeutet „weh uns/weh mir" oder „leider" • wörtliche Übersetzung beinhaltet einen klagenden Grundton • Roman selbst wird zum Angstschrei, Aufschrei oder Hilferuf	• zufällige Existenz der Vögel sei mit dem Dasein der Menschen vergleichbar • geschichtliche Ereignisse (Hitler) würden Zufälligkeit und Grausamkeit des Daseins zeigen • Welt sei „ein grausamer und dummer Zufall Gottes" (S.171)	• Mensch gleiche einem Vogel „in Gottes Hand" (S. 215) • Geborgenheit; Schutz, Aufgenommensein • Grundidee von Gott als Beschützer, Lenker des menschlichen Daseins/ der Welt
Folge: das Zitat verdeutlicht den klagenden Grundton des Romans (Grundthematik)	Folge: Metapher wird in einem historischen und existenzialistischen Sinn verwendet	Folge: Metapher wird in einem philosophisch-theologischen Kontext verwendet

Die Motive Tod, Geld und Freiheit

In jeder Episode sieht sich der Leser mit einer neuen Facette des Daseins konfrontiert. Das Verbindende ist die Suche, das Streben der Figuren nach Liebe und Erkenntnis, Geld und Ruhm, Frieden und Freiheit. Doch so sehr sich die einzelnen Figuren in ihrem Streben auch voneinander unterscheiden, sind sie doch alle verhaftet in ihrer Zeit. Auf jedem Einzelnen lastet die Vergangenheit, der Krieg, der Tod. Diese Parallelität in der Figurenkonzeption spiegelt sich in den Motiven des Romans wider, die zu einer inhaltlichen Verzahnung führen. Die Motive stellen neben einzelnen Worten, Symbolen oder Metaphern daher ein weiteres Einheit stiftendes Prinzip dar, welches nicht an die Handlung oder einzelne Figuren gebunden ist. So werden innerhalb der Handlung zum Beispiel Gegenstände zu Motiven, wie eine Tasse mit dem Bild des preußischen Königs, die Emilia verkauft und die Christopher als Geschenk für Henriette erwirbt (vgl. S. 178), oder eine Halskette, die Emilia Kay schenkt, die den Schmuck wiederum an Philipp weitergibt (vgl. S. 160, 213f., 226). Komplexer sind jedoch die Motive *Tod, Geld* und *Freiheit,* welche sich in unterschiedlichen Variationen durch den gesamten Roman ziehen und die nachfolgend exemplarisch analysiert werden sollen.

In zahlreichen Modulationen ist das Motiv des Todes im Roman verwoben. Der Tod und das Sterben, die Vergänglichkeit und die Begrenztheit des Daseins als Wiederaufnahme des barocken „Vanitas"-Motivs sind permanent gegenwärtig. Einem Schatten gleich schwebt der Tod über den Menschen, ihrem Leben, ihrem Alltag. So ist gleich zu Beginn des Romans von „Übungen des Todes" (S. 9), am Ende von seinen „Manöverspiele[n] " (S. 227) die Rede. In besonderer Weise ist somit die Allgegenwärtigkeit des Todes und die erfahrene Bedrohung in die erzählerische Rahmenstruktur aufgenommen. Unzählige Textstellen komplettieren die Motivkette. So stirbt zum Beispiel der Kofferträger Josef durch einen unglücklichen Steinwurf und auch Edwin kommt am Ende des Tages tragisch ums Leben (vgl. S. 226). Weitere Textpassagen greifen das Motiv des Todes in veränderter Form auf, folgende seien stellvertretend genannt: „Vielleicht würde er in dieser Stadt sterben" (S. 45), „Es war der Moment, die Stunde am Abend, da die Radfahrer durch die Straßen sausen und den Tod verachten" (S. 168), „Die Kinder lagen tot oder verwundet auf den Stufen des Denkmals" (S. 73), „Schlachtplätze, Mordplätze" (S. 82), „Ein Bild zeigte Carlas verschollenen Ehemann, der jetzt seiner Todeserklärung, seinem amtlichen Tod entgegenging" (S. 86), „Philipps kleiner Ruf [...] war von den Schreien der Mörder und Gemordeten übertönt worden, und Philipp war wie gelähmt, und seine Stimme war wie erstickt" (S. 104), „sie schwangen Betttücher Leintücher Totentücher" (S. 110), „‚Es ist der Tod', dachte Carla" (S. 142), „Der Todesengel hatte längst die Hand auf Josef gelegt" (S. 184).

Es zeigt sich, dass die Folgen des Krieges, das unwiderrufliche Sterben für die Überlebenden überall spürbar sind. Keine Figur, die nicht direkt oder indirekt mit dem Tod konfrontiert ist. Seien es der Verlust eines Angehörigen, die direkte Teilnahme am Krieg oder die nicht verblassenden Erinnerungen. Das eigene Leben scheint angesichts der Präsenz des Todes zur Last zu werden. So wird zum Beispiel ein Haus zum „Grab" (S. 219), Betttücher werden zu „Totentücher[n]" (S. 110), Wörter werden zu „toten Wörtern" (S. 221), das Erbe besteht nur noch aus „tote[n] Bücher[n], tote[m] Geist, tote[r] Kunst" (S. 219). Vor diesem Hintergrund gleicht das Dasein einer Verurteilung, das menschliche Streben erscheint angesichts des allgegenwärtigen Todes beinahe absurd.

Die Erfahrungen von Hunger und Leid sowie der existenzielle Kampf um das Überleben in der unmittelbaren Nachkriegszeit spiegeln sich im Roman in den zahlreichen Variationen des Geldmotivs wider. Zwar ist durch die Währungsreform 1948 eine allmähliche Verbesserung der allgemeinen Wirtschaftslage erfolgt, doch ist die materielle Not der Überlebenden noch spürbar. Hinweise auf volle Läden und eine florierende Wirtschaft lassen sich auch im Roman finden: „Er [Richard] blickte in die Schaufenster, er sah reiche Auslagen, *Lebenshaltungsindex gestiegen*, eine Warenfülle, die ihn überraschte, es fehlte hier und dort an Reklame, aber sonst sahen die Läden genau wie die Läden zu Hause aus, ja oft waren sie geräumiger und prächtiger als des Vaters Waffengeschäft in Columbus." (S. 121) „Neonleuchten und Spiegelscheiben: Parfum aus Paris, Dypont–Nylon, Ananas aus Kalifornien, schottischer Whisky, bunte Zeitungsstände: *Zehn Millionen Tonnen Kohle fehlen.* (S. 42) Doch das alltägliche Leben der Menschen ist nicht von Reichtum und Wohlstand, sondern von Entbehrungen und Mittellosigkeit gekennzeichnet, sodass Geld, Besitz und Reichtum ins Zentrum ihres Handelns und Strebens rücken. Auch hierfür lassen sich zahlreiche Beispiele finden: „Dr. Behude brauchte Geld" (S. 46), „Er [Washington] musste Carla ein Geschenk kaufen" (S. 47), „Er braucht Geld, Geld, um zu heiraten, Geld, um das Kind zu retten, das kann er ihnen nicht sagen, Carla droht mit dem Arzt, Washington will Geld vom Ersparten der Alten" (S. 62), „Noch gehörte Emilia zur Elite der Schatten, noch war sie die Prinzessin im Lumpenpelz" (S. 93), „Den Koffer konnte man verkaufen. Josef konnte man nicht mehr verkaufen" (S. 157), „Sie drückte ihre rechte Hand gegen die Bluse, wo sie das Geld fühlte, das sie Odysseus aus der Tasche gezogen hatte" (S. 167), „Sie hatte ihm sein Geld gestohlen" (S. 195).

Unabhängig von Stand, Milieu, Alter oder Geschlecht, die Mehrzahl der Figuren plagen Geldsorgen und Existenznöte, ihr Denken und Handeln kreist in erster Linie um Geld. So muss Emilia das Erbe ihrer Familie unter seinem ursprünglichen Wert verkaufen, um überleben zu können (vgl. S. 33 ff., S. 89 ff.), Dr. Behude geht aus Geldmangel Blut spenden (vgl. S. 46), Washington ruft seine Eltern mit der Bitte an, ihm das ersparte Geld zu schicken (S. 60 ff.), Odysseus spielt um Geld (vgl. S. 81 ff.) und wird zeitgleich von Susanne bestohlen (vgl. S. 167). Selbst der Wert eines Menschen wird an seinem Besitz festgemacht. In besonderer Weise zeigt sich dieses materialistische Denken in den Äußerungen über Washington. „Washington allein wurde verhältnismäßig wenig beachtet; er war ein Mensch, wenn auch ein Neger. Beachtet wurden die Blumen, gezählt wurden die Pakete, die er trug, erbittert wurde das Auto betrachtet. Das Auto kostete in Deutschland mehr als ein kleines Haus. Es kostete mehr als das Häuschen am Stadtrand, nach dem man sich ein Leben lang vergeblich sehnte." (S. 84)

107

Insgesamt wird deutlich, dass das Geld und damit das Streben nach Besitz das Denken und Handeln der Menschen beherrscht. Es wird regelrecht zur Übermacht, der sich kaum niemand entziehen oder widersetzen kann.

Neben der äußerst pessimistischen Weltsicht weist der Roman nur wenige Szenen des Glücks und des Strebens nach Freiheit als positive Gegenentwürfe menschlichen Handelns auf. Doch bei genauerem Betrachten lassen sich durchaus Akte der Befreiung finden. Die Entscheidung des Obermusikmeisters Behrend für das tschechische Mädchen Vlasta, Carlas Absage an den quälenden Traum vom Glück und ihr Glaube an die Liebe Washingtons, Emilias Abkehr vom Materiellen durch das Verschenken des Schmucks, die ekstatische Vereinigung zwischen Odysseus und Susanne: Dies alles sind Handlungen der Befreiung, die das Streben nach Freiheit verdeutlichen und eine Abwendung von gewohnten Zwängen bedeuten. Die Spontaneität und Zufälligkeit dieser Handlungen ist signifikant, wobei sie sogar mit Rebellion und Widerstand einhergehen (vgl. S. 160, S. 195).

Das Motiv der Freiheit ist innerhalb des Romans in besonderer Weise an die Figur der Amerikanerin Kay geknüpft: „sie war von einer Jugend, wie man sie hier kaum noch sieht, sie war unbeschwert, das war es wohl, sie kam aus anderer Luft, aus herber und reiner Luft [...] aus einem anderen Land mit Weite und Jugend" (S. 100), „Und auch Kay war frei, sie war ein freier Mensch, unbewusster als Emilia, war sie vielleicht umso selbstverständlicher frei" (S. 160). Emilia glaubt, den Geschmack der Prärie zu empfinden, als sie Kay spontan küsst, und während sie ihr den Schmuck schenkt, den sie eigentlich verkaufen will, fühlt sie sich zum ersten Mal frei. Sie hat sich symbolisch von der Last ihres amorphen Millionenerbes befreit und ist vorübergehend glücklich. Auch Philipp, lebenslang auf der Suche nach Freiheit, begegnet Kay und empfindet ein Gefühl von Freiheit, sodass er beschließt, sie mit auf sein Hotelzimmer zu nehmen (vgl. S. 222). Die Begegnung findet ein sarkastisches Ende, da Kay Philipp den Schmuck gibt, den Emilia ihr zuvor im Anflug ihres Freiheitsgefühls geschenkt hat. Damit ist der beiderseitige Versuch der Befreiung endgültig beendet.

Es stellt sich dem Leser somit die Frage, worin für die Überlebenden Freiheit besteht. Was oder wer kann den Menschen nach den barbarischen Erfahrungen des Zweiten Weltkrieges die ersehnte Freiheit zurückbringen? Vor dem Hintergrund des Romans entsteht der Eindruck, dass Freiheit nur in spontanen Handlungen und flüchtigen Momenten erlebbar ist; die Hoffnung auf dauerhafte Freiheit und anhaltendes Glück bleibt eine Illusion, welches sich in folgendem Zitat widerspiegelt: „In Paris war es die *heure bleue*, die Stunde des Träumens, eine Spanne relativer Freiheit, der Augenblick des Freiseins von Tag und Nacht. Die Menschen waren freigelassen von ihren Werkstätten und Geschäften, und sie waren noch nicht eingefangen von den Ansprüchen der Gewohnheit und dem Zwang der Familie. Die Welt hing in der Schwebe. Alles schien möglich zu sein. Für eine Weile schien alles möglich zu sein. Aber vielleicht war dies eine Einbildung." (S. 168)

Als thematischer Einstieg in die arbeitsteilige Gruppenarbeit wird ein Schreibgespräch durchgeführt. Dabei haben jeweils 3–5 Lernende ein Blatt (DIN A3) oder Plakat vor sich liegen, auf dem jeweils ein Oberbegriff notiert ist (Tod, Freiheit, Geld). Aufgabe ist es, alles, was den Schülerinnen und Schülern zu diesem Thema einfällt, in absoluter Stille zu notieren, wobei ein gegenseitiges Bezugnehmen erfolgt. Im Anschluss wertet jede Gruppe ihre Ergebnisse aus und hält schriftlich die zentralen Aspekte fest (Cluster, Mind-Map, Tabelle etc.). Vor dem Hintergrund der individuellen Ergebnisse und der ersten thematischen Annäherung erfolgt nun, ohne einen gegenseitigen Austausch der Gruppen, die arbeitsteilige Analyse der Motive. Die Schülerinnen und Schüler bleiben in den zuvor gebildeten Gruppen und erhalten folgende Aufgaben (**Arbeitsblatt 22**, S. 122):

■ *Lesen Sie die folgenden Textauszüge und arbeiten Sie die Bedeutung und Funktion des Todes-/Geld-/Freiheitsmotivs heraus. Halten Sie Ihre Ergebnisse in Form eines Tafelbildes fest und präsentieren Sie dieses.*

1. Gruppe: Motiv Tod

- *S. 9, S. 40, S. 45, S. 73 f., S. 127, S. 142, S. 157, S. 168, S. 185–187, S. 193, S. 220 f., S. 226, S. 227*

2. Gruppe: Motiv Geld

- *S. 46 , S. 49, S. 62–64, S. 84 f., S. 89–93, S. 157, S. 163 – 165, S. 167, S. 180, S. 182, S. 195, S. 207 f.*

3. Gruppe: Motiv Freiheit

- *S. 157–161, S. 168, S. 178, S. 180 f., S. 194, S. 214 f., S. 222 f.*

Im Anschluss an die Präsentation der Ergebnisse erfolgt ein vertiefendes Unterrichtsgespräch, welches nach der Bedeutung der Motive für den Roman fragt. Neben dem Aspekt der inhaltlichen Verzahnung sollten auch die Hoffnungs- und Perspektivlosigkeit herausgestellt werden, welche an die Motivketten geknüpft sind. Zwar taucht neben den negativen Motiven des Todes und Geldes auch das positive Motiv der Freiheit auf, doch manifestiert sich auch hier die Erkenntnis vom kurzlebigen, flüchtigen Glücksmoment. Der Glaube an eine dauerhafte Freiheit des Menschen bleibt Illusion, eine Utopie. Gerade dieser Aspekt kann noch einmal explizit an folgender Textstelle herausgestellt werden:

> „In Paris war es die *heure bleue*, die Stunde des Träumens, eine Spanne relativer Freiheit, der Augenblick des Freiseins von Tag und Nacht. Die Menschen waren freigelassen von ihren Werkstätten und Geschäften, und sie waren noch nicht eingefangen von den Ansprüchen der Gewohnheit und dem Zwang der Familie. Die Welt hing in der Schwebe. Alles schien möglich zu sein. Für eine Weile schien alles möglich zu sein. Aber vielleicht war dies eine Einbildung von Philipp." (Aus: Tauben im Gras, Frankfurt am Main: Suhrkamp 2008, S. 155)

In besonderer Weise ist das Motiv des Todes an die Figur Edwins gebunden. Es bietet sich in diesem Zusammenhang somit an, die Darstellung seiner Figur (in einem Exkurs oder als vertiefende Hausaufgabe) unter diesem Aspekt genauer zu betrachten und zu analysieren (vgl. S. 45, S. 106 – 110, S. 149, S. 224). Mögliche Impulse für das Unterrichtsgespräch können daher wie folgt lauten:

■ *Welche Funktion kommt den Motiven innerhalb des Romans zu?*

■ *Beurteilen Sie die Motivketten vor dem zeitgeschichtlichen Hintergrund. Welche Aspekte treten dadurch in den Vordergrund?*

Die Verwendung mythischer Elemente

Neben den sprachlichen, metaphorischen und motivgebundenen Verknüpfungen lassen sich im Roman auch zahlreiche mythologische Anspielungen finden: „der Morgenstern, Phospheros, Luzifer, der Lichtbringer der antiken Welt" (S. 39), „sie hatte das Grauen erlebt, das abgeschlagene Haupt der Medusa gesehen" (S. 108), „Die Flieger waren natürlich etwas Besseres als die gewöhnlichen Soldaten, der Ruhm des Ikarus erhöhte sie, aber die Tochter der Hausbesorgerin wusste nichts von Ikarus" (S. 129/130). Statt ausführlicher Beschreibungen stößt der Leser immer wieder auf mythologische oder auch literarische Verweise. Zahlreiche Nuancen werden sichtbar, ohne sie explizit nennen oder ausstaffieren zu müssen. Der Leser ist gefordert, die mythischen, beinahe stenografisch wirkenden Versatzstücke zu entschlüsseln, um sie angemessen deuten zu können. Voraussetzung ist natürlich, dass er die intertextuellen Bezüge erkennt und sie herstellen kann.

Durch die Übernahme wird der Mythos zu einer Folie, die nach den Grundmustern menschlichen Verhaltens fragt. Er besitzt eine existenzielle Bedeutung, da er Welt- und Lebenserklärungen bietet. So begegnet dem Leser in „Tauben im Gras" z. B. die Gestalt des umherirrenden, an einen fremden Ort verschlagenen Odysseus. Der US-Amerikaner zieht in der Stadt umher, ist ihren Gefahren ausgeliefert und spielt dabei seine Kräfte immer wieder gekonnt aus. Susanne, die Prostituierte, wird durch ihre Begegnung mit Odysseus zu Kirke, den Sirenen und – der Erzähler scheint sich nicht sicher – Nausikaa. „Susanne war Kirke und die Sirenen, sie war es in diesem Augenblick, sie war es eben geworden, und vielleicht war sie auch noch Nausikaa. Niemand im Lokal merkte, dass andere in Susannes Haut steckten, uralte Wesen; Susanne wusste nicht, wer alles sie war, Kirke, die Sirenen und vielleicht Nausikaa; die Törichte hielt sich für Susanne, und Odysseus ahnte nicht, welche Damen ihm in dem Mädchen begegneten." (S. 157) Susanne birgt somit in sich eine Vielfalt widersprüchlicher Charakterzüge, derer sich niemand, sie selbst am wenigsten, bewusst ist (vgl. S. 157, 164, 195, 203, 223). Sie verfügt über ungeahntes, lebensnotwendiges Wissen (Kirke), scheint aufrichtige Gefühle für Odysseus zu empfinden (Nausikaa), bedeutet zugleich aber auch eine tödliche, trügerische Gefahr für ihn (Sirenen).

Durch die Wiederaufnahme mythologischer Elemente wird deutlich, dass überindividuelle Kräfte das Dasein bestimmen, dass es anthropologische Konstanten gibt, die immer wieder zu beobachten sind. Alte mythische Muster erfüllen sich und erfahren in der gegenwärtigen Welt ihre Wiederkehr. Die Abweichung vom Vorbild erscheint in „Tauben im Gras" aber beinahe grotesk, da es sich um gescheiterte, am Rande der Gesellschaft verortete Figuren handelt, die eben *nicht* dem Bild der antiken Helden entsprechen. Hinzu kommt, dass das für den Odysseus-Mythos charakteristische Prinzip der Heimkehr gerade nicht im Roman aufgenommen ist. Auch Susannes Charakter, der erst durch den Verweis auf die konträren Frauengestalten enthüllt wird, offenbart seine Ambivalenz, welche letztendlich zur Entzweiung mit Odysseus führt. Die Unvereinbarkeit beider Charaktere und ihrer Lebensentwürfe wird dem Leser in besonderer Weise durch das Verwenden mythischer Elemente vor Augen geführt (vgl. S. 203, S. 223). Folglich verdeutlicht die bewusste Variation und die damit verbundene Disparität die ausweglose Situation und das Scheitern der Figuren, da ihr Streben wirkungslos bleibt und ins Leere läuft.

Neben diesem Beispiel lassen sich im Roman aber auch eine Vielzahl mythischer Elemente finden, die eine Entschlüsselung durch die Schülerinnen und Schüler kaum noch ermöglicht: „Philipp hatte sich der Verzweiflung hingegeben, einer Sünde. Das Schicksal hatte ihn in die Enge getrieben. Die Flügel der Erinnyen schlugen mit dem Winde und dem Regen die Fenster" (S. 15), „stygisches Wasser" (S. 23), „eine verkommene Iphigenie" (S. 33), „von Pluto nicht mehr angenommen" (S. 92), „Halbwelt des Styx" (S. 92), „Herkules schlug die Hydra" (S. 151), „Die Fama erreichte Frau Behrend" (S. 205).

Der Leser wird mit einem verbindungslosen Nebeneinander von Mythologemen oder Zitaten konfrontiert, die zu einer Überladung und Überstrukturierung des Textes führen. Mythen werden durch diese Montage nicht in einen neuen Kontext gestellt; es findet keine diskursive Entfaltung, sondern lediglich eine thetische Nennung statt. Dadurch wird ihre Verwendung regelrecht funktionslos und verdeutlicht das gegenwärtige Fehlen eines sinn- und wertstiftenden Systems. Die mythischen Elemente stellen, indem sie der Darstellung des Banalen und Profanen dienen, die Sinnlosigkeit des Daseins heraus. Durch die mythologische Übervölkerung in der Welt des Romans scheint der Olymp entvölkert, d. h., die orientierende und erkenntnisleitende Funktion des Mythos geht verloren.

Ein Beispiel für die Überstrukturiertheit des Textes und die damit verbundene Sinnentleerung durch das bloße Auflisten von Zitaten und Verweisen stellt die Masturbationsszene Emilias dar. In Form des Bewusstseinsstroms werden die verschiedensten Systeme assoziativ miteinander verbunden (vgl. S. 39f.). Neben der psychischen Verfassung Emilias wird hier in besonderer Weise die Unstrukturiertheit der erfahrenen Welt ausgedrückt.

Zum Einstieg in die Analyse der mythische Elemente bietet es sich an, das Vorwissen der Lernenden durch ein Brainstorming zu erfragen. Die Aussagen zeigen den Wissensstand der Schülerinnen und Schüler auf und ermöglichen eine erste Strukturierung nach Themenfeldern. Zu erwarten ist, dass sowohl konkrete Namen aus der antiken Mythologie als auch literarische Verarbeitungen der Mythen genannt werden. Denkbar ist auch, ein kurzes Referat zu dem Themenbereich zu vergeben. Im Anschluss erfolgt die Übertragung, indem nach der Verwendung mythischer Elemente im Roman gefragt wird.

- *Inwiefern werden mythische Elemente im Roman „Tauben im Gras" verwendet?*

- *Nennen Sie mythologisch klingende Figuren, die Sie im Roman finden.*

- *Welche Wirkung erzielen die mythischen Andeutungen auf den Leser?*

- *Welche Funktion erfüllen diese Ihrer Meinung nach?*

Da ein detailliertes Fachwissen über antike Mythen nicht zu erwarten ist, werden die im Roman genannten Verweise beim Leser eher Verwirrung stiften (vgl. S. 11, 17, 23, 25, 29, 33, 35, 39, 45, 91, 92, 109, 151, 208, 219, 221, 222, 224). Diese Wirkung sollte zunächst von den Schülerinnen und Schülern artikuliert werden, bevor erste Vermutungen hinsichtlich der Funktion einer solchen Erzählweise geäußert werden. Diese können auf Folie notiert werden, sodass im abschließenden Deutungsgespräch darauf Bezug genommen werden kann.

In der nachfolgenden Erarbeitung erfolgt dann die exemplarische Analyse der mehrfach im Roman auftauchenden Figuren Odysseus und Susanne, um die Variationsmöglichkeiten von Mythen aufzuzeigen. Dazu erhalten die Schülerinnen und Schüler ein Arbeitsblatt (**Arbeitsblatt 23**, S. 123), welches eine weitgehend selbstständige Analyse ermöglicht. Falls die Erarbeitung im Unterricht erfolgt, sollte der Zugriff auf das Internet oder allgemeine Nachschlagewerke möglich sein. Das Arbeitsblatt enthält folgende Aufgabenstellung:

- *Informieren Sie sich über die in der antiken Mythologie auftretenden Figuren Odysseus, Kirke, Nausikaa und die Sirenen.*

- *Vergleichen Sie die mythische Bedeutung, die mit diesen Namen verbunden ist, mit dem Verhalten und dem jeweiligen Charakter der aus Koeppens Roman gewählten Figur. Fassen Sie Ihre Ergebnisse kurz zusammen.*

- *Deuten Sie die Funktion der mythischen Anspielungen anhand der vorliegenden Textauszüge und beurteilen Sie die Wirkung auf den Leser.*

Der Vergleich der Ergebnisse kann zunächst gruppenweise erfolgen, wobei im Anschluss die wichtigsten Aspekte in einem Unterrichtsgespräch zusammengetragen werden. Zentral sind in diesem Zusammenhang Funktion und Wirkung der mythischen Anspielungen. Neben den Parallelen, welche die Urbilder menschlichen Handelns betonen, sei auf die Divergenz zum antiken Vorbild verwiesen, welche in besonderer Weise die Perspektivlosigkeit des modernen Menschen offenbart. Auch die Fülle und das Nebeneinander von mythischen Elementen im Roman sollten zur Sprache kommen und die damit verbundene Sinnentleerung und Überstrukturierung des Textes erörtert werden.

Unter Rückbezug auf die Schüleräußerungen zu Beginn der Erarbeitung (Folie) wird zum Abschluss nach der Zielsetzung einer solchen Erzählweise gefragt. Die Ergebnisse können anschließend in einem Tafelbild festgehalten werden.

Mögliche Impulse für ein Unterrichtsgespräch können sein:

- *In welcher Form finden sich mythische Elemente im Roman?*
- *Welche Funktion haben sie?*
- *Was bewirkt die Überstrukturiertheit des Textes beim Leser?*
- *Was bringt Koeppen durch die Verwendung von mythologischen Elementen im Roman zum Ausdruck?*

Die Verwendung von Mythen im Roman

- Welt- und Lebenserklärungen
- gegenwärtige Relevanz/Wiederkehr
- Darstellung von Wirklichkeit
- existenzielle Bedeutung

- bewusste Variation/Abwenden vom Original
- Nebeneinander/Fülle von Mythologemen
- Sinnentleerung
- Funktionslosigkeit

Aussichtslosigkeit/Sinnlosigkeit/Unstrukturiertheit des Daseins

---

Im Anschluss an die Erarbeitung bietet es sich an, einen weiterführenden Sachtext von Odo Marquard, welcher die Relevanz von Mythen konstatiert, heranzuziehen (**Arbeitsblatt 24, S. 124**). Marquard vertritt die Position, dass der Prozess der Entmythologisierung selbst ein Mythos ist, da Mythen existenzielle Formen der Wahrheit transportieren. Damit sei die Bedeutung und Unsterblichkeit der Mythen unbestritten, wobei sie nicht in Konkurrenz zum faktischen Wissen stünden, sondern zum tieferen Verständnis der Welt einen unerlässlichen Beitrag leisten und damit identitätsstiftende Bedeutung besitzen würden.

Vergleicht man nun die Position Marquards mit der im Roman existierenden Verwendung von Mythen, lässt sich Folgendes festhalten: Es lassen sich Beispiele für den Einsatz mythischer Elemente finden, welche die Position Marquards unterstützen und die fortwährende, existenzielle Relevanz von Mythen aufzeigen (Odysseus/Susanne). In besonderer Weise spiegelt sich aber gerade in der Funktionslosigkeit und Sinnentleerung von Mythologemen im Roman auch die Absage Koeppens an mythologische Programme wider. So verhindert die Fülle der mythischen Motive eine Identifikation oder notwendige narrative Kontextuierung, sodass jegliche erkenntnisstiftende Valenz entfällt.

Die Aufgaben für die Bearbeitung des Sachtextes sind:

- *Fassen Sie die zentralen Aussagen des Textes zusammen, indem Sie herausstellen, welche Bedeutung und Funktion Odo Marquard den Mythen zuspricht.*
- *Erläutern Sie, inwiefern Koeppens Umgang mit Mythen in seinem Roman „Tauben im Gras" Marquards Auffassung entspricht, und beziehen Sie kritisch Stellung zur gegenwärtigen Bedeutung von Mythen.*

Irmgard Scheitler:
Erzähltheorie der Gegenwartsprosa (2001)

Seit Hofmannsthals Lord Chandos den Verlust der Fähigkeit, „über irgendetwas zusammenhängend zu denken oder zu sprechen", konstatierte, hat die moderne Literatur immer weniger zusammenhängende
5 Geschichten erzählt – eine Entwicklung, die in Hildesheimers Wort „vom Ende der Fiktionen" (1975) ihren konsequenten Höhepunkt gefunden hat. [...] Nehmen wir als Gegenbeispiel ein Werk wie Fontanes *Effi Briest* und gestatten uns um der schärferen Kon-
10 turierung willen eine etwas vereinfachte Sicht: Fontane präsentiert in seinem Roman einen Weltausschnitt oder ein Modell von Welt, in das der Leser mit den ersten Sätzen eintaucht und das er während seiner Lektüre nicht zu verlassen braucht, denn diese
15 Romanwelt operiert mit dem, was dem Leser plausibel erscheinen kann, und ist in sich stimmig und geschlossen. Innerhalb seiner konstruierten Welt diskutiert der Roman am Beispiel von individuellen Problemen der fiktiven Figuren exemplarische Fragen
20 von mehr oder weniger zeitgebundenem Charakter. Ob er für diese Probleme eine Lösung anbietet, mag dahingestellt bleiben; jedenfalls enthält der Text dank auktorialer Eingriffe wie Rezeptionslenkung und Fokussierung einen starken Appell an den Leser,
25 Situationen und Konstellation von der Art der dargestellten als problemträchtig zu erkennen und nach Lösungswegen zu streben. Dieser Appell kann nur vermittelt werden, weil Autor und Leser im Wesentlichen die gleichen Werte hochhalten, die z. B. im
30 Falle von *Effi Briest* im Konflikt zwischen Ehe und Selbstverwirklichung aufeinanderprallen. Autor und Leser stehen in einer Welt, die ihnen wenigstens prinzipiell begreifbar und überschaubar erscheint – einer Welt übrigens, die weitgehend mit einem konkreten
35 Staatsgebilde, Preußen, identisch ist – und gehen davon aus, dass Konflikte bewältigt werden sollen und können.
Diese Voraussetzungen sind nicht mehr vorhanden. Da für das einzelne Individuum die Welt undurch-
40 schaubar geworden ist, lehnen auch Autoren es ab, die Welt als eine verfügbare in Erzählungen einzufan-

gen, die sich als „Modell von Welt" präsentieren. Da nirgends mehr Verlässlichkeit zu erwarten ist und da man im Grunde kaum etwas über sich selbst weiß, wird auch die Illusion von einem allwissenden, treu- 45 lich berichtenden Autor absurd. In einer Gesellschaft, die vom Pluralismus zur Wertfreiheit fortgeschritten ist, sollte auktoriale Sympathielenkung nicht mehr einengen. Angesichts von Identitätsverlust und Brüchigkeit des Ich lassen sich keine konsistenten Fi- 50 guren mehr herzeigen. Wo der Zufall regiert, wird auch eine konsequent und final erzählte Geschichte unmöglich. Der Roman muss notwendig seine Funktion exemplarischer Problembewältigung einbüßen. Auch von der Hoffnung, eine Verbesserung von Zu- 55 ständen durch Literatur herbeiführen zu können, hat sich die Gemeinde der Autoren und Leser weitgehend entfernt, obwohl es in diesem Punkt in den letzten Jahrzehnten verschiedene Tendenzen gab. Wesentliche Merkmale der heutigen Literatur sind 60 inzwischen seit 100 Jahren geläufig. Die Erzählrevolutionen seit der sog. Moderne zersetzten Stück für Stück die Einheit eines Textes und die epische Illusion. Verloren ging die sog. Welthaltigkeit zugunsten von Innenperspektive und stream of consciousness, 65 der allwissende Erzähler wurde von einer Fülle von Perspektiven abgelöst, an die Stelle der Geschlossenheit trat das offene Ende, an die Stelle der Einheitlichkeit die Montage. Mit dem Abschied von realistischer Darstellung büßte das Erzählen Linearität, 70 Konsistenz und Mimesis ein. Sprachskepsis, ja der Zweifel an der Übereinstimmung von Zeichen und Bezeichnetem überhaupt schienen der Literatur den Boden zu entziehen: ihre Verankerung in der Welt. Mit dem fortschreitenden Verzicht auf Rezeptions- 75 lenkung durch den Erzähler entfiel auch der moralische Aspekt: die Vermittlung von Werten, v. a. durch ein Werte bestätigendes Ende. Stattdessen suchte sich Literatur eine andere Basis: sich selbst und ihr eigenes Verfahren. 80

Aus: Irmgard Scheitler: Deutschsprachige Gegenwartsprosa seit 1970. Tübingen und Basel: A. Francke Verlag 2001, S. 9 f.

■ *Bereiten Sie einen Kurzvortrag vor, indem Sie die Ursachen für die Veränderungen des Erzählens aufzeigen sowie die Merkmale der Epik des 20. Jahrhunderts darlegen.*

Das Erzählmodell von Jürgen H. Petersen

Fiktionales Erzählen erfolgt immer im Kontext eines komplexen Erzählsystems, wobei ein ganz bestimmtes Verhältnis in dem Beziehungsgeflecht zwischen dem Erzählten, dem Erzähler und dem Leser existiert. Petersen erklärt, dass die verschiedenen Ebenen des Erzählens in der modernen Literatur nicht mehr voneinander ableitbar oder klar zu trennen sind, sondern sich einander funktional zuordnen lassen, d. h. nach der jeweiligen Funktion, die sie füreinander in der spezifischen Kombination haben. Petersen definiert dabei folgende Ebenen:

Ausgangspunkt ist das Verhältnis des Erzählers zum Erzählten, d. h., erzählt der Erzähler von sich selbst oder von Dritten? Man unterscheidet bei der Erzählform demnach die Er-/Sie-Form und die Ich-Form. Liegt ein Ich-Erzähler vor, erfährt der Leser sowohl etwas über die Figuren als auch über den Erzähler selbst. Folglich hat der Erzähler selbst eine Personalität, die deutlich wird, da er sich in das erzählende und handelnde Ich aufspalten lässt; es liegt demnach ein zweidimensionales Erzählen vor. Liegt demgegenüber die Er-Form vor, bleibt der Erzähler außerhalb des Geschehens, da er stets nur von anderen erzählt und seine Personalität nicht ins Bewusstsein des Lesers tritt. Dies bedeutet nicht, dass der Erzähler objektiv oder neutral ist, aber seine Wertungen beziehen sich stets auf das Erzählte, er bleibt selber unsichtbar und fungiert lediglich als Medium.

Eine weitere Ebene im Erzählsystem stellt der Standort des Erzählers dar („Point of view"), welcher das räumlich-zeitliche Verhältnis zwischen dem Erzähler und dem Erzählten beinhaltet. Die Entfernungen variieren von größter Nähe bis hin zu einer weiten Distanz. Man spricht dabei oftmals vom „olympischen Erzählerstandort", da der Erzähler den zeitlichen und räumlichen Überblick über das Erzählte besitzt. Dabei hat die Erzählform oftmals auch einen Einfluss auf die Wahl des Erzählerstandortes und die Erzählperspektive. Sie beinhaltet das Verfahren, sich auf die Beschreibung der Außensicht der Figuren zu beschränken oder in sie hineinzublicken (Innensicht).

Die Erzählhaltung eines Erzählers stellt die wertende Einstellung des Erzählers zum erzählten Geschehen dar und kann zwischen Sympathie, Skepsis und Distanz variieren. Oftmals ist die Erzählhaltung nicht vom Erzählverhalten zu trennen, welches entscheidend für die Vermittlungen der fiktiven Welt ist, da es das Verhältnis, welches der Erzähler zum Erzählten hat, aufzeigt. Es umfasst idealtypisch drei Grundformen, die jedoch in den seltensten Fällen in Reinform vorliegen. Der auktoriale Erzähler ist ein allwissender Erzähler, der die Erlebnisse souverän darlegen kann. Er hat einen Überblick über das Geschehen, kann vorausdeuten, eingreifen, rückblicken, bewerten und kommentieren. Zudem hat er einen Einblick in die Innenwelt der Figuren. Der personale Erzähler befindet sich im Geschehen; er berichtet aus der Perspektive einer oder mehrerer Figuren. Weiterführende Informationen kann er nicht geben, denn das subjektive Vermitteln ist zentral. Dabei verschwindet er aber nie völlig. Eine besondere Variante des personalen Erzählens ist das neutrale Erzählen, es wird der Eindruck höchster Objektivität erzielt. Es dominieren die szenische Darstellung, erlebte Rede sowie der innere Monolog.

Je nach der Perspektive eines epischen Textes lassen sich verschiedene Darbietungsformen unterscheiden. Auf diese Weise wird verdeutlicht, ob sich der Erzähler oder die Figuren äußern. Auktoriale Erzähler greifen dabei vielfach auf den Erzählerbericht zurück. Darunter versteht man all die Elemente einer Erzählung, die unmittelbar vom Erzähler selbst vermittelt werden oder ihm zugeordnet werden können. Dabei kann er zum Beispiel das Geschehene in einer zeitlich gerafften Form wiedergeben oder zeitdeckend erzählen (z. B. szenische Darstellung). Der Erzählerbericht ermöglicht das Kommentieren, Bewerten, Reflektieren von Ereignissen oder Verhaltensweisen. Dabei kann der Erzähler auch auf die Innensicht der Figuren zurückgreifen. Tritt er dabei ganz hinter die Äußerungen der Figuren zurück, sodass diese alleine stehen können, spricht man von einer Figurenrede. Gerade, wenn es sich um einen personalen Erzähler handelt, der aus der Perspektive verschiedener Figuren berichtet, findet man diese oft. Die erlebte Rede ermöglicht die Wiedergabe von Gedanken und Gefühlen einer Figur.

Der Erzähler tritt dabei nicht völlig zurück; die erlebte Rede gleicht einem unpersönlichen Bericht, sie steht in der 3. Person Indikativ Präteritum (vgl. Tauben im Gras, z. B. S. 60, Z. 2 ff.). Im Vergleich zur erlebten Rede gibt der innere Monolog direkter die Innenwelt der Figuren wieder; er steht in der 1. Person Singular, meistens Präsens, wobei der Erzähler völlig zurücktritt (vgl. Tauben im Gras, z. B. S. 60 f.). So entsteht eine größere Unmittelbarkeit. Der Bewusstseinsstrom erweitert den inneren Monolog, in dem auch unbewusste Vorgänge der Figuren in Form von Assoziationen, Konnotationen, Gedankenfetzen etc. dargelegt werden. Diese Darbietungsform ist frei von grammatikalischen Regeln; es liegt ein zeitdehnendes Erzählen vor.

Abschließend sei darauf verwiesen, dass der Erzähler eine fiktive Gestalt ist und vom realen Autor zu un-

105 terscheiden ist. Der Leser selber kann als impliziter Leser direkt im Text angesprochen werden oder als realer Leser, der in einer konkreten Situation liest und eine individuelle Lesart besitzt. Der Vorgang des Erzählens wird erst komplettiert, wenn der Leser das Erzählte aufnimmt. 110

Zusammengestellt aus: Jürgen H. Petersen: Erzählsysteme: Eine Poetik epischer Texte. S. 53–86. © 1993 J. B. Metzlersche Verlagsbuchhandlung und Carl Ernst Poeschel Verlag GmbH in Stuttgart

■ Entwerfen Sie ein Schaubild, welches die zentralen Erzählkategorien nach Petersen veranschaulicht. Achten Sie darauf, wie die Elemente miteinander verknüpft sind.

■ Analysieren Sie den dritten Erzählabschnitt (S. 10 f.), indem Sie die genannten Begriffe von Petersen anwenden.

Das Erzählmodell von Jürgen H. Petersen (Lösung)

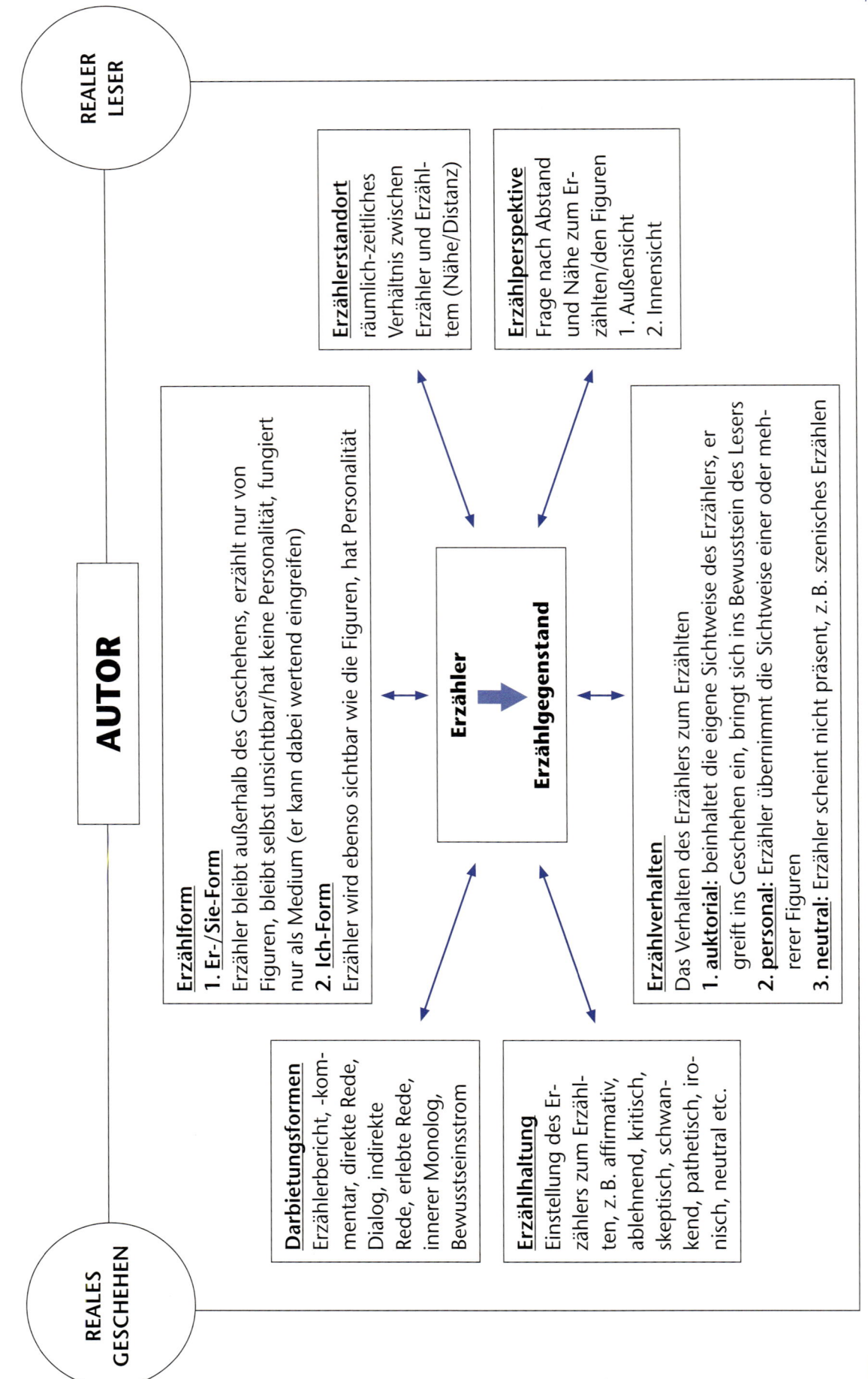

REALER LESER

AUTOR

REALES GESCHEHEN

Erzählform
1. **Er-/Sie-Form**
Erzähler bleibt außerhalb des Geschehens, erzählt nur von Figuren, bleibt selbst unsichtbar/hat keine Personalität, fungiert nur als Medium (er kann dabei wertend eingreifen)
2. **Ich-Form**
Erzähler wird ebenso sichtbar wie die Figuren, hat Personalität

Erzählerstandort
räumlich-zeitliches Verhältnis zwischen Erzähler und Erzähltem (Nähe/Distanz)

Erzählperspektive
Frage nach Abstand und Nähe zum Erzählten/den Figuren
1. Außensicht
2. Innensicht

Erzähler

Erzählgegenstand

Darbietungsformen
Erzählerbericht, -kommentar, direkte Rede, Dialog, indirekte Rede, erlebte Rede, innerer Monolog, Bewusstseinsstrom

Erzählhaltung
Einstellung des Erzählers zum Erzählten, z. B. affirmativ, ablehnend, kritisch, skeptisch, schwankend, pathetisch, ironisch, neutral etc.

Erzählverhalten
Das Verhalten des Erzählers zum Erzählten
1. **auktorial**: beinhaltet die eigene Sichtweise des Erzählers, er greift ins Geschehen ein, bringt sich ins Bewusstsein des Lesers
2. **personal**: Erzähler übernimmt die Sichtweise einer oder mehrerer Figuren
3. **neutral**: Erzähler scheint nicht präsent, z. B. szenisches Erzählen

Die Erzählhaltung im Roman „Tauben im Gras"

Textbeispiele   **Erzählhaltung**

- „[...] einer derben Person vom Lande, in deren breitem Gesicht die einfache Frömmigkeit der Bauern böse erstarrt war." (S. 13)
- „Erziehung ist in Deutschland eine ernste und graue Angelegenheit, fern jeder Daseinsfreude, ein Pfui dem Mondänen, und es bleibt ewig unvorstellbar, eine Dame auf einem deutschen Schulkatheder zu sehen, geschminkt, parfümiert, zu den Ferien in Paris, auf Studienreisen in New York und in Boston, Massachusetts, mein Gott, die Haare sträuben sich, wir sind ein armes Land, und das ist unsere Tugend." (S. 51)
- „[E]s war eine Zurückweisung, ein In-Distanz-Halten (vielleicht, vielleicht war das Sie wirklich als Schranke gedacht, Schutzwehr für Ezra, und nicht sprachliche Verwirrung), und er, Heinz, gebrauchte es nun auch, dies Sie [...]." (S. 79)
- „Im Koffer war Wäsche, war ein Gummibeutel mit Kosmetika, waren die neuesten amerikanischen Magazine; die bunten Bildermagazine, die das häusliche Glück der Hollywoodschauspieler beschrieben." (S. 135)
- „Richard irrte sich: sein Vater war kein Feigling, es war ihm nicht darum gegangen, sich den Strapazen, Leiden und Gefahren des Krieges zu entziehen, auch nicht Gleichgültigkeit gegen das neue erwählte Vaterland ließ ihn in den Staaten bleiben." (S. 122–123)
- „Odysseus schlug mit dem Stein, oder ein Stein, den die Meute geworfen hatte, schlug gegen Josefs Stirn." (S. 166)
- „Er [Dr. Behude] war über die Lenkstange gebeugt, die rechte Hand an der Bremse, den Zeigefinger der linken an der Klingel: ein Fehlläuten konnte töten, eine Fehlleistung entlarven, das Fehlläuten der Nachtglocke, verstand er Kafka?–" (S. 46)
- „Sie hatten ihr Leben gerettet, ein nutzloses Dasein, sie hausten verbittert in den Flecken, auf Alm und Au, in Hütten und auf den Höfen, der Rausch verzog sich, sie lauschten den Baggern, die in die Trümmer griffen, lauschten von fern." (S. 25)
- „Die Tiere waren ihre Freunde, die Tiere waren ihre Gefährten, sie waren die Gefährten der glücklichen Kindheit, aus der Emilia nun vertrieben war, sie waren die Genossen der Einsamkeit, in der Emilia lebte, sie waren Spiel und Freude, sie waren harmlos, hingebungsvoll und dem Augenblick ergeben, sie waren die harmlose und dem Augenblick ergebene Kreatur ohne Falschheit und Berechnung, und sie kannten nur die gute Emilia, eine Emilia, die zu den Tieren wirklich gut war. Die böse Emilia wandte sich gegen die Menschen." (S. 30–31)
- „Wie die meisten unsicheren Menschen glaubte Messalina gern, daß andre sich gegen sie verschworen, daß sie Geheimnisse hatten, von denen Messalina ausgeschlossen blieb." (S. 175)
- „Auch der andere Geschäftsmann dachte, daß Frau Behrends Gesinnung gut sei. Ihr Krug war leer. Er würde sie zu einem weiteren Bier einladen." (S. 206)
- „Frau Behrend schwankte ein wenig, aber ihre Gesinnung war vorzüglich." (S. 209)

Aus: Wolfgang Koeppen, Tauben im Gras. Frankfurt/Main: Suhrkamp 2008

■ *Bestimmen Sie die Erzählhaltung und das Erzählverhalten in den vorliegenden Beispielen, indem Sie herausstellen, in welcher Weise der Erzähler kritisiert, ironisch abwertet oder aufwertet etc.*

Die Erzählhaltung im Roman „Tauben im Gras" (Lösung)

Textbeispiele	Erzählhaltung/Erzähl-verhalten
• „[...] eine derbe Person vom Lande, in deren breitem Gesicht die einfache Frömmigkeit der Bauern böse erstarrt war." (S. 13)	Wertung/Einschätzung
• „Erziehung ist in Deutschland eine ernste und graue Angelegenheit, fern jeder Daseinsfreude, ein Pfui dem Mondänen, und es bleibt ewig unvorstellbar, eine Dame auf einem deutschen Schulkatheder zu sehen, geschminkt und parfümiert, zu den Ferien in Paris, auf Studienreise in New York und in Boston, Massachusetts, mein Gott, Haare sträuben sich, wir sind ein armes Land, und das ist unsere Tugend." (S. 51)	Ironie/Abwertung
• „[E]s war eine Zurückweisung, ein In-Distanz-Halten (vielleicht war das Sie wirklich als Schranke gedacht, Schutzwehr für Ezra, und nicht sprachliche Verwirrung), und er, Heinz, gebrauchte es nun auch." (S. 79)	Erklärung/Sympathie
• „Im Koffer war Wäsche, war ein Gummibeutel mit Kosmetika, waren die neuesten amerikanischen Magazine, die bunten Bildermagazine, die das häusliche Glück der Hollywoodschauspieler beschrieben." (S. 135)	Beifügung
• „Richard irrte sich: sein Vater war kein Feigling, es war ihm nicht darum gegangen, sich den Strapazen, Leiden, Gefahren des Krieges zu entziehen, auch nicht Gleichgültigkeit gegen das neue erwählte Vaterland ließ ihn in den Staaten bleiben." (S. 122–123)	Rechtfertigung/Erklärung
• „Odysseus schlug mit dem Stein oder ein Stein, den die Meute geworfen hatte, schlug gegen Josefs Stirn." (S. 166)	Unsicherheit/Skepsis
• „Er [Dr. Behude] war über die Lenkstange gebeugt, die rechte Hand an der Bremse, den Zeigefinger der linken an der Klingel: ein Fehlläuten konnte töten, eine Fehlleistung entlarven, das Fehlläuten der Nachtglocke, verstand er Kafka ?–" (S. 46)	Leerstelle/Auslassung
• „Sie hatten ihr Leben gerettet, ein nutzloses Dasein, sie hausten verbittert in den Flecken, auf Alm und Au, in Hütten und auf den Höfen, der Rausch verzog sich, sie lauschten den Baggern, die in die Trümmer griffen, lauschten von fern." (S. 25)	Bewertung/Erklärung
• „Die Tiere waren ihre Freunde, die Tiere waren ihre Gefährten, sie waren die Gefährten der glücklichen Kindheit, aus der Emilia nun vertrieben war, sie waren die Genossen der Einsamkeit, in der Emilia lebte, sie waren Spiel und Freude, sie waren harmlos, hingebungsvoll und dem Augenblick ergeben, sie waren die harmlose und dem Augenblick ergebene Kreatur ohne Falschheit und Berechnung, und sie kannten nur die gute Emilia, eine Emilia, die zu den Tieren wirklich gut war. Die böse Emilia wandte sich gegen die Menschen." (S. 30–31)	Mitgefühl/Affirmation
• „Wie die meisten unsicheren Menschen glaubte Messalina gern, daß andere sich gegen sie verschworen, daß sie Geheimnisse hatten, von denen Messalina ausgeschlossen blieb." (S. 175)	Begründung
• „Auch der andere Geschäftsmann dachte, daß Behrends Gesinnung gut sei. Ihr Krug war leer. Er würde sie zu einem weiteren Bier einladen." (S. 206)	Ironie/Kritik
• „Frau Behrend schwankte ein bißchen, aber ihre Gesinnung war vorzüglich." (S. 209)	Ironie

Aus: Wolfgang Koeppen, Tauben im Gras. Frankfurt/Main: Suhrkamp 2008

Die Montagetechnik im Roman „Tauben im Gras"

Textstelle	Romanzusammenhang/Figuren	Verknüpfungstechnik
S. 9: „Niemand blickte zum Himmel auf." – „Öl aus den Adern der Erde [...]"		
S. 37: „Ich liebe dich doch, Philipp. Bleib bei mir." – „ Er liebte sie nicht. Warum sollte er sie lieben?"		
S. 43: „Sie stand mißgelaunt unter der roten Ampel und blickte mißmutig in den Strom des Verkehrs." – „Im Wagen des Konsuls, im lautlos und erschütterungsfreien Cadillac"		
S. 47: „Er brauchte Geld. Gleich-" – „Gleich aus der Linie sechs in die elf."		
S. 68–69: „ferne Namen fremde Namen, fremdländisch ausgesprochene Namen Moskau, Berlin, Tokio, Paris" – „In Paris schien die Sonne. Paris war unzerstört."		
S. 60–61: „Mädchen stricken herum, dickliche Mädchen, rauhgesichtige Mädchen Candy – /„-call-the-states".		
S. 140: „Er verließ pfeifend den Duschraum." – „Dr. Frahm wusch sich."		
S. 161: „und als sie Kays Lippen berührte, dachte sie ‚herrlich, so schmeckt die Prärie'" „ –,wie in einem Wildwestfilm', überlegte Messalina".		
S. 186: „und er hatte die Empfindung, die Stimme spreche von einem falschen Propheten." – „Schnakenbach, der Schläfer, der entlassene Gewerbelehrer"		
S. 209: „Die Fenster des Negerklubs zerbrachen unter den Steinen." – „ ‚Alles zerbricht', dachte Philipp."		
S. 223: „sie lagen unschuldig auf einem Floß, das in die Unendlichkeit segelte." – „Eine Unendlichkeit! Aber eine Unendlichkeit zusammengefügt aus allerkleinsten Endlichkeiten!, das ist die Welt."		

Aus: Wolfgang Koeppen, Tauben im Gras. Frankfurt/Main: Suhrkamp 2008

■ Rekonstruieren Sie den Kontext der vorliegenden Textstellen. Welche Figur spricht oder denkt? Auf welche Figur beziehen sich die Auszüge/Abschnitte jeweils?

■ Versuchen Sie die Art, wie die Abschnitte miteinander verknüpft sind, zu beschreiben und zu ordnen/klassifizieren.

Die Montagetechnik in „Tauben im Gras" (Lösung)

Textstelle	Romanzusammenhang/Figuren	Verknüpfungstechnik
S. 9: „Niemand blickte zum **Himmel** auf." – „Öl aus den Adern der **Erde**"	1. Erzähler blickt zum Himmel auf. 2. Der Erzähler schildert die Lage in Deutschland.	Antithese (Himmel/ Erde)/Kontrastmontage
S. 37: „Ich **liebe** dich doch, Philipp. Bleib bei mir." – „Er **liebte** sie nicht. Warum sollte er sie lieben?"	1. Emilia schreibt einen Brief an Philipp. 2. Richard Kirsch denkt über seine Verwandtschaft nach.	Wortwiederholung/ Überblendungstechnik
S. 43: „Sie stand mißgelaunt unter der roten Ampel und blickte mißmutig in den Strom des Verkehrs." – „Im Wagen des Konsuls, im lautlos und erschütterungsfreien Cadillac"	1. Emilia steht an der Kreuzung. 2. Mr. Edwin fährt mit seinem Cadillac über die Kreuzung.	Simultanmontage (Schauplatz)
S. 47: „Er brauchte Geld. **Gleich**-" – „**Gleich** aus der Linie sechs in die elf."	1. Washington denkt darüber nach, wie er zu Geld kommt. 2. Carla ist auf dem Weg zu Dr. Frahm.	Wortwiederholung/ syntaktischer Bezug
S. 68–69: „ferne Namen fremde Namen, fremdländisch ausgesprochene Namen Moskau, Berlin, Tokio, **Paris**" – „In **Paris** schien die Sonne. **Paris** war unzerstört."	1. Josef hört Stimmen aus dem Radio. 2. Christopher Gallagher telefoniert mit seiner Frau in Paris.	Wortwiederholung/ Schauplatz Paris
S. 60–61: „Mädchen strichen herum, dickliche Mädchen, rauhgesichtige Mädchen *Candy- I*" – „*call-the-States!*"	1. Odysseus und Josef sind im Wirtshaus, das Kofferradio spielt *Candy-I-call-my-sugar-candy*. 2. Washington ruft seine Eltern in den USA an.	Fortsetzung des Satzes/ Montage
S. 140: „Er verließ pfeifend den Duschraum." – „Dr. Frahm wusch sich."	1. Washington duscht nach dem Spiel. 2. Dr. Frahm wäscht sich in der Klinik.	Motiv des Waschens (Analogiemontage)
S. 161: „und als sie Kays Lippen berührte, dachte sie ‚herrlich, so schmeckt die **Prärie**'" – „–‚wie in einem **Wildwestfilm**', überlegte Messalina."	1. Emilia küsst Kay. 2. Messalina sucht Susanne.	Aufgreifen des Wildwest-Motivs (Analogiemontage)
S. 186: „und er hatte die Empfindung, die Stimme spreche von einem falschen Propheten." – „Schnakenbach, der Schläfer, der entlassene Gewerbelehrer"	1. Das Radio weist auf den Vortrag Edwins hin. 2. Schankenbach befindet sich im Amerikahaus und schläft.	semantischer Bezug (Schnakenbach als Prophet)
S. 209: „Die Fenster des Negerklubs **zerbrachen** unter den Steinen." – „‚Alles **zerbricht**', dachte Philipp."	1. Die Scheiben des Negerklubs zerbrechen. 2. Philipp hört Edwins Vortrag zu.	semantischer Bezug/Unterschied: wörtliche und übertragene Bedeutung
S. 223: „sie lagen unschuldig auf einem Floß, das in die **Unendlichkeit** segelte." – „Eine **Unendlichkeit**! Aber eine **Unendlichkeit** zusammengefügt aus allerkleinsten Endlichkeiten!, das ist die Welt."	1. Odysseus und Susanne schlafen miteinander. 2. Dr. Behude bringt Schnakenbach nach Hause.	Wortwiederholung/ Überblendungstechnik

Aus: Wolfgang Koeppen, Tauben im Gras. Frankfurt/Main: Suhrkamp 2008

Tiermetaphorik

- „Eine Ameise, eine Ameise im Staub." (S. 11)

- „Sie umschwärmten sie: Maden am Speck, käsige Gesichter, hungrige Gesichter, Gesichter, die Gott vergessen hatte, Ratten, Haifische, Hyänen, Lurche." (S. 41)

- „Unter den sorgfältig gescheitelten, seidezarten langen grauen Haaren bekam er die scharfen Züge eines alten gierigen Geiers. (S. 44)

- „Grüne Augen Katzenaugen falsche Augen" (S. 51)

- „Er wischt sich den Schweiß von der Stirn, und sein Taschentuch flatterte unter der matten elektrischen Birne der Zelle wie ein aufgeregter weißer Vogel in einem Käfig." (S. 61)

- „Der weiße Taschentuchvogel flattert gefangen im Käfig." (S. 63)

- „Er entwischt den Griechen, entwischte den flinken wie flinke gelbe Eidechsen über den Biertisch huschenden Händen." (S. 81)

- „vielleicht [war Unverlacht] ein Frosch, ein hinterhältiger plumper Frosch, der in seinem Gewölbe auf Fliegen wartete." (S. 94)

- „Nicht Unverlacht entsprang als Prinz dem Froschkleid, sondern sie, die liebreizende Emilia, die schöne junge Erbin [...] wollte [...] aus bloßer Zukunftsangst die Maske des Frosches tragen, der kalten Kreatur, die auf arme Fliegen wartet." (S. 97)

- „Er schämte sich aber, [...] fortzuschleichen wie ein geprügelter Hund." (S. 104)

- „Carla sah die Mutter fischgesichtig, flunderhäuptig, kalt fischig abweisend, ihre Hand mischte mit dem kleinen Löffel Kaffee und Rahm und war wie die Flosse eines Fisches, die ein wenig zitternde Flosse eines bedauernswerten Fisches in einem Zimmeraquarium, so sah es Carla, war es eine verzerrende Vision?" (S. 114)

- „Carla zappelte in seinen Armen wie ein Fisch in der Hand des Fischers."(S. 166)

- „Das ist dasselbe [...] es spielt sich alles unter Spatzen ab. Auch Sie sind nur ein Spatz, liebe Wescott." (S. 172)

- „Sein armer Kopf sah wie ein gerupftes Vogelhaupt aus." (S. 223)

- „Die Schlange mit den vier Beinen, die sich so geschmeidig sich windende Schlange wurde von allen bewundert." (S. 203)

Aus: Wolfgang Koeppen, Tauben im Gras. Frankfurt/Main: Suhrkamp 2008

- Deuten Sie die vorliegenden Tiermetaphern, indem Sie das Charakteristische des Beschriebenen aufzeigen. Welche Wertungen beinhalten die Metaphern jeweils?

- Ordnen Sie die verwendeten Bilder einem übergeordneten Deutungszusammenhang zu.

- Was kennzeichnet diese Form des Erzählens?

Motivische Verknüpfungen

Aufgaben für die Gruppenarbeit

1. Gruppe: Motiv Tod

Lesen Sie folgende Textauszüge und arbeiten Sie die Bedeutung und Funktion des Todesmotivs heraus. Halten Sie Ihre Ergebnisse in Form eines Tafelbildes fest und präsentieren Sie diese.
- *S. 9, S. 40, S. 45, S. 73 f., S. 127, S. 142, S. 157, S. 168, S. 185 – 187, S. 193, S. 220 f., S. 226, S. 227*

2. Gruppe: Motiv Geld

Lesen Sie folgende Textauszüge und arbeiten Sie die Bedeutung und Funktion des Geldmotivs heraus. Halten Sie Ihre Ergebnisse in Form eines Tafelbildes fest und präsentieren Sie diese.
- *S. 46, S. 49, S. 62 – 64, S. 84 f., S. 89 – 93, S. 157, S. 163 – 165, S. 167, S. 180, S. 182, S. 195, S. 207 f.*

3. Gruppe: Motiv Freiheit

Lesen Sie folgende Textauszüge und arbeiten Sie die Bedeutung und Funktion des Freiheitsmotivs heraus. Halten Sie Ihre Ergebnisse in Form eines Tafelbildes fest und präsentieren Sie diese.
- *S. 157 – 161, S. 168, S. 178, S. 180 f., S. 194, S. 214 f., S. 222 f.*

Mythische Elemente im Roman „Tauben im Gras"

„Susanne war Kirke und die Sirenen, sie war es in diesem Augenblick, sie war es eben geworden, und vielleicht war sie auch noch Nausikaa. Niemand im Lokal merkte, daß andere in Susannes Haut steckten,
5 uralte Wesen; Susanne wußte nicht, wer alles sie war, Kirke, die Sirenen und vielleicht Nausikaa; die Törichte hielt sich für Susanne, und Odysseus ahnte nicht, welche Damen ihm in dem Mädchen begegneten." (S. 157)

10 „Aber da Susanne Kirke und die Sirenen und vielleicht noch Nausikaa war, mußte sie Odysseus folgen. Sie mußte ihm gegen alle Vernunft folgen. Sie war mit Odysseus verstrickt." (S. 164)

„Sie hatte ihm Geld gestohlen, aber da sie Kirke und
15 die Sirenen und vielleicht auch Nausikaa war, mußte sie wieder zu ihm gehen und konnte ihn nicht in Ruhe lassen. Sie hatte ihm Geld gestohlen, aber sie würde ihn nicht verraten." (S. 195)

„Susanne, die Kirke und die Sirenen und auch Nau-
20 sikaa war, hielt Odysseus umschlungen. Zur Hot-Weise des Musikmeisters glitten sie wie ein Leib im Tanz über das Parkett, wie eine vierfüßige sich win-

dende Schlange. Sie waren beide erregt. Alles, was sie heute erlebten, hatte sie erregt. Odysseus hatte fliehen, Odysseus hatte sich verstecken müssen, man
25 hatte ihn nicht gefangen, der große listenreiche Odysseus war den Häschern entkommen, er hatte Susanne Kirke die Sirenen betört, oder sie hatten ihn betört, und vielleicht hatte er Nausikaa erobert. Wenn das nicht erregte. Es erregte. Es erregte sie beide." 30
(S. 203)

„Sie lagen zusammen, weiße Haut, schwarze Haut, Odysseus Susanne Kirke die Sirenen und vielleicht Nausikaa, sie schlängelten sich, schwarze Haut weiße Haut, in einer Kammer, die sich windig auf ein paar 35
Balken stützte und fast wie ein kleiner Balkon über der Tiefe schwebte, denn die Grundmauern des Hauses waren an dieser Seite fortgerissen, eine Bombe hatte sie zur Seite gerissen, und nie würden sie wieder errichtet werden. [...] sie lagen wie auf einem Floß, 40
im Taumel der Vermischung lagen sie wie auf einem Floß, nackt und schön und wild, sie lagen unschuldig auf einem Floß, das in die Unendlichkeit segelte."
(S. 223)

Aus: Wolfgang Koeppen, Tauben im Gras. Frankfurt/Main: Suhrkamp 2008

■ *Informieren Sie sich über die in der antiken Mythologie auftretenden Figuren Odysseus, Kirke, Nausikaa und die Sirenen.*

■ *Vergleichen Sie die mythische Bedeutung, die mit diesen Namen verbunden ist, mit dem Verhalten und dem jeweiligen Charakter der aus Koeppens Roman gewählten Figur. Fassen Sie Ihre Ergebnisse kurz zusammen.*

■ *Deuten Sie die Funktion der mythischen Anspielungen anhand der vorliegenden Textauszüge und beurteilen Sie die Wirkung auf den Leser.*

Odo Marquard: Lob des Polytheismus.
Über Monomythie und Polymythie

1. *Zweifel am Striptease.* Der Mythos ist gegenwärtig polymorph kontrovers. Aber man darf dabei ruhig simplifizieren; und sollte man es nicht dürfen: ich tue es trotzdem. Es gibt – meine ich – zunächst zwei
5 Grundpositionen, zu denen alsbald eine dritte sich gesellt. Die beiden ersten haben eine gemeinsame Prämisse. Wilhelm Nestles Erfolgstitel „Vom Mythos zum Logos", der für das Griechische erfunden wurde, scheint über das von ihm Gemeinte hinaus den Gang
10 der Weltgeschichte des Bewusstseins in ihrem späten Stadium insgesamt zu charakterisieren: als Aufklärung ist sie – scheint es: [...] der große Prozess der Entmythologisierung. Mythos – was immer er sonst noch sein mag – ist dann jedenfalls dies: etwas, was
15 wir im Begriff sind, hinter uns zu haben; und dass das so ist: das ist entweder – Position 1 – gut oder – Position 2 – schlimm. Diese beiden Positionen [...] sind einigermaßen unvermeidlich im Spiel, wenn die Weltgeschichte des Bewusstseins zumindest in ihrem
20 späten Stadium – als Aufklärung – dieses sein soll: [...] der Prozess der Entmythologisierung. Aber ist sie das wirklich?
Diese Geschichte des Prozesses der Entmythologisierung ist – meine ich – selber ein Mythos; und dass so
25 der Tod des Mythos selber zum Mythos wird, beweist ein wenig des Mythos relative Unsterblichkeit. Es ist zumindest ein Indiz dafür, dass wir ohne Mythen nicht auskommen. Auch diese Meinung – Position 3 – ist keineswegs neu: bei Lévi-Strauss ist sie impliziert
30 und wenn ich es richtig sehe – bei Hans Blumenberg auch; ausdrücklich vertreten wurde sie von Kolakowski. Ich mache mir hier – ohne in jedem Fall die angebotene Begründung zu übernehmen – diese dritte Meinung zu eigen.
35 Die Menschen können ohne Mythen nicht leben; und das sollte nicht verwunderlich sein, denn was sind Mythen? Ein „mythophilos" – Aristoteles bezeichnet sich so – ist einer, der gern Geschichten hört: den täglichen Klatsch, Legenden, Fabeln, Sagen,
40 Epen, Reiseerzählungen, Märchen, Kriminalromane, und was es an Geschichten sonst noch gibt. Mythen sind – ganz elementar – justament dieses: Geschichten. [...] Wer den Mythos verabschieden will, muss also die Geschichten verabschieden, und das geht
45 nicht [...].
Freilich: ist es nicht so, dass das Erzählen von Geschichten aufhört, sobald man wirklich weiß? Müssen nicht dort, wo die Wahrheit auftritt, die Mythen verschwinden? Doch gerade das ist – scheint mir –
50 ganz und gar ein Irrtum. Ich bestreite nicht, dass Mythen in die noch leere Stelle der Wahrheit faktisch

eingetreten sind, wo die Menschen noch nicht wussten; aber das ist eine Zweckentfremdung. Denn Mythen sind, wo sie nicht kontermythisch umfunktioniert werden, eben keine Vorstufen und 55 Prothesen der Wahrheit, sondern die mythische Technik – das Erzählen von Geschichten – ist wesentlich etwas anderes, nämlich die Kunst, die (nicht etwa fehlende, sondern) vorhandene Wahrheit in die Reichweite unserer Lebensbegabung zu bringen. Da 60 ist nämlich die Wahrheit in der Regel noch nicht, wenn sie entweder – wie etwa die Resultate exakter Wissenschaft z. B. als Formeln – noch unbeziehbar abstrakt oder – wie etwa die Wahrheit über das Leben: der Tod – unlebbar grausam ist: da dürfen dann nicht 65 nur, da müssen die Geschichten – die Mythen – herbei, um diese Wahrheiten in unserer Lebenswelt hereinzuerzählen oder um sie in unserer Lebenswelt in jene Distanz zu erzählen, in der wir es mit ihnen aushalten. Dafür haben wir nämlich – letztenendes 70 – nichts anderes als die Geschichten [...]. So dürfen also dort, wo die Wahrheit auftritt, die Geschichten – die Mythen – nicht aufhören, denn gerade dort müssen sie ganz im Gegenteil allererst anfangen: das Wissen ist nicht das Grab, sondern das Startloch der 75 Mythologie. Denn wir brauchen zwar die „besprochene", aber wir leben in der „erzählten Welt". Drum eben gilt: *es geht nicht ohne Mythen*: narrare necesse est.
Deshalb können wir die Mythen nicht einfach able- 80 gen wie Kleider, obwohl ja auch das Ablegen von Kleidern zuweilen nicht ganz einfach ist. „Meine Identität ist mein Anzug", sagte Gottfried Benn. Der eine der großen Zürcher Textilmetaphoriker, Gottfried Keller, schrieb: „Kleider machen Leute", [...] der 85 andere der großen Zürcher Textilmetaphoriker, Max Frisch, [schrieb] in seinem Gantenbein: „Ich probiere Geschichten an wie Kleider". Aber aus Gantenbeins Qual der Wahl angesichts des Reichtums seiner Mythengarderobe ist eben nicht zu folgern, dass er er 90 selbst ist erst dann, wenn er keine Geschichte mehr anhat; und so stimmt es auch nicht, dass die Weltgeschichte des Bewusstseins das ist, als was man sie sehen will: ein Fortschritt genannter Striptease, bei dem die Menschheit nach und nach – mehr oder 95 weniger elegant – ihre Mythen ablegt und schließlich – sozusagen mit nichts als sich selber am Leibe – mythisch nackt dasteht: ganz nur noch bloße Menschheit [...].
Der Mythonudismus erstrebt Unmögliches; denn – so 100 scheint es mir – jede Entmythologisierung ist ein wohlkompensierter Vorgang: je mehr Mythen einer

auszieht, desto mehr Mythen behält er an. Darum eben habe ich Zweifel am Striptease: Zweifel – genauer
105 gesagt – an der Vorstellung der spätweltgeschichtlichen Aufklärung als Mythen-Striptease. Diese Vorstellung – sage ich – ist selber ein Mythos [...].
Wir können die Geschichten – die Mythen – nicht loswerden; wer es trotzdem glaubt, betrügt sich sel-

ber. Menschen sind mythenpflichtig; ein mythisch nacktes Leben ohne Geschichten ist nicht möglich. 110 Die Mythen abzuschaffen: das ist aussichtslos.

Aus: Odo Marquard: Lob des Polytheismus. Über Monomythie und Polymythie. Aus: ders.: Zukunft braucht Herkunft. Philosophische Essays. Stuttgart: Reclam 2003. © Philipp Reclam jun. GmbH & Co., Stuttgart

■ *Fassen Sie die zentralen Aussagen des Textes zusammen, indem Sie herausstellen, welche Bedeutung und Funktion Odo Marquard den Mythen zuspricht.*

■ *Erläutern Sie, inwiefern Koeppens Umgang mit Mythen in seinem Roman „Tauben im Gras" Marquards Auffassung entspricht, und beziehen Sie kritisch Stellung zur gegenwärtigen Bedeutung von Mythen.*

Die Welt der Figuren

In diesem Baustein geht es um die Analyse ausgewählter Figuren, wobei jeweils bestimmte Analyseaspekte im Mittelpunkt stehen. Da im Rahmen der Bausteine 3 und 4 schon gezielt Figuren behandelt worden sind (z. B. Frau Behrend, Josef, Ezra), werden hier neue Schwerpunkte gesetzt. Zunächst wird mittels eines produktions- und handlungsorientierten Verfahrens ein systematischer Überblick über die vielschichtige Figurenwelt erstellt. Nachfolgend sollen die Sprachlosigkeit und Entfremdung der Paare am Beispiel von Emilia und Philipp sowie Messalina und Alexander behandelt werden. Im Folgenden werden Carla und Washington sowie Herr Behrend und Vlasta genauer untersucht. Dabei erfolgt die Analyse im Hinblick auf die jeweiligen Lebensentwürfe. Abschließend stehen die zwei Künstlerfiguren Philipp und Edwin im Mittelpunkt, die unter den Aspekten ihres künstlerischen Selbstverständnisses sowie ihrer Einstellung zur Zeit differenziert betrachtet werden.

Methodisch erfolgt eine Synthese von analytischen sowie handlungs- und produktionsorientierten Verfahren. Das Erstellen einer schriftlichen Analyse wird in diesem Zusammenhang detailliert erläutert.

5.1 Das „Figurenkabinett"

Die Vielzahl der Figuren stellt für den Leser ein komplexes System dar, welches nicht auf Anhieb zu durchschauen ist. Um einen Überblick über die Figurenkonstellation zu erlangen, bietet es sich als Einstieg in die Beschäftigung mit den Figuren an, ein handlungsorientiertes Verfahren zu wählen, sofern noch nicht auf eine vergleichbare Methode zu Beginn der Unterrichtsreihe zurückgegriffen wurde (vgl. Baustein 1.2). Das Erstellen eines „Figurenkabinetts" dient dazu, das vielschichtige Beziehungsgefüge zu strukturieren und sich in die Welt der Figuren einzufinden. Zudem werden Fragebögen aus der Perspektive der Figuren beantwortet, welches zur vertieften Auseinandersetzung mit den jeweiligen Denkweisen führt. Die Lernenden gehen dabei weitgehend selbstständig vor und werden gefordert, sich intensiv mit dem jeweiligen Charakter auseinanderzusetzen.

Die Gruppeneinteilung erfolgt durch das Zufallsprinzip. Jeder Schüler/jede Schülerin erhält ein Arbeitsblatt, auf dem zuvor durch die Lehrperson zwei Figuren farbig markiert worden sind. Aufgabe ist es, sich mit diesen zwei Figuren näher zu beschäftigen (**Arbeitsblatt 25**, S. 151). In Abhängigkeit von der Kursgröße (3–4 Schüler pro Gruppe) markiert die Lehrperson zuvor auf jedem Arbeitsblatt zwei Figuren, sodass sich die Lernenden zu den entsprechenden Gruppen zusammenfinden. Dabei bietet sich zum Beispiel folgende Figurenkopplung an: Emilia und Dr. Behude, Hillegonda und Heinz, Alexander und Messalina, Philipp und Edwin, Washington und Carla, Frau Behrend und Herr Behrend, Vlasta und Kay. Der erster Schritt der Erarbeitung besteht darin, aus der Perspektive der jeweiligen Figur die vorgegebenen Fragen in einem zusammenhängenden Text zu beantworten (z. B. besondere Merkmale, berufliche Stellung, Familienverhältnis, Erfahrungen mit dem Krieg etc.). Das „Figurenkabinett" entsteht, indem sich die Figuren der Reihe nach auf die „Bühne" stellen, dort eine zu ihrer Rolle entsprechende Körperhaltung einnehmen und ein anderer Schüler aus der Gruppe den Text vorliest.

> *„Ich bin Carla Behrend. Mein Mann ist im Krieg gefallen, ich habe einen elfjährigen Sohn namens Heinz und bin von Washington Price schwanger. Ich bin sehr verzweifelt, da ...“*

Die Figuren kommen der Reihe nach auf die Bühne. Die Beziehungen werden durch das räumliche Verhältnis von Nähe und Distanz sowie die jeweilige Körperhaltung zum Ausdruck gebracht. Carla und Washington können zum Beispiel aufgrund ihrer Zuneigung nebeneinander stehen, der Abstand zwischen Carla und ihrer Mutter sollte aufgrund der Differenzen größer sein.

Im Anschluss kann die Gruppe gegebenenfalls ihre Einschätzung der Figuren und ihr Verhältnis zu anderen Figuren erläutern oder der Kurs äußert begründet Änderungsvorschläge. In einem abschließenden Gespräch können die Lernenden existierende Konflikte benennen, bislang verborgene Beziehungsstrukturen aufzeigen und die Methodik bewerten.

Die Arbeitsaufträge lauten:

- *Versetzen Sie sich möglichst intensiv in die Figuren und beantworten Sie die nachfolgenden Fragen schriftlich. Orientieren Sie sich in erster Linie am Romantext; versuchen Sie Leerstellen angemessen zu füllen. Vielleicht scheinen einige Fragen schwierig zu beantworten; ergänzen Sie ggf. den Fragenkatalog nach Ihrem Ermessen (vgl. **Arbeitsblatt 25**).*

- *Überlegen Sie sich eine typische Pose/Körperhaltung für Ihre Figur und wählen Sie ggf. Gegenstände/Kleidungsstücke aus, welche den Charakter zum Ausdruck bringen (Standbild).*

- *Bestimmen Sie die Beziehung Ihrer Figur zu anderen Figuren, indem Sie ein entsprechend räumliches Verhältnis von Nähe und Distanz festlegen.*

5.2 Ein Teufelskreis menschlicher Beziehung – Die Ehe zwischen Emilia und Philipp

Die Strategien der Figuren, um das persönliche Glück zu erlangen und die Fragen nach dem Sinn des Daseins zu beantworten, sind sehr unterschiedlich. Dabei zeigen sich die Fragilität und Gehaltlosigkeit des Lebens ebenso wie die Entfremdung und Kommunikationslosigkeit in den menschlichen Beziehungen.

Als ein Beispiel dafür kann die Ehe zwischen Emilia und Philipp verstanden werden, wobei die Darstellung aus unterschiedlichen Perspektiven erfolgt. Es dominiert die Innenperspektive (vgl. S. 21, 27, 31 f.), aber auch durch die Figurenrede Messalinas oder Dr. Behudes lässt sich das Problematische der Beziehung ermitteln (vgl. S. 46, 146). Direkt zu Beginn wird der Leser mit der Beziehungskrise des Paares konfrontiert, da Philipp nach einer Auseinandersetzung die Nacht im Hotel verbracht hat und er die tobende, alkoholabhängige Emilia alleine in ihrer gemeinsamen Wohnung gelassen hat. Diese erwacht am Morgen, umgeben von ihren Tieren; ihre Angst vor dem Alleinsein ist offensichtlich (vgl. S. 36 f.). Emilia und Philipp verbringen den Tag getrennt und reflektieren jeweils ihre derzeitige Situation sowie die existierenden Beziehungsprobleme. Durch die Schilderung der Lage aus zwei Perspektiven offenbaren sich dem Leser die Schwierigkeiten innerhalb der Beziehung: Ein großer Altersunterschied, ungleiche Interessen sowie abweichende Erwartungen vom Leben aufgrund der sozialen Herkunft führen zum Zerwürfnis. Emilia misst dem materiellen Lebensstandard höchste Priorität bei, ihr Außenseiterdasein resultiert aus dem Wertverlust ihres

Erbes, welches sie nun nach und nach gezwungen ist zu verkaufen. Sie wird charakteristischerweise als „Prinzessin im Lumpenpelz" (S. 86) bezeichnet, wobei sie zwanghaft versucht, am Alten festzuhalten; sie fühlt sich um ihren Besitz und ihr Leben betrogen: „Man hatte die Erbin bestohlen; die Menschen hatten das Erbe angetastet. Das genügte ihr. Das genügte ihr von den Menschen. Mehr brauchte sie über die Menschen nicht zu wissen. [...] Sie ging heim zu ihren Tieren. Sie ging heim, um zu toben, heim, um anzuklagen." (S. 225)

Im Zuge dessen klagt sie auch Philipp an, gibt ihm die Schuld: „Hatte nicht auch Philipp sie entführt, nicht gerade auf einem Pferderücken, aber jung und nackt hatte er sie aus dem Glauben an den Besitz, aus dem schönen unschuldigen Glauben an das ewige Recht des Besitzes gerissen und sie in das Reich der Intellektualität, der Armut, des Zweifels und der Gewissensnot geführt." (S. 219) So lehnt sie seine schriftstellerische Tätigkeit ab, erhofft sich aber gleichzeitig „Ruhm, Reichtum, Sicherheit" (S. 31) durch einen möglichen Erfolg. Eben diese Ambivalenz spiegelt sich auch in ihren Gefühlen zu Philipp wider: „Er ist unfähig. Ich hasse dich!" (S. 31), „Ich liebe dich doch, Philipp" (S. 37). Es scheint eine Art Hassliebe zu sein, welche Emilia für Philipp empfindet.

Philipp ist sich im Gegenzug seiner Schuld durchaus bewusst, schließlich leistet er keinen finanziellen Beitrag zum gemeinsamen Leben: „Philipp überlegte, ob er sein Leben mit Emilia nicht anders führen, ob er es nicht ganz anders gestalten könnte. ‚Es ist meine Schuld, wenn sie unglücklich ist, warum verschaffe ich ihr kein Glück?'" (S. 173) Doch durchschaut er auch Emilias tragische Situation: „Du bist nur noch ein kleines zartes tobendes versoffenes Gespenst der Verzweiflung, meine Schuld? ja, meine Schuld, jedermanns Schuld, alte Schuld, Urväterschuld, Schuld von weither" (S. 152). Diametrale Sichtweisen bezüglich des Werts von materieller Sicherheit und divergierende Erwartungen vom Leben führen somit zum Kernproblem des Paares.

Durch die analytische, prägnante Sichtweise Dr. Behudes wird diese Einschätzung der Beziehung komplettiert: „Er [Dr. Behude] hielt sie für gefährdeter als Philipp, der wird alles überstehen, er wird sogar seine Ehen überstehen [...] doch Emilia kam nicht in seine Sprechstunde und versteckte sich, wenn er Philipp zu Hause besuchte" (S. 46), „Er dachte an Emilia. Er dachte, ‚sie sind kein normales Ehepaar aber sie sind doch ein Ehepaar, ich halte ihre Ehe sogar für ganz unlöslich obwohl sie zunächst betrachtet mehr eine Perversität als eine Ehe ist, von Philipp und Emilia war es pervers sich auf eine Ehe einzulassen, aber grade dass sie beide nicht für eine Ehe taugen kittet sie zusammen, ich möchte sie gern zusammen psychotherapeutisch beeinflussen, gemeinsame Heilung des einen durch den andern, aber wozu? wovon will ich sie heilen? sie sind ja so wie sie sind glücklich, wenn ich sie geheilt hätte würde Philipp eine Stellung an einer Zeitung annehmen und Emilia würde mit anderen Männern schlafen, lohnte das die Behandlung? [...] bis sie geheilt ist schläft sie nur mit Philipp, Emilia und Philipp leisten sich die Perversität einer normalen Ehe mit Eifersucht Bindung und Treue'." (S. 146)

Einen großen Anteil an der derzeitigen Krise hat Emilias Alkoholsucht, der sie aus Verzweiflung unterliegt und die eine vergebliche Problemverdrängung darstellt. Die damit verbundene Persönlichkeitsspaltung wird im Bild des Gegensatzpaares Dr. Jekyll und Mr. Hyde aufgegriffen: „Emilia war wie Dr. Jekyll und Mr. Hyde in der Geschichte von Stevenson. Philipp liebte Dr. Jekyll, eine reizende und gutherzige Emilia, aber er hasste und fürchtete den widerlichen Mr. Hyde, eine Emilia des späten Abends und der Nacht, die ein wüster Trunkenbold und eine geifernde Xanthippe war." (S. 173), „Sie trank alles durcheinander. Sie baute den Mr. Hyde auf. Sie baute ihn böse und systematisch auf." (S. 225) Philipp ist sich Emilias Verzweiflung und ihres Gefühls von Einsamkeit bewusst, erträgt aber ihre alkoholbedingte Persönlichkeitsveränderung nicht. Seine Entschlossenheit, sie durch seine Anwesenheit zu unterstützen, schwindet im Verlauf des Tages: „Philipp dachte, dass er heimgehen, dass er zu Emilia gehen müsse. Aber er wollte doch auch zu Edwin gehen [...]. ‚Wenn ich jetzt nicht zu Emilia gehe, kann ich heute überhaupt nicht mehr nach Hause gehen', dachte Philipp. Er wusste, dass Emilia sich betrinken würde, wenn sie ihn am Abend nicht zu

Hause fände." (S. 172) Emilia kämpft ihrerseits um Selbstbeherrschung, da sie sich ihrer Sucht und der damit fortschreitenden Entfremdung von Philipp bewusst ist, doch wird ihre Hoffnung am Abend endgültig enttäuscht: „Sie hatte gehofft, dass Philipp in der Wohnung auf sie warten würde. Noch war sie Dr. Jekyll. Sie hatte noch nicht viel getrunken, sie wollte Dr. Jekyll bleiben. Dr. Jekyll wollte nett zu Philipp sein. Aber Philipp war nicht da. Er hatte sich ihr entzogen. Er hatte den lieben Dr. Jekyll nicht liebgehabt." (S. 219)

Liebe, Zuneigung, körperliches Verlangen, das Verständnis für den anderen und das klare Bewusstsein hinsichtlich der eigenen Schwächen reichen in diesem Fall nicht aus, um zueinander zurückzufinden. Emilia und Philipp befinden sich in einem Teufelskreis, da sie sich beide in ihrer Beziehung gefangen fühlen und elementare Bedürfnisse durch die Schwächen des anderen nicht mehr erfüllt werden. Entfremdung und Sprachlosigkeit kennzeichnen ihre Beziehung und das Empfinden des Gefangenseins überwiegt. Dieses spiegelt sich unter anderem in der Begegnung mit der Amerikanerin Kay wider (vgl. Baustein 4.3), da sich Emilia und Philipp von dem Gefühl der Freiheit und Sorglosigkeit angezogen fühlen, welches sie vermittelt. Doch bietet Kay beiden Partnern keine dauerhafte Lösung, sondern nur das kurzzeitige Ablenken von den drängenden Beziehungsproblemen.

Emilia – „Die Prinzessin im Lumpenpelz"

Zur Annäherung an die Figur der Emilia bietet es sich an, über ein Bild von Edward Hopper einzusteigen (**Arbeitsblatt 26**, S. 152). Beide Bilder stellen Frauenfiguren dar, die in sehr intimen Momenten abgelichtet sind. Gedankenverloren und in sich gekehrt zeigt sich gerade die Frau im Bild „Summer Interior" und wirkt auf den Betrachter äußerst verletzlich. Auch wegen ihrer Nacktheit erinnert das Bild an Emilia, die in der Masturbationsszene als empfindsam und unglücklich dargestellt wird (vgl. S. 30 ff.). Falls die Schülerinnen und Schüler bei der Zuordnung Hilfe benötigen, kann die Lehrperson folgende Zitate an die Tafel schreiben, welche eine vorläufige Charakterisierung Emilias ermöglichen: „Die Prinzessin im Lumpenpelz" (S. 93), „Die Erbin" (S. 33), „die junge Tote" (S. 30).

Nachdem erste Eindrücke geschildert und die Figur aus der Erinnerung heraus näher beschrieben wurde, ist eine genauere Textanalyse erforderlich. Denkbar ist es, Textstellen vorzugeben (S. 30 – 32, S. 33 – 37) oder die Schüler und Schülerinnen selbstständig geeignete Passagen suchen zu lassen. Folgender Erarbeitungsauftrag bietet sich an:

> ■ *Lesen Sie S. 30 (Z. 1) – S. 32 (Z. 17), S. 33 (Z. 3) – S. 37 (Z. 28) und machen Sie sich Stichpunkte zu folgenden Aspekten: Welche Charakterzüge Emilias werden deutlich? Was bestimmt ihr Denken, Handeln, Fühlen? Welche Informationen erhält der Leser über ihr bisheriges Leben?*

Die Ergebnisse werden vorgestellt und können in einem Tafelbild festgehalten werden (vgl. S. 133).

Im Anschluss sollte ein vertiefendes Unterrichtsgespräch erfolgen, welches folgende Aspekte thematisiert: Auffällig ist, dass die Einführung der Figur an die Schilderung der Beziehungskrise gekoppelt ist und diese dem Leser die Facetten ihres ambivalenten Charakters darlegt: „Emilia, von ihrem Toben erschöpft, von ihren Träumen ermattet, ihrer Angst geschlagen" (S. 27). Emilia ist verwirrt, fühlt sich allein gelassen und scheint ohne Philipp orientierungslos. Ihre Erkenntnis, dass Philipp sie verlassen hat, und die damit verbundenen Gefühle zeigen sich auch in der sprachlichen Gestaltung der Textpassagen. So dominieren Todesmotive und Dunkelheitsausdrücke: „Zimmerdunkelheit", „Dunkelheit", „Decke der Nacht", „Ihr Bewusstsein war zugedeckt von der Nacht", „Ihre Glieder lagen in der Tiefe der Nacht wie in einem Grab", „das Ohr der jungen Toten" (S. 30). Auch die Tatsache, dass Emilia nackt ist, offenbart die nun zutage tretende Verletzlichkeit, da Emilia schutzlos der Realität

Emilia – „Die Prinzessin im Lumpenpelz"

- tierlieb, menschenscheu (S. 30 f.)
- ambivalenter Charakter („gute"/„böse" Emilia, S. 31)
- cholerisch, tobend, rasend (S. 36 f.)
- Trennung/Ehekrise (S. 31 f.)
- Hassliebe gegenüber Philipp (S. 31, 37)
- Selbstzweifel (S. 31, S. 36)
- Verdrängung/Flucht (S. 32 f.)
- Trauer um Verlust des Erbes/Wohlstandes (S. 23 f.)
- Anklage/Schuldzuweisung (S. 36 f.)
- depressive/melancholische Stimmung (S. 34 f.)
- Einsamkeit/Gefühl des Verlorenseins (S. 36)

**Krisensituation offenbart Emilias
psychische Verfassung und ihre desolate Lage**

ausgeliefert ist. Die schonungslose, nackte Wahrheit lässt sich am Morgen der Trennung nicht mehr leugnen. Trauer, Verbitterung, Sehnsucht, Hass und Verlustängste werden unmittelbar deutlich: „Sie lauschte, die Züge ihres Gesichtes zwischen Weinen und Erbitterung. Philipp hatte sie verlassen" (S. 31), „Er hatte sie allein gelassen. War sie so unerträglich?" (S. 31). Das Realisieren dieser Erkenntnis geht einher mit einer körperlichen Degeneration: „Sie stand nackend in dem Arbeitsraum, [...] Emilias Schultern sackten ein, Schlüsselbeinknochen traten hervor, ihr Fleisch verlor an Frische, und ihre Haut, ihre Jugend, war wie mit abgestandener, mit geronnener Milch übergossen, für eine Sekunde käsig, säuerlich, krümelig." (S. 31 f.) Emilia versucht, die schmerzhaften Gefühle zu verdrängen, sie zu betäuben, indem sie masturbiert. Sprachlich wird ihre psychische Verfassung nachfolgend in Form des Bewusstseinsstroms verdeutlicht, da verschiedene Assoziationen unvermittelt aneinandergereiht werden (vgl. S. 34 ff.). Der Leser erfährt hier bruchstückhaft etwas über Emilias Erbe, ihre Sehnsucht nach materieller Sicherheit und die damit verbundenen Beziehungsprobleme.

Impulse für das Deutungsgespräch können sein (vgl. Fazit Tafelbild):

■ *In welcher Weise wird Emilia vom Erzähler in die Handlung eingeführt? Was ist das Besondere/Charakteristische?*

■ *Was ist sprachlich an der Situationsbeschreibung sowie der Charakterisierung Emilias auffällig?*

■ *Was erfährt der Leser über Philipp, die Beziehung der Ehepartner und die zur Trennung führenden Probleme?*

Im Anschluss an die detaillierte Auseinandersetzung mit Emilia bietet es sich an, als Hausaufgabe ein produktionsorientiertes Verfahren zu wählen, um die Ergebnisse zu vertiefen und schriftlich festzuhalten. Die Figureneinführung Emilias endet mit folgendem Satz: „Sie taumelte, taumelte nackt zum Schreibtisch, nahm ein Blatt vom Stoß des weißen unbeschriebenen Papiers, [...] spannte es in die kleine Maschine ein und tippte vorsichtig mit einem Finger: ‚Sei nicht böse. Ich liebe dich doch, Philipp. Bleib bei mir.'" (S. 37) Diese Leerstelle soll nun auf der Basis der erarbeiteten Ergebnisse nachfolgend von den Schülerinnen und Schülern gefüllt werden, indem sie einen möglichen Brief Emilias an Philipp verfassen.

Der Arbeitsauftrag lautet:

■ *‚Sei nicht böse. Ich liebe dich doch, Philipp. Bleib bei mir.' (S. 37) Emilia zerreißt das Papier und beginnt ihren Brief an Philipp erneut. Verfassen Sie aus der Perspektive Emilias diesen Brief, in dem Sie ihre Gefühle, Ängste und Sichtweise bezüglich der Beziehungsprobleme darlegen.*

Philipp

Nachdem die Analyse der Beziehung aus der Perspektive Emilias erfolgt ist, ist es notwendig, die Sichtweise Philipps genauer zu betrachten. Auffallend ist neben seiner ambivalenten Gefühlslage auch die realistische Beurteilung der Beziehungsprobleme: So schätzt Philipp die Gefahren von Emilias Sucht richtig ein und erkennt die damit verbundene Persönlichkeitsveränderung. Philipps Überlegungen, ob er sein Leben mit Emilia nicht anders gestalten könne (vgl. S. 173), weichen am Ende des Tages einer pessimistischen Einsicht über die Unmöglichkeit einer Veränderung. Damit erwachen zwar Schuldgefühle in ihm, doch kann Emilia seine elementaren Bedürfnisse nicht länger erfüllen. Die Beziehung scheint damit zumindest in den Augen des Lesers gescheitert.

In ähnlicher Weise wie Emilia lassen sich auch bei Philipp Fluchtversuche aus der gegenwärtigen Situation in die Erinnerungen früherer Tage finden. So sucht er immer wieder den Psychologen Dr. Behude auf (vgl. S. 28, 144 – 146): „Philipp versprach sich nichts von einer Begegnung mit Dr. Behude, keine Deutung, keine Erhellung, aber es war ihm zu einer Gewohnheit geworden, den Nervenarzt aufzusuchen, sich in das verdunkelte Behandlungszimmer zu legen und den Gedanken freien Lauf zu lassen, einer Flucht von Bildern, die ihn bei Dr. Behude überkam […], während der Therapeut der Seele ihn mit sanfter einschläfernder Stimme von Schuld und Buße befreien wollte." (S. 28) Diese Bereitschaft Philipps, Dr. Behude zu besuchen und ihm Einblicke in sein Leben und seine Beziehung zu gewähren, eröffnet an dieser Stelle die Möglichkeit eines produktionsorientierten Verfahrens. Die Schülerinnen und Schüler erhalten die Aufgabe, die zentralen Textstellen, in denen Philipp über seine Beziehung reflektiert, noch einmal zu lesen und ein fiktives Gespräch zwischen Dr. Behude und Philipp zu entwerfen.

Die Aufgabe für die Partnerarbeit lautet:

■ *Lesen Sie die Seiten S. 144 – 146, 150 – 153, 168 – 170, 172 – 174, 220 – 223, 226 f. und machen Sie sich Notizen zu Philipps Einschätzung seiner Ehe und den zum Streit führenden Ursachen.*

■ *Konzipieren Sie ein mögliches Gespräch zwischen Dr. Behude und Philipp. Thematisch soll es um die Beziehung zu Emilia, die Bewertung der Situation und die Einschätzung der Zukunftsfähigkeit seiner Ehe gehen. Sie können dabei auch Zitate einbauen.*

■ *Sprechen und spielen Sie Ihr Gespräch.*

Nachdem die Schülerinnen und Schüler ihre fiktiven Gespräche im Plenum vorgestellt haben, sollten zentrale Aspekte noch einmal zusammengefasst werden. Gegebenenfalls kann die Lehrperson auf Textstellen verweisen, die Philipps Einschätzung seiner Beziehung und seine ambivalenten Gefühle Emilia gegenüber zum Ausdruck bringen. Die nachfolgenden Zitate können zu diesem Zweck ggf. auf Folie kopiert werden.

Philipp über seine Beziehung zu Emilia

- „In die Türen würden Schrammen getreten, in die Wände Löcher gestoßen, Porzellan würde zerschlagen sein". (S. 27)
- „du bist nur noch ein kleines zartes tobendes versoffenes Gespenst der Verzweiflung, meine Schuld? ja, meine Schuld, jedermanns Schuld, alte Schuld, Urväterschuld, Schuld von weither" (S. 152).
- „ich liebe dich aber du trenntest dich besser von mir, du wirst auch allein untergehen" (S. 152).
- „Philipp überlegte, ob er sein Leben mit Emilia nicht anders führen, ob er es nicht ganz anders gestalten könnte. ‚Es ist meine Schuld, wenn sie unglücklich ist, warum verschaffe ich ihr kein Glück?'". (S. 173)
- „Emilia war wie Dr. Jekyll und Mr. Hyde in der Geschichte von Stevenson. Philipp liebte Dr. Jekyll, eine reizende und gutherzige Emilia, aber er haßte und fürchtete den widerlichen Mr. Hyde, eine Emilia des späten Abends und der Nacht, die ein wüster Trunkenbold und eine geifernde Xanthippe war". (S. 173)
- „Aber Emilia war ja nicht da, sie war wohl zu Hause und schuf aus Schnaps und Wein den fürchterlichen Mr. Hyde, der die Besitzzerstörung beweinte, der über die Zerstörung des Besitzes zum Süffel wurde und mit Zerstörung im kleinen, mit dem irren Toben des Betrunkenen gegen die große Zerstörung der Zeit kämpfte". (S. 220f.)

Aus: Wolfgang Koeppen, Tauben im Gras. Frankfurt/Main: Suhrkamp 2008

Emilia und Philipp – ein fiktives Gespräch

Als Alternative zu dem zuvor geschilderten Verfahren kann auf ein komplexes szenisches Spiel zurückgegriffen werden, welches die diametralen Sichtweisen der Ehepartner zum Ausdruck bringt. Auffällig ist die Tatsache, dass es im gesamten Romanverlauf nicht zur Begegnung oder einem Gespräch zwischen den Ehepartnern kommt. Die Sprach- und Kommunikationslosigkeit zeigt sich hier in besonderer Weise. Philipp geht einer Aussprache und Begegnung mit Emilia durch seinen Rückzug konsequent aus dem Weg. Emilia, scheinbar dazu bereit, wagt aber nicht den ersten Schritt, sondern ertränkt ihre Sorgen im Alkohol.

Voraussetzung für das nachfolgende Verfahren ist, dass sich die Schülerinnen und Schüler in die Rollen Emilias und Philipps hineinversetzen und ihre Perspektive einnehmen können. Denkbar ist es, mehrere Gruppen zu bilden, welche sich arbeitsteilig mit Emilias und Philipps Einschätzung der Beziehungskrise auseinandersetzen **(Arbeitsblatt 27**, S. 153**)**. Im Anschluss an die detaillierte Textlektüre tauschen sich die Lernenden innerhalb ihrer Gruppe aus und stellen die zentralen Aspekte der jeweiligen Position heraus.

Im nächsten Unterrichtsschritt erfolgt dann das szenische Spiel, in dem sich Emilia und Philipp begegnen und über ihre Beziehungsprobleme reden. Da vorab kein Austausch der Gruppen erfolgen sollte, ist die Spontaneität der Akteure im Spiel gefragt. Die geforderte Abstraktionsfähigkeit und der notwendige Grad der Identifikation sind in diesem Fall relativ hoch, ermöglichen jedoch eine tiefer gehende Auseinandersetzung. Wichtig ist, darauf hinzuweisen, dass trotz der geforderten Spontaneität der Text Grundlage und Ausgangspunkt des szenischen Spiels ist. Im Anschluss erfolgt ein Auswertungsgespräch im Plenum.
Mögliche Impulse für das Auswertungsgespräch:

- *Schildern Sie Ihre Erfahrung in der Rolle als Emilia/Philipp.*

- *Welche Beobachtungen haben Sie als Zuschauer gemacht?*

- *Inwiefern erscheint Ihnen das dargebotene Gespräch schlüssig?*

- *Fassen Sie die zentralen Aspekte zusammen.*

Die Ergebnisse können in einem Tafelbild festgehalten werden:

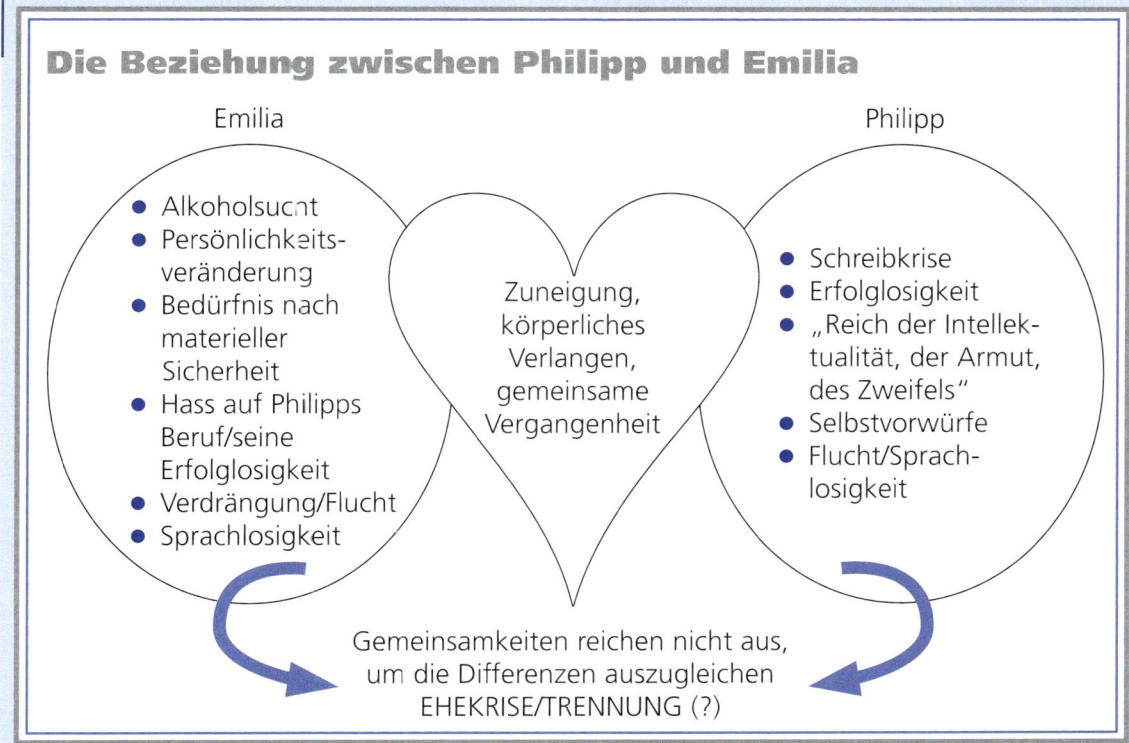

Die Beziehung zwischen Philipp und Emilia

Emilia

- Alkoholsucht
- Persönlichkeits-veränderung
- Bedürfnis nach materieller Sicherheit
- Hass auf Philipps Beruf/seine Erfolglosigkeit
- Verdrängung/Flucht
- Sprachlosigkeit

Zuneigung, körperliches Verlangen, gemeinsame Vergangenheit

Philipp

- Schreibkrise
- Erfolglosigkeit
- „Reich der Intellek-tualität, der Armut, des Zweifels"
- Selbstvorwürfe
- Flucht/Sprach-losigkeit

Gemeinsamkeiten reichen nicht aus, um die Differenzen auszugleichen
EHEKRISE/TRENNUNG (?)

5.3 Leben hinter einer Fassade – Alexander und Messalina

Im Roman lassen sich Figuren finden, welche die Flucht in eine Scheinwelt der Heimatfilme, Groschenromane und Hochglanzmagazine antreten. In besonderer Weise lässt sich dies bei Messalina und Alexander beobachten, wobei der körperliche Rausch, die exzessiven Orgien und die Oberflächlichkeit im zwischenmenschlichen Bereich für dieses Paar kennzeichnend sind. Es geht Alexander und Messalina somit nicht um die aktive Bewältigung des Lebens, sondern um das Bestreben, der Gegenwart zu entkommen. Beide verhüllen ihre wahre Identität; ihre äußerliche Fassade stellt einen Schutz dar, den sie nicht nur in der Öffentlichkeit, sondern auch vor ihrem Partner aufrechterhalten. Echte Begegnung, wahrhaftige Gespräche, ehrliche Aussprachen sucht man in dieser Verbindung vergebens.

Alexander, dessen Beruf es ist, in andere Rollen zu schlüpfen, erahnt zwar die Vordergründigkeit des Glanzes, findet jedoch nicht die Kraft oder den Mut, sich davon zu befreien (vgl. S. 153). „Man verwechselte Alexander mit seinem Schatten. Es machte ihn schwindelig. Wer war er? Ein draufgängerisch-treu-sentimental-kühner-Helden-Potenter? Er hatte es satt. Er war müde. Er war ausgeheldet." (S. 153) Die Müdigkeit überrollt ihn, Alexander scheint keine Kraft für die Bewältigung seines Lebens zu haben. So ist er in seiner Welt, seinen eigenen Sorgen so gefangen, dass er die Ängste seiner Tochter Hillegonda überhaupt nicht wahrnimmt (vgl. S. 154). Zwar liebt er seine Frau, doch haben sie sich entzweit. Das Äußern von Bedürfnissen und Gefühlen wird zum existenziellen Problem: „Am Telephon hätte er es gesagt. Er hätte Messalina gesagt, wie müde, leer und elend er sich fühlte. Am Abend würde er es nicht sagen." (S. 119f.)

Messalina, die im Grunde ihres Wesens schüchtern und unsicher ist, tritt als gewaltiges „Denkmal" (S. 54) auf und überrollt ihre Mitmenschen förmlich. Schon ihr Äußeres wird als pompös und einschüchternd dargestellt: „Die Gewaltige lag noch im Bett, Messalina, seine

Frau, das Lustross, wie man sie in den Bars nannte" (S. 11), „Alexanders nach Dämonenart hergerichtete Frau mit der Ringkämpferfigur" (S. 54), „eine gewaltige und gewalttätige Dame, das pompöse groteske Denkmal einer Dame" (S. 54). Doch hinter dieser Fassade verbirgt Messalina ihre schüchterne, zurückhaltende, unsichere Art (vgl. S. 161 f.). „Messalina stand allein, innerlich verschüchtert und äußerlich ein Denkmal, im Trubel." (S. 163) Auch ihre Zugehörigkeit zur gehobenen Klasse der Gesellschaft ist reine Plattitüde, wie der Erzähler betont: „ ‚Was für hemmungslose Menschen', dachte Messalina, ‚sie prügeln sich.' In Messalinas Haus wurde nur in ästhetisch schicklicher Weise nach gemessenem Ritus geschlagen." (S. 175) Auch zeugt ihr Umgang mit ihren Mitmenschen und das unerbittliche Bestreben, Frauen für die bevorstehende Party zu rekrutieren, von ihrer vulgären Art. „Du treibst es zu wenig, komm heut abend zu mir, ich geb' eine Party [...]" (S. 53), „Sie brauchte Frauen für den Abend, Mädchen, hübsche Mädchen für ihre Gesellschaft. [...] Wer sollte sich entkleiden? Nur die Epheben? Es gab auch noch Heterosexuelle. Ob man wieder Susanne aufforderte?" (S. 120)

Messalina und Alexander verkörpern somit ein Paar, welches mit der Realität nicht zurechtkommt und in den exzessiven Orgien und in der oberflächlichen Scheinwelt einen Ersatz gefunden hat, der weder Trost spendet noch Sinn bietet. Menschliche Nähe und das Aufgehobensein in einem sozialen Gefüge fehlen, welches auch die Tochter Hillegonda schmerzlich erfährt.

Da Alexander und Messalina in der Welt des Schauspiels und Scheins leben, eignet sich als vorbereitende Hausaufgabe folgende Aufgabenstellung:

> ■ *Stellen Sie sich vor, der Roman „Tauben im Gras" solle verfilmt werden. Sie sind mit der Besetzung der Rollen beauftragt und sollen eine erste Vorauswahl geeigneter Schauspieler treffen. Wem würden Sie die Rolle Messalinas/die Rolle Alexanders geben? Bringen Sie Bilder mit in den Unterricht und begründen Sie Ihre Wahl.*

Die Lernenden werden in der nächsten Stunde aufgefordert, der Reihe nach die Wahl „ihrer Schauspieler" vorzustellen und zu begründen. Die Bilder werden jeweils an die Tafel geheftet, um nachfolgend darauf zurückgreifen zu können. Zu erwarten ist, dass sich die Schülerinnen und Schüler bei ihrer Auswahl bereits auf charakteristische Beschreibungen der Figuren (Äußeres, Beruf, Charaktereigenschaften, Beziehungsprobleme etc.) beziehen. In einem nachfolgenden Auswertungsgespräch werden die zentralen Aussagen gebündelt und ggf. stichwortartig an der Tafel festgehalten.

> ■ *Was fällt Ihnen bei der Auswahl an Schauspielern auf?*
>
> ■ *Worin liegen Gemeinsamkeiten und Unterschiede?*
>
> ■ *Was erfahren Sie über den Charakter/das Leben der Figuren?*

Da dieses produktionsorientierte Verfahren primär die subjektiven Sichtweisen des Kurses widerspiegelt, ist es notwendig, diese Einschätzungen mithilfe des Romantextes genauer zu untersuchen und zu belegen. Denkbar ist an dieser Stelle eine arbeitsteilige Gruppenarbeit, gegebenenfalls kann die Lehrperson verbindliche Textstellen vorgeben (Alexander: S. 10, 119, 153, 225/Messalina: S. 53, 59 f., 104 f., 119 f., 161, 174 f.).

Die Aufgabenstellung lautet:

> ■ *Untersuchen Sie den Charakter und die Besonderheiten Messalinas oder Alexanders und halten Sie Ihre Ergebnisse in Form eines Schaubildes/Tafelbildes auf Folie fest.*

Exemplarisch stellen die Lernenden ihre Ergebnisse vor und es erfolgt ein vertiefendes Deutungsgespräch. In besonderer Weise sollte die Ambivalenz zwischen äußerer Fassade und innerer Empfindsamkeit der Figuren herausgestellt werden.

Messalina und Alexander

äußerlich	innerlich
• „das pompöse, groteske Denkmal"	• Unsicherheit, Schüchternheit
• „gewaltig und gewalttätig"	• Gefühl der Einsamkeit
• „erfolgreicher Erzherzog"	• Leere, Substanzlosigkeit des Daseins
• „Heldentum"	• Bedürfnis nach Ruhe und Einkehr
• Partys, Orgien, Rausch	

Leere und Sinnlosigkeit, welche durch oberflächliche Aktionen überdeckt werden

---

Als Hausaufgabe bietet es sich an, die Schülerinnen und Schüler exemplarisch einen Textauszug (vgl. S. 161/162) analysieren zu lassen, um im Hinblick auf Klausuren mehr Sicherheit zu erlangen. Als Hilfestellung kann das Arbeitsblatt dienen, welches zentrale Aspekte der Romananalyse darlegt (**Zusatzmaterial 3**, S. 228).
Folgende Aufgabenstellung ist denkbar:

> ■ *Analysieren Sie folgenden Textauszug im Hinblick auf die Figurendarstellung Messalinas: S. 161, Z. 9 – S. 162, Z. 10.*

Folgende Ergebnisse sind in diesem Zusammenhang zu erwarten: In dem Textauszug zeigt sich die Diskrepanz zwischen Messalinas äußerem Erscheinungsbild, ihrem Auftreten und ihrer inneren Unsicherheit. Auf der Ebene der äußeren Beschreibung dominieren folgende Nomen: „Denkmal" (S. 161, Z. 31), „Laster und Gemeinheit und Fleischesfülle" (Z. 30). Im Gegenzug dazu prägt die Repetition des Adjektivs „schüchtern" (Z. 26, 27, 28, 33, 35) die Darstellung ihres eigentlichen Charakters. Der Erzähler erläutert in diesem Zusammenhang rückblickend, wie es zu dieser Diskrepanz gekommen ist (vgl. Z. 19–35), und geht dabei auf frühkindliche Erfahrungen zurück. Auffällig ist, dass sich Messalina im Laufe ihres Lebens eine Art „Schutzpanzer" zugelegt hat, der ihre Befangenheit verdecken soll und auf ihre Mitmenschen extrem einschüchternd wirkt. Als Beispiel werden Dr. Behude und eine Vielzahl „Kleinkrimineller" genannt (vgl. S. 161, Z. 7f.). Es scheint, dass lediglich Susanne ihr Paroli bieten kann, da sie ihr ebenbürtig ist („Zwei Wolken des gleichen Parfüms", Z. 17f.). Doch ordnet auch Susanne sich – aus Angst vor Schlägen und um einer offenen Auseinandersetzung aus dem Weg zu gehen – unter (vgl. Z. 30–33), ihre Gedanken jedoch enthüllen ihre wahre Meinung über Messalina und zeigen, dass sie diese durchschaut hat: „‚meinst, du bist was Besseres als ich? ich möchte mich mit dir noch lange nicht vergleichen.'" (Z. 36f.) Messalina ist somit hinter ihrer Fassade ein von Selbstzweifeln geprägter Mensch und flieht in die Welt des Scheins und des körperlichen Rauschs, um ihren wahren Charakter zu vertuschen.

5.4 Die Utopie eines anderen Lebens – Carla und Washington Price

Ein sehr heterogenes Paar stellen im Roman Carla Behrend, die Witwe eines deutschen Soldaten, und Washington Price, der schwarze Besatzungssoldat aus Amerika, dar. Mit der Schwangerschaft Carlas kommt es zur Beziehungskrise und damit zu einer Zerreißprobe zwischen Schwarz und Weiß, zwischen Liebe und Geld, zwischen Realität und Utopie, zwischen Pessimismus und Optimismus.

Der Leser erfährt im Rückblick, dass sich Carla ihrer Gefühle anfangs unsicher ist, „Carla war [sich] ihres Gefühls nicht sicher und fragte sich ‚liebe ich ihn? liebe ich ihn wirklich? fremd, fremd aber ich bleibe ihm treu, treu das bin ich ihm schuldig, keinen andern'" (S. 49). Washington repräsentiert für sie Sicherheit, eine höhere Lebensqualität und die Erfüllung ihres sexuellen Begehrens: „Washington Price besorgte, beschaffte, brachte" (S. 49). Doch durch die Schwangerschaft gerät Carlas Welt ins Wanken, sie erkennt, dass es ein Fehler gewesen ist, sich mit Washington einzulassen, sie denkt daran, das Kind abtreiben zu lassen (vgl. S. 64f.).

„Die andere Welt, die schöne bunte Welt der Magazine, der mechanischen Küchen, der Fernsehapparate und der Wohnungen im Hollywoodstil, passte nicht zu diesem Kind [...] Carla zweifelte jetzt, ob sie die schöne Traumwelt der amerikanischen Magazine jemals erreichen würde. Es war ein Fehler gewesen, sich mit Washington zu vereinen, Carla war in den falschen Zug gestiegen." (S. 126f.) Hier zeigt sich, dass Carla entgegen der scheinbaren Offenheit, die sich in ihrer Beziehung manifestiert, ebenfalls Vorurteile gegenüber Schwarzen hat und aus Angst vor den rassistischen Reaktionen der Mitmenschen das ungeborene Kind ablehnt (vgl. S. 127).

Washington hingegen ist von Beginn an um Carla bemüht, erträgt ihre Gemütszustände und Vorwürfe und ist stets darauf bedacht, sie glücklich zu machen. Carla hingegen verstärkt sein Minderwertigkeitsgefühl und Bestreben, stets sein Bestes geben zu müssen: „Washington litt unter dieser Wohnung. Aber er konnte es nicht ändern. Carla fand keine anderen Zimmer. [...] Auch Carla litt unter der Wohnung, aber sie litt weniger unter ihr als Washington, dem sie unermüdlich versicherte, wie sehr sie leide, wie unwürdig das alles für sie sei, und das hieß unausgesprochen, wie sehr sie sich verschenke, wie tief sie sich herablasse, tief zu ihm, und dass er durch immer neue Liebe, neue Geschenke, neue Aufopferung es ein wenig gutmachen müsse, ein ganz klein wenig nur." (S. 85) Auch auf das zu erwartende Kind reagiert Washington mit Zustimmung, wodurch es zum Symbol der Hoffnung wird. Denn entgegen allen bisherigen Erfahrungen glaubt Washington an eine bessere Welt, in der es keine Ausgrenzung, keine Intoleranz und kein Misstrauen gibt (vgl. S. 61ff., 140). Damit stellt er eine Ausnahme im Figurenensemble dar, da ihn seine bejahende Lebenseinstellung von den meisten anderen Figuren abhebt. Dadurch gewinnt der Schwangerschaftsabbruch an Dramatik und es kommt zum Eklat. Carlas Wutausbrüche und Vorwürfe führen auch bei Washington kurzzeitig zum Zweifel, er empfindet eine Perspektiv- und Sinnlosigkeit des Daseins (vgl. S. 166). Doch Washington entschließt sich, für seine Beziehung und das Kind zu kämpfen, aus „Trotz", aus „Glaube an den Menschen", denn er „wollte das Band, das nun zu reißen drohte, das Band zwischen Weiß und Schwarz, nicht lösen, er wollte es fester knüpfen durch ein Kind, er wollte ein Beispiel geben" (S. 166). Sein unnachgiebiges Festhalten und die Wiederholung seiner Worte „Wir müssen uns lieben" überzeugen Carla letztendlich, sie löst sich von ihren Zweifeln und materiellen Sehnsüchten (vgl. S. 177f.). Das Paar scheint glücklich vereint und blickt zuversichtlich in die gemeinsame Zukunft.

Das Bestreben, alsbald in Frankreich ein gemeinsames Lokal zu eröffnen, verbindet beide. Sie träumen davon, an einem Ort zu leben, der frei von rassistischen Ressentiments ist. Diese Hoffnung konkretisiert sich in der Vorstellung vom Washington's Inn: „er träumt, und im Traum besitzt er ein kleines Hotel, eine nette gemütliche Bar, und *niemand ist unerwünscht* steht in einem Kranz von immer brennenden bunten Glühbirnen an der Tür geschrieben" (S. 63). Doch bleibt die Realisierung dieses Traumes in Deutschland eine Utopie, wie die Ereignisse vor dem Negerklub verdeutlichen. Sie zeigen, dass der Traum vom Washington's Inn zwischen Heiliggeistplatz und Böttcherplatz gegenwärtig nicht realisierbar ist (vgl. S. 217f.). Der Traum bleibt unweigerlich an das Land Frankreich und damit an die Grundsätze der Französischen Revolution, an das Versprechen von Freiheit, Gleichheit und Brüderlichkeit geknüpft. Der wertende Nachsatz des Erzählers, „aber sie konnten den Traum nicht töten, der stärker als jeder Steinwurf ist" (S. 218), offenbart, dass der Glaube an eine antirassistische Menschlichkeit Bestand hat. Inwiefern die Beziehung von Carla und Washington angesichts der aggressiven Wirklichkeit gelingen kann und sie ihren Traum realisieren können, bleibt offen.

Als vorbereitende Hausaufgabe erhalten die Schülerinnen und Schüler die Aufgabe, einen Gegenstand auszuwählen, der stellvertretend für Carla/Washington stehen könnte. Die Auseinandersetzung mit den Charakteren und die geforderte Abstraktion ermöglichen eine subjektive Annäherung an die beiden Figuren und eröffnen erste Deutungszusammenhänge. Die entstandene „Requisitenskulptur" kann als Ausgangspunkt für eine vertiefende Analyse der Beziehung zwischen Carla und Washington verwendet werden.

■ *Bringen Sie zur nächsten Stunde einen Gegenstand mit, der stellvertretend für Carla/Washington stehen kann.*

Die Lernenden werden zu Beginn aufgefordert, der Reihe nach ihre Gegenstände vorzustellen und begründet ihre Wahl darzulegen.

> „Ich habe stellvertretend für Carla ein Familienfoto mitgebracht, da Carla in ihrer Wohnung zahlreiche Bilder ihrer Familie hängen hat. Außerdem wird sie in ihrem Handeln und Denken stark von ihrer Familie beeinflusst. Ich habe ein Schild mitgebracht, da Washington den Traum hat, eine Bar zu eröffnen, an der sich das Schild ‚Niemand ist unerwünscht' befindet."

Im Anschluss an die Präsentation erfolgt eine erste Phase der Auswertung und Systematisierung. Dazu bietet es sich an, die Schülerinnen und Schüler ausgehend von den Gegenständen die beiden Figuren beschreiben zu lassen. Exemplarisch können die Texte der Lernenden im Anschluss vorgelesen werden.

■ *Betrachten Sie die Gegenstände. Was für einen Menschen sehen Sie? Notieren Sie Ihre Überlegungen und beginnen Sie mit dem Satz: „Ich sehe einen Menschen, der..."*

Als Nächstes wird der Blick vertiefend auf die Beziehung zwischen Carla und Washington gerichtet, indem ausgewählte Szenen gelesen und analysiert werden. Dazu erhalten die Schülerinnen und Schüler ein Arbeitsblatt (**Arbeitsblatt 28**, S. 154).
Da die beiderseitige Auseinandersetzung mit der Beziehung im Roman simultan verläuft, bietet es sich an, ein „Gefühlsbarometer" erstellen zu lassen. Aufgabe ist es, in Einzelarbeit sowohl für Carla als auch für Washington eine Kurve zu zeichnen, die den jeweiligen Stand der Gefühle gegenüber dem Partner/der Beziehung widerspiegelt. Die zwei Kurven sind demnach das Medium der Analyse und fixieren die individuellen Auswertungsergebnisse. Als Alternative ist aber auch ein textanalytisches Vorgehen denkbar, indem die entsprechenden Textstellen genauer untersucht werden.
Die Aufgabenstellung für die produktionsorientierte Einzelarbeit lautet:

■ *Lesen Sie die folgenden Textstellen und zeichnen Sie für jede Figur eine Kurve, die den jeweiligen Stand der Gefühle gegenüber dem Partner/der Beziehung widerspiegelt. Begründen Sie den Kurvenverlauf durch Beispiele und fügen Sie ggf. Zitate ein. Beziehen Sie sich auf folgende Textstellen:*
Carla Behrend: S. 64 ff., S. 112 ff., S. 126 f., S. 165 ff., S. 177 ff.
Washington Price: S. 46 f. S. 85–89, S. 117, S. 165 f., S. 202 f.

Mögliche Kurvenverläufe zeigt die folgende Grafik:

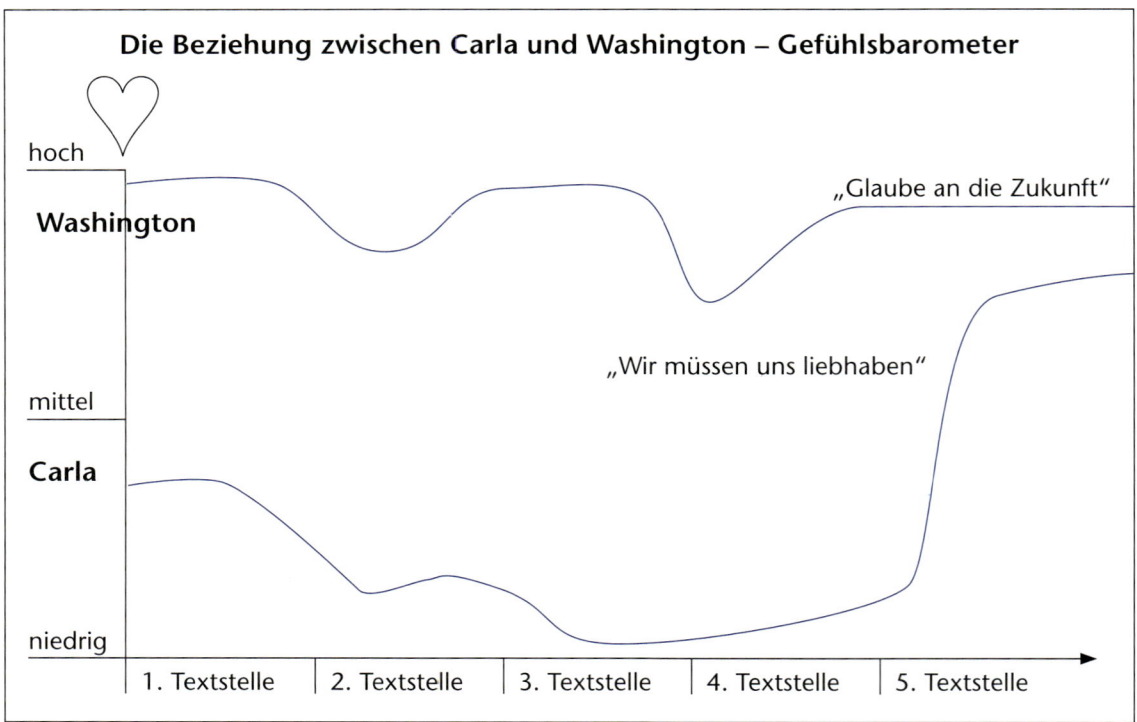

Es ist zu erwarten, dass es zu Abweichungen im Kurvenverlauf kommt. Der begründete Austausch über die Kurven ermöglicht somit eine tiefer gehende Deutung. Aus diesem Grund ist es sinnvoll, dass die Lernenden sich zunächst in Kleingruppen oder mit dem Sitznachbarn über ihre Ergebnisse austauschen. Für die Auswertung im Plenum kann ein Diagramm auf OHP-Folie kopiert werden. Der/die Lernende trägt seine Lösung vor, alternative Kurvenverläufe können ggf. eingezeichnet und erörtert werden. Im Anschluss erfolgt ein Unterrichtsgespräch, wobei folgende Aspekte relevant sind: die unterschiedlichen Gefühle der Partner, ihre Beweggründe, an der Beziehung festzuhalten, und der Glaube an die gemeinsame Zukunft. Dabei ist der utopische Charakter des gemeinsamen Traums zentral, welcher sich in der Szene vorm Negerklub offenbart (vgl. S. 217/218). Die Frage, inwiefern die Beziehung von Carla und Washington in einer von Rassenhass und Vorurteilen geprägten Welt Bestand haben kann, sollte mit den Lernenden abschließend diskutiert werden. Mögliche Impulse für ein Gespräch können sein:

■ *Fassen Sie die Ergebnisse zusammen. Was spiegeln die Kurvenverläufe wider?*

■ *Was bringt Carla und Washington jeweils dazu, an der Beziehung festzuhalten?*

■ *Welche Rolle übernimmt das ungeborene Kind dabei?*

■ *Wie beurteilen Sie die Zukunftsfähigkeit der Beziehung? Welche Rolle spielen dabei die rassistischen Übergriffe auf den Negerklub?*

5.5 Der gelebte Traum – Herr Behrend und Vlasta

Den Abschluss dieser Einheit zu den Paaren bildet die nähere Betrachtung von zwei Figuren, die ihren Traum vom Glück tatsächlich leben und ihn nicht nur als Möglichkeit oder individuellen Wunsch denken: Herr Behrend und Vlasta. Auffällig ist, dass diese beiden Figuren als Einzige vom Erzähler als dauerhaft „glücklich" (S. 194) charakterisiert werden, wobei er ihr „Geheimnis" (S. 194) enthüllt: „sie hatten sich jeder gegen die eigene Umwelt und ihre Anschauung gestellt, und sie hatten den Kreis des Vorurteils, der sie einengen wollte, gesprengt." Die Selbstbehauptung gegen alle Widrigkeiten hat das Paar somit gestärkt und näher zusammengeführt. Die anfänglich noch rein sexuelle Beziehung verändert sich, das Gefühl von „Liebe" setzt sich immer mehr durch. „Der Obermusiklehrer liebte Vlasta. Er hatte sich erst gegen die Liebe gewehrt [...]. Aber dann hatte er sie geliebt, und die Liebe hatte ihn verwandelt. Sie hatte nicht nur ihn verwandelt, sie hatte auch das Mädchen verwandelt, auch das Mädchen war eine andere geworden." (S. 194)

Herr Behrend, der sein Leben radikal verändert hat, blickt nicht in die Vergangenheit zurück; er hadert nicht mit seiner Entscheidung, stellt sie nicht in Frage. Er ist glücklich, da die Beziehung zu Vlasta ihm Erfüllung schenkt. Auch Vlasta hat ihr ehemaliges Leben aufgegeben und findet das ersehnte Glück in der Beziehung: „sie fühlten sich beide losgelöst, sie waren frei, sie waren glücklich." (S. 194) In besonderer Weise verbindet die beiden zudem ihre gemeinsame Vergangenheit, da Vlasta sich dem allgemeinen Handeln und Denken widersetzt und Herrn Behrend, einen deutschen Wehrmachtssoldaten, versteckt hat. Dieser Einsatz hat ihm das Leben gerettet; somit sind bedingungsloses Vertrauen und gegenseitiges Beschützen die Basis ihrer Beziehung.

Auffällig ist, dass Herr Behrend bei der Begegnung mit seiner Tochter Carla und ihrem Freund Washington seine bestehenden Vorurteile überwindet und auf das Urteil seiner Tochter vertraut: „Der Neger war wohl ein guter Mensch, wenn Carla mit ihm lebte." (S. 202) So lässt sich hier eine der wenigen Szenen im Roman finden, in denen Menschen sich aufrichtig und ehrlich begegnen. „Sie waren Menschen. Menschen dachten anders. [...] Sie waren alle drei verlegen. Aber sie dachten nichts Böses voneinander." (S. 202) Die beiden sind nicht wie Washington und Carla aufgrund ihrer Hautfarbe Anfeindungen ausgesetzt. Doch es zeigt sich, dass es Herrn Behrend und Vlasta grundlegend leichter fällt, sich Widerständen entgegenzustellen und sich von Vorurteilen zu lösen. Jedoch leben Herr Behrend und Vlasta zurückgezogen von der Gesellschaft, weshalb sie persönlichen Anfeindungen entgehen können. Der entscheidende Unterschied zu Carla und Washington zeigt sich allerdings in ihrer echten Liebe und bedingungslosen Zuneigung. Damit stellt dieses Paar im Roman die Ausnahme dar, da es eine gelungene und ehrliche Beziehung führt, die nicht bloß Utopie oder Wunsch bleibt.

Diese beiden Menschen sind in der Lage, sich der Einsamkeit zu widersetzen und sich dem Leben und ihrer Liebe zu stellen. Sie verkörpern eine positive Idee vom Leben und menschlichem Dasein, die der Leser bei allen anderen Figuren vermisst, da es die gescheiterten Figuren sind, auf die Koeppen seinen Blick richtet. Diese beiden Figuren, die offenbar beiläufig in die Romanhandlung eingebaut werden und Nebenfiguren darstellen, bieten dem Leser einen Hoffnungsschimmer in der sonst durchweg pessimistischen und aussichtslosen Welt.

Der Einstieg in die Erarbeitung erfolgt über ein Zitat des Literaturkritikers Marcel Reich-Ranicki. Die Äußerung wird auf Folie kopiert und dem Kurs als stummer Impuls präsentiert. Ausgehend von der These, dass der Roman die gescheiterten Menschen in den Mittelpunkt rückt und es lediglich zu „äußeren Begegnungen" kommt, stellt sich die Frage, inwiefern sich im Roman überhaupt positive Lebensentwürfe finden lassen. Zu erwarten ist, dass die Schülerinnen und Schüler neben Carla und Washington auch Herrn Behrend und Vlasta nennen, sodass zu einer weiterführenden Erarbeitung übergeleitet werden kann.

■ *Wie beurteilen Sie die Einschätzung Marcel Reich-Ranickis?*

■ *Bietet der Roman positive Lebensentwürfe? Lassen sich Beispiele für umfassenderes, d. h. längerfristiges Glück finden?*

> „Und da Koeppens Gestalten auf der Flucht vor sich selbst sind, von Lebensangst gepeinigt, können sie nie zueinander kommen. Sie sind nicht imstande, ihre Einsamkeit zu durchbrechen, auch wenn sich ihre Wege hier und da kreuzen. Denn es sind bestenfalls nur äußerliche Begegnungen. Die Menschen bleiben sich fremd, sie leben nicht miteinander, sie existieren nur nebeneinander."
>
> *Marcel Reich-Ranicki*

Aufgrund der Kürze des relevanten Textauszuges bietet es sich an, den Auszug unter der Fragestellung, welche Vorstellung von Glück zum Ausdruck kommt, gemeinsam lesen zu lassen (S. 193 ff.). Im Anschluss werden zentrale Aspekte an der Tafel festgehalten.

■ *Worin besteht für Herrn Behrend und Vlasta Glück?*

■ *Was verbindet die beiden?*

■ *Was unterscheidet sie von den anderen Paaren?*

Herr Behrend und Vlasta

- Leben mit dem Partner bedeutet für sie Glück
- gemeinsame Behauptung gegen die Widerstände der Mitmenschen/Gesellschaft vereint das Paar
- Zulassen der eigenen Gefühle
- Lossagen vom bisherigen Leben/der Vergangenheit
- wahre Gefühle und bedingungslose Akzeptanz

→ sie stehen zum Partner, zu ihrer Liebe/

→ positiver Lebensentwurf

Der Bezug zur Gegenwart und eigenen Vorstellung von Glück lässt sich mithilfe eines Liedes von Herbert Grönemeyer herstellen: „Glück" (Album: „Was muss muss – Best of, 2003). Falls das Lied nicht vorgespielt werden kann, erhalten die Schülerinnen und Schüler lediglich den Text. Dieser ist problemlos im Internet greifbar, ebenso eine Tonversion (Youtube).
Der Song bringt die Erfahrung von bedingungsloser Liebe und das Erleben von Glück, welches hier fraglos an den Partner geknüpft ist, zur Sprache: „Was immer du denkst, wohin ich führe, wohin es führt, vielleicht nur hinters Licht. Du bist ein Geschenk, seit ich dich kenne, seit ich dich kenne, trag' ich Glück im Blick."
Auf der einen Seite ist der Transfer zu der im Roman geschilderten Beziehung von Herrn Behrend und Vlasta aufschlussreich, auf der anderen Seite eröffnet der Song aber auch eine persönliche Auseinandersetzung mit dem Thema.

■ *In welchem Bezug steht der Songtext zu Koeppens Roman?*

■ *Welche Auffassung von „Glück" kommt im Song zum Ausdruck?*

■ *Erläutern Sie Ihre eigene Vorstellung von „Glück".*

Da der Austausch über individuelle Vorstellungen von „Glück" eher schwierig ist, erscheint es sinnvoll, ein kreatives Verfahren zu wählen, welches den Schülerinnen und Schülern den Raum bietet, ihre eigenen Vorstellungen zum Ausdruck zu bringen. Dabei sind verschiedene Verfahren denkbar:

■ *Suchen Sie weitere Texte oder moderne Gedichte, in denen das Thema „Glück" thematisiert und reflektiert wird, oder verfassen Sie einen eigenen literarischen Text, wie zum Beispiel eine Kurzgeschichte, einen Essay, eine Fabel etc.*

Alternative:

■ *Erstellen Sie eine Text-Bild-Collage, in der Sie Ihre individuelle Auffassung von „Glück" umsetzen.*

5.6 Das Verstummen der Künstler – Philipp und Edwin

Im letzten Abschnitt dieses Bausteins sollen die beiden Künstlerfiguren Philipp und Edwin im Mittelpunkt stehen. Anknüpfend an die Besprechung des „Figurenkabinetts" und deren Ergebnisse aufgreifend und vertiefend werden das künstlerische Selbstverständnis der Schriftsteller und ihre Einstellung zur Gegenwart genauer untersucht.

Die beiden Figuren verbindet zunächst einmal ihre Berufung: die schriftstellerische Existenz. Gemeinsam ist ihnen ebenso die Neigung zur dauerhaften Reflexion über den Zustand der Welt sowie über ihr eigenes Handeln und Versagen in dieser. Beide Intellektuelle leiden an der Zeit und an den gesellschaftlichen Umständen und werden geplagt von Zweifeln an der Sinnhaftigkeit der eigenen Existenz. Trotz der skizzierten Gemeinsamkeiten unterscheiden sie sich in wesentlichen Punkten. So findet Edwin in der christlich-abendländischen Kultur eine (fragile) Grundlage für sein Handeln, die für Philipp kein sinnstiftendes Angebot mehr darstellt.

Philipp, „der Verfasser eines im Dritten Reich verbotenen und nach dem Dritten Reich vergessenen Buches" (S. 55 f.), hat die Fähigkeit zu schreiben eingebüßt; er empfindet sich selbst als nutzlos: „‚unfähig, feige, überflüssig bin ich: ein deutscher Schriftsteller'" (S. 57 f.). Seine Sprach- und Schreibkrise manifestiert sich darin, dass ihm die Fähigkeit abhanden gekommen ist, seine Rolle als Beobachter der Zeit wahrnehmen zu können, da ihm angesichts der gesellschaftlichen Wirklichkeit „schwindlig wurde […] und er gar nichts beobachten konnte" (S. 21). Geschichte, aber auch Gegenwart, mit der er nicht mehr zurechtkommt, erscheinen ihm als sinnlos und als nicht zu ordnende Elemente, was u. a. durch die eingesetzte Meeresmetaphorik zum Ausdruck kommt: Er sah „schließlich nur ein Wogen […], in dem einige Jahreszahlen wie Signale aufleuchteten, schon nicht mehr natürliche Zeichen, künstlich listig errichtete Bojen in der Zeitsee, schwankendes Menschenmal auf den ungebändigten Wellen" (S. 21 f.). Die Zeichen, die Philipp noch deuten kann, lähmen seine Handlungsfähigkeit und machen ihm das Schreiben unmöglich: „und schon sah er mit Grauen, wie der verfluchte Schauplatz, den er nicht verlassen konnte, vielleicht auch nicht verlassen mochte, für ein neues blutiges Drama hergerichtet wurde" (S. 104). Vor dem Hintergrund seines nihilistischen Grundgefühls erweisen sich die ihm unterbreiteten Angebote einer bürgerlichen Existenzform in seinen Augen als nichtig: Philipp kann weder als Autor für einen neuen „*Erzherzog*-Film" (vgl. S. 56) noch als Vertreter für einen Patentkleber (vgl. S. 56 ff.) arbeiten, denn die Scherben seiner erlebten Welt sind dermaßen zersplittert, dass sie sich mit keinem Mittel mehr zu einem sinnreichen Ganzen *zusammenkleben* lassen. Seine geistige Isolation und sein selbstgewähltes Außenseitertum spiegeln sich in seiner Beziehung zu anderen Menschen wider. Eine mündliche Verständigung im Sinne einer gelungenen Kommunikation über elementare Dinge des Lebens ist für ihn angesichts der gesellschaftlichen Wirklichkeitserfahrungen genauso unmöglich geworden wie der Akt des Schreibens, denn „er hatte [das Zauberwort] vergessen. Er hatte nichts zu sagen. Er hatte den Leuten [...] nichts zu sagen" (S. 57). Sein sprachliches Handeln bleibt im Roman so im Wesentlichen gebunden an seine Gedanken und Reflexionen, die der Erzähler in unterschiedlichen Darbietungsformen vorstellt. Da, wo es sich in der Wirklichkeit manifestiert bzw. manifestieren könnte, verstummt der Schriftsteller und ergreift die Flucht: Seine eigenen aufgezeichneten Worte erschrecken ihn (vgl. S. 59), sein eigentliches Werkzeug, die Schreibmaschine, erlebt er schließlich sogar als Bedrohung (vgl. S. 56). Auch die therapeutischen „Gespräche" in der Praxis Behudes, bei denen Philipp sehnsüchtige Erinnerungen an seine Kindheit und den Schnee in Masuren tagtraumhaft wachruft, zeugen vom gegenseitigen Missverstehen der Figuren. Behudes Suggestion „Sie träumen. Sie träumen. nur angenehme Träume" (S. 146) gehen somit auch ins Leere, da sie den Ursachen der „Melancholie", das Leiden an einer entfremdeten, sinnentleerten Welt, nicht gerecht werden können.

Bereits im ersten Erzählsegment, in dem Philipp auftaucht (vgl. S. 15 ff.), wird die Grundproblematik der verzweifelten Figur deutlich konturiert. Die geschilderte Umgebung evoziert eine düstere Atmosphäre, wobei sowohl Mensch, Natur und Stadt durch Bilder des Verfalls und Todes charakterisiert werden: Der Wirt des Hotels, in das Philipp vor Emilia geflüchtet ist, hat „kalte[n], todbittere[n] Augen", die Mondgöttin erscheint als „Leichenstarre" (S. 16), die Stadt als „schmutzige Flut" (S. 16). Die Dämonisierung der Umgebung spiegelt das innere Erleben der Figur wider: ihre Schuldgefühle – mythologisch versinnbildlicht durch „Die Flügel der Erinnyen" (S. 15) –, ihre Verzweiflung und existenzielle Angst. Die Unmöglichkeit der Glückserfahrung in einer sinnentleerten Welt wird dabei symbolisch in Form einer pulsierenden Reklamebeleuchtung verdichtet: „ein Kleeblatt entfaltete sich über Philipp und entwischte" (S. 15, vgl. auch S. 227).

Dem in der Öffentlichkeit unbekannten Schriftsteller Philipp steht Mr. Edwin, ein berühmter amerikanischer Dichter, gegenüber. Edwin ist in die deutsche Stadt gekommen, um am Abend einen Vortrag im Amerikahaus über die „Unsterblichkeit [...], über die Ewigkeit des Geistes, die unvergängliche Seele des Abendlandes" (S. 44) zu halten. Im Gegensatz zu Philipp, der als „Gefühlskommunist" (S. 152) „immer auf der Seite der Armen" (ebd.) steht, trifft Edwin „im Gefährt der Reichen auf der Seite der Reichen" (S. 43) in der Stadt ein. Seine Gefühlslage sowie die Umstände seiner Ankunft deuten aber bereits von Beginn an auf das Scheitern und das tragische Ende der Figur hin: „Er fühlte sich müde [...] Er schaute entmutigt in den trüben Tag, entmutigt in die fremde Straße" (S. 43). Darüber hinaus ist es von Beginn an die vorausdeutende Motivik des Todes, die seinen Weg durch die Stadt begleitet: Der luxuriöse Cadillac wird zum „schwarzglänzenden Sarg" (S. 43, vgl. auch S. 45), der Frankenwein „schmeckte nach Gräbern" (S. 106), die Mädchen in der Wäschekammer schwingen „Totentücher" (S. 110). Die Befürchtung „Vielleicht würde er in dieser Stadt sterben" (S. 45) wird so auch am Ende des Romans erfüllt, als ihm das „Verfallensein an die Schönheit" (S. 224), die er in vier Strichjungen zu entdecken meint, zum Verhängnis wird. Sie erschlagen ihn kurzerhand, um an sein Geld zu kommen.

Der die Figur einführende 22. Abschnitt (S. 43 ff.) ist als Wechsel von Erzählerbericht und Figurenrede (in Form der erlebten Rede) gestaltet. Die Häufung rhetorischer Fragen offenbart von Anfang an die Zweifel, welche die Figur bewegen: „Kam er mit einer Botschaft, brachte er Trost, deutete er das Leid? [...] Sollte er nicht schweigen? [...] was sollte er ihnen sagen?" (S. 44 f.) Besonders schockiert ist Edwin angesichts der Geschwindigkeit, mit der die materiellen Spuren des Krieges bereits wieder beseitigt (vgl. S. 45) und die „Furcht und Trauer" in die „Keller verbannt" (S.110) worden sind. Aufgrund des Werteverlustes, der sich für ihn auch in der zunehmenden Technisierung widerspiegelt, befürchtet er den geistigen Verfall und sieht die Stadt am „Abgrund" (S. 109) in einer gefährlichen „Balance" (ebd.) schweben, wobei er die weitere Entwicklung der Stadt noch als einen offenen Prozess beschreibt: „sie konnte ins Alte und immerhin Bewährte, sie konnte ins Neue und Unbekannte schwanken, konnte der überlieferten Kultur treu bleiben, doch auch in vielleicht nur vorübergehende Kulturlosigkeit absinken, vielleicht als Stadt überhaupt verschwinden, vielleicht ein Massenzuchthaus werden, in Stahl, Beton und Übertechnik die Vision des fantastischen Gefängnisses von Piranesi erfüllen" (S. 109).

Insgesamt herrscht in den Gedanken Philipps ein zweifelnder bis resignativer Grundton vor; Gefühle der Freiheit und des Glücks sind für ihn – wenn überhaupt – an den Augenblick, die *„heure bleue"* (S. 168), gebunden. Im Wesentlichen gilt für Edwin das Gleiche, obwohl er in seinem Redemanuskript noch eine menschliche Sinnstiftung in der Tradition einer christlich-abendländischen Humanität beschwört. Den Glauben an die Macht seiner Botschaft hat auch er angesichts der gesellschaftlichen Wirklichkeit weitgehend verloren: „Seine Botschaft war kalt, sein Wissen war erlesen [...] er kam mit leeren Händen, ohne Gabe, ohne Trost, keine Hoffnung" (S. 44 f.).

Die Persönlichkeitsstrukturen und Einstellungen der Künstlerfiguren werden im Rahmen einer arbeitsteiligen Gruppenarbeit untersucht. Alternativ sind auch eine zunächst getrennte Betrachtung der Figuren und ein anschließender Vergleich Philipps und Edwins möglich. Die Grundlage der arbeitsteiligen Gruppenarbeit bilden folgende Arbeitsaufträge. Die Ergebnisse halten die Gruppen auf einer Folie fest, um sie anschließend strukturiert präsentieren zu können:

■ *Erarbeiten Sie eine Charakterisierung Philipps und untersuchen Sie seine Einstellung zur Wirklichkeit. Untersuchen Sie auch die sprachliche und erzählerische Gestaltung der Auszüge. Berücksichtigen Sie folgende Textstellen: Abschnitt 5 (S. 15, Z. 17 – S. 17, Z. 3) und Abschnitt 7 (S. 20, Z. 20 – S. 22, Z. 4).*
Beginnen Sie Ihre Präsentation mit einer kurzen inhaltlichen Zusammenfassung.

■ *Erarbeiten Sie eine Charakterisierung Philipps und untersuchen Sie seine Einstellung zur Wirklichkeit. Untersuchen Sie auch die sprachliche und erzählerische Gestaltung des Auszugs. Legen Sie folgende Textstelle zugrunde: Abschnitt 29 (S. 55 – 59)*
Beginnen Sie Ihre Präsentation mit einer kurzen inhaltlichen Zusammenfassung.

■ *Erarbeiten Sie eine Charakterisierung Edwins und untersuchen Sie seine Einstellung zur Wirklichkeit. Untersuchen Sie auch die sprachliche und erzählerische Gestaltung des Auszugs. Gibt es Motive, die bereits auf kommendes Geschehen hindeuten?*
Legen Sie folgende Textstelle zugrunde: Abschnitt 22 (S. 43, Z. 20 – S. 45, Z. 33)
Beginnen Sie Ihre Präsentation mit einer kurzen inhaltlichen Zusammenfassung.

■ *Erarbeiten Sie eine Charakterisierung Edwins und untersuchen Sie seine Einstellung zur Wirklichkeit. Untersuchen Sie auch die sprachliche und erzählerische Gestaltung des Auszugs. Gibt es Motive, die bereits auf kommendes Geschehen hindeuten?*
Legen Sie folgende Textstelle zugrunde: Abschnitt 42 (S. 106, Z. 4 – 110, Z. 13)
Beginnen Sie Ihre Präsentation mit einer kurzen inhaltlichen Zusammenfassung.

Anschließend können einige Stichpunkte als Zwischenergebnisse zusammengefasst und vergleichend gegenübergestellt werden. Ausgehend von den Deutungen der Lernenden ist das Tafelbild entsprechend zu modifizieren. Mögliche Impulse für ein bündelndes Gespräch im Anschluss an die Präsentation können folgende sein:

- Beschreiben Sie zusammenfassend Gemeinsamkeiten und Unterschiede der Figuren.
  - Charakterisieren Sie vergleichend das jeweilige Selbstbild der Schriftsteller.
  - Verdeutlichen Sie die Ängste der Figuren. Woran leiden die Figuren?
  - Wie nehmen die Figuren ihre Gegenwart wahr?
  - Woran orientieren sich die Figuren in ihrem Denken?

Die Künstlerfiguren Philipp und Edwin

Philipp	Edwin
• Erfolgloser, schreibunfähiger Schriftsteller	• Erfolgreicher, berühmter Schriftsteller
• Entfremdung von seinen Mitmenschen Erfahrungen der Dissoziation	• Unsicherheit, Zweifel, Selbstinszenierung, Erschrecken vor der Wirklichkeit
• Geschichte als sinnentleerter Prozess	• Offenheit des historischen Prozesses
• Sinnlosigkeit der menschlichen Existenz, Entwertung aller Werte	• Rettung auf der Basis der christlich-humanistischen Werte noch möglich
Resignation/Pessimismus	Melancholie, aber noch Hoffnung

Die Begegnung der schweigenden Seher

Viele der Figuren des Romans begegnen dem Leser mittels intertextueller Anspielungen in wechselnden Gestalten. Dabei werden entweder durch den Erzähler oder die Figuren selbst häufig Bezüge zu anderen literarischen Werken oder Figuren aus der Mythologie hergestellt. Auf diese Weise sind in den Roman viele andere Texte *eingeschrieben*. So changiert z.B. Emilias Identität zwischen Dr. Jekyll und Mr. Hyde oder Orphelia (vgl. z.B. S. 152, 173, 225), Susanne erscheint als Kirke, als Nausikaa oder Sirene (vgl. z.B. S. 157). Neben diesem Spiel mit wechselnden Identitäten findet sich im Roman auch die Verwechslung der Identitäten. Beispielhaft hierfür ist Philipps Situation in der Lobby des Hotels, als er zunächst für Edwin selbst gehalten wird, anschließend für seinen Sekretär und schließlich für seinen Freund, obwohl er den amerikanischen Dichter gar nicht persönlich kennt. Die groteske Situation bereitet eine andere vor, in der das Doppelgängermotiv erneut aufgegriffen wird. So kommt es im Hof des Hotels, auf den sich die beiden Schriftsteller geflüchtet haben, zu einem weiteren Irrtum: Edwin hält Philipp „für sein Spiegelbild, für seinen Doppelgänger" (S. 111). Der Textauszug (vgl. S. 111, Z. 4 – S. 112, Z. 21), der sich in der Mitte des Romans befindet, wird im Unterricht in mehreren Schritten differenziert analysiert, wobei zunächst die Wahrnehmungstäuschung und anschließend das Misslingen der Kommunikation zwischen den beiden Figuren im Mittelpunkt stehen.
Der Einstieg erfolgt über ein kurzes Wahrnehmungsexperiment (**Zusatzmaterial 4**, S. 229). Die Lehrperson kopiert die Abbildung auf eine Folie und zeigt sie den Schülerinnen und Schülern für einen kurzen Augenblick.

- Beschreiben Sie ihre Wahrnehmung.

Die Schülerinnen und Schüler werden unterschiedliche Dinge sehen oder assoziieren; einige werden im Vordergrund einen Dalmatiner erkennen, andere eventuell im Hintergrund eine kniende Figur.[1]

Im Anschluss an das Wahrnehmungsexperiment wird dieses ausgewertet:

- ■ *Was ist durch das Experiment deutlich geworden?*
- ■ *Worin liegt begründet, dass wir unterschiedliche Eindrücke haben?*

Durch das Experiment wird deutlich, dass die Interpretation unserer Umwelt subjektiv unterschiedlich ausfällt, dass wir aber bemüht sind, dem Wahrgenommenen einen „Sinn" zu geben, und das gilt auch für eine zufällige Ansammlung von schwarzen Flächen auf einem weißen Untergrund.

Die Ursachen für die unterschiedlichen individuellen Interpretationen liegen letztlich im Betrachter selbst begründet; unsere Gefühle, Stimmungen, Erfahrungen sowie unser Unterbewusstsein steuern in gewisser Weise auch unsere Wahrnehmung der Welt.

Im Anschluss an die Auswertung des kleinen Experiments werden die Ergebnisse mit Edwins irrtümlicher Wahrnehmung in Verbindung gebracht. Der kurze Textauszug kann im Unterricht vorgelesen werden: von „Edwin stand nun im Hof…" (S. 111, Z. 4) bis „‚vielleicht wird er mir sagen, was ich bin'" (S. 111, Z. 21 f.). Das Deutungsgespräch kann im Anschluss an eine kurze inhaltliche Einordnung des Auszugs durch folgende Impulse gesteuert werden:

- ■ *Beschreiben Sie die Stimmung, in der sich Edwin befindet.*
- ■ *Worin könnten die Gründe für Edwins Sinnestäuschung liegen?*
- ■ *Wie beschreibt Edwin seinen „Doppelgänger"? Was sagt er damit über sich selbst aus?*
- ■ *Woher weiß Edwin, dass Philipp Schriftsteller ist?*
- ■ *Welche Hoffnungen knüpft Philipp an Edwin?*

Als mögliche Ursachen für die Täuschung können zum einen sicher die Aufregung, Unsicherheit und Angst Edwins angenommen werden, zum anderen spiegeln sich in dem Irrtum auch die Fragwürdigkeit seiner eigenen Existenz, die eigene gebrochene Identität wider. In dem Gegenüber erkennt er sich selbst: „eine sympathisch-unsympathische Erscheinung" (S. 102 f.). Eventuell können die Ergebnisse des fragend-entwickelnden Unterrichtsgesprächs an der Tafel festgehalten werden, wobei unterschiedliche Deutungen angemessen berücksichtigt werden sollten:

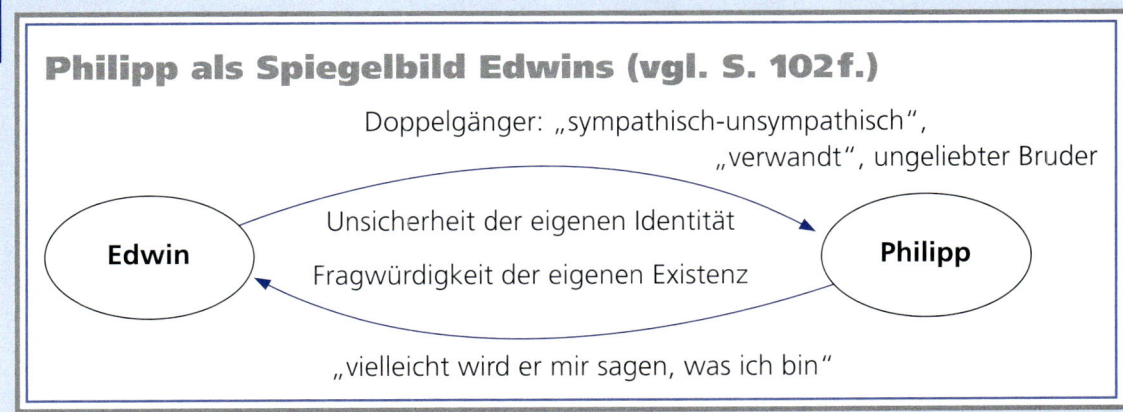

Philipp als Spiegelbild Edwins (vgl. S. 102 f.)

Doppelgänger: „sympathisch-unsympathisch", „verwandt", ungeliebter Bruder

Edwin — Philipp

Unsicherheit der eigenen Identität
Fragwürdigkeit der eigenen Existenz

„vielleicht wird er mir sagen, was ich bin"

---

[1] Die Abbildung zeigt eine zufällige Anordnung von weißen und schwarzen Flächen. Der „Dalmatiner" oder etwas völlig anderes „entstehen" erst im Auge des Betrachters.

Die Gedanken Philipps am Ende des Auszugs leiten über zu folgendem Schreibauftrag, der in Partnerarbeit bearbeitet wird:

■ *Philipp denkt daran, Edwin anzusprechen. Stellen Sie sich vor, Philipp habe das unerwartete Zusammentreffen mit Edwin tatsächlich zu einem Gespräch genutzt. Überlegen Sie zunächst, worüber die beiden Schriftsteller sprechen könnten (z. B. den bevorstehenden Vortrag Edwins, ihr Kunstverständnis, ihre Wahrnehmung der Stadt und Gesellschaft etc.).*
Schreiben und spielen Sie diesen Dialog.

Da die beiden Figuren unfähig sind, miteinander ein Gespräch zu führen, stellt sich anschließend die Frage, worin die Ursachen für ihr Schweigen liegen.

■ *Lesen Sie die Fortsetzung des Auszugs (S. 111, Z. 22 – S. 112, Z. 21) und untersuchen Sie, warum es den Schriftstellern nicht gelingt, einen wirklichen Kontakt zueinander herzustellen und ein Gespräch zu führen.*
Beachten Sie dabei auch, welches Bild vom jeweils anderen die beiden Künstler haben.

Weder Philipp noch Edwin sind in der Lage, spontan und ungezwungen auf die Situation zu reagieren. Zwar haben beide durchaus den Wunsch, miteinander zu sprechen, doch bleiben sie so sehr in der Welt ihrer eigenen Reflexionen gefangen, dass eine Kontaktaufnahme unmöglich wird. Philipp empfindet die Situation als „lächerlich" (S. 111) und weicht zurück und Edwin, der – gefangen in der Welt seiner eigenen Eitelkeit – in Philipp zunächst einen potenziellen „Verehrer" oder „Jünger" vermutet, erkennt in seinem Gegenüber schließlich sich selbst, womit das Doppelgängermotiv indirekt wieder aufgenommen wird: „der eigene Zweifel, die eigene Trauer, die eigene Sorge standen dem andern im Gesicht geschrieben" (S. 112). Der Gedanke, mit dem anderen Dichter über dessen Werk zu sprechen, kommt Edwin gar nicht in den Sinn. Obwohl oder gerade weil sich die beiden Dichter so ähnlich sind, müssen sie schließlich schweigen und sich „meiden" (S. 112). Das Entsetzen vor dem eigenen Selbst macht die Kommunikation unmöglich.

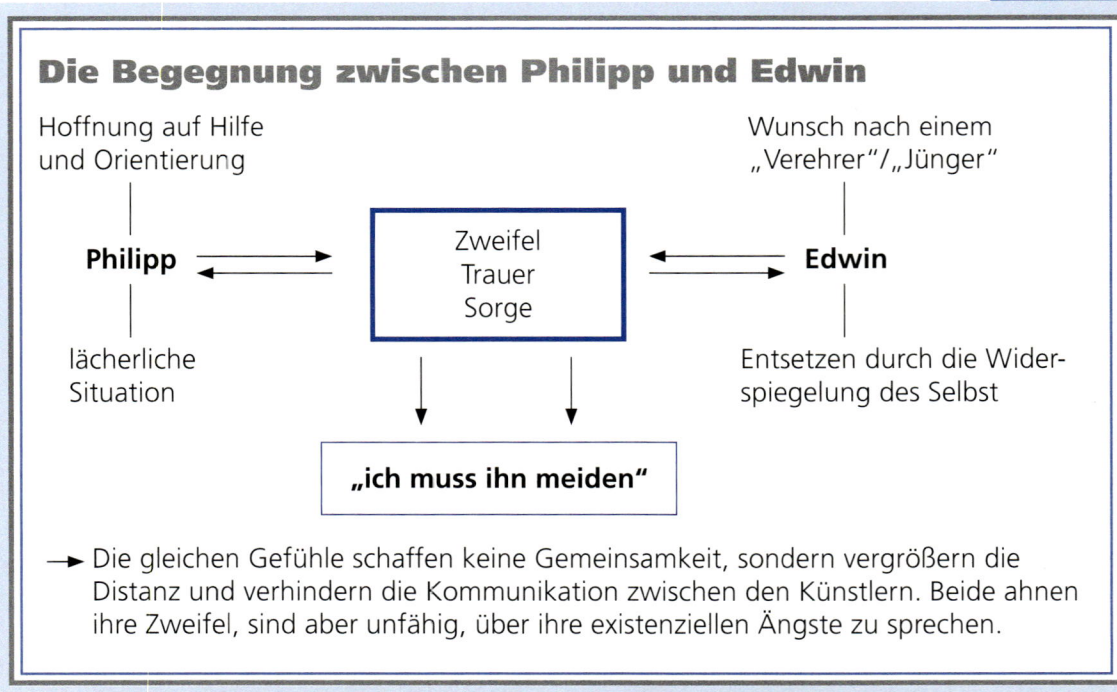

Die Begegnung zwischen Philipp und Edwin

Hoffnung auf Hilfe und Orientierung → **Philipp** → Zweifel / Trauer / Sorge ← **Edwin** ← Wunsch nach einem „Verehrer"/„Jünger"

lächerliche Situation

Entsetzen durch die Widerspiegelung des Selbst

„ich muss ihn meiden"

→ Die gleichen Gefühle schaffen keine Gemeinsamkeit, sondern vergrößern die Distanz und verhindern die Kommunikation zwischen den Künstlern. Beide ahnen ihre Zweifel, sind aber unfähig, über ihre existenziellen Ängste zu sprechen.

Edwins Vortrag im Amerikahaus: Kultur als Geräusch

Am Ende des Romans werden nahezu alle Figuren an zwei Schauplätzen in der Stadt zusammengeführt. Die abendlichen Ereignisse auf dem Böttcherplatz zwischen Bräuhaus und „Negerklub" (vgl. Baustein 3.2) und im Amerikahaus werden dabei simultan dargestellt. Die Kontrastmontage der beiden Handlungsstränge verstärkt die groteske Gesamtsituation: Während Edwin über die christlichen Werte des Abendlandes spricht, herrschen nur wenige Straßen entfernt dumpfe Gewalt und Pogrombereitschaft.

Auch der Vortrag im Saal des Amerikahauses, „ein Führerbau des Nationalsozialismus" (S. 221) und seine Begleitumstände haben deutlich groteske Züge. Die meisten der Zuhörer sind erschienen, um sich bei einem gesellschaftlichen Ereignis zu präsentieren. Sie haben weder Interesse an dem Inhalt des Vortrags noch erhoffen sie sich von dem amerikanischen Dichter ernsthaft eine geistige Orientierung in der schwierigen Phase im Nachkriegsdeutschland. Die meisten der Anwesenden schlafen bereits kurz nach Beginn der Rede ein, aber auch die mit dem Schlaf Ringenden bemühen sich erst gar nicht, den Worten Edwins zu folgen, sondern sind gedanklich mit völlig anderen Dingen beschäftigt: Messalina denkt an ihre Party, Alfredo geht ihren sexuellen Fantasien nach, Hänschen denkt an Geld (vgl. S. 212). Für andere, die versuchen, angestrengt zuzuhören, ist der Vortrag zu hoch, sie können den Inhalten intellektuell nicht folgen. Zu allem Überfluss fällt die Lautsprecheranlage unmittelbar nach Beginn des Vortrags aus, sodass die Worte Edwins in ein Rauschen münden. Die Situation erreicht ihren grotesken Höhepunkt, als Schnakenbach, gerade erwacht und völlig desorientiert, ins Mikrofon brüllt: „‚Schlaft nicht! Wacht auf! Es ist Zeit!'" (S. 192)

Die Ursachen für das Misslingen der Kommunikation sind aber keineswegs nur in der Unzulänglichkeit der Lautsprecheranlage oder im Desinteresse der Rezipienten zu suchen, auch der Redner selbst trägt zum allgemeinen Fiasko bei; er verkennt die Situation, meint „Jünger" (S. 190) seines Geistes vor sich zu haben und weiß in Wirklichkeit nichts von den Menschen und deren prekärer gesellschaftlicher Lage. Auch wagt er es nicht, von dem Verdrängten, den „zugeschütteten Kellern" und den „Grüfte[n]" (S. 110) zu sprechen, sondern zitiert in seiner Rede die bedeutenden Vertreter der abendländischen Kultur, auf die man sich besinnen müsse, und beschwört die Geborgenheit des Menschen in Gott: „die Christenheit sei […] der vielleicht letzte Abendschein des müden Europas, das einzige wärmende Licht in der Welt" (S. 212). Weder die Feuerwehr noch die Polizei sind während des Vortrags anwesend (vgl. S. 190), was im übertragenen Sinn dafür spricht, dass wirklich niemand erwartet hat, dass von der Rede eine besondere Wirkung ausgehen würde oder gar eine subversive Stimmung *entfacht* werden könnte. Den konventionellen Beifall nach Beendigung der Rede – für die Zuhörer ein Zeichen der Befreiung – kann Edwin schließlich nur mit schamvoll geschlossenen Augen ertragen: „eine Befreiung der Zuhörer, die nichts von Edwins Worten begriffen hatten und die nun mit dem Beifallsklatschen ihrer Hände noch den […] zu Staub und Moder gewordenen Anhauch seines Geistes als lästige Spinnwebe von sich streiften: es war eine Beschämung" (S. 220).

In einem ersten Schritt erarbeiten die Schülerinnen und Schüler den Inhalt der Rede Edwins, indem sie diese rekonstruieren. Grundlage für den Schreibauftrag bilden die Erzählsegmente 84 (S. 188, Z. 1 – S. 192, Z. 16) und 97 (S. 209, Z. 23 – S. 216, Z. 2). Da die Passagen, die über den Inhalt der Rede informieren, durch Erzählerberichte und Figurenreden unterbrochen werden, werden im Arbeitsauftrag konkret nur die Textstellen genannt, die den Redetext referieren. Der Schreibauftrag kann als Einzel- oder Partnerarbeit umgesetzt werden:

■ *Rekonstruieren Sie die Rede des amerikanischen Dichters Edwins und formulieren Sie eine passende Überschrift. Schreiben Sie die Rede unter Berücksichtigung der von ihm vermutlich verwendeten Stilebene auf.*
Folgende Textstellen geben Ihnen nützliche Hinweise: S. 190, Z. 2 – S. 191, Z. 13/S. 212, Z. 4 – Z. 13/S. 214, Z. 20 – S. 215, Z. 9/S. 215, Z. 29 – Z. 33.

Nachdem einige Schülerinnen und Schüler ihre Rede vorgetragen haben, werden die zentralen Inhalte zusammengefasst. Die Ergebnisse werden an der Tafel festgehalten. Anschließend lesen die Schülerinnen und Schüler die kompletten Abschnitte und ergänzen das Tafelbild, indem sie die Reaktionen und Begleitumstände des Vortrags dort stichwortartig notieren. Eine gemeinsame vertiefende Auswertung erfolgt im Unterrichtsgespräch. Eventuell kann in diesem Zusammenhang auch die zentrale „Metapher" des Romans thematisiert werden, denn Edwin wendet sich in seiner Rede explizit gegen Gertrude Steins Vergleich, der die Menschen im Sinne eines atheistischen Existenzialismus als „Tauben im Gras" beschreibe. Edwins Ablehnung Steins und auch Hemingways verdeutlicht seine Opposition gegenüber der Moderne, deren Autoren ihrerseits ihn offensichtlich als Kopisten einer veralteten Tradition kritisierten (vgl. S. 198). Abschließend kann die Frage diskutiert werden, ob die Situation der Figuren und ihr Verhalten durch die Daseinsmetapher im Romantitel treffend widergespiegelt werden.

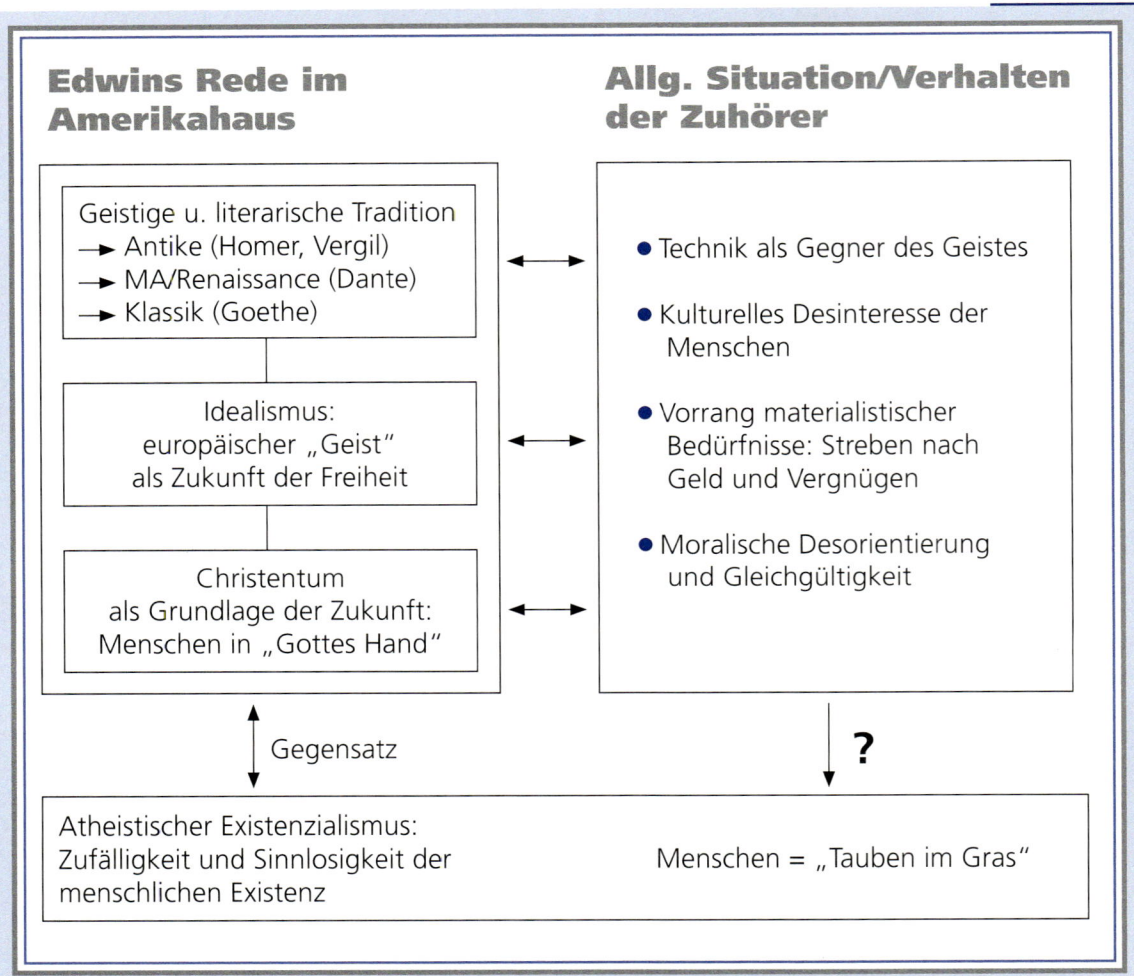

Abschließend kann die Lehrperson noch einmal auf das Verhältnis zwischen Philipp und Edwin zurückkommen. Obwohl Philipp während des Vortrags an Charles Chaplin denken muss (vgl. S. 209 f.), ist er der Einzige, der Edwin aufmerksam zuhört und versteht. Dabei ist es aber weniger der Inhalt der Rede selbst, der Philipp beeindruckt, sondern der hilflose Versuch des Dichters, einen Appell an die Menschen zu richten, um dessen Sinnlosigkeit er selbst weiß: „Edwins Bemühung rührt mich, ich verehre ihn, jetzt verehre ich ihn, sein Vortrag ist eine vergebliche Beschwörung, er empfindet sicher auch, wie vergebens die Beschwörung ist, vielleicht rührt mich das, Edwin ist einer von den rührenden hilflosen gequälten Sehern" (S. 213). Im Anschluss an Edwins schamerfüllte Geste während des Beifalls führt

Philipp einen „inneren Dialog" mit der nur in seinen Gedanken anwesenden Emilia, in welchem er nicht nur seine Rührung Edwin gegenüber betont, sondern auch sein eigenes dichterisches Selbstverständnis veranschaulicht: „‚mein unglücklicher Bruder, mein lieber Bruder, mein großer Bruder'. Emilia hätte gesagt: ‚Und mein armer Bruder? Das verschweigst du.' – ‚Gewiss. Auch mein armer Bruder', hätte Philipp erwidert, ‚aber das ist unbedeutend. Was du arm nennst, ist das Herz des Dichters, um das sich Glück, Liebe und Größe der dichterischen Existenz legen, wie Schnee um den Kern der Lawine. Ein kaltes Bild, Emilia, aber Edwin, sein Wort, sein Geist, seine Botschaft, die in diesem Saal ohne sichtbare Wirkung blieben und keine wahrnehmbare Erschütterung hinterließen, zählen zu den großen Lawinen, die ins Tal unserer Zeit rollen'" (S. 220). Ob Philipp hier eher bewegt ist von der Melancholie des Augenblicks oder ob er wirklich an die Wirkung des Wortes glaubt, bleibt offen. In dieser insgesamt widersprüchlich erscheinenden Haltung Philipps wird eine Parallele zwischen Autor und Figur deutlich (vgl. Baustein 6.2).

Den Abschluss der Arbeit an diesem Bausteinabschnitt kann folgender produktiver Schreibauftrag bilden:

> ■ *Stellen Sie sich vor, das „Abendecho" habe Edwin und Philipp gebeten, eine Rezension zu dem neu erschienenen Roman „Tauben im Gras" zu verfassen. Schreiben Sie entweder aus der Sicht Philipps oder aus der Sicht Edwins diese Kritik.*

Die Auswertung der Rezensionen erfolgt im Rahmen eines abschließenden Unterrichtsgesprächs, bei dem wichtige Inhalte dieses Bausteinabschnitts zusammengefasst werden können. Ob Edwin aus Sicht der Schülerinnen und Schüler eher zu einem vernichtenden Urteil des Werks kommen wird, weil der Roman „das Sinnlose und scheinbar Zufällige der menschlichen Existenz" (S. 215) bloßstelle, oder ob er sich kritisch mit der politischen Dimension des Romans auseinandersetzen wird, muss hier offenbleiben. Denkbar ist auch, dass die Lernenden eine andere Position formulieren und Edwin den Roman als Darstellung der von ihm selbst empfundenen Fragwürdigkeit der menschlichen Existenz begreifen lassen.
Auch die Rezension aus der Perspektive Philipps kann unterschiedliche Bewertungen enthalten, die sein eigenes widersprüchliches Selbstverständnis spiegeln.
Eventuell kann abschließend die Frage diskutiert werden, ob es sich nicht bei „Tauben im Gras" um den Roman handeln könnte, den der Schriftsteller Philipp in sich trägt, den er aber nicht schreiben kann, weil er ihn erlebt.

Literarische Tradition – die Bibliothek der Dichter

Koeppen hat in seinem Roman neben zahllosen Repräsentanten aus den Natur- und Geisteswissenschaften auch die Vertreter der gesamten Weltliteratur versammelt. Wiederholt treten in den Kommentaren des Erzählers und den Reflexionen der Figuren Namen berühmter Dichter auf. Edwin denkt, als er in Deutschland eintrifft, z. B. mehrfach an Goethe, Platen, Winckelmann u. a. (vgl. S. 44). Die genannten Autoren verweisen auf die literarische Tradition, als dessen Nachfahre er sich begreift. Im Gegensatz dazu steht er der Literatur der klassischen Moderne und zeitgenössischen Avantgarde genauso ablehnend gegenüber wie anderen modernen Ausdrucksformen, was deutlich wird, wenn er z. B. die Architektur Corbusiers in Verbindung mit Piranesis Kerkerszenen[1] bringt (vgl. S. 107 u. 109). Den italienischen Kupferstecher schätzt er zwar sehr, liebt aber bezeichnenderweise nur seine Darstellung der römischen Ruinen (vgl. S. 109).

---
[1] Siehe Arbeitsblatt 5

Obwohl Philipp sich nicht direkt zu seinen literarischen Vorlieben äußert, lässt sich begründet vermuten, dass er ein anderes Verhältnis zur literarischen Moderne und zeitgenössischen Philosophie hat als Edwin. Einen Hinweis bietet Philipps Bibliothek: Sie spiegelt den Kanon der internationalen Moderne wider.

In einem ersten Schritt wird untersucht, welche literarischen Bezugspunkte für Edwin gelten. Als Grundlage kann der bereits bekannte Abschnitt, der seine Ankunft in der Stadt schildert, erneut herangezogen werden (vgl. S. 43 ff.). Um Aufschluss über Philipps Bibliothek zu erhalten, dient der Abschnitt 17 (S. 35 ff.). In diesem Auszug tritt Philipp als Figur zwar nicht selbst in Erscheinung, ist aber dennoch – repräsentiert durch seine Bücher – indirekt anwesend. Emilia, die sich verlassen fühlt, betrachtet die Bibliothek ihrer Vorfahren, die neben Philipps Bänden steht. In Form eines Bewusstseinsstroms werden ihre Gedanken unmittelbar wiedergegeben, wobei sie in den Büchern Philipps zu blättern scheint, da ihre Gedanken mit den Autorennamen, Titeln und Zitaten vermischt werden. Um den Gegensatz zwischen Edwin und Philipp zu verdeutlichen, genügt es, einige der Zitate zu entschlüsseln bzw. Informationen zu einigen der Autoren zu ermitteln. Hierzu kann das **Zusatzmaterial 5**, S. 230 verwendet werden. Alternativ bietet sich eine Recherche der Schülerinnen und Schüler im Internet oder im Literaturlexikon an. Der hinführende Impuls und der anschließende Arbeitsauftrag können wie folgt formuliert werden:

■ *Gibt der Roman darüber Auskunft, für welche Dichter sich Edwin und Philipp interessieren?*

■ *Führen Sie eine Recherche zu den Autoren durch, die Edwin nennt (S. 43).*

■ *Sammeln Sie Informationen zu den Autoren, die in Philipps Bibliothek vertreten sind (S. 34 f.).*

Anschließend werden die Ergebnisse zusammengefasst und gegenübergestellt:

■ *In welcher literarischen Tradition sehen Edwin und Philipp sich?*

■ *Welche Rückschlüsse lassen sich im Hinblick auf ihr Selbstverständnis ziehen?*

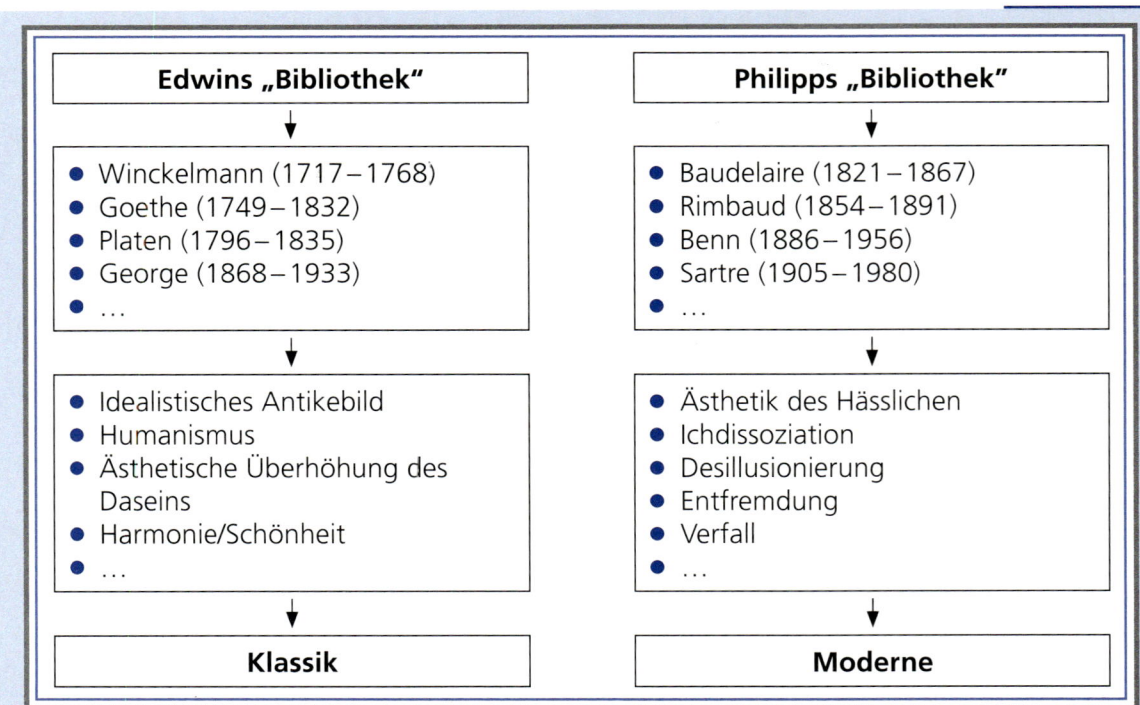

Edwins „Bibliothek"	Philipps „Bibliothek"
• Winckelmann (1717–1768) • Goethe (1749–1832) • Platen (1796–1835) • George (1868–1933) • …	• Baudelaire (1821–1867) • Rimbaud (1854–1891) • Benn (1886–1956) • Sartre (1905–1980) • …
• Idealistisches Antikebild • Humanismus • Ästhetische Überhöhung des Daseins • Harmonie/Schönheit • …	• Ästhetik des Hässlichen • Ichdissoziation • Desillusionierung • Entfremdung • Verfall • …
Klassik	**Moderne**

Das „Figurenkabinett"

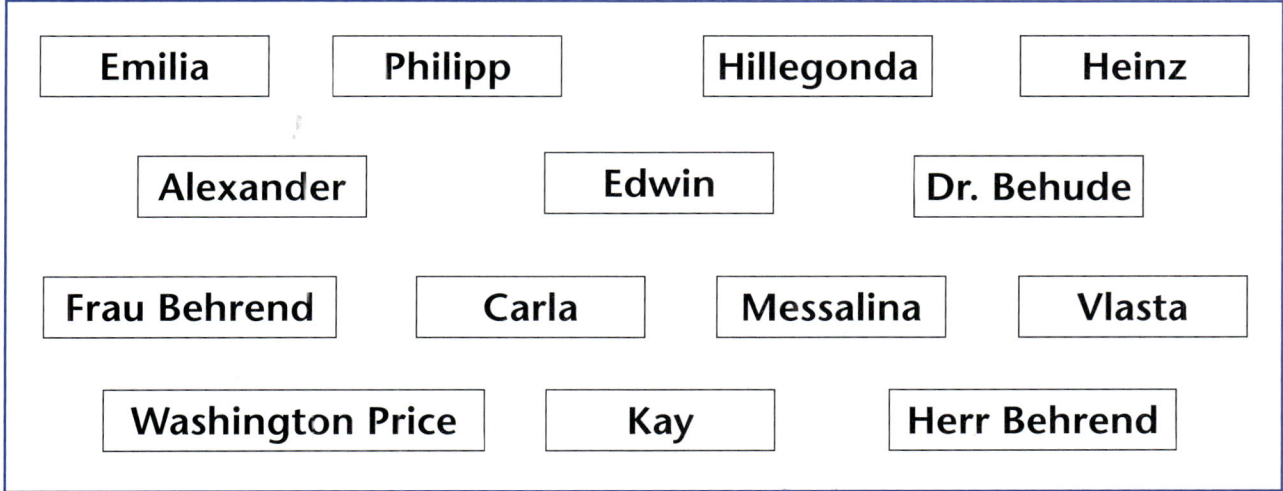

1. *Versetzen Sie sich möglichst intensiv in die Figuren hinein und beantworten Sie die nachfolgenden Fragen schriftlich. Orientieren Sie sich in erster Linie am Romantext; versuchen Sie, Leerstellen angemessen zu füllen. Vielleicht scheinen einige Fragen schwierig zu beantworten; ergänzen Sie ggf. den Fragenkatalog nach Ihrem Ermessen.*

Wie heißen Sie? Wie alt sind Sie? Haben Sie Familie? Welches Verhältnis haben Sie zu Ihrer Familie? Was sind Ihre besonderen Merkmale? Was machen Sie beruflich? Aus welcher gesellschaftlichen Schicht stammen Sie? Was ist Ihnen wichtig im Leben? Was bedeutet für Sie Schuld? Welches Verhältnis haben Sie zur Sexualität? Wie haben Sie den Krieg erlebt? Was möchten Sie im Leben erreichen? Was macht Sie glücklich? Was denken andere Menschen von Ihnen? Was sind Ihre Stärken/ Schwächen? Welche Tat bereuen Sie? Was ist Ihr Lebensmotto? [...]

2. *Überlegen Sie sich eine typische Pose/Körperhaltung für Ihre Figur und wählen Sie ggf. Gegenstände/Kleidungsstücke aus, welche die entsprechenden Charakterzüge unterstreichen.*

3. *Bestimmen Sie die Beziehung Ihrer Figur zu anderen Figuren, indem Sie ein entsprechendes Verhältnis von Nähe und Distanz festlegen.*

Die Auswertung erfolgt in Form eines „Figurenkabinetts", wobei sich die Figuren der Reihe nach auf die Bühne stellen und dort in einer typischen Körperhaltung verharren (Standbild). Die Antworten auf die Fragen werden verlesen. Die Beziehung zu anderen Figuren wird durch das räumliche Verhältnis von Nähe und Distanz ggf. durch die jeweilige Körperhaltung verdeutlicht. Zum Teil muss spontan entschieden werden, wo eine Figur sich positioniert. Abschließend erläutert die Gruppe ihre Einschätzung der Figur oder ihr Verhältnis zu anderen Figuren.

Edward Hopper: Summer Interior (1909) und Eleven a. m. (1926)

Edward Hopper: Summer Interior (1909)

Edward Hopper: Eleven a.m. (1926)

■ *Setzen Sie die Bilder in Bezug zum Roman „Tauben im Gras".*

Ein fiktives Gespräch zwischen Emilia und Philipp

I. Gruppe Philipp

Stellen Sie sich vor, Emilia und Philipp begegnen sich am nächsten Tag und führen ein offenes Gespräch über ihren Streit, die Ehe und ihre Beziehungsprobleme.

1. *Lesen Sie die Seiten 144 – 146, 150 – 153, 168 f., 172 – 174, 220 f., 221 ff. und machen Sie sich Notizen.*
- *Was denkt Philipp über seine Frau?*
- *Wie schätzt er die Situation ein?*
- *Worin sieht er grundlegende Probleme?*
- *Welche Gefühle hat er seiner Frau gegenüber?*
- *Was wünscht er sich von seiner Frau?*

2. *Versetzen Sie sich in die Situation Philipps und versuchen Sie im Gespräch, möglichst genau seine Sichtweise und Gefühle zum Ausdruck zu bringen.*

II. Gruppe Emilia

Stellen Sie sich vor, Emilia und Philipp begegnen sich am nächsten Tag und führen ein offenes Gespräch über ihren Streit, die Ehe und ihre Beziehungsprobleme.

1. *Lesen Sie die Seiten 30 – 32, 33 – 37, 42 f., 53 – 55, 89 – 93, 146 f., 218 – 220, 225 f. und machen Sie sich Notizen.*
- *Was denkt Emilia über ihren Mann?*
- *Wie schätzt sie die Situation ein?*
- *Wonach sehnt sie sich? Was vermisst sie in ihrer Ehe?*
- *Worin sieht sie grundlegende Probleme?*
- *Was erhofft sie sich von Philipp?*

2. *Versetzen Sie sich in die Situation Emilias und versuchen Sie, möglichst genau ihre Sichtweise und Gefühle zum Ausdruck zu bringen.*

Die Beziehung zwischen Carla und Washington – Gefühlsbarometer

hoch

mittel

niedrig

| 1. Textstelle | 2. Textstelle | 3. Textstelle | 4. Textstelle | 5. Textstelle |

■ *Lesen Sie die unten aufgeführten Textstellen und zeichnen Sie für jede Figur eine Kurve, die den jeweiligen Stand der Gefühle gegenüber dem Partner/der Beziehung widerspiegelt. Begründen Sie den Kurvenverlauf durch Beispiele und fügen Sie ggf. Zitate ein. Beziehen Sie sich auf folgende Textstellen:*

a. Carla Behrend: S. 64f., S. 112f., S. 126f., S. 165f., S. 177f.
b. Washington Price: S. 46f. S. 84–89, S. 117f., S. 165f., S. 202f.

„Ich lebe in einem Roman" – Biografie und künstlerisches Selbst-verständnis des Autors

Ziel dieses Bausteins ist es, die Schülerinnen und Schülern in das Leben und Denken des Autors einzuführen. Im Einzelnen geht es um folgende Aspekte:

- Die Biografie Wolfgang Koeppens und deren Selbstinterpretation durch den Autor
- Koeppens künstlerisches Selbstverständnis – Fragmente einer „Poetik"
- Koeppens „Schweigen" – oder: Schreiben als „eine Fahrt durch die Nacht"

6.1 Die Biografie Wolfgang Koeppens und deren Selbstinterpretation durch den Autor

Ein erster Zugang zur Thematik erfolgt über ein Foto, welches Koeppen in seinem Münchener Arbeitszimmer zeigt (**Arbeitsblatt 29**, S. 165).

Es ist nicht klar auszumachen, ob Koeppens Blick auf den Schreibtisch gerichtet ist, ob er die Augen nachdenklich geschlossen hält oder ob er einfach nur erschöpft ist oder träumt. Durch das Fenster – die Vorhänge sind zur Seite gezogen – fällt ein helles Licht in den Raum und auf den Schreibtisch, der den Mittelpunkt des Zimmers darstellt. Der Tisch und seine Position sowie die Schreibmaschine sind Sinnbild für das Leben Koeppens: Die schriftstellerische Arbeit bildet das Zentrum seiner Existenz. Die auf den Tischen, Kommoden und auf dem Boden umherliegenden Bücher, Zeitungen und Dokumente scheinen ein gewisses Durcheinander anzuzeigen, verdeutlichen aber auch, dass der Autor offensichtlich gerade an einem „Projekt" arbeitet. Offenbar scheint der Mensch, der hier lebt, keinen großen Wert auf strenge Ordnung zu legen, möglicherweise aber auch über ein System zu verfügen, das dem außenstehenden Betrachter nur verschlossen bleibt. Andererseits weisen die vielen Papiere gemeinsam mit den gefüllten Bücherregalen Koeppen als leidenschaftlichen Leser aus. An der Wand neben dem Fenster hängt ein Plakat, welches das Abbild Samuel Becketts zeigt, womit vermutlich Koeppens Bewunderung für den Schriftsteller zum Ausdruck kommt. Die Werke dieses Hauptvertreters des absurden Theaters, die oftmals durch den Verzicht auf eine Handlung im traditionellen Sinne und die wahllose Verknüpfung des Geschehens gekennzeichnet sind, drücken häufig die Sinnleere der Welt und die Orientierungslosigkeit des in diese Welt geworfenen Menschen aus. Damit spiegeln sie in gewisser Weise auch das Denken und das Werk Koeppens wider. Möchte die Lehrperson diesen Zusammenhang verdeutlichen, müssten einige Informationen zu Beckett und zu seinem Werk gegeben werden oder eine Schülerin bzw. ein Schüler müsste beauftragt werden, sich über den Autor zu informieren.

Das Foto kann als stummer Impuls präsentiert werden. Es ist zu erwarten, dass die Schülerinnen und Schüler es detailliert beschreiben und die Stimmung erfassen, die das Bild zum Ausdruck bringt. Eventuell muss die Lehrperson hier einzelne zusätzliche Impulse und Hinweise geben.

Um eine intensive individuelle Auseinandersetzung mit dem Foto zu erreichen, ist alternativ folgendes Gedankenexperiment möglich:

■ *Gehen Sie in Gedanken in das Bild hinein. Gehen Sie langsam durch den Raum und betrachten Sie in Ruhe einzelne Gegenstände, Dokumente und Bücher. Schauen Sie nach, was auf dem Papierbogen steht, der in die Schreibmaschine eingespannt ist. Notieren Sie sich den Text, den der Mann soeben geschrieben haben könnte.*
Setzen Sie sich, nachdem Sie behutsam die Papiere und den Korb zur Seite gelegt haben, in den Sessel und lassen Sie Ihren Blick durch den Raum schweifen …
Vielleicht möchten Sie sich gerne mit dem Mann am Schreibtisch unterhalten? Was würden Sie ihn fragen?
Schreiben Sie Ihre Gedanken, Wahrnehmungen und Empfindungen nieder.

Zunächst tauschen sich die Schülerinnen und Schüler partnerweise über ihre Niederschriften aus, bevor im Plenum eine gemeinsame Auswertung stattfindet. Besonders interessant dürften hier die von ihnen wahrgenommene Atmosphäre des Raumes sein sowie deren Vermutungen über den Text auf dem Papierbogen und die Inhalte der Dokumente und Bücher. Eventuell kann man am Ende des Bausteins, nachdem sie mehr über Koeppen erfahren haben, auf diese ersten Assoziationen und Eindrücke zurückkommen.
Durch die Auseinandersetzung mit dem Foto dürfte das Interesse geweckt sein, mehr über das Leben und das dichterische Selbstverständnis Koeppens zu erfahren. Die Schülerinnen und Schüler lesen die „autobiografische Skizze" des Autors (**Arbeitsblatt 30**, S. 166), die im Unterrichtsgespräch ausgewertet wird.

■ *Welchen Eindruck vermittelt die „autobiografische Skizze" Koeppens?*

■ *Welche Ereignisse scheinen Ihnen bemerkenswert?*

■ *Rekonstruieren Sie die wichtigsten Stationen seines Lebens.*

Im Anschluss erhält die Lerngruppe den biografischen Abriss über Koeppens Leben (**Arbeitsblatt 31**, S. 168) und vergleicht ihn mit seiner Selbstdarstellung. Steht nur wenig Zeit zur Verfügung, kann die Lektüre der „autobiografischen Skizze" entfallen und die Arbeit wird direkt mit der tabellarischen Übersicht fortgesetzt. Die Schülerinnen und Schüler notieren sich Fragen zu Aspekten, über die sie gerne mehr erfahren möchten. Die Erarbeitung erfolgt in Einzelarbeit, die Ergebnisse werden anschließend partnerweise verglichen und ausgewertet.

■ *Lesen Sie den biografischen Überblick und markieren Sie die Ihnen am wichtigsten erscheinenden Stationen in Koeppens Leben.*

■ *Formulieren Sie Fragen zu Aspekten, die durch die „autobiografische Skizze" und die Übersicht nicht geklärt werden und über die Sie gerne mehr erfahren möchten.*

Anschließend werden die Fragestellungen der Schülerinnen und Schüler im Unterrichtsgespräch gesammelt und entsprechend notiert. Sie bilden den Orientierungsrahmen für die nachfolgende Erarbeitung. Vermutlich werden sich die Fragestellungen auf verschiedene biografische Details sowie sein literarisches Schaffen beziehen: das Verhältnis zu anderen Menschen, die Einstellung zur Schule, die Weltanschauung, die Schreibkrisen, literarische Vorbilder etc. Beispiele für mögliche Fragestellungen können sein:

- *Welche Beziehung hatte Koeppen zu seinem Vater?*

- *Welche Bedeutung hatte für ihn die Schule? Wie hat er sich das umfangreiche Wissen zur Literatur, Mythologie usw. angeeignet?*

- *Welches Verhältnis hatte er zu Sabine Schloß? Verarbeitete er dieses Erfahrungen in seinem Roman „Eine unglückliche Liebe"?*

- *Wodurch war die Ehe zu der viel jüngeren Marion geprägt? War die Ehe glücklich?*

- *Welches Verhältnis hatte er zu seinen Verlegern? Mit wem war er befreundet?*

- *Welche politischen und weltanschaulichen Einstellungen vertrat er?*

- *Wie verhielt er sich während der Zeit des Nationalsozialismus („Ich ging Eulenspiegels Wege")?*

- *Warum schrieb Koeppen nach den in rascher Folge erscheinenden Romanen der 50er-Jahre nur noch so wenig? Gab es Ursachen für die Schreibkrisen?*

- *Wie konnte er sich finanziell über Wasser halten, wenn er so wenig veröffentlichte?*

- *Welche Literatur interessierte ihn? Hatte er literarische Vorbilder?*

- *Wodurch wurde er zum Schreiben motiviert? Welche Bedeutung hatte die schriftstellerische Arbeit für ihn?*

- *Enthält der Roman „Tauben im Gras" autobiografische Elemente?*

In einer arbeitsteiligen Gruppenarbeit versuchen die Schülerinnen und Schüler, Antworten auf ihre Fragen zu finden. Dazu dienen Auszüge verschiedener veröffentlichter Interviews, in denen Koeppen Auskunft über sein Leben und sein Selbstverständnis als Schriftsteller gibt (**Arbeitsblätter 33 – 36**, S. 171 ff.). Die Interviews stammen aus unterschiedlichen Lebensphasen des Autors, sodass bestimmte Entwicklungen im Denken Koeppens sowie neue Akzentsetzungen verdeutlicht werden können.

Es bietet sich an, die Erarbeitung in Form eines Gruppenpuzzles zu organisieren. Die Schülerinnen und Schüler arbeiten zunächst arbeitsteilig in ihren „Stammgruppen" an jeweils einem der Interviews. Den Orientierungsrahmen bilden dabei die eigenen Fragestellungen, die zuvor gemeinsam im Unterrichtsgespräch strukturiert wurden. Eine Möglichkeit zeigt das **Arbeitsblatt 32** (S. 170), auf dem die Ergebnisse in Stichpunkten festgehalten und gesichert werden. Anschließend werden die Ergebnisse der Stammgruppen untereinander ausgetauscht, indem sich die SchülerInnen zu „Expertengruppen" neu formieren. Das methodische Vorgehen im Einzelnen:

1. Schritt	2. Schritt	3. Schritt	4. Schritt	5. Schritt
④ ② ③	①① ②②	①② ①②	①① ②②	①③④②②
① ④ ① ②	①① ②②	③④ ③④	①① ②②	② ①
③ ④ ①				③ ②
② ① ④	③③ ④④	①② ①②	③③ ④④	① ④
② ③ ③	③③ ④④	③④ ③④	③③ ④④	③④②①③

1. Individuelle Arbeit mit dem Text: Die Lehrperson teilt nach dem Zufallsprinzip die vier Interviewtexte aus. Die Schülerinnen und Schüler bearbeiten zunächst in Einzelarbeit ihren Text vor dem Hintergrund der eigenen Fragestellungen (dies kann auch im Rahmen einer vorbereitenden Hausaufgabe erfolgen).
2. Arbeit in den Stammgruppen: Die Schülerinnen und Schüler, die jeweils den gleichen Text erhalten haben, finden sich zu Arbeitsgruppen zusammen, tauschen sich aus und halten ihre Ergebnisse auf dem Arbeitsblatt fest.
3. Austausch in den Expertengruppen: Die Ergebnisse werden untereinander ausgetauscht, indem sich die Mitglieder der Stammgruppen zu neuen Gruppen zusammensetzen. In jeder dieser Expertengruppen ist mindestens ein Teilnehmer der Stammgruppen vertreten. Jedes Gruppenmitglied ist nun dafür verantwortlich, die anderen über die Ergebnisse aus den Stammgruppen zu informieren.
4. Austausch in den Stammgruppen: Anschließend gehen die Teilnehmer wieder in ihre ursprünglichen Gruppen zurück und fassen dort die Ergebnisse des Austausches aus den Expertengruppen zusammen.
5. Unterrichtsgespräch im Plenum: In einem abschließenden Unterrichtsgespräch werden die inhaltlichen Ergebnisse zusammengefasst und diskutiert. Am Ende sollte eine gemeinsame Reflexion des methodischen Vorgehens erfolgen, wobei der Ertrag des Gruppenpuzzles durch die Schülerinnen und Schüler beurteilt wird.

Koeppen, der es gemäß seiner Selbstaussage nicht geschätzt hat, sich „auf den Markt zu begeben und zu reden", der sich selbst als „Zuschauer", „stiller Wahrnehmer", „Schweiger" und „Beobachter" charakterisiert[1], hat – und das mag verwundern – vor allem seit Beginn der 70er-Jahre eine Vielzahl an Interviews gegeben, in denen er über verschiedene Phasen seines Lebens und über seine literarische Arbeit ausführlich berichtet. Dabei zeigt er sich einerseits erstaunlich freimütig, indem er ungezwungen auch über sehr Persönliches spricht, andererseits aber wortkarg und verschlossen, sobald bestimmte Lebensphasen oder Zusammenhänge angesprochen werden. Nun ist es grundsätzlich das gute Recht eines jeden, zu entscheiden, wo seine persönlichen Grenzen des Mitteilbaren liegen und welche privaten Details in die Öffentlichkeit gelangen sollen und welche nicht. In diesem Sinne ist nachvollziehbar, dass Koeppen z.B. über die schwierige Situation des Zusammenlebens mit seiner Frau Marion und deren Alkoholismus lange geschwiegen hat. Einzelne Aussagen erscheinen aber doch merkwürdig unklar, z.T. widersprüchlich und undurchschaubar. Koeppens Selbsteinschätzung in einem Interview mit Hanna Kulessa von 1987 kann man vor diesem Hintergrund durchaus wörtlich nehmen: „Ich bin ein gewandter Lügner, das fordert der Beruf."[2] Koeppens „Lügen", sein selektives Erinnern betreffen vor allem die Zeit der nationalsozialistischen Diktatur. Bezogen auf diese Lebensphase ist er nachträglich um biografische Sinnkonstruktionen bemüht, die – gemessen an den bekannten Tatsachen – der Wirklichkeit nur teilweise entsprechen. So schreibt er als Journalist beim *Börsen-Courier* zu Beginn der 30er-Jahre zwar im Wesentlichen unpolitische Texte, daneben aber 1933 auch einzelne Artikel, die als an den „neuen Geist" angepasst gelten müssen.[3] Auf Klaus Manns Kritik an Gottfried Benn und dessen „Antwort an die literarischen Emigranten" etwa reagiert Koeppen in seiner Impression „Paris in diesem Frühjahr", indem er die drastischen Veränderungen in Deutschland eher herunterspielt und die Fluchtbewegung verneint: „Jedenfalls sind die Gerüchte über die deutsche Emigration in Paris genauso übertrieben wie die Gerüchte über

[1] Rede zur Verleihung des Georg-Büchner-Preises 1962. In: Wolfgang Koeppen: Die elenden Skribenten. Aufsätze. Hrsg. von Marcel Reich-Ranicki. Frankfurt a. M.: Suhrkamp 1984, S. 291
[2] „Warum sind Sie so unglücklich, Herr Koeppen?" In: Wolfgang Koeppen. „Einer der schreibt". Gespräche und Interviews. Hrsg. von Hans-Ulrich Treichel. Frankfurt am Main: Suhrkamp 1995, S. 198
[3] Vgl. Günter u. Hiltrud Häntzschel: Wolfgang Koeppen. Leben, Werk, Wirkung. Frankfurt am Main: Suhrkamp 2006, S. 23f.

Deutschland unter diesen Emigranten".[1] Später, z. B. in einem Interview von 1983, betont Koeppen aber seine damalige Nähe zu Klaus Mann: „Er sprach für uns alle. Er hatte eine politische Stellung bezogen, ein zutiefst enttäuschter Liebhaber Benns."[2]

Koeppens unklare und zögerliche Auskünfte über den Lebensabschnitt zwischen 1933 und 1945, seinen „Umzug" nach Holland, seine Rückkehr ins nazistische Deutschland 1938, sein „Unterstellen" beim Film sowie sein „Untertauchen" enthalten Ungereimtheiten, die Anlass zu verschiedenen Spekulationen gegeben haben, ohne dass dabei wirklich Belastendes zum Vorschein gekommen wäre. In gewisser Weise haben gerade die Verschleierungen, das spielerische Vergnügen um die Wahrheit der eigenen Biografie, das Ineinanderfließen von „Dichtung und Wahrheit" zu einem zunehmenden Interesse an seinem Lebenslauf beigetragen.

Einmal abgesehen von biografischen Detailfragen bildet das literarische Selbstverständnis des Autors den zentralen Bezugspunkt der Gespräche. Damit zusammenhängend kommt schließlich das „Verstummen" des Schriftstellers, seine „Schreibkrise", als wichtiges Thema hinzu. Immer wieder berichtet Koeppen in Gesprächen über seine Arbeit an einem neuen Roman, der aber nie erscheint. Treichel bringt diese Tatsache zugespritzt auf den Punkt: „Wer wollte, könnte aus Koeppens Gesprächen eine Bibliografie seiner nichtgeschriebenen Werke zusammenstellen".[3]

Auch in den hier vorliegenden Gesprächsauszügen (**Arbeitsblätter 33–36, S. 171 ff.**) kristallisieren sich neben bestimmten biografischen Aspekten vor allem die „Schreibkrise" und die Bedeutung der schriftstellerischen Arbeit als zentrale Themen heraus. Die folgende Übersicht vermittelt einen stichwortartigen Überblick, wie er im Rahmen des Gruppenpuzzles erarbeitet werden kann:

Aspekte	Bienek (1961)	Linder (1971)	Arnold (1974)	Müller (1991)
Biografisches/ Persönliches (Kindheit/ Jugend, NS-Zeit …)	• Keine Anpassung in der NS-Zeit	• Kindheit in der Welt der Bücher • „Geizig" in Bezug auf biografische Details: „möchte mich… nicht verplappern" • Andeutungen in Bezug auf seine Frau: „es passiert viel Trauriges"	• Unregelmäßiger Schulbesuch, aber leidenschaftlicher Leser, frühe Lektüre liberaler Zeitungen • „Kein richtiges Elternhaus", schwieriges Verhältnis zum Onkel • Während des NS beim Film „untergestellt", dann untergetaucht, aber nicht im aktiven Widerstand	• Rückkehr aus dem „holländischen Exil" aus finanziellen Gründen, beim Film untergestellt, anschließend untergetaucht • Schuldgefühle gegenüber seiner Frau Marion aufgrund der Einweisung in die Klinik

---

[1] Ebd., S. 23

[2] „Zeit des Steppenwolfs". Junge Schriftsteller im Dritten Reich – Ein Gespräch mit Wolfgang Koeppen von Günter Jurczyk. In: Wolfgang Koeppen. „Einer der schreibt". Gespräche und Interviews. Hrsg. von Hans-Ulrich Treichel. Frankfurt am Main: Suhrkamp 1995, S. 170

[3] So Hans-Ulrich Treichel im Vorwort zu: Wolfgang Koeppen. „Einer der schreibt". Gespräche und Interviews. Hrsg. von Hans-Ulrich Treichel. Frankfurt am Main: Suhrkamp 1995, S. 8

Aspekte	Bienek (1961)	Linder (1971)	Arnold (1974)	Müller (1991)
Selbstcharakterisierung	• Unfähig, sich dem „normalen" Erwerbsleben anzupassen • Beobachter	• Sehnsucht nach Reisen und Einsamkeit • Angst vor öffentlichen Auftritten (Vorlesungen), Verstummen vor dem Mikrofon	• Selbstdefinition als menschenscheuer Außenseiter • Zwei Koeppens: eine reale und eine surreale Existenz • Literarische Existenz: Vermischung von „Dichtung und Wahrheit"	• Selbstinszenierung als „geheimnisvoll"
Weltanschauung und politische Einstellung	• Pandämonische Weltsicht • Ideal der Freiheit	• Politisch links, anarchistisch	• Kritik an der Restauration: „ich gab meinem Unbehagen Laut"	• Nihilistische Weltsicht • Passiver Widerstand, aber kein aktives Bekämpfen des NS
Schreibprozess und literarisches Selbstverständnis	• Intuitives Schreiben, keine Planung des Schreibprozesses, Schreiben als „Fahrt durch die Nacht" • Schriftsteller als Kassandra • Beeinflusst durch Joyce und die internationale literarische Moderne • „Tauben im Gras" als verspätetes Stilexperiment	• Schreiben ist ein Zustand, eine Lebensform, existenzialer Mittelpunkt des Lebens • Schreiben als „düsteres Selbstgespräch" • Kein Glaube an politische Veränderungen durch die Literatur, aber Hoffnung auf Veränderung des Denkens bei einzelnen Menschen	• Begeisterung für Kafka und Joyce, Orientierung an der literarischen Moderne • Schreiben als Existenzform	• Schreiben als Rettung „im Meer der Sinnlosigkeit"
Schreibkrise	• Lähmung durch den Schrecken des NS, Tod des literarischen Lebens machte mutlos	• Ideen sind zu erschreckend für die Schreibmaschine • Das literarische Werk als innere Autobiografie: „Ich lebe in einem Roman, und das mindert meinen Willen, ihn zu schreiben" • Angstzustände, Albträume, weil er den Roman nicht schreibt	• Furcht vor den Erwartungen der Öffentlichkeit • Existenzielle, private Ursachen: „Krise lebt in mir oder im Haus"	• Zurückweisung der von Reich-Ranicki konstatierten Erklärung der Schreibkrise („Fall Koeppen") • Überfülle des Erlebens und der medialen Informationsflut verhindert das Schreiben

Im abschließenden Plenumsgespräch werden die Ergebnisse der Erarbeitung aus dem Gruppenpuzzle zusammengefasst. Sollten wichtige der zuvor gesammelten Fragen unbeantwortet geblieben sein, werden einzelne Schülerinnen und Schüler beauftragt, individuell Nachforschungen anzustellen, über die sie in der Folgestunde berichten können.[1]

6.2 Koeppens künstlerisches Selbstverständnis – Fragmente einer „Poetik"

Anknüpfend an die Ergebnisse des Gruppenpuzzles kann eine vertiefende Untersuchung des künstlerischen Selbstverständnisses sowie der Ursachen der „Schreibkrise" im Anschluss mit Hilfe des **Arbeitsblatts 37**, S. 180 erfolgen.

Im Unterrichtsgespräch wird zunächst die Wirkung des Fotos aufgegriffen, wobei deutlich werden dürfte, dass ein gewisser Hang Koeppens zur Selbstinszenierung auch hier zum Ausdruck kommt. Der Autor sitzt auf einer Kiste o. Ä., ein großes, schwarzes Tuch bildet sowohl Unter- als auch Hintergrund. Seinen schwarzen Mantel verwendet Koeppen als Umhang, den er vorne zusammenhält. Das das Foto dominierende Schwarz ist symbolisch aufgeladen und repräsentiert Geheimnisvolles, Undurchschaubares. An den Bildrändern wird erkennbar, dass die Szene in der natürlichen Umgebung eines Waldes inszeniert wurde, wodurch das Artifizielle der errichteten Kulisse zusätzlich betont wird. Insgesamt wirkt der Autor eher wie ein Schauspieler in einem Theaterstück, also wie eine literarische Figur, womit die Verbindung zu Koeppens Selbstaussagen offensichtlich ist.

Im Anschluss an die Besprechung des Fotos tauschen sich die Schülerinnen und Schüler partnerweise über die Zitate aus. Im Folgenden kann das Gedankenexperiment vom Beginn dieses Bausteins erneut aufgegriffen werden. Sie erhalten folgenden Schreibauftrag, wobei den Lernenden freigestellt ist, ob sie in Einzel- oder Partnerarbeit vorgehen möchten:

■ *Stellen Sie sich vor, Koeppen habe, als das Foto von ihm in seinem Arbeitszimmer aufgenommen wurde (Arbeitsblatt 29), gerade an einem Aufsatz über sein schriftstellerisches Selbstverständnis gearbeitet. Schreiben Sie diesen Aufsatz.*

■ *Wählen Sie eines der oben genannten Zitate Koeppens aus und stellen Sie es Ihrem Text als Motto voran. Begründen Sie Ihre Auswahl.*

Koeppens „implizite Poetik" – als theorieferner Autor formuliert er keine differenzierte Literaturtheorie – ist geprägt von Widersprüchen, wie es sich in den ausgewählten Zitaten offenbart (vgl. **Arbeitsblatt 37**).

Auch in den Texten der Schülerinnen und Schüler dürfte Koeppens kompliziertes Verhältnis zum Schreiben deutlich werden. Einzelne Texte der Lernenden werden im Plenum vorgelesen und im Unterrichtsgespräch ausgewertet. Die darin formulierten Elemente einer „Poetik" werden diskutiert und an der Tafel gesichert:

---

[1] Als Grundlge für die individuellen Nachforschungen bieten sich folgende Publikationen an:
Häntzschel, Günter u. Hiltrud: Wolfgang Koeppen. Leben, Werk, Wirkung. Frankfurt am Main: Suhrkamp 2006
Häntzschel, Günter u. Hiltrud: „Ich wurde eine Romanfigur" – Wolfgang Koeppen 1906–1996. Frankfurt am Main: Suhrkamp 2006

Koeppens „Poetik"

- Schreiben für den Wind
- Schreiben als Sklaverei (Entschluss bereut)
- Schreiben als Monolog gegen die Welt
- Schreiben als Kassandraruf
- Schreiben als unendlicher Prozess
- ...

⟷

- Literatur wird benötigt als Teil eines unverständlichen Weltbaus
- Freiwillige Sklaverei (Freude über den Entschluss)
- Glaube an die Wichtigkeit der Literatur
- Existenz des Schriftstellers zersetzt starre Strukturen des Denkens
- ...

6.3 Koeppens „Schweigen" – oder: Schreiben als „eine Fahrt durch die Nacht"

Nachdem die Schülerinnen und Schüler sich mit der Biografie und dem Selbstverständnis des Autors im Rahmen dieses Bausteins intensiv auseinandergesetzt haben, kann abschließend die Frage nach den Ursachen der „Schreibkrise(n)" im Rahmen eines Unterrichtsgesprächs differenziert diskutiert werden.[1] Einzelne Aspekte, die bereits aus der Analyse der Interviews resultierten (vgl. Übersicht zur Auswertung des Gruppenpuzzles), werden hier vermutlich von den Lernenden angesprochen: die privaten Probleme und schwierigen Lebensumstände, der öffentliche Erwartungsdruck, die immerwährende Informationsflut etc.

Sollten die Schülerinnen und Schüler nicht von sich aus auf die Bedeutung der Literatur als wesentliches identitätsstiftendes Element zu sprechen kommen, kann die Aufmerksamkeit erneut auf diesen Zusammenhang gelenkt werden: Schreiben ist für Koeppen „Existenzform", „eine grade noch mögliche Art, am Leben zu bleiben".[2]

Wie sehr die literarische Arbeit mit dem Leben Koeppens verwoben ist, manifestiert sich u. a. darin, dass es ihm offensichtlich schwergefallen ist, die Grenze zwischen Wirklichkeit und Imagination aufrechtzuerhalten. In dem Interview mit Arnold unterscheidet er selbst zwischen „zwei Koeppens"; auf der einen Seite stehe die reale Person, auf der anderen Seite der surrealistische Koeppen, eine literarische Figur. Diese wird schließlich zum Inbegriff seiner Identität: „Koeppen verliert ab Ende der Fünfzigerjahre mehr und mehr die Distanz zwischen der eigenen Person und dem fiktiven Stoff, er versteht sich selbst als Romanfigur, er lebt literarisch und tendiert immer wieder dazu, sich selbst, sein Leben mit dem Romangeschehen und dessen Akteuren zu verquicken".[3] Dieses übergangslose Ineinanderfließen von Alltagserfahrungen und literarischen Erfahrungen, Wirklichkeit und Fiktion, Leben und Schreiben mag zum einen als inspirierende Quelle gewirkt haben, birgt aber zum anderen die Gefahr, die Distanz zur eigenen Arbeit vollständig zu verlieren. Indem das Leben zum Roman wird, „entschwindet" die Instanz des Autor, er wird zur literarischen Figur und kann den Roman nicht mehr schreiben: „Ich lebe in einem Roman, und das mindert meinen

---

[1] In diesem Zusammenhang könnte auch auf Reich-Ranickis Erklärung, die als „Fall Koeppen" bekannt geworden ist, eingegangen werden. Vgl. dazu Baustein 8.

[2] Gespräch mit Christian Linder; vgl. Arbeitsblatt 34, S. 173

[3] Günter u. Hiltrud Häntzschel: „Ich wurde eine Romanfigur" – Wolfgang Koeppen 1906–1996. Frankfurt am Main: Suhrkamp 2006, S. 71

Willen, ihn zu schreiben". Vor diesem Hintergrund ist die Verwendung autobiografischer Motive nicht überraschend, die „Romanfigur" Koeppen nimmt in seinen Romanen Gestalt an. So tritt in allen drei Nachkriegsromanen die Figur des intellektuellen Zauderers auf, eine Künstlerfigur, die am Leben scheitert. Diese künstlerische Selbstreferenzialität, aber auch die privaten Probleme des Autors werden in „Tauben im Gras" etwa durch den Schriftsteller Philipp, der nicht mehr schreiben kann, sowie seine Beziehung zu seiner Frau Emilia fassbar.[1]

Koeppen charakterisiert seinen Produktionsprozess im „Werkstattgespräch" mit Horst Bienek als „eine Fahrt durch die Nacht, mit starken Abweichungen vom gar nicht festgesetzten Kurs". Er verfügt also über keinen Schreibplan und keine strukturierten Notizen, sondern arbeitet eher intuitiv: „Ich ahne den Schluss eines Buches, aber was vorher geschieht, ist meist völlig offen. Es entsteht Satz für Satz. Jedes Werk hat seinen eigenen Atem."[2] Diese Art des konzeptlos-assoziativen Schreibens begünstigt einen Prozess, der in der Folge die Grenze zwischen Wirklichkeit und Fiktion aufhebt. Die Fülle des Erlebens, die Eindrücke und Assoziationen werden dabei schließlich so übermächtig, dass keine Ordnung mehr hergestellt werden kann. In diesem Sinne ist Koeppens „Verstummen" kein Schweigen im eigentlichen Sinne, sondern vielmehr ein vielstimmiges Sprechen simultaner Stimmen, die nicht mehr systematisiert werden können. Seinen „Lebensroman" hat er nicht zu Ende gebracht, zwar *findet* dieser sich in seinem Nachlass, bleibt aber gleichzeitig darin verborgen: „Der Nachlass Koeppens ist reich an […] unermüdlich skizzierten Manuskriptanfängen mit variierenden Wiederholungen, assoziativen Fragmenten, vergeblichen Versuchen, die ersten Entwürfe zu einem Konzept zu festigen oder überhaupt nur bei einem durchgehenden Thema zu bleiben".[3] Vor diesem Hintergrund erweist sich die Aussage von 1974 beinahe als prophetisch: „Ich glaube nicht […] an die Möglichkeit des wirklich fertigen, des wirklich abgeschlossenen Werkes. Ich glaube, dass […] alles […] Fragment bleibt und nicht vollendet."[4]

Um den hier dargestellten Zusammenhang mit den Schülerinnen und Schülern im Unterrichtsgespräch zu erarbeiten, kann auf folgende Fragestellungen und Impulse zurückgegriffen werden:

■ *Worin sehen Sie die Schreibkrise(n) Koeppens begründet?*
  ● *Welche Bedeutung hat das Schreiben für das Leben des Autors?*
  ● *Koeppen spricht immer wieder davon, zu einer Romanfigur zu werden. Was meint er damit?*
  ● *„Ich lebe in einem Roman, und das mindert meinen Willen, ihn zu schreiben" – erläutern Sie diese Aussage.*
  ● *Sehen Sie Parallelen zwischen Koeppens Leben und Denken und dem Roman?*

Das Ergebnis wird in einem vereinfachten Tafelbild zusammengefasst:

[1] Vgl. Baustein 5.
[2] „Einer der schreibt". Gespräche und Interviews. Hrsg. von Hans-Ulrich Treichel. Frankfurt am Main: Suhrkamp 1995, S. 140
[3] Günter u. Hiltrud Häntzschel: „Ich wurde eine Romanfigur" – Wolfgang Koeppen 1906–1996, a. a. O., S. 73
[4] Schriftsteller im Gespräch mit Heinz Ludwig Arnold. [1974] Bd. I. Zürich: Haffmanns Verlag 1990, S. 109

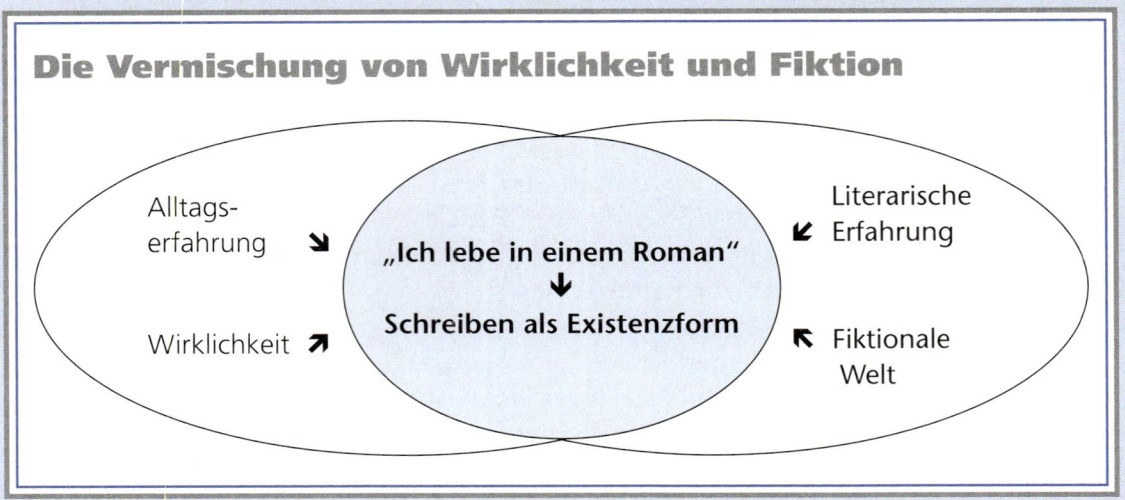

Möchte die Lehrperson die möglichen Ursachen der „Schreibkrise(n)" nicht im fragend-entwickelnden Unterrichtsgespräch erarbeiten, kann auf das **Zusatzmaterial 6**, S. 231 zurückgegriffen werden und die Erarbeitung in Anlehnung an den Text von Treichel erfolgen.

Im Rahmen der Erarbeitung dieses Bausteins dürfte deutlich geworden sein, dass sich nicht alle Fragen zur Biografie und zum literarischen Selbstverständnis Koeppens eindeutig beantworten lassen. Auch alle Versuche, sein „Verstummen" monokausal auf eine bestimmte Ursache zurückzuführen, müssen scheitern. Zur Legendenbildung um den Autor haben nicht nur Rezensenten, Literaturwissenschaftler u. a. beigetragen, sondern vor allem der Autor selbst. Dies tat er zum Teil bewusst in einer eulenspiegelhaften Manier, aber auch weil das äußere Leben und das innere Erleben für ihn sprachlich immer weniger fassbar wurden.
Für den Unterricht dürften gerade die Desiderate und das Diffuse des „Lebensromans" eine interessante Herausforderung darstellen.
Koeppens Ringen um einen neuen Roman dauerte über drei Jahrzehnte an.[1] Bis zu seinem Tod schien er daran zu glauben, das Vorhaben werde noch gelingen, wovon auch sein letzter Brief an seinen Verleger zeugt: „Lieber Siegfried, ich werde dieses Buch und auch andere Bücher fertigschreiben."[2] Für den Freund und Verleger Unseld war inzwischen längst klar geworden, dass es in den Gesprächen und Briefen über den neuen Roman nicht mehr wirklich um ein neues Buch ging, sondern einzig darum, den Menschen Koeppen am Leben zu erhalten.

---

[1] Vgl. hierzu den Briefwechsel zwischen Koeppen und seinem Verleger: „Ich bitte um ein Wort…". Wolfgang Koeppen und Siegfried Unseld. Der Briefwechsel. Hrsg. von Alfred Estermann u. Wolfgang Schopf. Frankfurt am Main: Suhrkamp 2006
[2] Ebd., S. 516

Wolfgang Koeppen in seinem Arbeitszimmer

Wolfgang Koeppen: Eine autobiografische Skizze (1961)

Als ich zwanzig Jahre alt war, schrieb ich die „Memoiren eines Neunzigjährigen!". Das Manuskript verbrannte mit der deutschen Reichshauptstadt. Noch nicht neunzig und nicht mehr zwanzig sehne ich
5 mich weiterhin nach dem Patriarchenalter und sehe mich als Kind.

Ich entstamme einer nach landläufiger Auffassung heruntergekommenen Familie. Zur Zeit meiner Geburt muß sie leider den tiefsten Stand ihres Ansehens
10 erreicht haben. Meine Mutter liebte und haßte den Ort. In seiner Umgebung zeigte sie mir später und mit verhärmtem Stolz Rittergüter, die uns schon lange nicht mehr gehörten.

Ich wuchs im Hause eines Mathematikers auf. Er
15 wollte mich für die Magie der Zahlen begeistern. Wenn er den Weihnachtsbaum schmückte, berechnete er vorher die Kurve der Erdumdrehung. Über jedem Tun wurde es Nacht, und meine Tante weinte. Ich fürchtete die Vernunft und mißtraute den Glei-
20 chungen. Erst nach seinem Tode wußte ich, daß mein Onkel einsam gewesen war, und als ich de Broglie, Jeans, Rutherford, Einstein, Planck zu begreifen versuchte, bereute ich, die Gabe des strengen Mathematikers verschmäht zu haben.

25 Ich schwänzte die Schule. Ich versteckte mich hinter den Zäunen. Ich umarmte die Erde und empfand sie als einen Ball, der mich in rasender Fahrt durch ein unheimliches Universum trug. Ich wollte mit dem Zirkus fliehen. Ich bewunderte die anmutige Amazo-
30 ne, ich liebte ihr gehorsames Pferd; doch die bunte Nymphe enttäuschte mich, als ich ihr mein Leben anbot. Ich erkannte mit Pascal die Dummheit, aus dem Hause zu gehen. Ich blieb im Bett liegen, las Reclams Universal-Bibliothek, entdeckte den Geist,
35 die Geschichte, die beschriebene Erde, die Realität von Kunst und Fantasie und höhnte den Pauker. Zu Kaisers Geburtstag sagte ich in der Aula das patriotische Gedicht auf. Das sicherte mir die Versetzung bei sonstiger Abwesenheit. Im Weltkrieg, den man
40 nun den Ersten nennt und damit den Schrecken permanent macht, sammelte ich Gold und Lumpen für den Sieg. Ich bekam ein Dankschreiben der Kronprinzessin und glitschiges Brot auf den Weg. Die Revolution spaltete uns in Rote und Deutschnationale. Da
45 es auf dem Gymnasium zum guten Ton gehörte, Monarchist zu bleiben, vertrat ich die Ansichten der Republik. Mein Gesangbuch waren die schwarzen Hefte der expressionistischen Dichter im „Jüngsten Tag". Die Familien lasen das schwarz-weiß-rote Pro-
50 vinzblatt oder den „Lokalanzeiger". Ich kaufte am Bahnhof die „Weltbühne", das „Berliner Tageblatt",

den „Vorwärts", die „Rote Fahne". Die Mitschüler marschierten im Ludendorff-Bund. Ich marschierte nicht. Ich jagte allein.

Ich lebte in einer Kleinstadt und verwünschte sie. 55 Nach Berlin, von dem ich träumte, reiste ich über das Meer. Ich fuhr zur See und suchte Utopia. Die Matrosen blickten nach kleinbürgerlichen Küsten aus. Ich studierte und war sehr arm. Ich lebte von nichts und entwickelte mich zu einem Gespenst zwischen Char- 60 lottenburg und dem Bülow-Platz.

Ich liebte Berlin, ich liebte seine Wärme und seine Kälte, ich liebte die Schönheit seiner häßlichen preußischen Straßen, ich liebte die Menschen, das Kraftfeld der großen Stadt, ich liebte den Morgen und den 65 Abend, die Tage und die Nächte, ich war heimisch in den Bibliotheken, den Theatern, den Redaktionen, den Ateliers, den politischen Phantasien, den philosophischen Konventen, den dialektischen Debatten, ich verkehrte mit den Ärmsten und den Reichsten, 70 ich begehrte die Mädchen der Rummelplätze und des Kurfürstendamms, ich saß im Romanischen Café unter den Gescheiten, die dann der Teufel holte.

Ich war Dramaturg und wollte zu Brecht und Piscator. Ich wurde Feuilleton-Redakteur am „Berliner Börsen- 75 Courier". Als die Nationalsozialisten an die Macht kamen, war ich zu unbekannt, um verfolgt, doch bekannt genug, um versucht zu werden. Ich schlug das Angebot einer bedeutenden Pressestellung aus und schrieb, von Max Tau beflügelt, für Bruno Cas- 80 sirer meinen ersten Roman, der einen damals braunen, heute christlichen Kritiker nach dem Arbeitslager rufen ließ.

Als man die Juden zu verfolgen begann, entdeckte ich, daß ich jüdische Freunde hatte. Da sie weggehen 85 mußten, ging ich auch. Ich versuchte, im Ausland zu leben. Es gefiel mir in Holland, aber ich erkannte, daß man als deutscher Schriftsteller sich nicht aus dem Land der deutschen Sprache entfernen durfte. Ich war sehr unglücklich. 90

Das Grauen kam über die Welt. Ich stellte mich unter, ich machte mich klein, ich ging Eulenspiegels Wege, ich erlebte Grotesken und Verhängnisse, Freundschaft und Verrat, ich war ein Schaf unter Wölfen und ein Wolf unter Schafen, ich wollte das Ende der 95 Tragödie sehen, und als der Vorhang fiel, war ich erschöpft. Ich wunderte mich über die vielen Unschuldigen, die auf einmal auftauchten und zur Krippe gingen, über die alten Schuldigen, die ihre Stellungen hielten oder verbesserten, über jeden, der nichts 100 gesehen, nichts gehört, nichts gewußt und nichts gelernt hatte. Ich lebte. Es ging mir schlecht. Ich hatte die Freiheit und die Freiheit zu verhungern. Das ist sehr viel wert!

105 Eines Tages kam Henry Goverts, der Verleger, zu mir. Er fragte mich: Warum schreiben Sie nichts mehr? Da fragte auch ich mich, worauf ich all die Jahre gewar-

tet hatte und warum ich Zeuge gewesen und am Leben geblieben war.

In: Wolfgang Koeppen: Gesammelte Werke in sechs Bänden. Hrsg. von Marcel Reich-Ranicki. Bd 5., Berichte und Skizzen II. Frankfurt am Main: Suhrkamp 1986, S. 250–252 [Erstveröffentlichung 1961]

■ *Welchen Eindruck vermittelt die autobiografische Skizze Koeppens?*

■ *Welche Ereignisse scheinen Ihnen bemerkenswert?*

■ *Rekonstruieren Sie die wichtigsten Stationen seines Lebens.*

■ *Vergleichen Sie anschließend Koeppens Selbstdarstellung in seiner autobiografischen Skizze mit der biografischen Übersicht (Arbeitsblatt 31).*

Wolfgang Koeppen (1906–1996) – Lebenslauf

1906	Wolfgang Arthur Reinhold Köppen (später gebraucht er grundsätzlich die Schreibweise Koeppen) kommt am 23. Juni in Greifswald als Sohn der unverheirateten Maria Köppen zur Welt. Der Vater Dr. Reinhold Halben ist Privatdozent der Augenheilkunde an der Universität Greifswald. Er kümmert sich nicht um Mutter und Kind und bezahlt nur unregelmäßig Alimente, stellt die Zahlungen schließlich ganz ein und bestreitet vor Gericht die Vaterschaft.
1909	Maria Köppen übersiedelt mit ihrem Sohn zu ihrer Schwester Olga Köppen, Haushälterin und Lebensgefährtin des Baurates Theodor Wille, Wolfgang Koeppens Nennonkel, nach Thorn in Ostpreußen.
1912	Theodor Wille wird nach Ortelsburg in Masuren versetzt und übersiedelt mit der Hausgemeinschaft nach Ortelsburg.
1914	August: Ortelsburg wird von der russischen Armee zerstört; Maria, Olga und Wolfgang Koeppen fliehen nach Greifswald.
1915	April: Rückkehr nach Ortelsburg. Besuch des Reform-Realprogymnasiums.
1919	Frühjahr: Übersiedlung von Mutter und Sohn nach Greifswald – 27. Mai: Koeppen wird in die Tertia der Knabenmittelschule in Greifswald aufgenommen, aber im August in die Quarta zurückversetzt.
1920	Beendigung der Schullaufbahn nach der gesetzlich vorgeschriebenen Mindestzeit. – Anschließend Laufjunge in einer Greifswalder Buchhandlung, dabei Begegnung mit zeitgenössischer Literatur.
1922/23	Für mehrere Monate fährt Koeppen als „Kochsjunge" zur See.
1923	Sommer: Kleine Rolle im Lustspiel *Im weißen Röss'l* am Fürstlichen Schauspielhaus in Putbus auf Rügen. – Intensive Beschäftigung mit expressionistischer Lyrik, eigene lyrische Versuche.
1924	Juni: Der Verleger Kurt Wolff schickt Koeppens Manuskript der Gedichtsammlung *Knospen Staubblüten Schrei* mit einem ablehnenden Bescheid zurück.
1925	Vergebliche Bemühungen, in Berlin beruflich Fuß zu fassen. – 16. November: Maria Köppen stirbt 48-jährig an einem Gehirntumor.
1926/27	Dramaturgie- und Regieassistenz am Stadttheater Würzburg. Publikationen in den *Blättern des Stadttheaters Würzburg* und anderen Zeitschriften.
1927	Rückkehr nach Berlin. Begegnung mit der Schauspielerin Sybille Schloß, in die er sich unglücklich verliebt.
1932	Ab September festes Redaktionsmitglied des *Berliner Börsen-Couriers*.
1933	Dezember: Antrag zur Aufnahme in den Reichsverband Deutscher Schriftsteller.
1934	Januar: Der *Berliner Börsen-Courier* wird der rechtsgerichteten *Berliner Börsen-Zeitung* einverleibt. Für Koeppen gibt es bei der Zeitung „keine Verwendung" mehr. – März/ April: Italienreise; Sybille Schloß besucht ihn in Venedig. – Koeppen schreibt in Berlin und Reinfeld seinen ersten Roman. – November: *Eine unglückliche Liebe* erscheint bei Bruno Cassirer in Berlin. Koeppen nimmt das Angebot der befreundeten Familie Michaelis an und übersiedelt zu ihr nach Den Haag.

1935	Oktober: Der zweite Roman, *Die Mauer schwankt*, erscheint ebenfalls bei Bruno Cassirer in Berlin.
1937/38	Koeppen arbeitet an einem Roman (*Die Jawang-Gesellschaft*), der vermutlich unvollendet bleibt.
1938	November: Mit Aussicht auf Aufträge beim Film kehrt Koeppen nach Deutschland zurück.
1939	Ankündigung eines neuen Romans: *Mit Einsetzen der Flut.* – Bis 1943 in Berlin: Exposés für Filme, Mitarbeit an Drehbüchern, gelegentliche Beiträge in Zeitungen.
1944	Übersiedlung nach München bzw. Feldafing. Intensive Liebesbeziehung zu der 16-jährigen Marion Ulrich.
1946	Arbeit an einem Romanprojekt. Kontakte zu Rowohlt und zu Henry Goverts. Lektor im Verlag Herbert Kluger, München.
1948	Unter dem Lektorat Koeppens erscheinen im Verlag Herbert Kluger, München, die *Aufzeichnungen aus einem Erdloch* von Jakob Littner. – November: Koeppen und Marion Ulrich heiraten.
1951	*Tauben im Gras* erscheint bei Scherz und Goverts in Stuttgart.
1952	16. Oktober: Die Tante Olga stirbt in Reinfeld.
1953	*Das Treibhaus* erscheint bei Scherz und Goverts.
1954	*Der Tod in Rom* erscheint bei Scherz und Goverts.
1955	Reisen im Auftrag des Süddeutschen Rundfunks, vermittelt durch Alfred Andersch: u. a. Spanien, Sowjetunion, London, USA; Radio-Essays über die Reisen, verschiedene Reiseberichte erscheinen bis 1961.
1961	Nach längerer Anlaufzeit und einigen Vorauszahlungen ist Koeppen per Vertrag ab Januar 1961 Autor des Suhrkamp Verlags. – Preis zur Förderung der Literatur der Landeshauptstadt München.
1962	Schreibkrise. – Oktober: Georg-Büchner-Preis der Deutschen Akademie für Sprache und Dichtung.
1965	Literaturpreis der Bayerischen Akademie der Schönen Künste.
1972	*Romanisches Café*, ein aus bereits veröffentlichten Erzähltexten zusammengestelltes Buch, erscheint bei Suhrkamp.
1975	Ankündigung eines neuen Romans (*In Staub mit allen Feinden Brandenburgs*) in der Suhrkamp-Verlagsvorschau für das erste Halbjahr; er erscheint nicht.
1976	Herbst: *Jugend* erscheint als Band 500 der Bibliothek Suhrkamp.
1982	Kultureller Ehrenpreis der Landeshauptstadt München. – Gastdozentur für Poetik an der Johann Wolfgang Goethe-Universität in Frankfurt.
1983	Verleihung des Arno-Schmidt-Preises.
1984	15. April: Marion Koeppen stirbt.
1990	Verleihung der Ehrendoktorwürde durch die Universität Greifswald.
1992	*Jakob Littners Aufzeichnungen aus einem Erdloch* erscheinen im Jüdischen Verlag des Suhrkamp Verlages unter Koeppens Namen.
1996	15. März: Wolfgang Koeppen stirbt in München. Grabstätte auf dem Nordfriedhof.

Gekürzt und leicht verändert zusammengestellt aus: Günter und Hiltrud Häntzschel: Wolfgang Koeppen. Leben – Werk – Wirkung. Frankfurt am Main: Suhrkamp 2006, S. 133–137

BS **6**

Gespräche mit Wolfgang Koeppen – Auswertung

Aspekte	Bienek (1961)	Linder (1971)	Arnold (1974)	Müller (1991)
Biografisches/ Persönliches (Kindheit/Jugend, NS-Zeit...)				
Selbstcharakterisierung				
Weltanschauung und politische Einstellung				
Schreibkrise				
Schreibprozess/ literarisches Selbstverständnis				

Horst Bienek: „Werkstattgespräch" (1961)

Herr Koeppen, vor kurzem ist Ihr erster Roman ‚Eine unglückliche Liebe', mit dem Sie im Jahre 1934 bei Cassirer Ihre literarische Laufbahn begannen, neu aufgelegt worden […]. Was sind das nun für Gefühle, wenn man einem
5 *frühen Roman, wenn man seinem Erstling nach sechsundzwanzig Jahren wieder begegnet?*

Ich kann Ihnen die Gefühle nicht schildern. Eine Begegnung mit meinem ersten Roman hat für mich gar nicht stattgefunden. Ich habe die *Unglückliche*
10 *Liebe* nicht wieder gelesen. Ich habe nie ein Buch von mir gelesen. Ich mag mich nicht lesen. Ich kann mich nicht lesen. Mein Text wäre mir zu unheimlich. Zu nah und zu fern. Ich habe es sogar abgelehnt, die Korrekturfahnen des Neudrucks der *Unglücklichen Lie-*
15 *be* anzuschauen. Hätte ich es dennoch getan, würde ich den Roman wohl neu geschrieben haben […].

Als Ihr erster Roman erschien, waren Sie gerade 28 Jahre alt. Was hatten Sie vorher getan? Hatten Sie schon andere literarische Arbeiten veröffentlicht?

20 Ich hatte es nicht leicht und machte es mir schwer. Ich war arm und außerordentlich widerborstig. Mir fehlte jede Fähigkeit, mich dem normalen, dem bürgerlichen, dem Erwerbsleben anzupassen. Ich schwamm gegen den Strom und hatte Mühe, nicht
25 unterzugehen. Ich studierte, ich beobachtete, ich vagabundierte. Ich begegnete sehr armen und sehr reichen Leuten. Ich aß manchmal im Hotel Adlon zu Abend und dann die Woche über trockenes Brot oder gar nichts. Ein Jahr war ich Dramaturg in Würzburg.
30 Ein schönes Jahr. Wir waren da junge Leute, die mit dem Blick auf Berlin die Provinz skandalisierten. Ein Programmheft des Theaters wurde wegen eines von mir verfaßten Beitrages verboten. Ich wollte zu Piscator gehen, der gerade seine Bühne eröffnet hatte, aber
35 ich kam dann in die Kritik und zum Journalismus: Herbert Ihering holte mich an den *Berliner Börsen-Courier*. Geschrieben hatte ich eigentlich immer. Schon auf der Schule. Veröffentlicht[e] kleinere Essays und Erzählungen.

40 *Nachdem dann ein Jahr später noch Ihr zweiter Roman ‚Die Mauer schwankt' erschienen ist, wurde Cassirer bald liquidiert. Auch für Sie war danach ein literarisches Wirken unmöglich geworden. Sie mußten also nach dem Kriege noch einmal – wie viele Ihrer Generation – ganz*
45 *von vorn anfangen.*

Ein literarisches Wirken war nicht unmöglich gemacht. Ich hätte mich nur anpassen müssen. Das wollte und konnte ich nicht. Also war es mir doch unmöglich! Auch die berühmte Schublade blieb im großen und ganzen leer. Ein halb vollendeter Roman 50 verbrannte mit Berlin. Der Schrecken lähmte. Auch war ich voll damit beschäftigt zu überleben. Ich geriet selber in Romansituationen und war nicht mehr, meinem Wesen gemäß, ein reiner Beobachter. Nach dem Kriege war ich zunächst erschöpft. Auch ver- 55 wundert, den Aufstieg und Fall des Dritten Reiches überstanden zu haben. Die *Tauben im Gras* waren ein neuer Anfang, ein Beginn aus dem Nichts. Kein Mensch kannte mich mehr. Nur Henry Goverts, der dann mein Verleger wurde, erinnerte sich, daß ich 60 einmal etwas geschrieben hatte. Ich habe Bruno Cassirer und Henry Goverts sehr dankbar zu sein.

In der Unglücklichen Liebe ist Ihr eigenwilliger Stil schon ausgeprägt, der spezifische Koeppen aber – so scheint mir –, wird erst in Tauben im Gras *offenbar. Ich meine die* 65 *Besonderheit, das Unverkennbare Ihres Stils, das auf manche jüngeren Autoren nicht ohne Einfluß geblieben ist. So zum Beispiel die Suggestion durch Anhäufung der Bilder, Anhäufung von Adjektiven, der rasche übergangslose Wechsel von Zeit, Schauplatz und Personen, ferner die* 70 *Montagen, Einblendungen … In diesem Buch wollte man manche Parallele zum ‚Ulysses' finden. Nicht allein die Sprache war damit gemeint, auch die Reduzierung des Geschehens auf zwei Tage, die Dämonisierung einer Stadt, hier München, dort Dublin; auch die Geschichte Philipps,* 75 *auch das Schicksal des Negers Odysseus und deren Irrfahrten erinnern daran … Haben Sie ein solches Pandämonium im Sinn gehabt?*

Joyce habe ich 1926 gelesen, als der Ulysses gerade als Privatdruck im Rhein-Verlag erschienen war. Ich 80 war bis in meine Träume hinein mitgerissen. Später habe ich, wohl zufällig, den Ulysses nicht wieder in der Hand gehabt. Ich bin überzeugt, daß man heute auch ohne die Wegmarke Joyce in seine Richtung gehen müßte. Dieser Stil entspricht unserem Empfin- 85 den, unserem Bewußtsein, unserer bitteren Erfahrung. Und man sollte, weil ein Großer zum ersten Mal so gesprochen, so erzählt hat, das Gefundene, das Erreichte nicht leichtfertig verwerfen. Bei uns tut man gern so, als ob mit jedem Debütanten die Lite- 90 ratur neu beginnen müsse. Es gibt eine Tradition! Aber sie ist anders, als unsere Traditionalisten sie sich vorstellen. Die neue Tradition ist international! Walter Jens äußert in seinem Band „Deutsche Literaturgeschichte der Gegenwart" ähnliche Gedanken bes- 95 ser und ausführlicher, als ich es hier tun kann. Es gibt über alle Grenzen, über alle Kontinente hinweg die gemeinsame Sprache, das verwandte Welt- und Zeitempfinden, wie es auch Enzensberger in seinem „Museum der modernen Poesie" zeigt. Ein deutscher und

etwa ein afrikanischer Schriftsteller der Neuen Schau werden einander besser verstehen als jeder von ihnen seine nationalen Kollegen provinzlerischen Geistes. Was nun mich und die *Tauben im Gras* betrifft, so
105 waren diese für mich in ihren Übertreibungen die Folge eines aufgestauten, eines zu spät verwirklichten Stilexperimentes. Wenn Hitler nicht gekommen, wenn der Börsen-Courier nicht eingegangen wäre, hätte ich die Redaktion wohl auch verlassen, um Bü-
110 cher zu schreiben, wie ich es immer gewollt hatte. Aber vielleicht hätte ich mich in meinem ersten Roman, sicher in einem zweiten schon ganz den Versuchungen des neuen Stils, der Annäherung an neue Ausdruckshorizonte hingegeben. Das unterblieb in
115 der schlimmen Zeit. Nicht, weil ich feige war! Daß ich es nicht war, glaube ich, beweist schon meine *Unglückliche Liebe*. Aber die ganze verpestete Luft, der Tod jedes literarischen Lebens machte mutlos. Schließlich schwieg man. Verlorene Jahre! Und dann
120 wollte man alles nachholen! Natürlich hatte ich ein Pandämonium im Sinn. Immer. Ich sehe die Welt pandämonisch. [...]

In Tauben im Gras *wie auch im* Tod in Rom *zeigen Sie eine Fülle von recht eigenwilligen Figuren, deren Schicksal*
125 *im ständigen raschen Wechsel erzählt und miteinander verzahnt wird. Haben Sie dafür ein bestimmtes Konzept, ein Schema?*

Nein. Kein Schema. Die Personen eines Romans sind da, sie stehen vor mir, sie sitzen an meinem Bett, sie
130 leben mit mir, während ich das Buch schreibe. Später vergesse ich sie. Ich hoffe, sie treten zur rechten Zeit auf.

Wie finden Sie Ihr Thema? Fällt es Ihnen plötzlich ein, assoziieren Sie es, entwickeln Sie es Stück für Stück? [...]

135 Keine Sekunde ist auszuschöpfen. Nicht die Dürre, die Fülle ist es, die erschreckt. Die Themen drängen sich heran wie alte Gläubiger. Was passiert nicht alles in der Welt! Dabei halte ich die Handlung für neben- sächlich, und den Streit, was wichtiger sei, die Hand-
140 lung oder die Form, für sinnlos. Die meisten Einfälle verschwinden wieder, doch andere werden zu quä- lenden Geistern [...].

Sammeln Sie das Material im Voraus? Haben Sie Zettel bei sich? Machen Sie Notizen?

145 Nein. Keine Zettelkästen. Kaum Notizen, vielleicht ein einziges Schmierblatt mit quasi magischen, nur mir verständlichen Formeln.

Haben Sie den Roman vollständig im Kopf, wenn Sie anfangen zu schreiben? Oder entwickelt er sich von selbst,
150 *ist er einmal begonnen?*

Wie gesagt, im Kopf. Aber auch dies nicht immer. Manchmal ahne ich nur, wohin ich steuern will. Es ist dann wie eine Fahrt durch die Nacht, mit starken Abweichungen vom gar nicht festgesetzten Kurs.

Brauchen Sie bestimmte Voraussetzungen zum Schreiben? 155 *'Treibhaus', heißt es, sei im Bunkerhotel in Stuttgart ent- standen?*

Ich arbeite ungern und unstet in meiner Wohnung. Am liebsten arbeite ich in dem größten Hotel einer mir fremden großen Stadt. Es muß nicht das beste 160 Hotel sein, aber das Haus sollte mindestens hundert Zimmer haben. Mein idealer Arbeitsplatz wäre ein Raum mit Klimaanlage in einem Wolkenkratzer in New York. Das Bunkerhotel in Stuttgart war übrigens keine schlechte Klausur. [...] 165

Sie sagten, Sie arbeiten jetzt an einem Roman. Wird es ein politischer Roman? Alle Ihre Romane sind ja im weiteren Sinne immer eminent politisch gewesen, auch da, wo Sie rein private Schicksale abwandeln wollen.

Wir alle leben mit der Politik, sind ihre Objekte, viel- 170 leicht schon ihre Opfer. Es geht um Kopf und Kragen. Es geht buchstäblich um Kopf und Kragen. Wie darf da der Schriftsteller den Vogel Strauß mimen, und wer, wenn nicht der Schriftsteller, soll in unserer Ge- sellschaft die Rolle der Kassandra spielen? Eine un- 175 dankbare, eine vergebliche Rolle. Jedes Buch wirkt auch in die politische Welt. Wenn auch nicht direkt. Mein Ehrgeiz geht literarische Wege [...]

Glauben Sie, daß Ihre „positive Unruhe oder Opposition", wie ich es nen[n]en möchte, einer politisch linken Haltung 180 *entspringt oder entspringen muß?*

Die Begriffe links oder rechts sind ausgelaugt, oder jedenfalls heute sehr schwer zu definieren. Ich bin für die Freiheit, für meine und jedermanns Freiheit, und ich meine das sehr direkt, noch im allerkleins- 185 ten, für jeden Tag und nicht im Sinne einer natio- nalen Phrase.

Herr Koeppen, ich kenne Sie als einen äußerst sensiblen, liebenswürdigen, ja vollendet höflichen Menschen. Und ich wundere mich eigentlich auch, daß Sie gerade in Ihren 190 *Büchern ganz anders, böser oder auch zornig, sind. Wie kommt das?*

Ich könnte mit Brecht antworten: „Die wir den Bo- den bereiten wollten für Freundlichkeit, konnten wir selber nicht freundlich sein." Aber vielleicht kann ich 195 es auch anders erklären, nämlich, daß ich die Litera- tur für eine noch ernstere Sache halte als das Leben, und daß ich mich bemühe, ein Schriftsteller nach einem Spruch von Kierkegaard zu sein: „Der Humo- rist geht gleich dem Raubtier stets allein." 200

Auszug aus: Horst Bienek: „Werkstattgespräch". In: Über Wolfgang Koeppen. Hrsg. von Ulrich Greiner. Frankfurt am Main: Suhrkamp 1976, S. 247–256

Christian Linder: „Schreiben als Zustand" (1971)

Ein Gespräch mit Wolfgang Koeppen

Lieber Wolfgang Koeppen, lassen Sie uns zunächst versuchen, Ihre augenblickliche Situation zu bestimmen: Sie sind jetzt 65 Jahre alt, ein welterfahrener, erfolgreicher Schriftsteller, ausgezeichnet u. a. mit dem Georg-Büchner-
5 *Preis der Deutschen Akademie für Sprache und Dichtung […]. Ihr letzter Roman ‚Der Tod in Rom' liegt jedoch nun schon siebzehn Jahre zurück, danach haben Sie Reiseberichte geschrieben sowie kleinere Texte in Zeitungen und Zeitschriften veröffentlicht; die Reisebeschreibungen wa-*
10 *ren für Sie allerdings nur „Umwege zum Roman", den Sie schreiben wollten und schreiben wollen, ein neuer Roman wurde zwar immer mal wieder angekündigt, seit Jahren geistert er durch die Feuilletonspalten der Zeitungen – aber er erschien nicht. Nun weiß ich, daß dieser neue Roman*
15 *kein Gerücht ist, sondern daß es ihn tatsächlich gibt und daß Sie – beinahe schon mit verbissener Verzweiflung – an ihm sitzen. Diese vielen […] Jahre – die sind doch für Sie sicher keine verlorene Zeit wie damals nach 1933? Und außerdem ist es ja wohl auch nicht das tägliche Schreiben,*
20 *was einen Schriftsteller ausmacht, denn Schreiben, so meinte Musil, sei ein Zustand ...*

Ja, zweifellos ist es ein Zustand, mit allen Varianten eines Zustandes, es ist also ein schlimmer Zustand, ein schöner Zustand, ja es ist ein Zustand.

25 *Da ich seinen Namen genannt habe: Ich sehe viele Gemeinsamkeiten mit Musil. Wie er leben auch Sie in der letzten Zeit in erniedrigender finanzieller Not, und eine Schreibhemmung, um diesen ungenauen Begriff zunächst einmal zu gebrauchen, kennen Sie ja auch.*

30 Gewiß kann man einige Berührungspunkte aufdecken, aber die ließen sich auch zu anderen Autoren finden, und ich meine, man sollte sich da nicht in etwas hineindenken oder hineinsteigern.

Um bei Musils Satz vom Schreiben als Zustand zu bleiben,
35 *für Sie ist also auch das Schweigen eine Form des Schreibens?*

Das ist richtig. Ich bin selbstverständlich auch ein Schriftsteller, wenn ich nicht schreibe, ich bin sogar ein Schriftsteller, wenn ich nachts im Bett liege, be-
40 sonders wenn ich schlaflos liege. Nur: man kann nicht so weit gehen wie einige neuere Künstler, die sich selbst zum Kunstwerk erklären, ohne daß sie ein Kunstwerk schaffen. Selbstverständlich erwartet man vom Schriftsteller, daß er schreibt, und schließlich
45 schreibe ich ja auch. Daß es in den letzten Jahren seine Zeit dauert und daß auch gewisse Wandlungen mit mir vorgegangen sind, das ist etwas anderes, und ich würde insofern auch das von Ihnen vorhin erwähnte Wort Schreibhemmung nicht so unbedingt
50 akzeptieren. Es ist etwas komplizierter ... Die Idee ist zu erschreckend für die Schreibmaschine, manchmal.

Welche Wandlungen sind mit Ihnen vorgegangen?

Das ist schwer zu sagen ... Nein, ich kann Ihnen keine Antwort darauf geben ... Es ist so, ... daß ich ... 55 jeden Glauben an eine Aktion verloren habe, also daß man mit Schreiben, mit Kritik, Satire irgendetwas ändern könnte; ich halte das auch immer weniger für die Aufgabe des Schriftstellers. Was ich mir wünsche: daß durch mein Schreiben eine Änderung von Leben, 60 von Denken, von Bewußtsein einträte bei irgendjemand und sich diese wieder auf einen anderen übertragen würde. Das ist eine Hoffnung, aber das ist ein sehr langsamer Vorgang und trifft wohl nur zu bei einigen wenigen großen Schriftstellern ... Sehen Sie: 65 ich bin pessimistischer geworden, trauriger, aber vielleicht auch ernster. Ich nehme alles schwerer, auch rücksichtsloser, das wird der Leser vielleicht gar nicht merken ... Ich will noch sagen, was ich sagen möchte, und dies mehr für mich; es ist fast ein düsteres Selbst- 70 gespräch, wenn mir jemand zuhören sollte dabei, ist es mir recht […].

Verstehe ich Sie jetzt richtig: Schreiben nicht nur als Kampf, sondern auch oder überhaupt als Lebensform?

Ja, es ist mein Leben, ob ich nun schreibe oder nicht 75 schreibe, es ist mein Leben ... Ich lebe literarisch, darüber kann man sich amüsieren, nur nicht ich. Und dann lebe ich auch etwas wie eine Romanfigur. Ich könnte es mir ja einfach machen, wenn ich andauernd mein Leben erzählen würde und aus meinem 80 Leben Bücher entstehen ließe; bis zu einem gewissen Grade tut das ja jeder Schriftsteller, seine Werke sind eine Art fortlaufender Biographie, aber bei mir ist es so, daß wahrscheinlich mehr als bei anderen der normale Kontakt zum Leben, zur bürgerlichen Existenz 85 geschwächt ist.

Können Sie sich diese Schwächung selbst erklären oder stehen Sie da vor einem Rätsel?

Nein, ich stehe da nicht vor einem Rätsel, ich akzeptiere vielmehr, daß es so ist. Ich bin, was mich betrifft, 90 nicht unzufrieden; ich bin auch kein verbitterter Mensch, wie irgend jemand immer mal wieder behauptet. Ich sehe, daß es so ist […]

Was ist ein Schriftsteller?

Er ist alles; und er ist nichts; er ist überflüssig und 95 eminent wichtig.

Wie sehen Sie persönlich den Schriftsteller?

Ich sehe da gar nichts. Ich denke auch gar nicht darüber nach.

Warum schreiben Sie denn, Sie ganz persönlich? Dumme 100 *Frage, sicher, aber ich riskiere die Gegenfrage.*

Warum ich schreibe? Weil es für mich eine grade

noch mögliche Art ist, am Leben zu bleiben ... ganz ehrlich.

105 *Und seit wann bleiben Sie auf diese Art am Leben?*

Das war immer so. Ich lebte schon als Kind in der Welt der Bücher. Mein erster Gläubiger war der Buchhändler.

Und wie sieht das heute aus? Sie leben ja noch, also be-
110 *finden Sie sich ja auch noch im Zustand des Schreibens, obwohl Sie nun schon so lange schweigen. Eine Schreibhemmung – das Wort steht immer noch im Raum – ist es ja nicht, wie Sie sagten.*

Nein, es ist keine Schreibhemmung. Ich habe keine
115 Angst, mich an den Tisch zu setzen und zu schreiben, ich kenne auch, na ja, keine Angst vor der Enttäuschung, aber auch keine Flucht vor der Arbeit ... Sehen Sie: ich könnte ja schreiben, ich brauchte ja nur für drei oder vier Monate an einen geeigneten Ort
120 fahren, und ich käme mit dem Buch zurück [...].

Ist es dann vielleicht eine Schreiblähmung?

Nein. Ich muß Ihnen da etwas anderes sagen: Ich bin mit meinem Schreiben an einen Punkt gelangt, wo ich nicht brutal rücksichtslos, egoistisch genug bin,
125 um jeden Preis zu schreiben ... Es liegt sehr kompliziert ... Das werden Sie alles gar nicht verwenden können, es tut mir leid, Sie werden mit einem unbrauchbaren Tonband nach Köln zurückreisen müssen ... Es schwebt mir im Augenblick eine ziemlich
130 absurde und wahrscheinlich unverständliche Äußerung vor: ... Ich lebe in einem Roman, und das mindert meinen Willen, ihn zu schreiben, zehrt auch an meiner Kraft.

Ist es nicht mehr erforderlich, den Roman zu schreiben,
135 *weil Sie ihn leben?*

Doch, es ist erforderlich, ich wache ja nachts auf vor Angst, daß ich ihn nicht schreibe, ich liege ja schlaflos und träume von meinem Verleger, von Herrn Unseld, sehe ihn in seinen Verlagsräumen sitzen vor
140 einem leeren Schreibtisch, und man trägt die Möbel aus dem Verlag heraus, sie werden gepfändet, und auch den Schreibtisch zieht man ihm schließlich weg, und Herr Unseld sitzt völlig verzweifelt und verarmt da, nur weil ich das Manuskript nicht abgege-
145 ben habe [...].

Lassen Sie mich sagen, was ich weiß, und korrigieren Sie mich, wenn es nötig ist: Ein unordentlicher Lebenslauf, reiche Jahre, vergeudete Jahre, Eulenspiegel, Anarchist, schweigsamer Kaffeehausbesucher, Schreiben in Hotel-
150 *zimmern, Großstädter, Individualist, Reisender ...*

Ja, das stimmt alles. Aber sehen Sie: Hier bin ich geizig, möchte mich nicht verausgaben, mir alles vorbehalten, mich nicht verplappern. Als Ergänzung nur so viel: Gymnasium in Ostpreußen, Distanz von der
155 Herkunft, unregelmäßiges Studium, bildungsbeflissen, aber kein Ziel, Zeit der Arbeitslosigkeit (in der ich Außenseiter blieb), Schiffskoch (zwei Fahrten), 14 Ta-

ge Fabrikarbeiter, Platzanweiser im Kino, Eisbereiter in St. Pauli, Dramaturg und Regievolontär an guten
160 Theatern, loses Verhältnis zu Piscators dramaturgischem Kollektiv (unbefriedigend, aber schon Berlin), früher Journalismus, gleich in Berlin, links, Gast im Romanischen Café, Anstellung am *Börsen-Courier* [...].

165 *Was passiert [...], wenn Sie sich an einem Tag einmal nicht an den Schreibtisch setzen?*

Da passiert leider sehr viel und Trauriges. Kein Kommentar dazu. Kraft könnte immer eine Reise geben, schon drei Tage Zürich. Ach, eine Woche Paris. Aber
170 ganz allein, nur ganz allein [...].

Was tun Sie den ganzen Tag über? Gehen Sie viel spazieren, sehen Sie oft Fernsehen?

Ich bin sehr beschäftigt.

Womit?

175 Das weiß ich nicht.

[...] Ich glaube, Herr Koeppen, das Problem, vor dem Sie jetzt hauptsächlich stehen – nicht was das Schreiben anbetrifft, aber die Realisation von Plänen –: Es fehlt Ihnen ganz einfach an Selbstvertrauen.

180 Ja, daran fehlt es mir wirklich, manchmal [...].

Erklärt sich daraus auch Ihre Weigerung, Vorlesungen zu halten?

Das ist wieder so ein schreckliches und kompliziertes Problem. Ich habe eine furchtbare Angst vor Vorle-
185 sungen, die ich halten soll, weil ich weiß: ich habe Tage, wo es mir Spaß gemacht hat, wo ich es gut gemacht habe und wo diese Übertragung vom Vortragenden zum Zuhörer da war; und dann habe ich andere Lesungen gehabt, wo ich mit dem ersten Satz
190 wußte: ich bin miserabel, ich kann meinen Text gar nicht lesen, dann fange ich an, mich dauernd zu versprechen, es ist einfach entsetzlich, ich werde schließlich ungeduldig und schnurre meinen Text einfach herunter, nur um zum Ende zu kommen und
195 aufzustehen und wegzugehen, und ich bin böse gegen die Veranstalter und böse gegen die Zuhörer und böse gegen mich selbst.

Und das haben Sie nicht in der Hand?

Nein, das habe ich absolut nicht in der Hand, ich
200 kann also nicht sagen: an dem und dem Tag werde ich gut sein ... Schauen Sie, das geht so weit, daß ich oft in meinen eigenen vier Wänden verstumme ... Ich habe mir vor einiger Zeit ein Tonband gekauft. Ich dachte mir: wenn mir in schlaflosen Nächten etwas
205 einfällt, dann kann ich das aufs Band sprechen und habe so am anderen Morgen vielleicht was drauf, was ich abschreiben kann; ich bin auch heute noch davon überzeugt, daß das möglich ist, nur: sobald ich mir das Mikrophon vor den Mund halte, verstumme
210 ich ...

Auszug aus: Christian Linder: „Schreiben als Zustand". In: Über Wolfgang Koeppen. Hrsg. von Ulrich Greiner. Frankfurt am Main: Suhrkamp 1976, S. 257–276

Heinz Ludwig Arnold im Gespräch mit Wolfgang Koeppen (1974)

Wie war das bei Ihnen damals in der Schule? Gefiel Ihnen der Deutschunterricht? Gab es bestimmte bevorzugte Lektüren?

Wenn ich zurückdenke, war der Unterricht, auch die
5 Deutschstunde, nicht aufregend; ich könnte im Zorn zurückblicken. Aber Deutsch war das Fach, das mir weiterhalf. Hatte ich in Mathematik eine Fünf, so machte die Zwei oder manchmal auch die Eins in Deutsch die Sache wieder gut. Das rettete mich. Ich
10 bin sehr selten zur Schule gegangen. Die Schule interessierte mich nicht; d. h., sie langweilte mich, wenn ich den Lehrstoff des Jahres gelesen hatte; zu Ostern kam die Versetzung, dann wurden die neuen Schulbücher gekauft, und alle diese Bücher, auch die
15 Sprachlehrbücher, die Erdkundebücher, die Geschichtsbücher, las ich sofort – ich war mein Leben lang ein leidenschaftlicher Leser, und das wichtigste Ereignis in meinem Leben war überhaupt, daß ich lesen gelernt habe –; ich hatte also alles schon stu-
20 diert, das Pensum hinter mir, wenn das Schuljahr begann, und was nun noch geschah in der Schule, wußte ich längst. Ich bin oft, unter dem Vorwand, krank zu sein, zu Hause geblieben; als kleiner Junge schwänzte ich die Schule dergestalt, daß ich zu Hau-
25 se sagte, ich gehe in die Schule, und dann schlug ich mich in die Büsche oder lief zum See – ich habe nie wieder ein so mächtiges Gefühl von persönlicher Freiheit genossen wie in den Stunden, da ich als Erst- und Zweitkläßler selbst meinen Tag bestimmte, dem
30 Zwang entkam. Später, älter, aufsässiger geworden, blieb ich einfach im Bett, solange es mir paßte. Im Bett las ich, lernte ich. Fast möchte ich sagen, daß ich mir mehr Wissen im Bett angeeignet als ich Kenntnisse von der Schule mitbekommen habe.

35 *Eine geradezu erschlichene Bildung. – Wie stützte denn das Elternhaus diese Leseinteressen? War es lesefreundlich eingestellt?*

Ich hatte kein richtiges Elternhaus. Ich wuchs bei einem Onkel auf. Dieser war Architekt und Mathe-
40 matiker, ein eigenartiger Mann: ein Junggeselle, der ein recht einsames Leben führte. Wir kamen nicht miteinander aus. Heute spreche ich mit großer Achtung von ihm; es tut mir leid, daß wir uns, als ich Kind war, nicht verstanden haben. Wir waren wahr-
45 scheinlich beide schon zu starke Eigenbrötler. Aber der Onkel hatte eine große Bibliothek, und er hielt, was damals in Ortelsburg, wo er hingekommen war, die im Ersten Weltkrieg zerstörte Stadt wiederaufzubauen, etwas Besonderes war, außer der *Ortelsburger*

Zeitung das *Berliner Tageblatt*, den *Vorwärts*, die *Kreuz-* 50
Zeitung, die *Königsberger Hartungsche Zeitung* – täglich kamen fünf, sechs Zeitungen ins Haus; wir hatten uns darauf geeinigt, daß ich insofern Rücksicht auf ihn nahm, als er die Journale zuerst lesen durfte; schon am Mittag bekam ich sie. Das war ziemlich unge- 55
wöhnlich; schon mit acht Jahren begann ich meine Laufbahn als Zeitungsleser; besonders schätzte ich das *Berliner Tageblatt*, das das beste Feuilleton hatte, ich las die Kritiken, alles, was über Literatur, Theater und Kunst unterm Strich stand […]. 60

Hat die politische Atmosphäre im Hause Ihres Onkels – die doch offensichtlich auch liberal gewesen sein muß – Sie beeinflußt? Oder war Politik für Sie damals als ganz jungen Menschen noch nicht so faßbar ?

Sie hat mich schon damals insofern beeinflußt, als 65
ich in einen Gegensatz zur Schule, zu meinen Mitschülern, zu meinen Lehrern kam; die Lehrer dieses Gymnasiums – es hieß dann später auch noch „Hindenburg-Gymnasium" waren die grotesken deutschnationalen Figuren, diese wilden Heimkrieger, die 70
uns tagtäglich von den Herrlichkeiten des Krieges erzählten, was von meinen Mitschülern angenommen wurde, während ich skeptisch blieb; diesen Ton gab es zu Hause nicht. Mein Onkel hat diesen Krieg von Anfang an als ein Unglück betrachtet […]. 75

Hatten Sie […] damals literarische Vorläufer, Vorbilder, die Sie geprägt haben […]?

Ich kann da nur von meiner Begeisterung sprechen, die ich empfunden habe, als ich zum ersten Mal Kafka las: Da war der „Heizer" das erste, was ich von 80
Kafka gelesen habe, ich war vielleicht 14 oder 15 Jahre alt. Dann habe ich, als ich in Würzburg Dramaturg war, also mit neunzehn, zwanzig, Joyce gelesen: Damals kam die deutsche Übersetzung vom „Ulysses" heraus […]. 85

Sie haben das Dritte Reich überlebt, aber offensichtlich in keinem Beruf, auch nicht als Schreibender.

Auch nicht als Schreibender. Ich hatte mich beim Film untergestellt, ohne Wesentliches zu ihm beizutragen, da die Filme, die ich vielleicht sonst ganz 90
gerne gemacht hätte, nicht zu machen waren, und ich an Filmen, die gemacht wurden, nicht beteiligt sein wollte. So daß es dahin kam, daß ich an irgendwelchen Entwürfen arbeitete, in der Sicherheit, daß sie nicht ausgeführt wurden. 95

Dafür wurden Sie dann bezahlt und damit konnten Sie halbwegs überleben.

Ja, wenigstens eine ganze Zeit lang, bis man mir hinter die Schliche kam, daß ich ja gar nichts wollte,
100 weder die Nazifilme noch den Krieg. Und dann bin ich zwei Jahre in den Untergrund gegangen.

Was heißt Untergrund? Haben Sie aktiv im Untergrund gearbeitet, oder sind Sie nur untergetaucht?

Ich bin nur untergetaucht.

105 *[...] Wie haben Sie die Kapitulation erlebt – und wo?*

Die Kapitulation habe ich in Bayern am Starnberger See erlebt.

War es dann sogleich ein Neuanfang für Sie, waren Sie voller literarischer Pläne?

110 Ich war befreit, hatte alte Pläne, es war der ersehnte neue Anfang – zunächst aber war ich von der Wirklichkeit der Befreiung enttäuscht; es kamen neue Bedrückungen. Es war eine merkwürdige Situation: ich war erstaunt, daß ich unter lauter Anti-Nazis gelebt
115 hatte – alle waren Anti-Nazis gewesen, alle waren sehr dagegen gewesen, alle hatten mehr oder minder Widerstand geleistet. Und die Amerikaner kamen, kamen mit einer großen Bürokratie und mit einem Fragebogen und verlangten auch von mir, daß ich ihren
120 Formularkram ausfüllen sollte; und ich fand in meiner Unschuld, am Nationalsozialismus, daß ich diese Fragen nicht beantworten wollte, was die sehr verstimmt hat, ich aber auf mich nahm.

Hatte das Konsequenzen für Sie?

125 Es war eine dramatische Situation. Ich kam aus einem Versteck, aus der Illegalität, ich hatte die letzten Monate kaum gelebt. Und nun waren die Verzweiflungen des Krieges zu Ende. Zufällig kam Klaus Mann als amerikanischer Offizier an diesen Ort meiner Unter-
130 welt. Er empfahl mich den amerikanischen Presseleuten, die in Deutschland Zeitungen herausgeben wollten. Leider sah ich Klaus Mann nicht wieder. Ich hatte schon Schwierigkeiten, aus meinem Dorf nach München zu fahren, und dann kam ich mit ahnungs-
135 losen Vernehmungsoffizieren zusammen, die mich aufforderten, Fragebogen auszufüllen, die ich im Dritten Reich nicht ausgefüllt hatte. Sie fragten nach einer Biographie, fragten nach einem Lebenslauf in kritischen Zeiten, der in ihr Besatzungsschema nicht
140 paßte. Ich antwortete ihnen nicht, und mein Leben wurde zu einem literarischen Stoff, den ich bis heute zu formen versuche. Es gibt vielleicht überhaupt zwei Koeppens, dann, wenn man mich fragt: Was haben Sie damals gemacht und was dann und dann? Es gibt
145 natürlich den Koeppen, der irgendwann geboren ist, irgendwo zur Schule gegangen ist, einmal Redakteur war und den man erkennungsdienstlich feststellen und festlegen könnte. Aber es gibt auch den surrealistischen Koeppen, eine literarische Figur, wo das alles nicht so sicher ist, der, um es im Extrem auszu-
150 drücken, wenn er gefragt wird, wann sind Sie geboren, vielleicht antworten möchte: Es ist gar nicht so sicher, daß ich jemals geboren wurde.

Also eine literarische Existenz durch und durch?

In der Empfindung, aber ohne Vorsatz; es ist so. Oder
155 um den großen Titel zu mißbrauchen: es gehen bei mir auf die natürlichste Weise Dichtung und Wahrheit durcheinander.

*[...] Ihre Romane haben doch eine sehr deutliche politische Wirkungsmöglichkeit gehabt – ich will nicht von
160 Wirkungsabsicht sprechen, weil Sie ja diese Wirkungsabsicht ausschließen –; die Romane konnten eminent politisch wirksam sein, und die Reaktionen nicht nur der literarischen Kritik zeigten, daß es so war.*

Aber ich kann nicht sagen, daß ich mit diesen Roma-
165 nen irgendeine die Geschichte revidierende Absicht verbunden hätte. Dazu bin ich viel zu pessimistisch. Ich habe etwas erzählt. Schön, es sollte betroffen machen. Ich bin – offen gestanden, und auch Sie werden es mir wahrscheinlich nicht glauben – recht erwar-
170 tungslos gewesen, daß jemand meine Bücher liest, von ihnen Kenntnis nimmt.

Aber es artikuliert sich darin doch ein für diese Zeit bemerkenswertes radikales Verhältnis zur wiederkehrenden politischen Restauration in Deutschland.
175

Ja. Ich gab meinem Unbehagen Laut.

*[...] Sie haben nach dem letzten Roman „Tod in Rom" keinen Roman mehr veröffentlicht, sondern Reisebücher mit großen Prosaqualitäten, in denen man von Seite zu Seite den großen Schriftsteller Koeppen wiedertrifft. Wa-
180 rum dies? War es ein Versuch mit einer anderen, neuen Form?*

Ein Versuch vielleicht, es waren auch Studien, Vorstudien zu anderen Produkten, möchte ich hoffen; aber es hatte auch einen viel simpleren Grund. Alfred An-
185 dersch, der am Süddeutschen Rundfunk ein literarisches Spielfeld, den Radio-Essay, geschaffen hatte, fragte mich, ob ich für den Rundfunk nach Spanien fahren möchte. Es traf sich gut, ich hatte Lust, nach Spanien zu reisen, mir hatte nur das Reisegeld gefehlt.
190 Ich habe dann meinen ersten Radio-Essay über Spanien geschrieben. Nicht nur das Reisen, das Kennenlernen anderer Länder, auch das Schreiben über die Reise, der Versuch, eine neue Form des Berichts zu finden, das Experiment machten mir Spaß. Und nach
195 dem Erfolg der ersten Sendung drängte mich mein damaliger Verleger Henry Goverts, Reisebücher zu schreiben. Das verführte mich, weil ich Rußland se-

hen, nach Amerika fahren, durch Frankreich mit dem
200 Auto wandern wollte. Das befriedigte mich sehr. Auf
meinem Programm standen noch Indien, China, Ja-
pan, alte Sehnsuchtsziele, aber auf einmal wollte ich
nicht mehr reisen. Die Reisebücher sollten zu keiner
Routine werden. Ich glaube zwar nicht, daß die Ge-
205 fahr der Routine bei mir überhaupt bestand; dazu bin
ich zu systemlos, zu neugierig, zu sehr auf Überra-
schungen aus und zu wenig am Erfolg und Gewinn
interessiert. Ich fand es komisch, nun ein Land nach
dem andern als Vorwand für ein Buch zu nehmen.
210 Das paßte mir nicht. Ich sehnte mich auch wieder
nach der reinen Fiktion, der Verwandlung der Welt,
dem neuen Leben in einem Roman. Mein Übergang
von Goverts zu Suhrkamp bestärkte mich in diesem
Verlangen. Ich hatte große Hoffnungen. Ich geriet
220 dann in eine Krise. Zweifel kam mir am Sinn meines
Tuns. Früher hatte ich diesen Zweifel auch schon gehabt, aber er hatte mich weniger gestört, jetzt lähmte
mich Ohnmacht und trieb mich zusammen mit wid-
rigen persönlichen Umständen in die Enge. Es kamen
225 mir immer neue Bedenken vor dem Schreiben.

*Hing diese Produktionskrise mit dem geplanten großen
Roman zusammen und ist sie ausgestanden?*

Nein, es quält mich das Auge der Öffentlichkeit, das
auf mir ruht. Ich weiß nicht warum. Das ist ein An-
230 spruch, den ich gar nicht erfüllen will. Etwas wehrt
sich in mir dagegen. Mein alter Widerstand gegen
jeden Zwang. Es ist widersprüchlich. Natürlich
möchte ich auch jedes Jahr ein Buch herausgeben.
Aber nicht um jeden Preis. Ein Buch kommt von
235 selbst. Allerdings muß man sich hinsetzen und es
schreiben. Bis man sich hinsetzt, leidet man. Wahrscheinlich gehört das schon zum Schreiben.

*[…] Ohne diese Rigorosität und Radikalität gegenüber
dem Schreiben wären auch diese Romane nicht möglich
240 gewesen. – Man hat diesen Fall Koeppen konstruiert, man
hat gesagt, Wolfgang Koeppen habe damals drei der bedeutendsten deutschen Romane nach 1945 geschrieben,
er habe, wie ich das eben andeutete, dann aber mit den
Reisebüchern eine Flucht angetreten und ist seither über
245 mehr als ein Jahrzehnt völlig verstummt. Dieser Fall
stimmt in meinen Augen nicht …*

In meinen auch nicht. Es stimmt nicht mal, daß ich
verstummt bin. Vielleicht spreche ich mit mir selbst.
Und weiß jemand, was ich in dieser Zeit getan und
250 vielleicht auch geschrieben habe? Auch veröffentlicht habe, z. B. im *Merkur*. Und wie viele Seiten wurden geschrieben, Anfänge, die man plötzlich nicht
mehr mochte? Sie zählen!

*Man wartet eben seit Jahren auf den neuen Roman von
Wolfgang Koeppen, und weil er nicht kommt, braucht 255
man eine Erklärung und bastelt sich eine Legende.*

Das ist bedrückend, es ist schrecklich, daß es je-
manden geben soll, der auf einen Roman von mir
wartet, und es ist noch schlimmer, daß man, ohne
daß ich daran mitwebe, eine Legende fabriziert. Das 260
wird mich nur noch selbstkritischer, selbstbedenk-
licher machen, und ich werde mich immer mehr
fürchten, überhaupt noch etwas zu veröffentlichen,
weil ich dem Anspruch der Legende nie genügen
könnte. Es ist eine peinliche Situation. Ich habe oft 265
bedauert, als Schriftsteller nicht unter einem Pseu-
donym angetreten zu sein. Es wäre mir lieb, wenn
meine Bücher von irgendjemandem, von einem
Herrn Jakob Meyer geschrieben worden wären und
ich irgendwo in den Augen der Nachbarn als Nichts- 270
tuer, als Arbeitsloser oder als Rentner oder als Kapita-
list rumlaufen würde.

*Das wird verständlich aus vielem, was Sie gesagt haben.
Und daß Sie mit dieser Legende nichts zu tun haben, weil
ganz andere, nämlich private Probleme diese Schreib- 275
probleme, diese sogenannte literarische Krise bewirken,
sollte man in der Öffentlichkeit doch endlich einmal zur
Kenntnis nehmen.*

Aber die Krise, literarisch, privat, zeitbedingt, sozial-
gebunden, großgeredet, sollte man vom Markt ver- 280
scheuchen, nicht sie noch verhökern. Die Krise lebt
in mir oder im Haus, in dem ich wohne, oder in der
Zeitung, die ich lese, auf meiner Bank, wenn mein
Konto überzogen ist. Ich muß mit meinen Gespen-
stern fertig werden, sterben, wenn ich es nicht schaf- 285
fe. Ich bin menschenscheu. Das trug dazu bei, daß
ich Schriftsteller wurde, ein Mensch allein vor einem
Blatt Papier. Inzwischen ist auch der Beruf des Schriftstellers ein anderer geworden. Rundfunk, Fernsehen,
Leseabende, Diskussionsveranstaltungen machen 290
den Schriftsteller zu einer Person des Schaugeschäfts,
treiben ihn vor die Öffentlichkeit, vor der er sich
verstecken möchte. Bald müßte jeder Schriftsteller
einen Schauspieler haben, der ihn spielt, sein der
Menge sympathisches Gesicht zeigt. Ich habe mich 295
lange dagegen gewehrt, öffentlich aufzutreten. Ich
habe keine Einladungen zu Lesungen oder Vorträgen
angenommen. Ich habe mich dem Versuch, eine Gemeinde zu gewinnen, verschlossen. Ich sehe mich als
Außenseiter, den anderen etwas unheimlich. 300

Auszug aus: Schriftsteller im Gespräch mit Heinz Ludwig Arnold. Bd. I. Zürich:
Haffmans Verlag 1990, S. 69–113

André Müller: „Ich riskiere den Wahnsinn" (1991)

André Müller spricht mit dem Schriftsteller Wolfgang Koeppen

Ihr letzter Roman, „Der Tod in Rom", ist 1954 erschienen. Danach ist Ihnen das einzigartige Kunststück gelungen, Ihr Schweigen in den Rang einer literarischen Leistung zu heben.

5 Das ist nicht mir gelungen. Das haben andere getan.

*Ich zitiere: „Wolfgang Koeppen ist einer unserer größten Schriftsteller. Er ist es auch, weil er so lange geschwiegen hat und vielleicht lange noch schweigen wird."
Haben Sie das geschrieben?*

10 *Nein, die „Frankfurter Rundschau".*

Gott, es hat viele Schriftsteller gegeben, die jahrelang nichts veröffentlicht haben, oder sie waren klug genug, im rechten Zeitpunkt zu sterben. Es bereitet mir Unbehagen, daß Leute fragen: Wann kommt der
15 nächste Roman? Aber Tatsache ist, daß ich gerade an einem sitze. Er heißt „Das Schiff". Leider gefällt er mir nicht. Ich hätte ihn längst aufgegeben, wenn Siegfried Unseld, mein Verleger, ihn nicht unbedingt haben wollte. Ich hatte eine Schiffsreise gemacht und
20 Unseld, als ich zurückkam, erzählt, was mir alles passiert war. Er hat sich halb totgelacht.

Angekündigt haben Sie schon viele Romane, auch Titel bekanntgegeben, „In Staub mit allen Freunden Brandenburgs", „Tasso", „Ein Maskenball" …

25 Ja.

1970 wollten Sie den Untergang Europas beschreiben.
Daran kann ich mich nicht erinnern.

Finden Sie keinen Sinn mehr in der literarischen Arbeit?
Das wäre kein Grund, damit aufzuhören, denn sinn-
30 los ist alles. Würde ich ein normales Leben führen mit einem normalen Beruf, fände ich das nicht weniger sinnlos. Einen Sinn erwarte ich nicht. Das Schreiben ist gelegentlich ein Rettungsboot im Meer der Sinnlosigkeit.

Ertragen Sie es zu leben, ohne zu schreiben?
35 Sehr gut sogar. Es gibt Tage der Melancholie, aber die können auch schön sein. Ich müßte es machen wie Thomas Mann, der sich jeden Morgen um acht an den Schreibtisch setzte, auch wenn er keine Lust und keine Einfälle hatte. Dazu fehlt mir die Disziplin. Ich
40 halte Arbeit für einen Fluch im biblischen Sinne. Im Schweiße deines Angesichts sollst du dein Brot verdienen. Es ist eine uns aufgebürdete Last. Damit müssen wir fertig werden.

*Ihr Verleger zahlt Ihnen monatlich eine gewisse Summe, die
45 das, was durch Ihre Bücher hereinkommt, weit übersteigt.*
Das ist richtig.

Haben Sie kein schlechtes Gewissen?
Nicht im geringsten.

Wissen Sie, wie Ihr Verleger darüber denkt?
Ich habe mit ihm nie darüber gesprochen, er auch 50 nicht mit mir […].

Nach den Gesetzen der Marktwirtschaft sind Sie für ihn ein Verlustgeschäft.
Was geht mich die Marktwirtschaft an? Manche Schriftsteller haben das Geldproblem schon mit der Geburt 55 gelöst. Flaubert, Proust, Gide waren Erben […].

Warum sind Sie 1938 nach Deutschland zurückgekehrt?
Aus finanziellen Gründen. Die Einnahmen aus meinen Büchern durften nicht ausgeführt werden, und in Holland verdiente ich nichts. Später hat man be- 60 hauptet, ich sei bei Kriegsausbruch freiwillig zu den Fahnen geeilt. Aber ich war nicht einen einzigen Tag Soldat. Also, das ist eine glatte Lüge. Ich habe mich wie andere Autoren beim Film untergestellt und Drehbücher geschrieben. 1944, als man verlangte, 65 ich solle einen Filmstoff auf Parteilinie trimmen, bin ich untergetaucht. Das letzte Kriegsjahr habe ich illegal in einem Keller verbracht.

1982 schrieb Karl Prümm in der Literaturzeitschrift „Schreibheft": „Die Unerbittlichkeit, mit der Koeppen bis 70 heute die Verleugnung und Verharmlosung der Nazivergangenheit bekämpft, ist gewiß entscheidend geprägt durch die schmerzhafte Erkenntnis, wie nahe die eigenen Wunschbilder an die verführerische Seite des Nationalsozialismus herangerückt waren." 75
Verzeihen Sie, aber dieser Mann ist ein Idiot.

Er meint, Sie seien der „Faszination des Faschismus" erlegen. Ihr Roman „Die Mauer schwankt" enthalte „nationalistische Phrasen".
Das ist eine grobe Verleumdung. Keine Zeile in die- 80 sem Buch rechtfertigt eine solche Behauptung.

Zum Beweis wird folgende Stelle zitiert: „Draußen geschahen die Kämpfe. Aus den Kämpfen würden die Werte kommen. Und mit den Werten vielleicht das lebenswertere Leben."
Ja, so denkt meine Romanfigur. Aber die ist von mir 85 durchaus kritisch gesehen. In Heinrich Manns „Untertan" wimmelt es von nationalistischen Phrasen, aber die spricht nicht Heinrich Mann, sondern die Figur, die er erfunden hat. Solche Vorwürfe sind lächerlich. Kästner hat man vorgeworfen, er sei unter 90 den Nazis am Kurfürstendamm gesessen und habe Sekt getrunken. Dabei war Kästner durch sein Gedicht „Wenn wir den Krieg gewonnen hätten […]" der in Deutschland am meisten gefährdete Mensch. Die Nazis wollten ihn hängen. Daß er trotzdem blieb, 95 ist eine besonders mutige Haltung.

Haben Sie je daran gedacht, das Regime aktiv zu bekämpfen?
Sollte ich Bomben legen?

Zum Beispiel.

Das ist nicht meine Art. Ich kann mit Bomben nicht umgehen. Außerdem halte ich Attentate für sinnlos, weil sie den Gang der Geschichte nicht ändern können. Mein Widerstand war, charakterlich bedingt, passiv. Ich habe nichts für die Nazis getan, und ich habe vieles nicht getan, was von einem deutschen Bürger damals erwartet wurde.
Haben Sie jemals Schuld empfunden?
Ja, in einer bestimmten Situation in meinem privaten Leben.
Ihrer Frau gegenüber?
Ja.
Sie war Alkoholikerin.
Ja, sie konnte zuletzt nicht mehr auf den Beinen stehen. Da habe ich sie in eine Klinik einweisen lassen. Ich habe sie weggegeben. Das machte mir Schuldgefühle [...].
Wissen Sie, warum sie getrunken hat?
Das habe ich nie erfahren. Sie trank bereits, als ich sie kennenlernte. Sie war sechzehn Jahre alt. Ich traf sie kurz nach dem Krieg. Wir feierten ihren Geburtstag. Damals fand ich ihr Trinken noch lustig. Ich wußte nicht, daß es ein Leiden war, eine Krankheit.
Hat die Trunksucht Ihrer Frau Sie am Schreiben gehindert?
Diese Frage beantworte ich eigentlich nicht. Ich liebte diese Frau. Natürlich gab es rein praktisch Verhinderungen. Manchmal habe ich mir ein Zimmer in einem Hotel genommen, wenn ich in der Wohnung nicht schreiben konnte. „Das Treibhaus" ist zum größten Teil im Bunkerhotel unter dem Stuttgarter Marktplatz entstanden [...].
Wie lenken Sie sich von der Verzweiflung ab?
Ich lenke mich überhaupt nicht ab. Das will ich nicht. Ich würde niemals zur Flasche greifen, um mich von einer Weltfurcht, einer realen oder eingebildeten, abzulenken. Ich trinke, weil es mir schmeckt, hauptsächlich Whisky. Aber ich bin nicht süchtig. Ich halte mich auch nicht für einen Gescheiterten, wie manchmal zu lesen ist. Warum auch? Das Scheitern ist ein Thema in meinen Romanen. Auf mich ist das nicht übertragbar.
Es gibt Äußerungen von Ihnen, die einen anderen Eindruck erwecken.
Man sagt so viel im Laufe der Jahre.
In einem Gespräch mit Christian Linder haben Sie von „tiefen Depressionen" gesprochen, von der „Unfähigkeit, mit dem Leben fertig zu werden".
Mag sein. Man hat auch geschrieben, daß man sich um mich kümmern müsse. Das hat mich geärgert.
Sie wollen kein Mitleid?
Nein, absolut nicht.
1961 erschien Marcel Reich-Ranickis berühmter Artikel „Der Fall Wolfgang Koeppen", in dem er schlechte Kritiken für Ihr Verstummen verantwortlich machte.
Ja, aber so schlecht waren die Kritiken gar nicht. Das ist eine Legende. Ich war, als dieser Artikel erschien, in Athen und kaufte mir dort die Zeitung. Als ich die

Überschrift sah, dachte ich, was hat er denn jetzt entdeckt? Habe ich vielleicht silberne Löffel gestohlen?
Sie haben andere Gründe für Ihr Nicht-Schreiben angegeben.
Ja.
Die Überflutung durch Schreckensberichte, die aus dem Fernsehen kommen.
Unter anderem.
„Die immerwährende Information, die Public Relations des Todes, das Fernauge im Bett läßt den Erzähler verstummen … Im Meer der unerhörten Ereignisse ertrinken Autor und Leser."
Ja. Ich sehe mir täglich die Sieben-Uhr-Nachrichten an […].
In Ihrem Roman „Der Tod in Rom" vergleichen Sie den Menschen mit einem Esel. Sie schreiben: „Zum Glück hat man ihm Scheuklappen angelegt, damit er nicht merkt, daß es nie voran, sondern immer im Kreise geht, daß er keinen Wagen, sondern ein Karussell bewegt, und vielleicht sind wir eine Belustigung auf dem Festplatz der Götter."
Eine gelungene Stelle.
Ja, aber was drückt sie aus?
Ich sehe darin ein gewisses Mitgefühl mit dem Esel.
Nicht auch eine Anklage gegen die Götter, die sich an seinen Qualen erfreuen?
Nicht unbedingt. Ich sage nicht, Gott ist schuld. Die Frage, ob Gott recht tut, ist offen. Vielleicht kommt er gegen das Entsetzliche, das er geschaffen hat, nicht mehr an. Vielleicht ist er bestürzt über die eigene Schöpfung. Die Freude ist ihm vergangen. Aber das Karussell dreht sich weiter.
Wer so denkt, ohne sich abzulenken, der wird verrückt.
Ich riskiere den Wahnsinn.
[…] In einer kurzen Erzählung, die 1960 erschien, beschreiben Sie, was Sie im Jenseits erwarten.
Im Grab, nicht im Jenseits.
Da heißt es: „Nichts wird sein, kein Schmerz, keine Angst. Keine Engel. Kein Teufel. Nichts. Nur daß du es weißt."
Ja, grausig. Der Tod ist ein Nichts, aber dieses Nichts wird uns bewußt sein.
[…] Haben Sie es geträumt?
Nein.
Seltsam.
Ja, ich finde, ein Schriftsteller muß etwas geheimnisvoll bleiben. Ich war einmal zu Besuch bei meinem ersten Verleger, Bruno Cassirer, der später nur noch der Jude Cassirer war. Der hatte ein Traberpferd, und da ich mit Pferden gut stehe, sprach ich es an. Cassirer stand daneben und sagte: Sie haben mit meinem Pferd gesprochen. Sonst schweigen Sie immer, ich weiß gar nichts von Ihnen, aber mit meinem Pferd sprechen Sie. Auf diese Weise kam es zu einem Vertragsabschluß, worüber ich natürlich sehr glücklich war.
Schriftsteller zu sein, war von Kind auf Ihr Wunsch.
Ja, als kleiner Junge habe ich ein Schild an meine Tür gehängt. Darauf stand: Herr Tod, Literat.

Auszug aus: DIE ZEIT. Nr. 47, 1991

Bruchstücke einer „Poetik" – das schriftstellerische Selbstverständnis Wolfgang Koeppens

- „Ich meine manchmal, wir schreiben für den Wind, der unsere Blätter braucht, sie auf seine Weise einem uns unverständlichen Weltbau zuzutragen."

- „[Ich war] mit fünfzehn Jahren überzeugt, zur Republik der Literatur zu gehören, und heftete an meine Tür ein Schild, W. K. Literat. Mit anderen Worten: Ich ging freiwillig in Sklaverei. Wie oft habe ich den bewußten oder unbewußten Schritt, der mich immer noch freut, bereut."

- „Ich bekenne mich zu dem Beruf des Schriftstellers. Ich glaube an das Wort."

- „Der Schriftsteller ist kein Parteigänger, er freut sich nicht mit den Siegern. Er ist ein Mann, allein, oft in der traurigen Lage der Kassandra unter den Trojanern, er ahnt immer, wo die ewige Bastille steht und wie sie sich tarnt, und seine bloße, seine unzeitgemäße, seine ungesicherte, seine täglich erkämpfte vogelfreie Existenz zersetzt doch allmählich jede Mauer."

- „Es [das Schreiben] ist weniger der Versuch eines Dialogs mit der Welt als eines Monologs gegen die Welt."

- „Ich glaube nicht [...] an die Möglichkeit des wirklich fertigen, des wirklich abgeschlossenen Werkes. Ich glaube, daß immer noch etwas zu sagen wäre und alles, was man gesagt hat – und wenn man es auch auf tausend Seiten geschrieben hätte –, Fragment bleibt und nicht vollendet."

Quellen der Zitate: 1. „Antwort auf eine Umfrage: Der Roman, der nichts erzählt" [1960]. In: Wolfgang Koeppen: Gesammelte Werke in sechs Bänden. Hrsg. von Marcel Reich-Ranicki, Bd. 5., Berichte und Skizzen II. © Suhrkamp Verlag Frankfurt am Main 1990 – 2. „Eine schöne Zeit der Not" [1974]. Ebd., S. 310. – 3. „Rede zur Verleihung des Georg-Büchner-Preises" [1962]. Ebd., S. 261 – 4. Ebd., S. 259 – 5. Schriftsteller im Gespräch mit Heinz Ludwig Arnold. [1974] Bd. I. Zürich: Haffmans Verlag 1990, S. 109 – 6. Ebd.

■ *Schreiben Sie aus der Sicht Koeppens eine Reflexion, in welcher Sie sein literarisches Selbstverständnis darstellen.*

■ *Wählen Sie eines der oben genannten Zitate Koeppens aus und stellen Sie es Ihrem Text als Motto voran. Begründen Sie Ihre Auswahl.*

Literaturgeschichtliche Kontexte: Wolfgang Koeppen und die Moderne

In diesem Baustein wird untersucht, wie Koeppens Roman in den literaturhistorischen Zusammenhang einzuordnen ist und an welche literarische Tradition er anknüpft. Dabei werden Verbindungspunkte zu verschiedenen Autoren der Moderne gezogen. Des Weiteren werden romantheoretische Aspekte in die Untersuchung eingebunden.

Im Einzelnen geht es um folgende Aspekte:

- „Tauben im Gras" im Kontext der Nachkriegsliteratur
- Merkmale der literarischen Moderne und die Theorie des modernen Romans
- „Tauben im Gras" in der Tradition des modernen Erzählens im 20. Jahrhundert: James Joyce, John Dos Passos und Alfred Döblin

7.1 „Tauben im Gras" im Kontext der Nachkriegsliteratur

Die deutsche Nachkriegsliteratur ist wesentlich geprägt von der Erfahrung des Zusammenbruchs der Zivilisation. Die Versuche einer „Bestandsaufnahme" bzw. einer Bewältigung des Geschehenen führen dabei zu unterschiedlichen Formen der literarischen Verarbeitung. Das zeigt sich einerseits zwischen West und Ost, gilt andererseits aber auch für die literarische Entwicklung innerhalb Westdeutschlands.

In den westlichen Besatzungszonen bzw. ab 1949 in der Bundesrepublik sind es zunächst nicht die zurückkehrenden Emigranten oder die Autoren der jungen Schriftstellergeneration, auf die sich das Interesse des Lesepublikums verstärkt richtet, sondern – einmal abgesehen von Thomas Mann – eher die Autoren der inneren Emigration, die sich einer vergleichsweise breiten Leserschaft erfreuen. In ihren Werken knüpfen diese Autoren – beispielhaft sei hier Werner Bergengruen genannt – an die Wertvorstellungen des Christentums und des abendländischen Humanismus an. Eine kritische Auseinandersetzung mit der Vergangenheit und gesellschaftlichen Wirklichkeit wird dabei nicht zum Thema, stattdessen stehen die Auflösung der gesellschaftlichen Realität in Naturbilder und die Beschwörung metaphysischer Daseinsgründe im Mittelpunkt dieser Werke.

Im Gegensatz zu den eher konservativ und traditionalistisch orientierten Autoren formuliert die junge Schriftstellergeneration – häufig sind es Kriegsheimkehrer – eine neue Poetik, die sich sowohl von den Emigranten als auch den Autoren der „inneren Emigration" abhebt. Ihr Konzept einer bewusst reduzierten Sprache und Konzentration auf die Darstellung von Gegenständlichem ist dabei als Reaktion auf den Sprachmissbrauch und propagandistischen Wortschwall im Dritten Reich zu begreifen. Die zentralen Themen der neuen Literatur, die als „Kriegs-, Heimkehrer-, Trümmerliteratur" schon in ihrer Kennzeichnung keiner Stilrichtung, sondern einer Zeiterfahrung folgen, spiegeln die materiellen, vor allem aber die immateriellen Folgen des Krieges wider. Dabei geht es den Autoren um die Darstellung der

Wahrheit, um eine Bestandsaufnahme, eine „Inventur" (Eich) nach der Katastrophe. Wolfgang Borchert, neben Heinrich Böll, Wolfdietrich Schnurre u. a. einer ihrer herausragenden Vertreter, formuliert 1947 kurz vor seinem Tod das „Manifest" [1] dieser Schriftstellergeneration:

Wolfgang Borchert: „Das ist unser Manifest"

[...]

„Wir brauchen keine wohltemperierten Klaviere mehr. Wir selbst sind zu viel Dissonanz. Wer macht für uns ein lilanes Geschrei? Eine lilane Erlösung? Wir brauchen keine Stillleben mehr. Unser Leben ist laut.

Wir brauchen keine Dichter mit guter Grammatik. Zu guter Grammatik fehlt uns Geduld. Wir brauchen die mit dem heißen heiser geschluchzten Gefühl. Die zu Baum Baum und zu Weib Weib sagen und Ja sagen und Nein sagen: laut und deutlich und dreifach und ohne Konjunktiv.

Für Semikolons haben wir keine Zeit und Harmonien machen uns weich und die Stillleben überwältigen uns: Denn lila sind nachts unsere Himmel. Und das Lila gibt keine Zeit für Grammatik, das Lila ist schrill und ununterbrochen und toll. Über den Schornsteinen, über den Dächern: die Welt: lila. Über unseren hingeworfenen Leibern die schattigen Mulden: die blaubeschneiten Augenhöhlen der Toten im Eissturm, die violettwütigen Schlünde der kalten Kanonen – und die lilane Haut unserer Mädchen am Hals und etwas unter der Brust. Lila ist nachts das Gestöhn der Verhungernden und das Gestammel der Küssenden. Und die Stadt steht so lila am nächtlich lilanen Strom."

[...]

Aus: Wolfgang Borchert: das ist unser Manifest. In: ders.: Das Gesamtwerk. Reinbek bei Hamburg: Rowohlt 1997, S. 310

Obwohl dieser Text im Hinblick auf seine sprachliche Gestaltung, seine Ausdrucksstärke und synästhetische Überfülle eher an expressionistische Vorbilder erinnert, bringt er inhaltlich doch das zum Ausdruck, was die junge Generation damals fühlte.

Neben expressionistischen und surrealistischen Elementen, wie sie vor allem bei Borchert – etwa in seinem Drama „Draußen vor der Tür" – zum Ausdruck kommen, sind es in den Nachkriegsjahren vor allem die epischen Muster amerikanischer Literatur, insbesondere die Shortstory Ernest Hemingways, welche die junge Generation der deutschen Schriftsteller beeinflussen. So sind es die kurzen Prosatexte, die Kurzgeschichten und daneben schließlich vor allem die Lyrik, welche die „Trümmerliteratur" repräsentieren, da sie in besonderer Weise geeignet sind, der sprachreduktionistischen Programmatik eine Form zu geben. Eine weitere Richtung in der Lyrik nach 1945 bildet die hermetische Dichtung, die z. B. durch Paul Celan oder Nelly Sachs repräsentiert wird. Die Gedichte dieser Autoren versuchen häufig in einer chiffrenartigen Sprache die traumatischen Erfahrungen der Shoah zu bewältigen.

Anhand dieser zugegebenermaßen stark verkürzten Ausführungen dürfte bereits deutlich geworden sein, dass die Gleichzeitigkeit des Ungleichen für die Phase der Nachkriegsliteratur charakteristisch ist. Will man nun Koeppen bzw. seinen Roman „Tauben im Gras" in diesen Zusammenhang einordnen, stößt man dabei auf größere Schwierigkeiten. Zunächst ist festzuhalten, dass Koeppens Nachkriegstrilogie keinen Alleinanspruch auf die Wiederbelebung der literarischen Moderne erheben kann. Literarhistorisch stehen auch die Schriftsteller der jungen Generation gewissermaßen in dieser Tradition, indem sie einzelne Linien der klassischen Moderne sowie der neusachlichen Ästhetik aus den 20er-Jahren integrieren, doch unterscheiden sich ihre Anknüpfungspunkte wesentlich von denen Koeppens. Das zeigt sich deutlich, wenn man die Erzählform und sprachliche Gestaltung der Werke einan-

---

[1] Wolfgang Borchert: Das ist unser Manifest. In: Wolfgang Borchert. Das Gesamtwerk. Reinbek: Rowohlt 1997, S. 310

der gegenüberstellt: Auf der einen Seite herrschen die Sprachreduktion und parataktische Verknappung auf das Wesentliche vor, auf der anderen Seite die Akkumulation der Bilder, Assoziationen und intertextuellen Bezüge, die charakteristisch für Koeppens Schreiben sind. Auch in der inhaltlichen Schwerpunktsetzung zeigen sich markante Differenzen. Koeppens Themen sind nicht in erster Linie der Krieg und die Unmöglichkeit der „Heimkehr", er schaut vielmehr auf die unmittelbare Gegenwart und nimmt dabei die deutsche Nachkriegsmentalität in den Blick. Dabei ist er in seiner Entdämonisierung des Nationalsozialismus Grass' „Blechtrommel" (1959) näher als den zeitgleich erscheinenden Romanen und Prosawerken zu Beginn der 50er-Jahre, zeigt er doch anhand verschiedener Figuren die Verstrickung in Schuld und die Kontinuität eines faschistoiden Denkens auf und stellt damit die Entlastungslüge von der alleinigen Verantwortung Hitlers und der nationalsozialistischen Führungsclique bloß (vgl. **Baustein 3**).

Im Hinblick auf die Aspekte der politischen Zeitanalyse sowie der künstlerisch-ästhetischen Gestaltung in der Tradition der literarischen Moderne soll hier die These einer Sonderstellung Koeppens für die Literatur in der ersten Phase der Nachkriegszeit formuliert werden, obwohl neuere wissenschaftliche Untersuchen zu zeigen versuchen, dass diese Behauptung zu relativieren sei.[1]

Koeppens selbstgewählte Außenseiterstellung manifestiert sich nicht zuletzt auch darin, dass er den literarischen „Institutionen" des Literaturbetriebs weitgehend fernbleibt. Ähnlich wie Arno Schmidt, ein weiterer Außenseiter, bleibt er trotz seiner Sympathien für den Verbund abseits der „Gruppe 47", die inzwischen zum Sammelbecken der jungen deutschen Schriftsteller geworden ist. In ihrer weiteren Entwicklung avanciert die Gruppe schließlich, nachdem sie sich von der „Kahlschlag-Poetik" abgewandt hat, in den 50er-Jahren zur zentralen Agentur der Moderne in der Bundesrepublik.

Bevor im Unterricht Koeppens Roman in die verschiedenen Traditionslinien der literarischen Moderne eingeordnet wird, soll es zunächst um eine Verortung im Kontext der Nachkriegsliteratur gehen.

Eine allgemeine Einführung in die Literatur nach 1945 kann entweder durch ein Schülerreferat oder durch einen Vortrag der Lehrperson erfolgen. Im Anschluss daran können verschiedene Primärtexte, die etwa zeitgleich zu „Tauben im Gras" entstanden sind, mit dem Roman verglichen werden. Beispielsweise könnte man hier auf Auszüge aus einem Roman Bergengruens, eines Autors der „inneren Emigration", und auf Ausschnitte aus einem Werk Bölls, ein Vertreter der „jungen Generation", zurückgreifen. Eine weitere Möglichkeit bestände in der Entscheidung für das oben stehende „Manifest" oder eine Kurzgeschichte Borcherts, Bölls oder Schnurres, um sie unter inhaltlichen und sprachlichen Gesichtspunkten dem Roman gegenüberzustellen.

Abweichend von diesen Optionen wird im Folgenden ein Verfahren vorgeschlagen, dass die zeitgenössische Lyrik in den Mittelpunkt des Vergleichs rückt. Da von Koeppen keine Gedichte vorliegen – auch die expressionistischen Versuche aus seiner Jugendphase sind nicht veröffentlicht –, wird entweder das konstruierte Gedicht „Heimkehr"[2] (**Arbeitsblatt 38,** S. 195) eingesetzt oder die Schülerinnen und Schüler erhalten den Auftrag, aus dem „Sprachmaterial" der Romansequenzen 9 (S. 23f.) und 11 (S. 25f.) mittels radikaler Reduktion selbstständig ein Gedicht anzufertigen. Die Arbeitsaufträge für die beiden möglichen Vorgehensweisen lauten folgendermaßen:

---

[1] Vgl. dazu: Sabine Becker: Wolfgang Koeppen und die deutsche Nachkriegsliteratur. In: Wolfgang Koeppen 1906–1996. Hrsg. von Günter Häntzschel u. a. München: Iudicium, 2006, S. 62–77 [= Treibhaus. Jahrbuch für die Literatur der Fünfzigerjahre, Bd. 2].

[2] Der Verfasser des montierten Gedichts ist Dirk Bauer. Der Text basiert auf den Sequenzen 9 (S. 22) und 11 (S. 24) des Romans.

Vergleichende Gedichtanalyse (Arbeitsblatt 38)

■ *Beschreiben Sie die Stimmung, die von den Gedichten ausgeht.*

■ *Die Gedichte bzw. der Roman, der als Vorlage für ein Gedicht diente, stammen aus der Nachkriegszeit. Stellen Sie Gemeinsamkeiten und Unterschiede heraus. Beachten Sie dabei besonders die sprachliche Gestaltung.*

Produktiver Schreibauftrag:

■ *Verfassen Sie ein zweistrophiges Gedicht mit dem Titel „Heimkehr", wobei Sie den Romanabschnitt 9 (S. 23 f.) für die erste Strophe und den Abschnitt 11 (S. 25 f.) für die zweite Strophe zugrunde legen.*
In Ihrer Gestaltung sind Sie abgesehen von einer Einschränkung völlig frei: Sie dürfen nur das „Sprachmaterial" aus den Textauszügen des Romans verwenden (Änderungen des Numerus und Tempus sind aber erlaubt).

Hat sich die Lehrperson für den Einsatz des konstruierten Gedichts entschieden, kann der Vergleich auf der Basis des **Arbeitsblatts 38** (S. 195) stattfinden. Die Schülerinnen und Schüler erarbeiten in Partnerarbeit Gemeinsamkeiten und Unterschiede der drei Gedichte. Auch wenn es sich in dem einen Fall um einen montierten Text handelt, lassen sich an diesem Beispiel typische Merkmale, wie sie auch den Roman kennzeichnen, verdeutlichen: mythologische Anspielungen, assoziative Reihungen, Ironie etc.
Abschließend sollte die Lehrperson die Schülerinnen und Schüler darüber aufklären, dass das Gedicht nicht von Koeppen stammt, sondern eine Montage darstellt.
Die Ergebnisse des Gedichtvergleichs werden im Unterrichtsgespräch ausgewertet und stichpunktartig an der Tafel oder auf Folie festgehalten.

	Bender	„Koeppen"	Bergengruen
Inhalt	• Heimkehr eines Soldaten oder Kriegsgefangenen aus dem Krieg • Ambivalente Gefühle bei der Ankunft: „Freude" – „zögernd"	• Situation der Heimkehrer/Flüchtlinge • Sinnloser Kreislauf von Leben und Sterben • Ankündigung eines neuen Kriegs im letzten Vers	• Harmonischer Weltenplan • Teleologischer Grundgedanke: trotz einzelner Widerstände am Ende das Glück: „Labung"
Sprache/ Form	• Kein durchgängiges Metrum, kein Reim • Trostlose herbstliche Stimmung: „blattgefleckten Wege" • Enjambements unterstreichen die Unsicherheit und zögerliche Haltung • Einsamkeit, Unmöglichkeit, das Erlebte mitzuteilen: „stumme Tür" • Entfremdung/Reduzierung des Individuums angezeigt durch das pars pro toto, gleichzeitig Zeichen der Entbehrung: „Knöchel" • …	• Unregelmäßiger Bau, kein Reim, kein regelmäßiges Metrum • Mythologische Anspielungen, Todesmetaphorik: „stygische Wasser" • Entpersönlichung/ Verdinglichung des Menschen • Assoziative Reihungen betonen die Sinnlosigkeit und Wiederkehr des Immergleichen • Ironisch-sarkastische Wendungen: Heimkehr, Heimat und Glück in Verbindung mit dem Tod • Satzbrüche, inhaltliche Brüche: „Superbomber …"	• Regelmäßiger Bau: vier Strophen mit jeweils vier Versen, Kreuzreim, vierhebige Trochäen, Wechsel von weiblichen und männlichen Kadenzen • Das alternierende Metrum spiegelt das Auf und Ab des Daseins • Naturmetaphorik und Vergleiche als Zeichen der Harmonie der Schöpfung • Direkte Anrede des Lesers spendet Trost, bezieht ihn in den Weltenplan ein • …
Zusammenfassung	„Heimkehr" ist nicht möglich, Einsamkeit, Entfremdung	Pessimistische Weltsicht, sinnloser Kreislauf des Lebens, Wiederkehr des Krieges	Harmonie der Welt Göttlicher Schöpfungsplan/göttliche Ordnung

Hat sich die Lehrperson dafür entschieden, den produktiven Schreibauftrag umzusetzen, werden zunächst die Gedichte der Schülerinnen und Schüler besprochen und ausgewertet. Hier bietet sich folgende Präsentationsform an: Die Lernenden legen ihre Gedichte gut sichtbar auf ihren Tisch, gehen anschließend durch den Raum an den anderen Tischen vorüber und lesen verschiedene der ausgestellten Produkte. Anschließend werden einzelne von den Schülerinnen und Schülern ausgewählte Texte vorgelesen und im Rahmen eines Unterrichtsgesprächs analysiert, wobei es vor allem um die sprachliche Gestaltung und deren Wirkung gehen sollte. Die vergleichende Betrachtung mit den Gedichten Benders und Bergengruens kann im Anschluss erfolgen.

7.2 Merkmale der literarischen Moderne – Theorie des modernen Romans

Um Koeppens Roman in den umfassenden literarischen Kontext einordnen zu können und um zu verdeutlichen, in welcher Tradition der Autor steht, ist es sinnvoll, die „Epoche der literarischen Moderne" im Unterricht zu thematisieren (**Arbeitsblatt 39**, S. 196). Da Koeppen als Romanautor und Prosaist und nicht als Lyriker wie im oben stehenden „Experiment" in Erscheinung getreten ist, sollen insbesondere die moderne Form des Romans und die mit ihr verbundene erzählerische Gestaltung genauer untersucht werden. Ist bereits im Rahmen von Baustein 4 der romantheoretische Zusammenhang erarbeitet worden, erhält die Erschließung des Textes von Migner (**Arbeitsblatt 40**, S. 198) hier einen teils wiederholenden, teils weiterführenden Charakter. Sollten die angesprochenen Zusammenhänge bereits im Rahmen anderer Unterrichtsreihen ausführlich thematisiert worden sein, kann der Unterricht mit Abschnitt 7.3 fortgesetzt werden.

Die „Moderne" im Sinne eines Epochenbegriffs bezeichnet zunächst einmal ganz allgemein die Gesamtheit der wissenschaftlichen, sozialen, politischen, philosophischen und ästhetischen Erscheinungen seit dem Ende des 19. Jahrhunderts. Eine eindeutige Festlegung dessen, was genau unter „Moderne" bzw. „literarischer Moderne" zu verstehen ist, ist kaum möglich, womit bereits auf charakteristische Merkmale dieser „Epoche" hingewiesen ist: Vielfalt, Unbestimmtheit, Widersprüchlichkeit. Gleiches gilt für eine exakte literatur- bzw. kunsthistorische Eingrenzung, welche noch zusätzlich dadurch erschwert wird, dass es sich nicht um eine nationale oder europäische, sondern internationale Entwicklung handelt. Auch die Markierung eines exakten Anfangs- oder Endpunktes ist nicht möglich. So ist die „Moderne" eher als ein Prozess zu begreifen, dessen Ausläufer bis in die Gegenwart reichen.

Als der Begriff „Moderne" am Ende des 19. Jahrhunderts auftaucht, benennt er zunächst eine „neue" Epoche auch der Literatur, die ihrem Selbstverständnis nach im Kontrast zur bisherigen Tradition steht. Dabei ist sie von Beginn an keine einheitliche, einer bestimmten Poetik verpflichtete Stilrichtung mehr, sondern pluralistisch in diverse Facetten differenziert. In diesem Sinne ist der Begriff eine Sammelbezeichnung für sehr unterschiedliche Kunstrichtungen, die z. T. auseinander hervorgehen bzw. aufeinander folgen, z. T. aber auch nebeneinander bestehen und dabei oftmals in einem heftigen Widerstreit miteinander liegen. Beispielhaft sei für die literarische Moderne der Jahrhundertwende auf den Naturalismus, die Dekadenzdichtung sowie den Expressionismus verwiesen, die neben weiteren kulturrevolutionären Avantgarden wie dem Futurismus, dem Dadaismus, dem Surrealismus u. a. die künstlerische Vielstimmigkeit der Entwicklung repräsentieren.

Bei allen Differenzen ist den verschiedenen künstlerischen Strömungen, die unter dem Titel „Moderne" zusammengefasst werden, gemeinsam, dass die Autoren in ihren Werken auf den radikalen sozialen und kulturellen Wandel reagieren und dabei in Abgrenzung zur literarischen Tradition nach neuen ästhetischen Ausdrucksmöglichkeiten suchen, welche die Erfahrungen der modernen Lebenswelt widerspiegeln.

Die Entwicklung der literarischen Moderne fällt zusammen mit den sozialen, ökonomischen und kulturellen Umwälzungen im Zuge der zweiten industriellen Revolution. Der Fortschritt in den Naturwissenschaften sowie technische Innovationen führen zu rasanten Veränderungen in der Lebens- und Arbeitswelt der Menschen, wovon insbesondere das Leben in den schnell wachsenden Städten betroffen ist. Mit dem Prozess der technisch-ökonomischen Rationalisierung geht eine Entwicklung einher, bei der traditionelle Orientierungsmuster und Wertvorstellungen ihre Gültigkeit verlieren. So werden z. B. durch Charles Darwins Evolutionstheorie, die „Entdeckung des Unbewussten" durch Sigmund Freud, die Relativitätstheorie Albert Einsteins oder die Philosophie Friedrich Nietzsches von unterschiedlichen Seiten die tradierten Grundsätze des Denkens und Glaubens nachhaltig erschüttert. An die Stelle einer einzigen gültigen Wahrheit rückt die Pluralität der Daseinsdeutungen bzw. die Infragestellung jeglichen metaphysischen Heilsplans. Die Vorstellung des Menschen als vernunftbegabtes und sinngeleitetes Wesen wird im Zuge dieser Veränderungen schließlich zur bloßen Möglichkeit. Darüber hinaus wird die Sprache in der literarischen Moderne selbst zum Problem: „Der Zerfall der alten Welt in eine Vielzahl neuer setzt sich als Sprachproblem fest [...]. Typisch modern ist mit dem Sprachexperiment auch die Skepsis gegenüber den Konventionen der Sprache. Beide führen bis in eine Nähe der Zerstörung aller Zusammenhänge des Erzählens, die oft als ‚Krise des Romans' beschworen wurde. Und doch bilden sie nur etwas ab, sie machen nämlich auf die Schwierigkeit aufmerksam, die modern zersplitterte Welt überhaupt noch abbilden zu können. Die Moderne hat das bislang reflektierteste Bewusstsein für die Grenzen der Sprache und zugleich eine trotzige Geste erzeugt, die immer wieder gegen das ‚Alte' mit neuen Mitteln zum Weiterschreiben drängt."[1]

In dem Auszug aus dem Lexikonartikel (**Arbeitsblatt 39**, S. 196) werden zentrale Kennzeichen der Moderne verdeutlicht, einzelne Merkmale werden dabei am Beispiel von Joyces „Ulysses" konkretisiert. Der Auszug zur Theorie des modernen Romans (**Arbeitsblatt 40**, S. 198) rückt die gattungsspezifischen Besonderheiten in den Blickpunkt.

Die Schülerinnen und Schüler erhalten folgende vorbereitende Hausaufgabe, wobei jeweils die Hälfte des Kurses einen der beiden Texte vorbereitet:

■ *Bereiten Sie einen strukturierten Kurzvortrag vor, in welchem Sie die wichtigsten Inhalte des Textes zusammenfassend darstellen. Ihr Vortrag sollte nicht länger als fünf Minuten dauern.*

■ *Überlegen Sie sich eine geeignete Form der schriftlichen Fixierung, auf die Sie sich während Ihres Vortrages stützen können. Dies können Stichworte auf Karteikarten, eine gegliederte Stichwortliste, eine Mind-Map, eine tabellarische Gegenüberstellung u. a. sein.*

Die Auswertung der individuellen häuslichen Erarbeitung erfolgt im Unterricht in Form eines „Lernkarussells". Zunächst sollte die Lehrperson die Lerngruppe über die Vorgehensweise informieren. Anschließend werden zwei Stuhlkreise gebildet. Den Außenkreis bilden die Schülerinnen und Schüler, die den Lexikontext zur Moderne erarbeitet haben, den Innenkreis entsprechend diejenigen, die einen Vortrag zur Theorie des Romans vorbereitet haben. Bei der Durchführung ist darauf zu achten, dass die Schülerinnen und Schüler leise miteinander sprechen.

Das methodische Vorgehen im Einzelnen:

1. Schritt: Einzelarbeit	2. Schritt Lernkarussell (mehrere Phasen)	3. Schritt Plenumsvortrag

[1] Rolf Grimminger: „Aufstand der Dinge und der Schreibweisen. Über Literatur und Kultur der Moderne". In: *Funkkolleg Literarische Moderne. Europäische Literatur im 19. und 20. Jahrhundert.* Studienbrief 1. Hrsg. vom Deutschen Institut für Fernstudien an der Universität Tübingen. Tübingen: Beltz Verlag, 1993, S. 1/17.

1. Schritt: Individuelle Erarbeitung des Textes und Vorbereitung des Vortrags (Hausaufgabe).

2. Schritt: Durchführung des Lernkarussells:
   - Phase 1: Die Schülerinnen und Schüler im Außenkreis halten mithilfe ihrer Aufzeichnungen den Vortrag zur Moderne. Die Lernenden im Innenkreis machen sich Notizen zum Gehörten (Dauer: drei bis fünf Minuten).
   - Phase 2: Der Innenkreis hält seinen Vortrag zur Theorie des modernen Romans, der Außenkreis macht Notizen (Dauer: drei bis fünf Minuten).
   - Phase 3: Die Schülerinnen im Außenkreis rücken gegen den Uhrzeigersinn einen Platz vor, die Lernenden im Innenkreis rücken im Uhrzeigersinn einen Platz vor. Anschließend wiederholen sich die Phasen 1 und 2, wobei hier von der starren Vortragsform abgewichen werden kann und einzelne Verständnisprobleme partnerweise geklärt werden. Am Ende dieser Phase hat jede Schülerin und jeder Schüler zwei Vorträge gehalten und zwei Vorträge gehört.

3. Schritt: Plenumsvortrag: Zwei Mitglieder des Kurses halten einen Kurzvortrag über die Inhalte des jeweils zuvor für sie unbekannten Textes.

Im Unterrichtsgespräch erfolgt eine inhaltliche Zusammenfassung der wesentlichen Aspekte. Anschließend sollte die Methode des „Lernkarussells" durch die Schülerinnen und Schüler bewertet werden und ein Erfahrungsaustausch zu den unterschiedlichen Möglichkeiten der Vortragsvorbereitung stattfinden.

Im Folgenden sind zwei Möglichkeiten der Textaufbereitung angeführt, wie sie auch als Grundlage für einen Vortrag hätten gestaltet werden können:

Lexikonartikel: Moderne

- **Allgemeines**
  Definition: „Moderne" als dynamischer Prozess des gesellschaftlichen Wandels seit dem 19. Jh.
  - Kennzeichen: Individualisierung, Differenzierung, Säkularisierung und Rationalisierung → „Entzauberung der Wirklichkeit" (Weber)

  Veränderung des Kunstverständnisses
  - Abwendung von der Ästhetik der Antike (keine Nachahmung der Wirklichkeit)
  - Relativierung des Wahren, Schönen und Guten stattdessen Darstellung des Künstlichen, auch des Hässlichen

- **Die literarische Moderne**
  Reflexion des gewachsenen Selbstbewusstseins
  - Thema der Literatur ist oft das Spannungsverhältnis zwischen Autonomie und völliger Abhängigkeit von den gesellschaftlichen Bedingungen

  Veränderung des Wirklichkeitsverständnisses
  - Wirklichkeit lässt sich nicht mehr eindeutig fassen und beschreiben
  - Der Umbruch wird erlebt als Krisensituation: Ichdissoziation, Entfremdung des Menschen

  Veränderung der Wirklichkeitsdarstellung
  - Darstellung der Innenwelt und der psychischen Vorgänge stehen im Mittelpunkt
  - Ineinanderfließen von Innen- und Außenwelt lässt keine feste Identität des Protagonisten mehr zu (Beispiel: James Joyce: „Ulysses")
  - Veränderung der Wahrnehmungsdarstellung: Innensicht, Bewusstseinsstromtechnik

– Aufhebung der Chronologie und Logik durch fragmentarische Bilder und Anspielungen

– Problematisierung der Sprache

Variation der traditionellen Mythen

– Mythen spenden keinen Lebenssinn mehr, in der Literatur werden sie rekonstruiert, variiert und durch neue Mythen von relativer Gültigkeit ersetzt

● **Schluss**
Veränderung der Rolle des Rezipienten

– Sinnkonstruktion muss durch den Leser erfolgen

Migner: Theorie des modernen Romans		
	Traditioneller Roman	**Moderner Roman**
Erzähler	● souveräne Überlegenheit (auktoriales Erzählverhalten)	● Freiheit des Erzählers: unmittelbare Darstellung der Wirklichkeit (Wechsel des Erzählverhaltens, häufig personales Erzählen)
Helden-/ Menschenbild	● Abhängigkeit von Familie und Tradition ● aktiver Held, vorbildhaft (bis ins 18. Jh.) ● statisches Menschen- und Weltbild ● Identität von Charakter und Handlung	● Abhängigkeit von den gesellschaftlichen Bedingungen ● Bewusstsein/Lebensgefühl im Mittelpunkt ● Innendarstellung ● reduzierter Anti-Held, Außenseiter, Kunstfigur
Struktur	● Raum und Zeit als strukturbildende Prinzipien, Chronologie ● geschlossene Form	● Konstruktion und Montageform ● offene Form ● verschiedene Zeit- und Stilebenen
Weltgehalt/ Wirklichkeitsbezug	● realistische Details ● äußere Wirklichkeit	● Innenraum des Menschen ● Darstellung der individuellen Realitätserfahrungen ● Einbezug der gesellschaftlichen Verhältnisse
Wertungskriterien	● Anschaulichkeit ● Geschlossenheit ● Kontinuität	● Intensität des Erzählten ● Bedeutung der Form

Der Transfer auf den Roman Koeppens kann anschließend im Unterrichtsgespräch durch folgende Fragestellungen bzw. Impulse erfolgen:

■ *Steht Koeppens Roman „Tauben im Gras" in der Tradition der Moderne? Handelt es sich um einen modernen Roman?*

■ *Beschreiben Sie Merkmale des Romans, die diese Tradition widerspiegeln.*

Auf der Grundlage der erarbeiteten Aspekte und Kriterien kann der Roman begründet in die Tradition der Moderne eingeordnet werden.

7.3 „Tauben im Gras" in der Tradition des modernen Erzählens im 20. Jahrhundert: James Joyce, John Dos Passos und Alfred Döblin

Koeppen ist einer der ersten deutschen Nachkriegsautoren, der an die Hauptströmungen der Erneuerung des Erzählens im 20. Jahrhundert anknüpft. Er selbst spricht im Zusammenhang mit seinem Roman von einem späten Nachholen der Moderne, deren Traditionslinien durch den Nationalsozialismus in Deutschland jäh unterbrochen worden sind: „Was nun mich und die „Tauben im Gras" betrifft, so waren diese für mich in ihren Übertreibungen die Folge eines aufgestauten, eines zu spät verwirklichten Stilexperimentes. Wenn Hitler nicht gekommen, wenn der Börsen-Courier nicht eingegangen wäre, hätte ich die Redaktion wohl auch verlassen, um Bücher zu schreiben, wie ich es immer gewollt hatte. Aber vielleicht hätte ich mich in meinem ersten Roman, sicher in einem zweiten schon ganz den Versuchungen des neuen Stils, der Annäherung an neue Ausdruckshorizonte hingegeben. […] Aber die ganze verpestete Luft, der Tod jedes literarischen Lebens machte mutlos. Schließlich schwieg man. Verlorene Jahre! Und dann wollte man alles nachholen!"[1]

In „Tauben im Gras" gibt sich Koeppen schließlich „ganz den Versuchungen des neuen Stils" hin, ohne dabei jedoch zum imitierenden Epigonen zu werden. Die Erschließung der neuen „Ausdruckshorizonte" verselbstständigt sich trotz einzelner „Übertreibungen" nicht zur poetischen Spielerei, sondern sie wird genutzt, um einerseits die existenzielle Tiefendimension, die „Essenz des Daseins", auszuleuchten, andererseits die gesellschaftliche Wirklichkeit im Nachkriegsdeutschland als mimetisches Konzentrat abzubilden. Erste spiegelt sich z. B. in den Darbietungsformen des Erzählens wider, vor allem in den Versatzstücken der erlebten Rede, des inneren Monologs sowie des Bewusstseinsstroms, zweite zeigt sich z. B. in den Zitatmontagen oder eingewobenen Erzählerkommentaren, wobei letztlich beide – die existenzielle und politische Dimension des Romans – ineinandergeschrieben werden und nicht zu trennen sind.

Neben Franz Kafka und Marcel Proust sind es vor allem James Joyce, John Dos Passos und Alfred Döblin, die einen nachhaltigen Einfluss auf Koeppens Werk ausgeübt haben.[2]

Eine Auseinandersetzung mit den Werken dieser Autoren wird bei den Schülerinnen und Schülern zwar anfänglich Irritationen hervorrufen – das gilt vor allem für Joyce –, kann aber einen Einblick in moderne Stil- und Erzählformen ermöglichen, an die Koeppen nachholend anknüpft.

Um den Schülerinnen und Schülern Kennzeichen des modernen Romans zu veranschaulichen, erhalten sie drei kurze Romanauszüge (**Arbeitsblätter 41 – 43**, S. 200 ff.), die unter sprachlichen und ausgewählten erzähltechnischen Aspekten analysiert werden, wobei sie auf das Erzählmodell von Petersen zurückgreifen können (vgl. Baustein 4.3). Der Vergleich mit Koeppens Roman kann in die Gruppenarbeit integriert werden, kann aber auch im Anschluss an die Präsentation als Einzelarbeit mit anschließender Auswertung im Unterrichtsgespräch erfolgen.

Die arbeitsteilige Gruppenarbeit basiert auf den je gleichlautenden folgenden Arbeitsaufträgen (vgl. S. 201):

■ *Lesen Sie den Romanauszug und tauschen Sie sich in Ihrer Gruppe über Ihre Eindrücke aus.*

■ *Untersuchen Sie, ob es sich um einen traditionellen oder um einen modernen Roman handelt.*

■ *Analysieren Sie den Romanauszug im Hinblick auf sprachliche Merkmale und die eingesetzten Erzähltechniken.*

---

[1] Horst Bienek: „Werkstattgespräch". In: Über Wolfgang Koeppen. Hrsg. von Ulrich Greiner. Frankfurt am Main: Suhrkamp, 1976, S. 249 f. Siehe auch Baustein 6, Arbeitsblatt 34.

[2] In verschiedenen Gesprächen und Interviews betont Koeppen die Bedeutung dieser Autoren für seine Arbeit. Joyce, Proust und Döblin bezeichnet er in einem Gespräch sogar als seine „drei Götter" („Einer der schreibt". Gespräche und Interviews. Hrsg. von Hans-Ulrich Treichel. Frankfurt am Main: Suhrkamp, 1995, S. 216).

■ *Vergleichen Sie Ihre Ergebnisse anschließend mit Koeppens Roman. Hierbei kön-*
nen Sie als Untersuchungsgegenstand z. B. den Abschnitt 29 (S. 55 ff.) heranzie-
hen (Philipp im Schreibmaschinengeschäft) oder auch den Abschnitt 65 (S. 150,
Z. 4 – S. 153, Z. 3) zugrunde legen (Philipp bei Dr. Behude), Sie können aber
auch andere Textstellen verwenden.

Die Arbeitsgruppen halten ihre Ergebnisse auf einer Folie fest und präsentieren sie im Plenum.
Die Gruppen, die den gleichen Auszug bearbeitet haben, ergänzen entsprechend. In allen drei
Romanauszügen fallen Montageelemente sowie die häufige Änderung der erzählerischen Darbietungsform auf, wobei die Perspektive zwischen Außen- und Innensicht ständig wechselt.
Besonders der erste Auszug aus dem „Ulysses" stellt hohe Anforderungen an den Leser, der
den Sinn des Textes erst mühsam rekonstruieren muss, obwohl er eine Situation darstellt, die
jedem bekannt ist, dessen Gedanken während eines Gesprächs schon einmal zeitgleich von
völlig anderen Ereignissen bewegt worden sind. Das Verständnis des Textes wird vor allem
dadurch erschwert, dass äußere Handlung und innere Bewusstseinsvorgänge der Figur unmittelbar miteinander verwoben sind. Auf der einen Ebene geht es um ein Gespräch zwischen
Bloom und M'Coy über einen Verstorbenen und äußere Vorgänge wie das Vorüberfahren einer
Straßenbahn. Auf der anderen Ebene werden die Bewusstseinsinhalte Blooms direkt dargestellt
und bruchlos in den Dialog eingefügt. Seine Gedanken richten sich zunächst auf die Strümpfe einer Frau, bis eine Straßenbahn ihm den Blick verstellt. Der Voyeur hebt daraufhin zu einer
„inneren Klage" an und erinnert sich an eine ähnliche Situation aus der Vergangenheit. Da
beide Ebenen – sowohl äußere als auch innere Vorgänge – alternierend zusammengefügt
werden und darüber hinaus die Bewusstseinsinhalte sich teils auf die unmittelbare Gegenwart,
teils auf die Vergangenheit beziehen, entsteht ein Textgeflecht, das vom Leser zunächst ent-
wirrt werden muss. Joyce erreicht durch die unmittelbare Darstellung der Bewusstseinsinhalte
und den Verzicht auf einen ordnenden Erzähler ein hohes Maß an Authentizität und vermittelt
dem Leser so einen minutiösen Einblick in die Psyche seiner Figuren. Dies wird auch in dem
zweiten Auszug aus Joyces Roman deutlich, bei dem jedoch eine einzige Darstellungsform
beibehalten wird. Molly Blooms Gedanken werden als reiner Bewusstseinsstrom wiedergegeben. Ihr Monolog beschließt den Roman, er umfasst 75 Buchseiten.
Mögliche Ergebnisse der Gruppenarbeitsphase werden durch die folgende Übersicht dargestellt:

Aspekt	Döblin	Joyce	Dos Passos
Sprachliche Merkmale	Montage von Hörein-drücken (Zeitungsver-käufer, Schaffner) unterschiedliche Stil-ebenen, Umgangs-sprache, z. T. derb, Pa-rataxe, unvollständige Sätze ... bei der Dar-stellung der Bewusst-seinsinhalte	Montage von Anzei-genwerbung Umgangssprache, Auf-hebung der Sprach-normen (Syntax, Zeichensetzung ...) bei der Darstellung der Bewusstseinsinhalte	Montage von Zei-tungsschlagzeilen unterschiedliche Stil-ebenen, Umgangs-sprache, Satzbrüche, Vergleiche
Erzähltechnik	Er-Erzähler	Er-Erzähler	Er-Erzähler
(Erzählform, Darbie-tungsformen ...)	Kommentare des (auk-torialen) Erzählers Montage der Darbie-tungsformen: Wechsel zwischen Erzähler-bericht/-kommentar, erlebter Rede, innerem Monolog, Bewusstseinsstrom	abrupter Wechsel zwischen Innen- und Außensicht Vermischung von sze-nischer Darstellung und Bewusstseins-inhalten, Bewusst-seinsstromtechnik	bruchloser Wechsel zwischen Erzähler-bericht, kurzen Dialo-gen, erlebter Rede, Selbstgesprächen und innerem Monolog

Im Anschluss an die Präsentation werden die Ergebnisse mit Koeppens Roman verglichen. Dabei werden sowohl Parallelen aufgezeigt (Montagetechnik, Wechsel der Darbietungsformen u. a.) als auch einzelne Unterschiede verdeutlicht, die vor allem die Gegenwart des Erzählers in „Tauben im Gras" betreffen (vgl. Baustein 4.3).
Anschließend kann der Vergleich der Romane weiter ausdifferenziert werden. Dazu erhalten die Schülerinnen und Schüler die jeweils fehlenden Romanauszüge und drei Lexikonartikel (**Arbeitsblatt 44**, S. 204), die sie zunächst den Werken zuordnen. Anschließend kann der Vergleich um neue Aspekte (z. B. Raum- und Zeitdarstellung, Figurendarstellung, mythologische Elemente) erweitert werden. Der Arbeitsauftrag lautet:

■ *Ordnen Sie die Lexikonartikel den Romanauszügen zu, indem Sie die Namen der Autoren einsetzen.*

■ *Markieren Sie in den drei Beiträgen die Textelemente, die so auch in einem Lexikonartikel über „Tauben im Gras" stehen könnten.*

Die markierten Textpassagen werden vorgelesen und anschließend im Unterrichtsgespräch systematisiert. Die Ergebnisse können in reduzierter Form folgendermaßen an der Tafel oder auf einer Folie festgehalten werden:

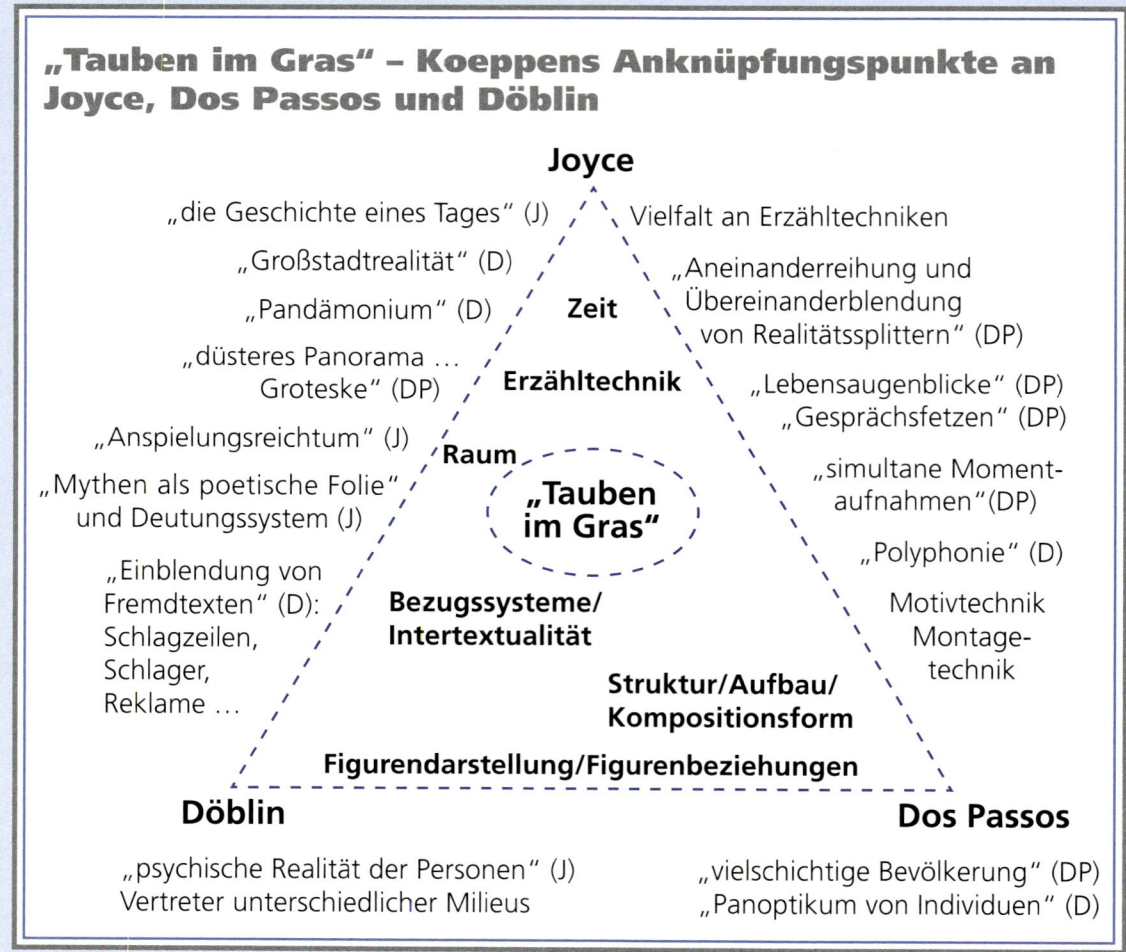

Abschließend erhalten die Schülerinnen und Schüler zwei alternative Schreibaufgaben zur Auswahl, die in Einzel- oder Partnerarbeit bearbeitet werden können. Bei der ersten Aufgabe geht es darum, in einem produktiven Prozess die erzähltechnischen Verfahren, wie sie sich etwa bei Joyce finden, nachzubilden. Die zweite Aufgabe fasst wesentliche Aspekte der Erarbeitung abschließend zusammen. Die Aufgaben können auch als Hausaufgabe gestellt werden.

Alternative 1: Produktionsauftrag zur Montage der Darstellungsformen

■ *Schreiben Sie einen Text, in dem Sie – ähnlich wie Joyce in dem ersten Auszug – verschiedene inhaltliche und zeitliche Ebenen in Form einer Montage miteinander vermischen.*
Gehen Sie folgendermaßen vor:
- *Schreiben Sie einen kurzen beliebigen Alltagsdialog (z. B. das Gespräch während einer flüchtigen Begegnung mit einem Mitschüler oder einer Mitschülerin in der Fußgängerzone Ihrer Stadt).*
- *Denken Sie an ein kurz zurückliegendes oder ein kurz bevorstehendes Ereignis und schreiben Sie stichpunktartig Ihre Gedanken und Assoziationen dazu auf (z. B. die kürzlich geschriebene oder bevorstehende Klausur im Fach Mathematik).*
- *Vermischen Sie nun bruchlos den Dialog mit den Erinnerungen und Erwartungen, fügen Sie außerdem Beobachtungen ein, die Sie während des vorgestellten Gesprächs machen könnten (vorübergehende Passanten, spielende Kinder, ein Kellner, der ein Tablett fallen lässt …)*

Alternative 2: Verfassen eines Lexikoneintrags

■ *Verfassen Sie im Stil der vorliegenden Artikel einen Lexikoneintrag zu „Tauben im Gras". Greifen Sie dabei auf Ihre Markierungen in den drei bekannten Beiträgen zurück. Fügen Sie vor dem Hintergrund Ihrer Romankenntnis weitere Aspekte hinzu.*

Abgeschlossen wird die Arbeit zur Einordnung Koeppens in den literaturhistorischen Zusammenhang mit der Besprechung der Aufgabe. Dabei können zum einen zentrale Ergebnisse dieses Bausteins zusammengefasst werden, zum anderen aber auch Bezüge zu anderen Bausteinen der Unterrichtseinheit hergestellt werden. In den Lexikonartikeln der Schülerinnen und Schüler werden die formulierten ergänzenden Aspekte vermutlich unterschiedliche individuelle „Lesarten" des Romans widerspiegeln, die bereits in anderen Bausteinen thematisiert worden sind: „Tauben im Gras" als gesellschaftskritischer Zeitroman, als existenzialistischer Roman, als Künstlerroman etc.
Verschiedene Beispiele werden vorgelesen und die Schülerinnen und Schüler machen sich währenddessen Notizen zu den angesprochenen Deutungsansätzen. Mögliche Impulse für ein anschließendes Unterrichtsgespräch können u. a. sein:

■ *Welche Lesarten des Romans spiegeln sich in Ihren Lexikonartikeln wider?*
- *Denken Sie z. B. an die Rolle Philipps und Edwins. Welche Rolle repräsentieren diese Figuren? Welche Fragen bewegen sie?*
- *Welche Bedeutung hat der Raum für den Roman? Warum ist gerade der Handlungsort „Großstadt" für den Roman bedeutsam?*
- *Spiegeln sich persönliche Fragen und Probleme des Autors im Roman wider?*

Die Ergebnisse können in einem Tafelbild zusammengefasst werden:

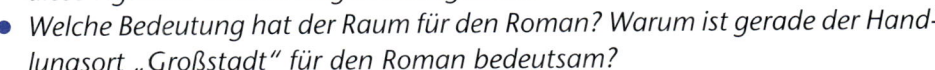

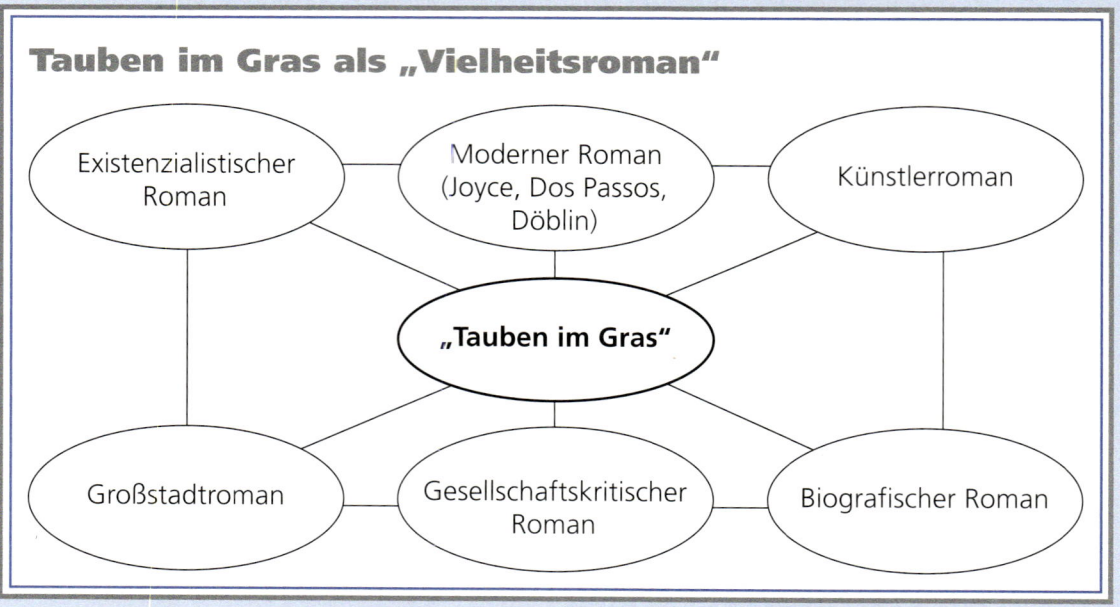

Eine zweifelsfreie Verortung Koeppens in der literarischen Tradition sowie eine genaue Einordnung seines Romans in die Typologie dieser Erzählform ist nicht möglich und auch nicht beabsichtigt gewesen. Vielleicht sind es auch gerade die unterschiedlichen Anknüpfungspunkte und die Vielfalt der Dimensionen, unter denen der Roman betrachtet werden kann, die ihn bis in die Gegenwart hinein interessant erscheinen lassen. Die Verknüpfung von existenziellen Daseinsfragen mit der politischen Realität der Nachkriegsgesellschaft sowie die Kombination von modernen experimentellen Formen des Erzählens (Montagetechniken, Simultaneität, Perspektivenwechsel etc.) mit eher traditionellen Erzählelementen sind charakteristische Merkmale des Romans. Letztere zeigen sich z. B. in der Anwesenheit eines deutenden und konstruierenden Erzählers, der die scheinbar zufälligen Begegnungen seiner Figuren wie auch die scheinbar zufällig wiederkehrenden Motive und Gegenstände „arrangiert"; – erinnert sei in diesem Zusammenhang etwa an Emilias Tasse, ihren Erbschmuck oder den kleinen herrenlosen Hund, der wiederholt auftaucht und schließlich sein Zuhause in Emilias „Zoo" findet.

Insgesamt gilt wohl auch für „Tauben im Gras", was Baier über den „Tod in Rom" schreibt: „Er [Koeppen] hat dieses oder jenes probiert, an diese Tradition ein wenig angeknüpft und eine andere verworfen."[1]

In der germanistischen Forschung der Gegenwart wird Koeppens Verhältnis zur Moderne nach wie vor intensiv diskutiert.[2] Dabei wird auch die Frage aufgeworfen, inwieweit sich in seinem Werk nicht zuletzt aufgrund des häufigen Rekurses auf die Mythologie und die intertextuelle Verknüpfung mit Texten der literarischen Moderne Formen eines bereits postmodernen Schreibens manifestieren. Die Diskussion soll hier nicht weiter dargestellt werden, aber sie kann gleichwohl dafür stehen, dass die Vielschichtigkeit seines Romans bis heute immer wieder Anlass für neue Entdeckungen, neue Sinnkonstruktionen und Deutungsansätze bietet.

---

[1] Lothar Baier: Ein nichtgeschriebener Roman. Zu ‚Der Tod in Rom'. In: Über Wolfgang Koeppen. Hrsg. von Ulrich Greiner. Frankfurt am Main: Suhrkamp, 1976, S. 229

[2] Vgl. z. B.: Martin Hielscher: Zitierte Moderne. Poetische Erfahrungen und Reflexionen in Wolfgang Koeppens Nachkriegsromanen und ‚Jugend'. Heidelberg: Winter, 1988; Sabine Becker: Ein verspäteter Modernist? Zum Werk Wolfgang Koeppens im Kontext der literarischen Moderne. In: Treibhaus. Jahrbuch für die Literatur der Fünfzigerjahre, Bd. 1, München: Iudicium, 2005, S. 97–115; Peter Sprengel: Wolfgang Koeppen. Die Wiederholung der Moderne. In: Literarische Moderne. Begriff und Phänomen. Hrsg. von Sabine Becker u. Helmuth Kiesel. Berlin/New York: de Gruyter, 2007, S. 403–416

Lyrik im Nachkriegsdeutschland – drei Gedichte

Hans Bender: Heimkehr (1949)

Im Rock des Feindes,
in zu großen Schuhen,
im Herbst,
auf blattgefleckten Wegen
5 gehst du heim.

Die Hähne krähen
deine Freude in den Wind,
und zögernd hält
der Knöchel
10 vor der stummen,
neuen Tür.

Aus: Hans Bender: Lyrische Biographie. Grafische Werkstätten der
Werkkunstschule Wuppertal. Wuppertal 1957

Dirk Bauer: Heimkehr (W. Koeppen 1951)

Sie strömen zurück,
Flut,
verebbte ins Land
verrieselte,
5 stygisches Wasser,
ätzend und brennend.
Verloren – der Hausrat,
verloren – das Nest,
verloren das Immeraufbewahrte,
10 das Was-du-Warst,
die verblasste Schrift eines Briefes,
Leb-wohl-Fritz, Ade-Marie,
ein Gedicht,
war ich es, der es reimte? –

15 Leben gerettet,
die Schranke hebt sich.
Wieder zu Hause,
handeln, bauen, gründen, zeugen,
sterben
20 im Städtischen Krankenhaus.
Auf dem Friedhof an der Ost-Süd-Kreuzung,
von Straßenbahnen umbimmelt,
benzindunstumschwelt,
glücklich in der Heimat.
25 Superbomber in Europa stationiert.

Erstveröffentlichung

Werner Bergengruen: Die heile Welt (1950)

Wisse, wenn in Schmerzensstunden
dir das Blut vom Herzen spritzt:
Niemand kann die Welt verwunden,
nur die Schale wird geritzt.

5 Tief im innersten der Ringe
ruht ihr Kern getrost und heil.
Und mit jedem Schöpfungsdinge
Hast du immer an ihm teil.

Ewig eine strenge Güte
10 wirket unverbrüchlich fort.
Ewig wechselt Frucht und Blüte,
Vogelzug nach Süd und Nord.

Felsen wachsen, Ströme gleiten,
und der Tau fällt unverletzt.
15 Und dir ist von Ewigkeiten
Rast und Wanderbahn gesetzt.

Neue Wolken glühn im Fernen,
neue Gipfel stehn gehäuft,
bis von nie erblickten Sternen
20 dir die süße Labung träuft.

Aus: Werner Bergengruen: Meines Vaters Haus: Gesammelte Gedichte.
Herausgegeben von Luise N. Hackelsberger. Zürich/Hamburg:
Arche Verlag 2004, S. 125 (entstanden 1944)

■ *Beschreiben Sie die Stimmung, die von den Gedichten ausgeht.*

■ *Die Gedichte bzw. der Roman, der als Vorlage für ein Gedicht diente, stammen aus der Nachkriegszeit. Stellen Sie Gemeinsamkeiten und Unterschiede heraus. Beachten Sie dabei besonders die sprachliche Gestaltung.*

Klaus P. Müller: Moderne (Lexikonartikel)

[...] Spätestens seit dem 19. Jh. sind die Menschen in den dynamischen modernen Prozess verwickelt, der durch Individualisierung, Differenzierung, Spezialisierung und Abstraktion gekennzeichnet ist sowie durch Technologisierung, Säkularisierung, Rationalisierung und Verwissenschaftlichung. Die moderne Welt ist „entzaubert" (M. Weber), alles Über-Natürliche ist ihr genommen, und das Künstliche als das vom Menschen Geschaffene wird ihre eigentliche Natur. Moderne Kunst ahmt daher nicht mehr Natur nach, sie ist nicht mehr von einem traditionellen Konzept der Mimesis[1] geprägt, sondern ihr obliegt es, relevante Inhalte erst zu gestalten. Wahrheit, Schönheit und Gutes sind dabei nicht mehr in einem platonischen Sinne absolut, sondern multidimensional und nur relativ gültig. Dazu treten in den Poetiken des 19. Jh.s radikale Änderungen der klassischen Kategorien des Schönen: Ch. Baudelaire z. B. feiert nicht das Schöne, sondern das Künstliche und das Neue, inklusive des Hässlichen und des Schmerzes. Alle Versuche, die Widersprüchlichkeit, Zwiespältigkeit, Relativität und Multiperspektivität der Moderne zu überwinden, erscheinen als verzweifelte Bemühungen, das Leiden an der modernen Vielfalt und der Eigenverantwortung im Leben zu beseitigen, das Leben weniger komplex und widersprüchlich zu machen. Ein solcher Versuch, der als typisch modern gesehen wird, ist z. B. der Faschismus. Auch der Kommunismus steht als Idee zur Aufhebung von Gegensätzen im modernen Kontext, wie ebenso verschiedenste Formen des Fundamentalismus, der sich immer als wahre und monolithische Lösung in komplexen Situationen, und damit auch als Aufhebung der Moderne anbietet. – Die literarische Moderne reflektiert das gewachsene Selbstbewusstsein und ist wesentlich durch die typisch moderne Paradoxie geprägt, was zu einer großen Vielfalt der Darstellungen der modernen Situation führt. Sie sind danach sortierbar, ob sie Zwiespältigkeit und Gegensätzlichkeit beibehalten oder eine einseitige Position favorisieren, wie etwa der sozialistische Realismus, der Naturalismus oder auch der Realismus. Der Realismus und Naturalismus des 19. Jh.s wurden zunächst als typisch moderne Formen der Literatur verstanden, da sie versprachen, die zeitgemäße Wirklichkeit in angemessener Weise wiederzugeben. Mit dem sich ändernden Verständnis von Realität und den Formen ihrer Wahrnehmung und Darstellung wandelt sich jeweils auch die Sicht in Bezug auf die Art und Weise der Repräsentation von Wirklichkeit in Literatur. Die Darstellung der menschlichen Innenwelt und der subjektiven Wahrnehmung wird im 20. Jh. immer wichtiger gegenüber der Darstellung von Außenwelt. Klassische Literatur der Moderne, wie etwa J. Joyces *Ulysses* (1922), zeigt dabei deutlich, wie sehr Innenwelt und Außenwelt ständig ineinanderfließen. Die Epiphanieerlebnisse[2] der Joyce'schen Figur Daedalus im Dublin zu Beginn des 20. Jh.s sind ebenso nur von relativer Gültigkeit wie die der Leser. In ihnen verbinden sich immer materielle Alltäglichkeiten mit ideeller, subjektiver Bedeutungszuweisung, und die Relevanz der Epiphanie verschiebt sich bei jeder Veränderung in den Polen Innen und Außen wieder von Neuem. Die Bedeutung des Augenblicks, die u. a. K. H. Bohrer (1981) für die Ästhetik der Moderne hervorhebt, basiert auf dieser sich ständig verschiebenden Relevanz der Verbindung von Innen und Außen, die keine feste Identität der Protagonisten mehr zulässt. Die moderne Erfahrung, wie sie *Ulysses* vermittelt, ist geprägt durch die Betonung von Widersprüchlichkeit, Fragmentarisierung, Komplexität und Paradoxie, die zu Pluralität, Vielschichtigkeit und permanentem Wandel führt. Da die traditionellen Sinngebungen des Lebens, die klassischen Mythen, in der Moderne nicht mehr ihre Funktion erfüllen, werden sie zerstört, parodiert und in der Literatur rekonstruiert bzw. durch neue Mythen von nur relativer Gültigkeit ersetzt. Die Moderne und ihre Geschichte erscheint als „anarchisch" (T. S. Eliot), ohne Ordnungs- und Sinngefüge, sodass E. D. Durkheim für sie den Begriff „Anomie" verwendet, der auf einen wesentlichen Grund für die hohe Selbstmordrate in der Moderne verweist. Für C. G. Jung ist Schizophrenie eine typische Zeiterscheinung der Moderne. Da es in der Moderne keine überzeitlich gültigen Mythen mehr geben kann, Sinngebungen für menschliches Leben aber unerlässlich sind, wächst die Bedeutung von Literatur und mit ihr die Relevanz der Sinn konstituierenden Leser, de nn der „Wahrheitsgehalt der Werke der literarischen Moderne liegt diesen nicht voraus, weder im Leben des Autors noch in der Gesellschaft, der sie sich verdanken. Wir müssen ihn durch denkende Aneignung hervorbringen" (Bürger 1996, S. 1311). Das macht die oft beklagte Schwierigkeit moderner Literatur aus, aber auch ihren besonderen Reiz. Moderne Literatur reflektiert das neue und sich immer wieder wandelnde Selbstbewusstsein der Menschen zwischen den Extremen der Autonomie und der völligen Abhängigkeit von den gesellschaftlichen Umständen. Die Moderne wird als eine Krisensituation dargestellt, in der alle Traditionen

---

[1]   Mimesis = Nachahmung
[2]   Epiphanie = Erscheinung

und Sicherheiten verloren sind und der Mensch häufig unbehaust, im Exil, auf Wanderschaft, vereinsamt oder entfremdet ist. Neben der Problematisierung des
105 menschlichen Selbstverständnisses steht dabei die Infragestellung aller Wahrnehmungsformen im Vordergrund. Nicht die Handlung als äußerliches Geschehen ist das Wichtigste, sondern der Versuch, aus Handlungs-, Erlebnis- und Wahrnehmungsfrag-
110 menten eine sinnvolle Struktur zu gestalten. Der Bewusstseinsstrom erscheint in diesem Kontext als eine typisch moderne Form der Wahrnehmungsdarstellung, die mit einer für die Moderne ebenso typischen Differenzierung einer Einheit, nämlich S. Freuds Auf-
115 spaltung des Subjekts in Ich, Über-Ich und Es, korrespondiert. Chronologie als wichtiges Ordnungselement geht in moderner Literatur häufig verloren; auch die Zeit erscheint als eine bloße Relation in Abhängigkeit von anderen Variablen. Gedankenlogik 120 oder eindeutige Gefühle werden ersetzt durch fragmentarische Bilder und komplexe Anspielungen. Sprache und ihre Fähigkeit zur Repräsentation wird zu einem herausragenden Problem, da Bedeutung nicht mehr vorgegeben, sondern von aktiven kon- 125 kreten Sinnsetzungen der Menschen innerhalb bestimmter Situationen abhängig ist [...].

In: Ansgar Nünning (Hrsg.): Metzler Literatur- und Kulturtheorie. Ansätze – Personen – Grundbegriffe. 4., aktualisierte und erweiterte Auflage. S. 508 ff. © 2008 J.B. Metzlersche Verlagsbuchhandlung und Carl Ernst Poeschel Verlag GmbH in Stuttgart

■ *Bereiten Sie einen strukturierten Kurzvortrag vor, in welchem Sie die wichtigsten Inhalte des Textes zusammenfassend darstellen. Ihr Vortrag sollte nicht länger als fünf Minuten dauern.*

■ *Überlegen Sie sich eine geeignete Form der schriftlichen Fixierung, auf die Sie sich während Ihres Vortrages stützen können. Dies können Stichworte auf Karteikarten, eine gegliederte Stichwortliste, eine Mind-Map, eine tabellarische Gegenüberstellung u. a. sein.*

Karl Migner: Theorie des modernen Romans

Wesentlich sind zwei Tendenzen, die für die Roman-gestaltung im 20. Jahrhundert bestimmend werden. Erstens: Die Erringung einer nahezu uneinge-schränkten Freiheit für den Erzähler, für die Gestal-
5 tung des Helden, des Geschehens, der Komposition des Romans und für die Hereinnahme der unter-schiedlichsten Darstellungsmittel, Stilelemente und Sprechformen. Und zweitens: Die in verschiedenen Spielarten erkennbar werdende Absicht, zu einer
10 möglichst unmittelbaren Darstellung der ganzen komplexen Wahrheit über Mensch und Welt zu kom-men. Das geschieht notfalls unter Verzicht auf äuße-re Realitätstreue, im Extrem in allen Einzelaspekten des Romans. [...]
15 Das bedeutet für Autor und Leser des modernen Ro-mans: Der von souveräner Überlegenheit abgerückte Erzähler benutzt alle denkbaren Spielformen erzäh-lerischer Haltung und erzählerischen Vorgehens mit dem Ziel, möglichst viele Aspekte oder eine mög-
20 lichst intensive Schau der gewählten Thematik zu erschließen. Das reicht von dem Eingeständnis des Autors, alles erfunden zu haben, bis zu seinem völ-ligen Aufgehen in einer Figur, aus deren Perspektive die Welt gesehen wird. Dem Leser wird immer erneut
25 angestrengte Bemühung um ein subtiles Verständnis von Aussage und Kompositionsform zugemutet.
Das bedeutet für das Helden- und Menschenbild des modernen Romans: Der Einzelne ist weder als indivi-dueller Charakter noch als Typus, sondern vielmehr
30 in seiner menschlichen Substanz interessant, die we-sentlich mehr von seiner Beziehung zur Gesellschaft oder Außenwelt überhaupt abhängig erscheint als von Familie und Tradition. Der Einzelne wird stärker von seinem Innenleben, von Bewusstsein und Lebensge-
35 fühl her gesehen als von möglichen Aktivitäten. Und er ist eher ein Versager, ein Scheiternder, eine Don-Quijote-Figur als ein großer Held oder Schurke.
Und das bedeutet für die Struktur des modernen Ro-mans: Konstruktion und Montageformen beherr-
40 schen die Szene. Der Raum und vor allem die Zeit haben häufig genug ihre strukturierende Funktion verloren, aufgegeben zugunsten einer Wirklichkeit, die die verschiedensten zeitlichen Ebenen mischt. Damit ist auch der Erzählvorgang in Einzelteile zer-
45 brochen, die nur noch beispielsweise durch Personen oder Motive zusammengehalten werden. In der sprachlichen Gestaltung kommen die unterschied-lichsten Tendenzen – nicht selten auch gleichzeitig – zur Geltung, von essayhafter bis zu stilisiert poe-
50 tischer oder völlig verfremdeter Diktion.
Das bedeutet für den Weltgehalt des modernen Ro-mans: Zur Wirklichkeit des menschlichen Lebens

gehört in hohem Maße der Innenraum des Men-schen, vor allem sein Bewusstsein von Zeit, Welt und Ich. Die dichterische Wirklichkeit verzichtet eher auf 55 unwesentliche Details der Realität als auf selbst un-realistisch anmutende Erfahrung von Realität. In die-ser zweifachen Hinsicht erscheint die Welt des mo-dernen Romans erweitert; dazu tritt noch die auch im deutschen Raum zunehmend stärkere Einbezie- 60 hung der gesellschaftlichen Verhältnisse in den Be-reich dichterischer Darstellung. [...]

Die Figur
Die Frage nach dem Menschen als mehr oder weniger 65 genau bestimmbarem Wesen ist eines der zentralen Probleme des modernen Romans. Das gilt sowohl inhaltlich wie formal, denn die Struktur des Ganzen ist entscheidend von der Konzeption dieses im Mit-telpunkt stehenden Dichtungsgegenstandes abhän- 70 gig. Historisch gesehen gehört der Romanheld als vorbildhafte, bestimmten Normvorstellungen ver-pflichtete Figur vergangenen Epochen an und wirkt bis ins 18. Jahrhundert hinein. Er entspricht einem statischen Bild vom Menschen und von der Welt, das 75 in einer festen Ordnung begründet liegt. Im 18. Jahr-hundert setzt sich der unverwechselbare individuelle Mensch als Romanheld durch, der erstmals im Don Quijote in Erscheinung trat. Mit ihm ziehen das psy-chologische Interesse in den Roman ein und eine 80 Gestaltungsweise, die nach dem Prinzip von Ursache und Wirkung vorgeht und etwa erkennbar vom Cha-rakter einer Figur auf ihre Handlungen schließt und umgekehrt.
Diese Sicherheit, den Menschen durch Beschreibung 85 und Analyse durchschaubar machen zu können, geht im 20. Jahrhundert endgültig verloren. Auch das In-teresse am Einzelschicksal eines Menschen verblasst. Und so dient die Gestaltung der Heldenfigur in zu-nehmendem Maße der Frage nach den Möglichkeiten 90 und Grenzen des Menschen in der gegenwärtigen Zeitsituation. Demgemäß werden sein Selbstver-ständnis, sein Lebensgefühl, seine etwa für die Ge-genwart charakteristische Bewusstseinslage wichtiger als singuläre Erlebnisse von geringer Repräsentanz. 95 Die Heldenfigur inmitten einer ihr keineswegs mehr selbstverständlich vertrauten Umwelt, die Heldenfi-gur in unter Umständen keineswegs mehr schlüssig erklärbaren Aktionen, die Heldenfigur in oftmals un-vollständiger, beispielsweise auf bestimmte Verhal- 100 tensweisen reduzierter Gestaltung tritt immer mehr in den Mittelpunkt des modernen Romans.
Versucht man eine Kategorisierung der Erscheinungs-formen des Helden von der Konzeption der Figur –

105 und nicht von der an ihr dargestellten Problematik
– her, so lassen sich drei sehr stark ineinander über-
gehende Heldenbilder entwerfen. Sie alle sind zumindest tendenziell auf die Verkürzung des Menschen
angelegt. Das gilt ganz besonders für den auf be-
110 stimmte Inhalte reduzierten Helden, dessen Bewusstsein oder dessen Weltverständnis allein interessieren.
Das gilt für den verfremdeten Helden, der als Anti-
Held, als Don-Quijote-Figur oder als verkrüppelter
Außenseiter erscheint. Und das gilt ganz ausgespro-
115 chen für den Helden als Kunstfigur, als Homunculus-
Gestalt etwa oder als Phänotyp unserer Epoche.

Die Struktur
Neben der neuen Position, die Erzähler und Held im
modernen Roman einnehmen, ist vor allem die ver-
120 änderte Rolle zu nennen, die die Geschichte, die Fabel spielt. In dem Maße, in dem der Erzähler nicht
mehr primär um der Unterhaltung willen erzählt und
in dem der Held nicht mehr als singuläres Individuum interessant ist, kommt es auch nicht mehr darauf
125 an, eine in größerem oder geringerem Umfang aben-
teuerliche – und vor allem: geschlossene – Geschichte zu erzählen. Zweifellos kann auch das individuelle
Schicksal eines Einzelnen genügend allgemeine Repräsentanz gewinnen, aber insgesamt ist die Gefahr,
130 dass eine solche Darstellung stark verengt, sehr groß.
Dabei kommt es heute immer mehr darauf an, die
Frage nach dem Menschen, nach seiner Stellung in
der Welt prinzipiell zu stellen. Dadurch rückt eine
Zuständlichkeit eher in den Mittelpunkt als ein chro-
nologischer Ablauf, ein Einzelproblem eher als eine 135
Folge von Geschehnissen und prinzipiell die offene
Frage, der Zweifel, die Unsicherheit eher als die gläu-
bige Hinnahme der vorgefundenen Gegebenheiten.
Für die Bauform eines Romans hat das eine grund-
sätzliche Konsequenz: Die strukturierende Funktion 140
von Held und Fabel, die durch ihre Konstitution und
durch ihren Fortgang gewissermaßen „organisch" für
eine gegliederte Form sorgen, fällt ebenso aus wie
ordnende Kategorien Raum, Zeit und Kausalität. Ar-
tistische Konstruktion, Montage unterschiedlicher 145
Elemente müssen eine sehr viel kunstvollere Bauform
herstellen. [...]
Das heißt, dass an die Stelle von Anschaulichkeit,
Geschlossenheit und Kontinuität des Erzählens andere Kriterien zur Wertung eines Romans treten müs- 150
sen: die Intensität des Erzählten sowie die Faszination, die von der Formgebung, von der Komposition
auszugehen vermag. Und das heißt, dass eine Vielzahl formaler Elemente eine größere oder zumindest
doch eine andere Bedeutung für die Romankomposi- 155
tion erhalten.

Aus: Karl Migner: Theorie des modernen Romans. Eine Einführung. Kröners Taschenbuchausgabe Band 395, Stuttgart: Alfred Kröner, 1970. S. 38–41, 69f.

■ *Bereiten Sie einen strukturierten Kurzvortrag vor, in welchem Sie die wichtigsten Inhalte des
Textes zusammenfassend darstellen. Ihr Vortrag sollte nicht länger als fünf Minuten dauern.*

■ *Überlegen Sie sich eine geeignete Form der schriftlichen Fixierung, auf die Sie sich während
Ihres Vortrages stützen können. Dies können Stichworte auf Karteikarten, eine gegliederte
Stichwortliste, eine Mind-Map, eine tabellarische Gegenüberstellung u. a. sein.*

James Joyce: Ulysses (Auszüge)

Er bewegte sich ein wenig zur Seite, vorbei an M'Coys redendem Kopf. Muss jetzt jeden Moment einsteigen. – *Was los ist mit ihm?*, sagt er. *Tot ist er*, sagt er. Und kippt sich einen hinter die Binde, ehrlich! *Aber doch*
5 *nicht Paddy Dignam!*, sag ich. Ich konnts nämlich einfach nicht glauben, als ichs hörte. Ich bin doch letzten Freitag noch, oder Donnerstag wars wohl, mit ihm in der Arch[1] gewesen. *Genau der*, sagt er. *Er ist hin. Ist Montag gestorben, der arme Kerl.*
10 Aufgepasst jetzt! Aufgepasst! Seidenblitz, tolle Strümpfe, weiß. Pass auf!
Eine schwerfällige Trambahn rollte wild schrillend dazwischen.
Aus. Verwünschte Stumpfnase du. Man fühlt sich
15 doch richtig ausgeschlossen. Paradies und die Peri[2]. Geht einem immer wieder so. Genau im entscheidenden Moment. Das Mädchen in der Eustace Street, im Torweg. Montag war das, richtete sich das Strumpfband. Und ihre Freundin musste sich natürlich da-
20 vorstellen, dass man ja nichts sah vom. *Esprit de corps.* Mensch, was gaffst du eigentlich noch?
– Ja, ja, sagte Mr. Bloom nach einem dumpfen Seufzer. Wieder einer dahin.
– Einer der besten, sagte M'Coy.
25 Die Trambahn zockelte vorbei. Und da fuhren sie schon ab, zur Loop Line Bridge hin, ihre prachtvolle behandschuhte Hand auf dem Stahlgriff. Flatternd, flitternd: das Spitzengeflirr ihres Hutes in der Sonne: flitzend, flitz.
30 – Und die Gattin wohlauf, darf ich annehmen? fragte M'Coys veränderte Stimme.
– Och ja, sagte Mr. Bloom. Tipptopp, vielen Dank.
Müßig rollte er seinen Zeitungsstab auseinander, und müßig las er:
35
    Was ist Ihr Heim
    Ohne Plumtrees Fleischkonserven?
    Eine Last für die Nerven.
    Mit ihnen aber das Paradies auf Erden!
[...] und es war Schaltjahr wie jetzt ja vor 16 Jahren
40 mein Gott nach dem langen Kuss ist mir fast die Luft ausgegangen ja er sagte ich wäre eine Blume des Berges ja da hat er wirklich einmal was Wahres gesagt in seinem Leben und die Sonne die scheint für dich allein heute ja deswegen hab ich ihn auch gemocht weil
45 ich gesehn hab er versteht oder kann nachfühlen was eine Frau ist und ich hab auch gewusst ich kann ihn immer um den Finger wickeln und da hab ich ihm die ganze Lust gegeben die ich konnte und hab ihn so

___
[1] Arch = Name eines Dubliner Pubs
[2] Peri = überirdische Wesen. In der älteren persischen Zeit eher bösartig (Hexen), in der späteren persischen Sage aber eher guten Feen vergleichbar.

weit gebracht dass er mich gebeten hat ja zu sagen und zuerst hab ich gar keine Antwort gegeben hab 50 bloß rausgeschaut aufs Meer und über den Himmel ich musste an so viele Sachen denken von denen er gar nichts wusste Mulvey und Mr. Stanhope und Hester und Vater und der alte Captain Groves und die Matrosen die alle Vögel fliegen hoch und ich ruf bückt 55 euch und Geschirrspülen wie sie das nannten spielten wie am Pier und die Wache vor dem Haus des Gouverneurs mit dem runden Ding um den weißen Helm der arme Teufel halb gebraten war er und die spanischen Mädchen wie sie immer am lachen waren in 60 ihren Schals und mit den großen Kämmen und die Versteigerung morgens immer die Griechen und Juden und Araber und weiß der Teufel wer sonst noch alles von allen Enden Europas und die Duke Street und der Geflügelmarkt wie das alles am gackern war 65 vor Larby Sharon und die armen Eselchen wie die halb im Schlaf da langschlichen und die Gammelbrüder mit den Mänteln die auf den Treppenstufen schliefen im Schatten und die großen Räder der Ochsenkarren und das alte Schloss tausende von Jahren alt schon ja 70 und die hübschen Mauren alle ganz in weiß und mit Turbanen wie Könige wie sie einen baten man soll doch Platz nehmen in ihren winzig kleinen Lädchen und Ronda mit den alten Fenstern der posadas hinterm Gitter zweier Augen Glanz für ihren Liebhaber 75 dass er das Eisen küsst und die Weinhandlungen die immer halb offen hatten nachts und die Kastagnetten und an dem Abend wo wird das Fährschiff in Algeciras verpasst hatten der Wächter wie er so heiter und alles in Ordnung herumging mit seiner Laterne und 80 oh der reißend tiefe Strom oh und das Meer das Meer glührot manchmal wie Feuer und die herrlichen Sonnenuntergänge und die Feigenbäume in den Alamedagärten ja und die ganzen komischen kleinen Straßen und Gässchen und rosa und blauen und gelben 85 Häuser und die Rosengärten und der Jasmin und die Geranien und Kaktusse und Gibraltar als kleines Mädchen wo ich eine Blume des Berges war ja wie ich mir die Rose ins Haar gesteckt hab wie die andalusischen Mädchen immer machten oder soll ich eine rote tra- 90 gen ja und wie er mich geküsst hat unter der maurischen Mauer und ich habe gedacht na schön er so gut wie jeder andere und hab ihn mit den Augen gebeten er soll doch noch mal fragen ja und dann hat er mich gefragt ob ich will ja sag ja meine Bergblume 95 und ich hab ihm zuerst die Arme um den Hals gelegt und ihn zu mir niedergezogen dass er meine Brüste fühlen konnte wie sie dufteten ja und das Herz ging mir wie verrückt ich hab ja gesagt ja ich will Ja.

Aus: James Joyce: Ulysses. Übers. Hans Wollschläger. Frankfurt am Main: Suhrkamp, 1981, S. 104 u. 1014f.

- Lesen Sie den Romanauszug und tauschen Sie sich in Ihrer Gruppe über Ihre Eindrücke aus.

- Untersuchen Sie, ob es sich um einen traditionellen oder um einen modernen Roman handelt.

- Analysieren Sie den Romanauszug im Hinblick auf sprachliche Merkmale und die eingesetzten Erzähltechniken.

- Vergleichen Sie Ihre Ergebnisse anschließend mit Koeppens Roman. Hierbei können Sie als Untersuchungsgegenstand z. B. den Abschnitt 29 (S. 52 ff.) heranziehen (Philipp im Schreibmaschinengeschäft), Sie können aber auch andere Textstellen verwenden.

John Dos Passos: Manhattan Transfer (Auszug)

Als die Zimmertür hinter ihm zufiel, fühlte Ed That-cher sich sehr einsam, sehr rastlos und sehr nervös. Wenn jetzt Susi hier wäre, dann würde er ihr von dem vielen Geld erzählen, das er verdienen wird, und wie 5 er allwöchentlich zehn Dollar auf die Sparbank tra-gen wird, extra für die kleine Ellen, das werden dann im Jahr fünfhundertzwanzig Dollar sein ... Nach zehn Jahren sind es – ohne die Zinsen – über fünftausend Dollar. Ich muss die Zinseszinsen auf fünfhun-10 dertzwanzig Dollar zu vier Prozent berechnen ... Auf-geregt irrte er durch das enge Zimmer. Die Gasflamme schnurrte behaglich wie ein Kätzchen. Sein Blick fiel auf die Überschriften einer Zeitung, die auf dem Fuß-boden lag, neben dem Kohleneimer, wo er sie hinge-15 worfen hatte, um nach der Droschke zu laufen und Susi ins Krankenhaus zu schaffen.

GROSS-NEW YORK UNTER DACH UND FACH
DIE ZWEITE METROPOLE DER WELT

Aufatmend faltete er die Zeitung zusammen und 20 legte sie auf den Tisch. Die zweite Metropole der Welt ... Und Papa wollte, ich soll in seinem ollen Geflügel-laden in Onteona bleiben. Ja, es hätte glatt passieren können, wenn nicht Susi gewesen wäre ...
Meine Herren, die Sie mir heute Abend die außeror-25 dentliche Ehre erwiesen, mir den Posten eines Junior-chefs in der Firma anzubieten, darf ich Ihnen mein kleines Frauchen vorstellen, meine Gattin? Ihr ver-danke ich alles ... Als er vor dem Kamingitter eine tiefe Verbeugung machte, fegten seine Rockschöße 30 von der Konsole neben dem Bücherschrank eine Por-zellanfigur zu Boden. Leise schnalzte er mit der Zun-ge, während er sich bückte, um die Scherben aufzu-heben. Der Kopf der Holländerin aus blauem Porzellan war vom Halse geknackt. „Und die arme 35 Susi hängt so sehr an ihren Nippsachen. Ich will lie-ber schlafen gehen ...“
Er schob das Fenster in die Höhe und lehnte sich hinaus. Am entfernten Ende der Straße ratterte ein Hochbahnzug vorbei. Puffender Kohlenrauch stach 40 ihm in die Nase. Ziemlich lange lehnte er sich aus dem Fenster, blickte nach links und nach rechts die Straße entlang. Die zweite Metropole der Welt ... In den Ziegelhäusern im fleckigen Laternenlicht und in den Stimmen der Jungen, die sich auf den Stufen 45 eines Nachbarhauses balgten und zankten, in dem regelmäßig festen Schritt eines Schutzmannes fühlte er den Marschrhythmus, Soldaten, Soldaten. Rad-dampfer, die an den Palisaden den Hudson stromauf-

wärts stampften, Wahlparade durch lange Straßen auf ein hohes weißes Gebäude zu, das stattlich ist und 50 voller Kolonnaden. Metropole ...
Plötzlich war die Straße voll eiliger Schritte. Atemlos stieß jemand das Wort „Feuer“ hervor.
„Wo?“
Jungen verliefen sich in der Straße. Thatcher wandte 55 sich wieder ins Zimmer zurück. Es war erstickend heiß. Es kribbelte ihm in allen Gliedern, er wäre gern hinuntergelaufen. Nein, ich sollte zu Bett gehen. Von der Straße her waren klappernde Hufschläge und die rasende Glocke der Feuerspritze zu hören. Nur mal 60 schnell einen Blick auf die Straße werfen. Hut in der Hand, rannte er die Treppe hinunter.
„Wo?“
„Im nächsten Block.“
„Ein Mietshaus.“ [...] 65
„Der Luftschacht“, flüsterte ein Mann in Thatchers Ohr, ein Windstoß füllte die Straße mit Rauch und dem Gestank brennender Lumpen. Thatcher wurde plötzlich übel. Als der Rauch zerfloss, sah er Men-schen strampelnd und büschelweise mit den Händen 70 an einem Fenstersims hängen. [...] Etwas Schwarzes war aus dem Fenster gestürzt und lag kreischend auf dem Pflaster. Die Schutzleute trieben die neugierige Menge an die Enden des Häuserblocks zurück. Wie-der fuhren Feuerspritzen vor. 75
„Fünfmal hat es Alarm gegeben“, sagte der Mann. „Wie finden Sie das? In den zwei obersten Etagen saßen sie wie in einer Falle. Das muss ein Brandstifter gewesen sein, ein gottverdammter Pyromane.“ [...]
Thatcher bahnte sich seinen Weg durch die Menge. 80 An der Straßenecke stand ein Mann und starrte in den Feuermeldekasten. Als Thatcher an ihm vorüber-kam, fuhr ihm von des Mannes Kleidern ein Petro-leumgeruch in die Nase. Lächelnd blickte der Mann zu ihm auf. Er hatte gelbliche Hängebacken und hel-85 le Glotzaugen. Thatchers Hände und Füße wurden plötzlich kalt. Der Pyromane. In der Zeitung steht, so treiben sie sich in der Nähe umher, um zu sehen, ob es auch ordentlich brennt. Raschen Schrittes begab sich Thatcher nach Hause, eilte die Treppe hinauf 90 und versperrte die Tür hinter sich. Das Zimmer war still und leer. Er hatte ganz vergessen, dass keine Susi ihn erwarten würde. Er begann sich auszuziehen. Er konnte den Petroleumgeruch von des Mannes Klei-dern nicht vergessen. 95

Aus: John Dos Passos: Manhattan Transfer. Reinbek bei Hamburg: Rowohlt, 1991, S. 12–15

Alfred Döblin: Berlin Alexanderplatz (Auszug)

Erstes Buch

Hier im Beginn verlässt Franz Biberkopf das Gefängnis Tegel, in das ihn ein früheres sinnloses Leben geführt hat. Er fasst in Berlin schwer wieder Fuß, aber schließlich gelingt es ihm doch, worüber er sich freut, und er tut nun
5 *den Schwur, anständig zu sein.*

Mit der 41 in die Stadt

Er stand vor dem Tor des Tegeler Gefängnisses und war frei. Gestern hatte er noch hinten auf den Äckern Kartoffeln geharkt mit den andern, in Sträflingsklei-
10 dung, jetzt ging er im gelben Sommermantel, sie harkten hinten, er war frei. Er ließ Elektrische auf Elektrische vorbeifahren, drückte den Rücken an die rote Mauer und ging nicht. Der Aufseher am Tor spazierte einige Male an ihm vorbei, zeigte ihm seine
15 Bahn, er ging nicht. Der schreckliche Augenblick war gekommen [schrecklich, Franze, warum schrecklich?], die vier Jahre waren um. Die schwarzen eisernen Torflügel, die er seit einem Jahre mit wachsendem Widerwillen betrachtet hatte [Widerwillen, warum Wider-
20 willen], waren hinter ihm geschlossen. Man setzte ihn wieder aus. Drin saßen die andern, tischlerten, lackierten, sortierten, klebten, hatten noch zwei Jahre, fünf Jahre. Er stand an der Haltestelle.
Die Strafe beginnt.
25 Er schüttelte sich, schluckte. Er trat sich auf den Fuß. Dann nahm er einen Anlauf und saß in der Elektrischen. Mitten unter den Leuten. Los. Das war zuerst, als wenn man beim Zahnarzt sitzt, der eine Wurzel mit der Zange gepackt hat und zieht, der Schmerz
30 wächst, der Kopf will platzen. Er drehte den Kopf zurück nach der roten Mauer, aber die Elektrische sauste mit ihm auf den Schienen weg, dann stand nur noch sein Kopf in der Richtung des Gefängnisses. Der Wagen machte eine Biegung, Bäume, Häuser traten
35 dazwischen. Lebhafte Straßen tauchten auf, die Seestraße, Leute stiegen ein und aus. In ihm schrie es entsetzt: Achtung, Achtung, es geht los. Seine Nasenspitze vereiste, über seine Backe schwirrte es. „Zwölf Uhr Mittagszeitung", „B. Z.", „Die neuste Illustrierte",
40 „Die Funkstunde neu", „Noch jemand zugestiegen?" Die Schupos haben jetzt blaue Uniformen. Er stieg

unbeachtet wieder aus dem Wagen, unter Menschen. Was war denn? Nichts. Haltung, ausgehungertes Schwein, reiß dich zusammen, kriegst meine Faust zu riechen. Gewimmel, welch Gewimmel. Wie sich das 45 bewegte. Mein Brägen hat wohl kein Schmalz mehr, der ist wohl ganz ausgetrocknet. Was war das alles. Schuhgeschäfte, Hutgeschäfte, Glühlampen, Destillen. Die Menschen müssen doch Schuhe haben, wenn sie so viel rumlaufen, wir hatten ja auch eine Schus- 50 terei, wollen das mal festhalten. Hundert blanke Scheiben, lass die doch blitzern, die werden dir doch nicht bange machen, kannst sie ja kaputt schlagen, was ist denn mit die, sind eben blankgeputzt. Man riss das Pflaster am Rosenthaler Platz auf, er ging zwischen 55 den andern auf Holzbohlen. Man mischt sich unter die andern, da vergeht alles, dann merkst du nichts, Kerl. Figuren standen in den Schaufenstern in Anzügen, Mänteln, mit Röcken, mit Strümpfen und Schuhen. Draußen regte sich alles, aber – dahinter – war 60 nichts! Es – lebte – nicht! Es hatte fröhliche Gesichter, es lachte, wartete auf der Schutzinsel gegenüber Aschinger zu zweit oder zu dritt, rauchte Zigaretten, blätterte in Zeitungen. So stand das da wie die Laternen – und – wurde immer starrer. Sie gehörten zusam- 65 men mit den Häusern, alles weiß, alles Holz.
Schreck fuhr in ihn, als er die Rosenthaler Straße herunterging und in einer kleinen Kneipe ein Mann und eine Frau dicht am Fenster saßen: Die gossen sich Bier aus Seideln in den Hals, ja was war dabei, sie 70 tranken eben, sie hatten Gabeln und stachen sich damit Fleischstücke in den Mund, dann zogen sie die Gabeln wieder heraus und bluteten nicht. Oh, krampfte sich sein Leib zusammen, ich kriege es nicht weg, wo soll ich hin? Es antwortete: Die Strafe. 75
Er konnte nicht zurück, er war mit der Elektrischen so weit gefahren, er war aus dem Gefängnis entlassen und musste hier hinein, noch tiefer hinein.
Das weiß ich, seufzte er in sich, dass ich hier rin muss und dass ich aus dem Gefängnis entlassen bin. Sie 80 mussten mich ja entlassen, die Strafe war um, hat seine Ordnung, der Bürokrat tut seine Pflicht. Ich geh auch rin, aber ich möchte nicht, mein Gott, ich kann nicht.

Aus: Alfred Döblin: Berlin Alexanderplatz. Die Geschichte vom Franz Biberkopf. © S. Fischer Verlag, Frankfurt am Main 1930

Drei Lexikonauszüge

TEXT 1

Der Autor [...] begann 1914, die bescheidene Handlung zu einem Epos von einmaliger Komplexität und Beziehungsfülle und die Hauptfigur des 1922 erschienenen Romans zu einem der am detailliertesten beschriebenen
5 Charaktere der Weltliteratur umzugestalten. In siebenjähriger Arbeit wurde aus der Geschichte vom Alltag eines Kleinbürgers ein Romanwerk, das an Vielschichtigkeit der Bedeutung, an Differenziertheit der Erzähltechniken, an Motiv- und Symbolfülle in der Literatur des
10 20. Jh.s eine singuläre Erscheinung ist [...].
Vordergründig-realistisch ist [...] [der Roman] die Geschichte dreier Einwohner [...] [einer Großstadt], ihrer Handlungen, Begegnungen und Gedanken am 16. Juni 1904 von acht Uhr früh bis zum nächsten Morgen
15 um etwa drei Uhr: die Geschichte eines Tages im Leben [...] [eines Anzeigenagenten bei einer Zeitung], seiner Frau [...] und [...] [eines] jungen Lehrers und Schriftstellers [...]. Um diese Gestalten gruppiert sich eine Unzahl von [Figuren], mit denen die drei im
20 Verlauf dieses Tages in Berührung gekommen sind [...]. Diese Story erhält ihre Plastizität und Tiefendimension auf dreierlei Weise: 1. durch eine von Kapitel zu Kapitel wechselnde Erzähltechnik, die vom objektiven Erzählstil (Er-Form) über die erlebte Rede und
25 den inneren Monolog bis zur Dramatisierung und schließlich zur Auflösung der Szene in Frage-und-Antwort-Spiele reicht; 2. durch eine in der bisherigen Romanliteratur unerreichte Präzision und Rücksichtslosigkeit in der Darstellung feinster, bis in die Zonen
30 des Vor- und Unbewussten reichender psychischer Regungen, Vorstellungen und Wünsche; 3. durch die Verwendung von [Mythen] [...] als poetische Folie, als Bezugs- und Deutungssystem, das die trivial-moderne Szene ständig relativiert, parodiert [...].
35 Der Roman ist in [...] [eine Vielzahl] Episoden gegliedert. [...] Die Technik des ‚inneren Monologs' wird erstmals in größerem Stil [...] verwendet. [...] Den letzten Abschnitt des Romans bildet ein 40-seitiger innerer Monolog [...] [einer Figur] in Form eines interpunkti-
40 onslos wiedergegebenen Bewusstseinsstroms (‚stream of consciousness').
Die [...] Fülle von romantechnischen Neuerungen, die die Lektüre bis heute schwierig gestalten, verhinderten eine breitere Rezeption. Die für viele schockie-
45 rende Freizügigkeit, mit der [...] [der Autor] Vorgänge und Wünsche darstellte, die die Sexual[...]sphäre betreffen, war auch der Grund für die Eingriffe der Zensur [...]. Zum anderen setzt die Motivtechnik des Romans, die Verwendung von Wörtern und Bildern, die
50 erst später ihre Erklärung bzw. ihre direkte oder indi-

rekte Aufhellung erfahren und in einen Zusammenhang gestellt werden, ein gutes Gedächtnis und eine geschulte Lesetechnik voraus. [...]
[...] [Der Autor] zeichnet [...] [die Stadt] so plastisch und
55 [...] so detailgetreu, dass Arno Schmidt das Werk ein „Handbuch für Städtebewohner" nennen konnte. Ebenso minutiös wird die psychische Realität der Personen aufgezeichnet:.................... ist einer der ersten Romane, in die die tiefenpsychologischen Erkenntnisse Freuds eingingen, und .... fand in der Technik des
60 inneren Monologs, der unmittelbaren Reproduktion der bewussten und halbbewussten Träume, Gedanken und Wünsche des Menschen, das adäquate literarische Instrument, um psychische Vorgänge ohne einen vorgeschalteten fiktiven Erzähler wiederzugeben. [...]
65 Die Wirkung des Werks, das aufgrund seiner vielschichtigen Struktur und seines Anspielungsreichtums eine schon heute unüberschaubare Fülle von literarkritischen und philologischen Studien nach sich gezogen hat, ist kaum abzuschätzen. [...]

TEXT 2

Der 1925 erschienene Roman gilt als der moderne Großstadtroman schlechthin und war Vorbild für [...] [andere Großstadtromane]. Nach experimentellen Ansätzen in [...] [anderen Romanen gelang dem Verfasser] hier eines der bahnbrechenden Erzählexperi-
5 mente des 20. Jh.s [...]
Aus [...] [der] ungeheuer vielschichtigen Bevölkerung schneidet [...] [der Autor] ein Segment heraus: Aus kurzen Porträts und simultanen Momentaufnahmen montiert er ‚ein komplexes Stück Alltag', ‚ein System
10 kollektiv geprägter Lebensaugenblicke' (V. Klotz). Da sind die legalen und illegalen Einwanderer, die hoffnungsvoll ins Land gekommen sind und es entweder enttäuscht wieder verlassen, als ‚unerwünscht' abgeschoben werden oder aber [...] allmählich Fuß fassen.
15 Die Einheimischen der Mittelschicht werden vertreten durch [...] [einen] erfolgreichen, innerlich aber unzufriedenen Anwalt und Politiker [...], einen überschäumend vitalen ‚Playboy' mit brachliegenden architektonischen Interessen, und vor allem durch die
20 Schauspielerin und spätere Herausgeberin einer Frauenzeitschrift [...] sowie [...] [einen] jungen Journalisten [...]. In [...] Porträts, die für die Arbeiterklasse stehen, spiegeln sich der beginnende Arbeitskampf und die Unzufriedenheit der Heimkehrer des Ersten
25 Weltkriegs mit der Regierung [...]. Schließlich sind da noch die Vagabunden und Tramps der Großstadt, von dem Landjungen [...], der in Notwehr seinen Vater

erschlagen hat, in der Masse untertaucht und nach
30 jahrelanger vergeblicher Arbeitssuche Selbstmord begeht, bis zu dem Alkoholiker, Tagelöhner und Bettler
[...], der einst ein erfolgreicher [...] Spekulant war.
Die Wege dieser Menschen kreuzen sich mehr oder
weniger zufällig, verflechten sich in einigen Fällen,
35 wenn auch meist nur für kurze Zeit [...]. Die Stadt als
Protagonistin steuert die Lebensläufe: So wie E. und
J. [in der Stadt] aufeinander zugetrieben wurden, gehen sie unter dem Diktat des städtischen Lebensrhythmus ohne dramatischen Konflikt wieder aus-
40 einander. Nur selten hellen heitere Episoden [...] das
düstere Panorama auf. Zumeist enden auch solche
Episoden als bittere Groteske.
Thema und Form des Werks entsprechen einander. Auf
die Bauelemente des herkömmlichen Romans weitge-
45 hend verzichtend, entwickelte .... [...] jene
szenische Montagetechnik, jene Aneinanderreihung
und Übereinanderblendung von Realitätssplittern, die er
in seiner [...] [späteren Roman]trilogie] vervollkommnete
[...]. Innerhalb der einzelnen Kapitel jagen sich die Mo-
50 mentaufnahmen. Kurze innere Monologe, Gesprächsfetzen und bruchstückhafte Unterhaltungen charakterisieren vor allem die Reaktionen der Sprechenden auf das
hektische Leben der Großstadt. Ironische Kontraste ergeben sich durch das regelmäßige Einblenden von Zei-
55 tungsschlagzeilen, Zitaten aus populären Liedern und
Schlagern. Beschreibungen fehlen fast völlig. Diese Verhaftetheit in zeitgenössischem Material erschwert für
heutige [...] Leser bisweilen die Rezeption [...].

TEXT 3

Nachdem der Autor [bereits] eine Reihe literarischer Milieuskizzen [...] [der Großstadt in anderen Texten] gezeichnet hatte, rückte er mit dem [...] 1929 erschienenen
Roman diesen sozialen Brennpunkt erneut ins Zentrum.
5 [...] Der Protagonist wird als ein gutmütig-naiver, triebhafter, zu Gewalt- und Alkoholexzessen neigender
Mann dargestellt, dem es nicht gelingt, vom äußersten
Rand der Gesellschaft in die bürgerliche Mitte vorzudringen. Die Großstadtrealität, von der er vier Jahre lang
10 abgeschnitten war, erlebt er als beängstigendes Pandämonium, als feindlichen Ort, dem er im Gestus des Eroberers entgegentritt. Fehlende Menschenkenntnis verhindert die Entstehung tieferer Bindungen und führt zu
immer neuen Enttäuschungen. [...]
15 Entstehungsgeschichtlich bildete diese Initiations-
und Resozialisierungsgeschichte den Kern des Werkes.
Während der Niederschrift sammelte [...] [der Autor]

Zeitungsausschnitte verschiedenster Couleur und integrierte sie nach Art der Dada-Künstler in sein Ma-
20 nuskript. Um den roten Faden der [...] Erzählung
knüpfte er ein so dichtes Netz aus zeitgeschichtlichen
Dokumenten und Diskursen, dass die Montageelemente die Haupthandlung bisweilen in den Hintergrund drängen und deren Chronologie zugunsten
25 simultaner Polyphonie aufheben. Die unvermittelte
Einblendung von Fremdtexten – darunter journalistische Schlagzeilen, Politikerreden, Statistiken, amtliche Mitteilungen, Reklame-, Lied- und Bibeltexte – trägt den dynamisierten urbanen Lebensfor-
30 men und Wahrnehmungen Rechnung. Durch die
Streubreite an Referenzen auf die Hoch- und Alltagskultur wird [...] [der Roman] zu einem Text aus Texten. .... macht den medialen Charakter
der modernen Lebenswelt sichtbar und hörbar – als
35 Echoraum untereinander kommunizierender Stimmen [...]. Vertreter beinahe sämtlicher Schichten und
Milieus kommen zu Wort: Proletarier und Kriminelle
ebenso wie Klein- und Großbürger. Die Jargons und
Soziolekte ergeben in der Summe einen Querschnitt
durch die Gesellschaft [...].
40
[...] [Der Autor] begeht bewusst Tabubrüche, indem er
Grenzbezirke, insbesondere die sogenannte Unterwelt,
in provokanter Schärfe ausleuchtet. Durch zahlreiche
episodische Erzählungen, Prozess- und Krankenge-
45 schichten bietet [...] [der Roman] ein Panoptikum von
Individuen, die sich außerhalb der Norm bewegen,
physische oder psychische Defekte zeigen: Prostituierte, Homosexuelle, Depressive, Verhaltensgestörte,
Kriegsversehrte u. a. Mit solchen Fallgeschichten legt
50 [...] [er] den Finger auf die Wunden der Zeit, auf Phänomene der Disfunktionalität und Desintegration. [...]
Die [...] Realitäts- und Zeitnähe des Romans wird ergänzt durch eine Erzählstrategie, die auf einer [...]
[vom Autor] als „Überrealität" bezeichneten Idee ba-
55 siert. [...] Der Erzähler unterbreitet mit diesen Montagen lediglich Deutungsangebote aus der kulturgeschichtlichen Tradition und appelliert implizit an den
Leser, Analogien herzustellen und über den unter der
Oberfläche verborgenen Sinn zu reflektieren. Die Ver-
60 flechtung verschiedenster Realitäts- und Wahrnehmungsebenen sowie die außerordentliche Vielfalt an
modernen Erzähltechniken machen [...] [den Roman]
zum bedeutendsten [...] Großstadtroman, der stilbildend für nachfolgende Autorengenerationen wurde.

Aus: Kindlers Literatur Lexikon. Band 4: Chu-Dud; Band 8: Igi-Ker. Völlig neu
bearbeitete Auflage. Herausgegeben von Heinz Ludwig Arnold. S. 667f. u. 723f.;
S. 476–480. © der deutschsprachigen Originalausgabe 2009 J.B. Metzlersche
Verlagsbuchhandlung und Carl Ernst Poeschel Verlag GmbH, Stuttgart (in Lizenz
der Kindler Verlag GmbH)

■ Ordnen Sie die Lexikonartikel den Romanauszügen zu, indem Sie die Namen der Autoren
einsetzen.

■ Markieren Sie in den drei Beiträgen die Textelemente, die so auch in einem Lexikonartikel über
„Tauben im Gras" stehen könnten.

Der „Fall Koeppen" – Rezeption des Romans

In diesem Baustein wird danach gefragt, wie der Roman von der Literaturkritik und der Öffentlichkeit aufgenommen wurde und ob diese Reaktionen sich auf den Produktionsprozess des Autors ausgewirkt haben. Damit wird in einzelnen Punkten eine Verbindung zum Baustein 6 hergestellt, in dessen Rahmen das „Schweigen" Koeppens bereits Gegenstand des Unterrichts gewesen ist.

Im Einzelnen geht es in diesem Baustein um folgende Aspekte:

● Die Rezeption des Romans
● Der Mythos vom „Fall Koeppen"
● Die Aktualität des Romans aus der Perspektive der Schülerinnen und Schüler

8.1 Die Rezeption des Romans

Die Erstausgabe des Romans wird 1951 durch den Verlag Scherz & Goverts etwas reißerisch angepriesen: „Dieser Roman ist ein Ereignis. Er ist die bedeutendste literarische Gestaltung der Nachkriegszeit, ein völlig aktueller Gegenwartsroman, der 1951 in einer deutschen Großstadt spielt, geformt von einem überlegenen Geist."[1] Angesichts der mit dieser werbewirksamen Ankündigung verknüpften Erwartungen des Verlags fiel der kaufmännische Erfolg dann doch eher bescheiden aus. Die Verkaufszahlen des Romans blieben vergleichsweise niedrig.[2] Weder das breite Lesepublikum noch die germanistische Forschung interessierten sich für das Werk. Koeppen erhielt in den 50er-Jahren keine Auszeichnungen oder Preise, seine Texte wurden in Schulbüchern lange Zeit nicht berücksichtigt.

Retrospektiv erheiternd erscheint heute die besonders scharfe Kritik, die den Roman kurz nach seinem Erscheinen von unerwarteter Seite ereilte. So glaubten sich bestimmte Personen des öffentlichen Lebens in den Figuren wiederzuerkennen und warfen dem Autor unsittliche Schlüssellochguckerei vor.[3] Koeppen reagierte in seinem Aufsatz „Die elenden Skribenten" mit beißendem Spott auf diese Vorwürfe: „Meinem Buch *Tauben im Gras* ist die Ehre widerfahren, den Klatsch kleiner Kreise zu beleben, die wähnen, die Welt zu sein. Ich höre, lese und staune, dass ich den und jenen beschrieben und manche Innenseite nach außen gestülpt haben soll. Dabei wollte ich nur einen Tag meiner Zeit einfangen, die Zeit und ihre Menschen beschreiben, wie ich sie sehe und empfinde, ich habe an keine bestimmten Personen, an keine bestimmten Vorgänge des Lebens gedacht, ich wollte das Allgemeine schildern, das Gültige finden, die Essenz des Daseins, das Klima der Zeit, die Temperatur des Tages, und ich scheine, mehr als ich vermuten durfte, das Verbreitete und das Bezeichnende getroffen zu haben, denn wie wäre es sonst zu erklären, dass sich für einige meiner Romanfiguren in

---

[1] Aus der Ankündigung von „Tauben im Gras" in der Vorschau des Verlages Scherz & Goverts; zitiert nach: Günter u. Hiltrud Häntzschel: „Ich wurde eine Romanfigur" – *Wolfgang Koeppen 1906–1996*. Frankfurt am Main: Suhrkamp, 2006, S. 83.

[2] Von den ersten zwei Auflagen wurden 6500 Exemplare verkauft, auch spätere Auflagen kamen über diese Zahl nicht wesentlich hinaus.

[3] Der Erfolgsautor Hans Helmut Kirst warf Koeppen im *Münchner Merkur* vom 14.12.1951 ‚sittliche Verfehlungen' sowie den ‚Missbrauch künstlerischer Freiheit' vor.

den Unterhaltungen gleich *mehrere* Bewerber, *mehrere* angebliche Urbilder gemeldet haben, und darunter, was mich befremdet, Leute, die, wäre mein Roman ein Bühnenstück, die Rollen nicht spielen könnten; sie bringen nichts dafür mit, sie wären Fehlbesetzungen."[1] Als weitere Konsequenz aus den Anfeindungen stellte der Autor dem Romantext der zweiten Auflage eine Bemerkung voran: „Handlung und Personen des Romans *Tauben im Gras* sind frei erfunden. Ähnlichkeiten mit Personen und Geschehnissen des Lebens sind Zufall und vom Verfasser nicht beabsichtigt."

Von Seiten der Literaturkritik fanden sich zwar vereinzelt positive Besprechungen des Romans, doch reagierten die meisten Rezensenten ablehnend. Kriterien der literarischen Wertung, wie sie den Besprechungen zu Koeppens Romanen zugrunde gelegt wurden, lassen sich dabei folgendermaßen zusammenfassen:

* Ordnung (statt Wirrwarr)
* strukturierte Zeit (statt Simultaneität)
* Handlung (statt Geschehen)
* Charaktere (statt Figurinen)
* totalisierende Darstellung (statt Skizzen)
* Scheidung in Gut und Böse (statt moralischer Indifferenz)
* Identifizierungsangebote (statt Zweifel)
* Harmonie (statt Disharmonie)
* Wohlgeruch (statt Ekel)[2]

Waren die kritisch-negativen Stimmen in den 50er-Jahren trotz einzelner Ausnahmen in der Überzahl, so änderte sich dieses Bild zu Beginn der 60er-Jahre radikal: Es kommt zu einer völligen Neubewertung des Werks.

Inzwischen hat Koeppen auf Anregung Alfred Anderschs mehrere Reiseberichte und Radio-essays veröffentlicht, die ihn als sensiblen reisenden Beobachter ausweisen. In der Öffentlichkeit werden diese Beiträge sehr positiv aufgenommen. Die Reisebücher unterscheiden sich wesentlich von herkömmlichen Reiseberichten; zum Reiseführer taugen sie gar nicht, da sie das innere Erleben des Autors, seine literarischen, historischen und mythologischen Assoziationen widerspiegeln und nicht darum bemüht sind, die Wirklichkeit der bereisten Orte darzustellen. Damit stehen sie der fiktionalen Literatur näher als dem Bericht. Koeppens literarisches Kredo gilt auch hier: „Ich reise etwa wie eine Romanfigur, […] statt einer Romanfigur bin dann ich es, der das erlebt und reflektiert, über den berichtet wird".[3] Mit dem Genrewechsel ist, obwohl sich auch in den Reisebüchern zeitkritische Aspekte aufzeigen lassen, insgesamt eine Entpolitisierung des Schreibens verbunden. Der pessimistische zeit-analytische Blick der Nachkriegsromane ist einer eher vergnügten – wenngleich nach wie vor sprachlich kunstvollen – Darstellungsweise gewichen.

Die Neubewertung Koeppens bezieht sich aber vor allem auch auf die Nachkriegstrilogie. Sie findet ihren Ausdruck in einer Vielzahl von Preisen und Auszeichnungen, die der Autor erhält; darunter 1962 den bedeutenden Georg-Büchner-Preis. Paradoxerweise wird jetzt ein Schriftsteller geehrt, der – einmal abgesehen von den Reisebüchern und kleineren Arbeiten – nichts mehr schreibt, zumindest keinen Roman. Die Ursachen für die verspätete Entdeckung und Würdigung dürften zum einen in Koeppens radikaler Kritik an der restaurativen gesellschaftlichen Entwicklung, zum anderen in seiner avantgardistischen Schreibweise zu suchen sein, die in den 50er-Jahren vielfach auf Unverständnis gestoßen sind.[4]

---

1 Wolfgang Koeppen: Die elenden Skribenten. Aufsätze. Hrsg. von Marcel Reich-Ranicki. Frankfurt a. M.: Suhrkamp, 1984, S. 289

2 Karl-Heinz Götze: ‚Eine kalte stinkende Hölle'. Warum Wolfgang Koeppen in den Fünfzigerjahren keinen Erfolg hatte. In: Wolfgang Koeppen 1906–1996. Hrsg. von Günter Häntzschel u. a. München: Iudicium, 2006, S. 93 [= Treibhaus. Jahrbuch für die Literatur der Fünfzigerjahre, Bd. 2]

3 „Selbstanzeige" [1971]. In: Einer der schreibt. Gespräche und Interviews. Hrsg. von Hans-Ulrich Treichel. Frankfurt am Main: Suhrkamp, 1995, S. 37f.

4 Vgl. dazu ausführlich: Karl-Heinz Götze: ‚Eine kalte stinkende Hölle', S. 90–106

Exemplarisch für die zeitgenössische Bewertung des Romans, aber auch die spätere Revision der frühen negativen Einschätzung können zwei Aufsätze des Literaturkritikers Schwab-Felisch aus den Jahren 1951 bzw. 1966 stehen (**Arbeitsblatt 45**, S. 216).

Eventuell kann die Lehrperson im Rahmen eines kurzen Vortrags zunächst einige Informationen zur Rezeptionsgeschichte geben, so wie sie oben dargestellt sind. Alternativ kann der Einstieg aber auch in Form einer Diskussion zu dem provokanten Zitat[1] Schröders aus den 50er-Jahren gestaltet werden, in welchem er sowohl das Geschehen als auch die Zeichnung der Figuren im Roman sehr abwertend darstellt:

Rudolf Alexander Schröder: Gutachten zu „Tauben im Gras"

„Wolfgang Koeppens *Tauben im Gras* möchte ich nicht preisgekrönt sehen [...]. In dem pausenlosen Wirrwarr des Geschehens gewinnt man zu keiner der skizzierten Figurinen ein Verhältnis resoluten Abscheus oder entschiedener Teilnahme. Man atmet auf, wenn man aus dieser kalten, stinkenden Hölle entlassen wird, das ist alles."

Aus: Karl-Heinz Götze: „Eine kalte stinkende Hölle". In: Wolfgang Koeppen 1906–1996. Hg. von Günter Häntzschel u.a. München: Judicium 2006, S. 92

Die anschließende Erarbeitung der Rezeptionsgeschichte am Beispiel der zwei Artikel Schwab-Felischs erfolgt in Gruppenarbeit. In methodischer Hinsicht wird ein Verfahren des verzögerten Lesens angewandt: Jede Arbeitsgruppe erhält die beiden Texte verwürfelt als Puzzle. Jedes Gruppenmitglied bekommt also in Abhängigkeit von der Gruppengröße zwei oder drei der insgesamt zehn Textabschnitte, die in Einzelarbeit zunächst entweder der „Kritik" (1952) oder dem „Widerruf" (1966) zugeordnet werden. Die anderen Gruppenmitglieder werden anschließend über die zentralen Inhalte der jeweiligen Abschnitte informiert. Wenn alle Abschnitte einem der beiden Texte begründet zugeordnet worden sind, werden sie im Rahmen einer Gruppendiskussion in ihrer Abfolge rekonstruiert, sodass die Originaltexte wiederhergestellt werden. Im Anschluss daran folgt die inhaltliche Erarbeitung, indem die zentralen Thesen aus den Jahren 1952 und 1966 einander gegenübergestellt werden. Die Ergebnisse werden im Plenum vorgestellt, wobei es sich anbietet, die einzelnen Textabschnitte als Folienschnipsel bereitzuhalten, damit die jeweiligen Gruppen ihre Textfassung mittels des Overhead-Projektors für alle leicht nachvollziehbar präsentieren und zur Diskussion stellen können. In dieser Phase sollte sich die Lehrperson möglichst zurückhalten und die Gesprächsleitung an die vorstellende Gruppe abgeben, damit ein reger Austausch unter den Schülerinnen und Schülern ermöglicht wird.

Die Arbeitsaufträge für die Gruppenarbeit lauten:

- *Der Literaturkritiker Schwab-Felisch hat zwei Artikel zu „Tauben im Gras" verfasst: „Kritik" (1952) und „Widerruf" (1966). In den beiden Texten kommt er dabei zu sehr unterschiedlichen Einschätzungen des Romans.*

- *Rekonstruieren Sie die beiden Texte und stellen Sie jeweils eine sinnvolle Abfolge her.*

- *Stellen Sie anschließend die Bewertungen des Romans von 1952 und 1966 stichwortartig in einer Tabelle einander gegenüber.*

- *Diskutieren Sie in Ihrer Gruppe die Positionen des Autors. Was überzeugt Sie, was nicht?*

- *Im Einzelnen können Sie die Arbeit an der Rekonstruktion folgendermaßen organisieren:*
  - *Teilen Sie zunächst die Abschnitte, die Sie erhalten haben, unter Ihren Gruppenmitgliedern auf.*

---

[1] Ebd., S. 92. Diese Kritik formuliert der Bremer Dichter Rudolf Alexander Schröder. Sie stammt aus seinem Gutachten zu dem Vorschlag, Koeppen den Bremer Literaturpreis zu verleihen. Koeppen erhielt diesen Preis nicht.

- *Ordnen Sie jeden Abschnitt entweder der „Kritik" (1952) oder dem „Widerruf" (1966) zu (Einzelarbeit). Anschließend informieren Sie die anderen über den Inhalt Ihres Auszugs.*
- *Rekonstruieren Sie im Gruppengespräch die beiden Texte, indem Sie die Abschnitte in eine sinnvolle Abfolge bringen. Begründen Sie Ihre Fassung.*

Im Sinne einer Förderung der Selbstorganisation kann auf die organisatorischen Hinweise auch verzichtet werden. In diesem Fall werden im Anschluss an die inhaltliche Erarbeitung die unterschiedlichen Vorgehensweisen bzw. Arbeitsstrategien der Gruppen im Unterrichtsgespräch diskutiert und reflektiert.

Das beschriebene Verfahren einer Leseverzögerung eignet sich, weil es zu einer „Verhakung" mit dem Text und damit zu einer Intensivierung des Leseprozesses führt. Darüber hinaus sensibilisiert es die Schülerinnen und Schüler dafür, Gliederungsmerkmale und Textkohärenz stiftende Signale aufzuspüren und zu reflektieren.[1]

Im vorliegenden Fall ist die Zuordnung der Abschnitte zu einem der beiden Texte keine große Herausforderung, denn die inhaltlichen und formalen Textsignale sowie die allgemeine Diktion geben eindeutige Anhaltspunkte: In der „Kritik" sind es ein insgesamt pejorativer Grundton in der Darstellung sowie die Verwendung negativ konnotierter Schlagworte und Metaphern, die ins Auge springen; hinzu kommt u. a. der Gebrauch von Komparativen, Adverbien sowie des Konjunktivs II, der keinen Zweifel an der Einschätzung des Verfasser lässt: „müssen doch weit erheblichere [...] Einschränkungen gemacht werden", „die Düsternis unserer Zeit zum ausschließlichen Ausgangspunkt gemacht", „versinkt in sich selbst [...] biedere sich an", „beherrscht diese Technik [...] bis zu einem gewissen Grade, oft aber bricht er aus diesem Stil aus", „ausschließlich im Morbiden [...] keine substanzielle Größe [...] mangelt es ihm an Überzeugungskraft, die es hätte ausstrahlen können". Im Gegensatz dazu liest sich der „Widerruf" wie eine einzige umfassende Antithese. Auch hier sind die Textsignale eindeutig, die in eine radikale Selbstkritik des Rezensenten münden: „Ich habe den Roman nicht erkannt [...] Erst heute offenbart sich mir die strenge Schönheit und ganze Düsternis des Romans". Das Tempus, rhetorische Fragen, viele direkte Bezüge zur vorausgegangenen „Kritik" erleichtern eine zweifelsfreie Zuordnung der entsprechenden Abschnitte.

Schwieriger als die Zuordnung der Puzzleteile zu den beiden Texten gestaltet sich die Rekonstruktion ihrer jeweiligen Abfolge. Zwar existieren einzelne innertextliche Kohärenzmerkmale und der Gesamtaufbau der Texte spiegelt eine gewisse Stringenz und inhaltliche Steigerung wider (zu Beginn: allgemeine Einleitung und Entwicklung der These bzw. Position; in den mittleren Absätzen: Veranschaulichung durch Konkretisierung (Figuren, Erzähltechnik); abschließend: in der „Kritik" eine gesteigerte Reihung apodiktischer Behauptungen bzw. im „Widerruf" ein eher umsichtiges Fazit), doch ist der Aufbau der beiden Rezensionen nicht für alle ihre Abschnitte eindeutig zu bestimmen; hier sind durchaus unterschiedliche Lösungen denkbar. Daraus sollte sich für den Unterricht aber kein Problem ergeben, sondern eher im Gegenteil ein Anlass für einen differenzierten Austausch im Plenum, bei dem mögliche Gliederungsprinzipien diskutiert werden.

Abschließend kann die Lehrperson ein kleines Rätsel einsetzen. Hat eine Gruppe die Originaltexte wiederhergestellt, ergeben die Buchstabenhinweise Koeppens Kosenamen, wie er zwischen ihm und seiner Frau gebräuchlich war: „Kopernikus".

Die tabellarische Gegenüberstellung der Positionen, wie sie durch ausgewählte Gruppen präsentiert wird, könnte etwa so aussehen:

---

[1] Möchte die Lehrperson das hier vorgeschlagene Verfahren nicht anwenden, kann auf Zusatzmaterial 9, S. 235 zurückgegriffen werden.

Schwab-Felisch: „Kritik" (1952)

- Übertriebener Anspruch: Gegenwart kann nicht in ihrer Totalität („ganz") erfasst werden.
- Unangemessenheit im Erzählverhalten
- Wirrwarr der Charakterisierungen
- Düsternis der Zeit als einziger Ausgangspunkt des Romans, rein pessimistische Zeitanalyse entspricht nicht der Wirklichkeit.
- Vorwurf der Immoralität: „Weil dieses Buch sich fast ausschließlich im Morbiden, im Sumpfe tummelt"
- Fazit: Verzerrte pessimistische Zeitanalyse entspricht nicht der Wirklichkeit.

Schwab-Felisch: „Widerruf" (1966)

- Unterstellung eines falschen Anspruchs Koeppens
- Oberflächliche Betrachtung im Hinblick auf die kunstvolle Gestaltung (Mythen, Märchen etc.)
- Oberflächliche Betrachtung im Hinblick auf die Themen (Kontaktlosigkeit, Angst), den Aufbau und die Figurenbeziehungen
- Fazit: Pessimismus entspricht Koeppens Trauer über den Zustand der Welt, die „strenge Schönheit" des Romans habe der Autor nicht erkannt.

Reduzierung des Romans auf eine allgemein-existenzielle Dimension, Aussparung der zeitkritisch-politischen Ebene

In einem folgenden Unterrichtsgespräch wird der Wandel der Position Schwab-Felischs weiterführend untersucht. Mögliche Fragestellungen dabei können folgende sein:

- *In welchen Punkten korrigiert der Kritiker seine Position?*

- *Wie lässt sich seine Gesamtdeutung des Romans (1966) charakterisieren? Worauf legt der Autor seinen Hauptakzent?*

- *Welche Lesart des Romans legt Schwab-Felisch seiner Darstellung zugrunde?*

- *Fehlen Ihnen wichtige Aspekte des Romans, die er unberücksichtigt lässt?*

Bemerkenswert ist, dass auch im „Widerruf" die zeitkritisch-politische Dimension des Romans zugunsten der eher allgemein-existenziellen Interpretation nicht thematisiert wird. In der Darstellung von 1966 findet sich kein Hinweis darauf, dass es in dem Roman auch darum geht, die politische und gesellschaftliche Situation Nachkriegsdeutschlands zu durchleuchten. So geht der Kritiker an keiner Stelle weder auf die Restauration der Gesellschaft noch auf die Kontinuität rassistischer und nationalistischer Mentalitäten ein (vgl. Baustein 3). Eine weiterführende Diskussion dieses Zusammenhangs kann durch folgenden Impuls initiiert werden:

- *Worin sehen Sie die Ursachen für die entpolitisierende Lesart des Romans durch einen Großteil der Kritik?*

Ein weiteres Beispiel für eine entpolitisierende Lesart des Romans bildet die im Ganzen sehr positive Besprechung von Wolfgang von Einsiedel, die 1952 erschienen ist (**Zusatzmaterial 8**, S. 233). Sie kann im Anschluss behandelt werden, eignet sich aber auch als Klausurtext für eine textgebundene Erörterung oder Sachtextanalyse.

8.2 Der Mythos vom „Fall Koeppen"

1961 erscheint in der Wochenzeitung *Die Zeit* ein Artikel des Literaturkritikers Reich-Ranicki, der die Rezeptionsgeschichte nachhaltig beeinflusst: „Der Fall Wolfgang Koeppen".[1]
Auslöser für den Beitrag ist das anhaltende „Schweigen" des Romanciers Koeppen, der inzwischen zwar verschiedene Reisebücher veröffentlicht hat, nach dem „Tod in Rom" (1954) aber keinen weiteren Roman vorlegen konnte. Zu diesem Zeitpunkt war kaum absehbar, dass das „Verstummen" des Romanautors, wenn man einmal von dem Prosafragment „Jugend" (1976) absieht, endgültig sein sollte.[2]
Der Kritiker macht in seinem Artikel gesellschaftliche und kulturpolitische Ursachen für das Ausbleiben eines neuen Romans verantwortlich. Koeppen habe sich durch die ablehnende Reaktion der Öffentlichkeit von seiner eigentlichen Aufgabe abdrängen lassen und sei in die Reiseliteratur ausgewichen. Ähnlich wie bereits nach 1935, als der Druck der politisch-gesellschaftlichen Verhältnisse das Schreiben für Koeppen unmöglich gemacht habe, sei der Grund für sein „Verstummen" auch nach 1954 letztlich in den politischen und kulturellen Verhältnissen zu suchen.
Im ersten Teil des Textes thematisiert Reich-Ranicki zunächst auf einer allgemeinen Ebene den Zusammenhang zwischen den gesellschaftlichen Bedingungen und dem Werk eines Schriftstellers. Der Entwicklungsweg eines Schriftstellers sei einerseits durch die gesellschaftlichen, politischen, historischen und kulturpolitischen Verhältnisse beeinflusst, andererseits durch die unmittelbaren Reaktionen auf sein Werk, wobei auch auf diese ihrerseits die gesellschaftlichen Rahmenbedingungen einwirkten. Der Autor schränkt seine These zwar ein, indem er konzediert, dass es unmöglich sei, ein Werk *gänzlich* aus dem zeithistorischen Hintergrund abzuleiten, doch betont er gleichwohl dessen zentrale Bedeutung.
Auf der Basis dieser allgemeinen Darstellung konstruiert der Verfasser im zweiten Teil seines Aufsatzes den eigentlichen „Fall Koeppen", indem er nun am Beispiel der Entwicklung des Autors die allgemeinen Aussagen konkretisiert. Dabei stellt er die besondere Stellung Koeppens in der Nachkriegsliteratur heraus. Koeppen sei mit seinem Werk, das an die internationale Moderne anknüpfe (Joyce, Faulkner), seiner Zeit voraus gewesen, was zu einem gewissen Befremden in der Literaturkritik geführt habe. Außerdem sei seine unerbittliche Zeitkritik auf Missachtung gestoßen. Am Beispiel der „Kritik" Schwab-Felischs verdeutlicht Reich-Ranicki den Grundton damaliger Rezeption, um sich nachdrücklich davon abzuheben. Abschließend äußert er sich kritisch zu den Rezensenten, die in den Reisebüchern Koeppens eine neue Zielrichtung sähen, welche sich aber als Sackgasse erwiesen habe.
Angesichts der Schreibblockaden, die den Autor – einmal abgesehen von einzelnen besonders produktiven Phasen – Zeit seines Lebens begleitet haben, ist die These vom „Fall Koeppen" in der von Reich-Ranicki formulierten Form kaum haltbar, obwohl die gesellschaftlichen und kulturellen Rahmenbedingungen sowie die öffentlichen Reaktionen auf den sensiblen Schriftsteller sicher nicht ohne Einfluss geblieben sind. Neben diesen äußeren Faktoren, die gleichwohl zu inneren wurden, dürften es auch die individuelle Disposition Koeppens und seine Lebensumstände gewesen sein, die seinen „Fall" schließlich ausmachen. Biografische Erfahrungen, sein desolates privates Umfeld, der hohe Erwartungsdruck, der von Freunden, Verlegern sowie der Öffentlichkeit ausging, sein eigenes kompliziertes dichterisches Selbstverständnis, der hohe Anspruch an sich selbst sowie die Selbststilisierung zum Außenseiter, seine assoziative Schreibtechnik, der Überschuss der Eindrücke und die Über-

---

[1] Die Zeit, 8.9.1961; hier zitiert nach: Ulrich Greiner (Hg.): Über Wolfgang Koeppen. Frankfurt/M.: Suhrkamp, 1976, S. 101–108

[2] Die Auswertung des Nachlasses lässt den schwierigen Prozess, der die Entstehung dieses Prosatextes begleitete, erahnen: „in Koeppens Nachlass liegen 35 Mappen, die zu dem *Jugend*-Projekt gehören, insgesamt 1332 Blätter: Vorstufen, verworfene Anfänge, Umfangsberech[n]ungen, Textvarianten, Reflexionen zum Schreibverfahren, Notizen zu Schreibskrupeln, Arbeitsmaterialien." (G. u. H. Häntzschel: Wolfgang Koeppen. Leben, Werk, Wirkung. Frankfurt am Main: Suhrkamp, 2006, S. 114)

fülle des Erlebens, eine zwischen Wirklichkeit und Fiktion schließlich brüchig gewordene Identität u. a. Faktoren mögen schließlich dazu geführt haben, dass Koeppen nur noch fragmentarische Entwürfe möglich gewesen sind, aber keine Niederschrift eines zusammenhängenden Werks mehr er zuwege brachte.

Viele haben nach den Romanen aus den 50er-Jahren mehr erwartet und – je nach politischem und literaturtheoretischem Standpunkt – erhofft oder vielleicht auch gefürchtet. Die Erwartungen haben sich nicht erfüllt, dennoch blicken wir auf ein Werk, das – bezogen auf die Romantrilogie – im Nachkriegsdeutschland eine Sonderstellung beanspruchen darf.

Auch Koeppen selbst hat die These, wie sie von Reich-Ranicki formuliert worden ist, nicht unterstützt. Darauf angesprochen reagiert er in einem Gespräch mit Müller 1991 eher amüsiert: „Ich war, als dieser Artikel erschien, in Athen und kaufte mir dort die Zeitung. Als ich die Überschrift sah, dachte ich, was hat er denn jetzt entdeckt? Habe ich vielleicht silberne Löffel gestohlen?"

Die Schülerinnen und Schüler erhalten Reich-Ranickis Text und die entsprechenden Schreibaufträge (**Arbeitsblatt 46**, S. 219) zur häuslichen Bearbeitung. Als zusätzliche Hilfe kann ihnen das Informationspapier zur Anfertigung einer textgebundenen Erörterung ausgehändigt werden (**Zusatzmaterial 7**, S. 232).

■ *Analysieren Sie den Argumentationsgang und die Argumentationsstruktur des Textes.*

■ *Nehmen Sie Stellung zu Reich-Ranickis These vom „Fall Koeppen".*

Die Auswertung erfolgt im Unterricht zunächst in Form einer wechselseitigen Partnerkorrektur, wobei die Lernenden die Hinweise zur Texterörterung (**Zusatzmaterial 7**, S. 232) oder den Beurteilungsbogen (**Arbeitsblatt 47**, S. 221) als Grundlage ihrer Beurteilung heranziehen können. Hier ist ausreichend Zeit für die Überarbeitung der Texte einzuplanen. Im Anschluss werden die Erfahrungen aus der Korrektur im Plenum ausgewertet, bevor ein oder zwei Schülertexte gemeinsam differenziert besprochen werden. Dabei wird zum einen geprüft, ob die (eingeschränkte) Textanalyse klar strukturiert ist und ob der Argumentationsansatz und die Argumentationsstruktur sowie die sprachliche Gestaltung der Vorlage zutreffend erfasst wurden, zum anderen, ob es dem jeweiligen Verfasser gelungen ist, sich in angemessener Weise mit der Position Reich-Ranickis und seiner Art der Argumentation auseinanderzusetzen. Schließlich ist danach zu fragen, ob es geglückt ist, die eigene Position begründet darzulegen.

Das gemeinsame Auswertungsgespräch kann sich im Einzelnen an folgenden Kriterien orientieren, wie sie auch durch die Materialien deutlich werden; eventuell können bereits vor dem Schülervortrag Beobachtungsschwerpunkte arbeitsteilig so arrangiert werden, dass die Zuhörer dem Verfasser des Aufsatzes differenzierte und geordnete Rückmeldungen geben können.

● *Zum textanalytischen Teil*

■ *Sind in der Einleitung die Publikationsdaten genannt und das Thema des Artikels sowie die Intention des Verfassers zutreffend erfasst?*

■ *Wird der Argumentationsansatz des Textes richtig dargestellt?*

■ *Wird die Argumentationsstruktur und sprachliche Gestaltung des Textes (exemplarisch) verdeutlicht?*

■ *Wird die Textanalyse am Ende angemessen zusammengefasst?*

● *Zum erörternden Teil*

■ *Wird die Plausibilität des konstruierten „Falls" kritisch vor dem Hintergrund der eigenen Kenntnisse geprüft?*

■ *Wird die Argumentationsstruktur des Artikels kritisch hinterfragt?*

■ *Wird ein plausibler eigener Standpunkt entwickelt und begründet (begründete Zustimmung, begründete Ablehnung, weiterführende Problematisierung)?*

■ *Werden im Rahmen der eigenen Argumentation sinnvolle Bezüge zur Biografie und zum Selbstverständnis des Autors hergestellt?*

● *Zur Darstellung*

■ *Sind die Teilaufgaben angemessen gewichtet?*

■ *Sind die Analyse und Erörterung klar gegliedert?*

■ *Ist die sprachliche und formale Gestaltung gelungen (Tempus, Modalität, Ausdruck, Satzbau etc.)?*

8.3 Die Aktualität des Romans

Als Abschluss des Bausteins wie auch der gesamten Unterrichtsreihe geht es im letzten Abschnitt um eine zusammenfassende kriteriengestützte Beurteilung des Romans aus der Perspektive der Schülerinnen und Schüler. Hierbei sollen die subjektiven Leseerfahrungen im Mittelpunkt stehen. Darüber hinaus werden einzelne der im Rahmen der Unterrichtseinheit erworbenen Kenntnisse aufgegriffen und diskutiert.
Im Folgenden werden drei unterschiedliche Vorschläge einer literaturkritischen Auseinandersetzung mit dem Gegenstand skizziert, die z. T. miteinander verknüpft umgesetzt werden können.

1. Schülerrezensionen

Die Schülerinnen und Schüler haben sich in diesem Baustein mit verschiedenen Stellungnahmen zum Roman auseinandergesetzt. Auf der Grundlage ihrer Leseerfahrungen schreiben sie nun eine eigene Rezension. Eventuell sollten dabei verschiedene Publikationsmedien zur Auswahl gestellt werden (z. B. Schülerzeitung, Feuilleton der Tageszeitung, Literaturforum im Internet etc.).

■ *Verfassen Sie eine Rezension zu dem Roman „Tauben im Gras". Legen Sie dabei Ihre persönlichen Leseerfahrungen zugrunde.*

Beachten Sie bei Ihrem Text die wesentlichen Bestandteile einer Rezension:
● *Bibliografische Angaben (Autor, Titel, Verlag, Jahr der Erstveröffentlichung …)*
● *Angaben zum Autor*
● *Angaben zum Inhalt des Romans*
● *Angaben zur Erzählweise, zum Aufbau und Stil …*
● *Angaben zu möglichen Deutungsaspekten*
● *Formulierung eines <u>begründeten</u> Urteils (Leseempfehlung, Abraten von der Lektüre)*

Die Besprechung der Schülerrezensionen kann zunächst in Kleingruppen erfolgen und anschließend im Plenum anhand einzelner Beispiele fortgeführt und gebündelt werden. Hierbei dürfte es auch für die Lehrperson interessant sein, welche Schwerpunkte die Verfasser in ihrer Besprechung besonders hervorheben. Haben die Schülerinnen und Schüler sich für unterschiedliche Publikationsmedien entschieden, wäre es auch lohnend zu untersuchen, wie sich der Adressatenbezug inhaltlich und sprachlich in den Texten manifestiert.

An der Tafel wird eine Gegenüberstellung von positiven und negativen Wertungsaspekten stichpunktartig gesammelt.

Im Sinne einer Abstraktion werden anschließend aus den genannten Aspekten im Unterrichtsgespräch Kriterien der literarischen Wertung abgeleitet. Hierbei geht es darum, gemeinsam zu reflektieren, auf welchen Kriterien die subjektive Bewertung basiert. Es ist zu erwarten, dass Beurteilungsaspekte wie Aktualität der dargestellten Probleme, die sprachlich-künstlerische Gestaltung des Romans, die literaturgeschichtliche Bedeutung etc. dabei eine Rolle spielen.

Eventuell kann die Lehrperson im Rahmen der Diskussion auf die jüngste Kanondiskussion hinweisen. Der den Schülerinnen und Schülern bereits bekannte Kritiker Reich-Ranicki hat ab 2002 einen „Kanon" lesenswerter deutschsprachiger Werke veröffentlicht, in welchen er Koeppens Roman aufgenommen hat. In der *ZEIT-Bibliothek der 100 Bücher* und ebenso in der *ZEIT-Schülerbibliothek* ist hingegen kein Werk Koeppens vertreten. Die unterschiedlichen Einschätzungen der Literaturkritiker dürften verdeutlichen, dass Auswahlentscheidungen höchst subjektiv sind und eine literaturkritische Objektivität nicht existiert.

2. Brief an das Schulministerium

Durch die Schulministerien der Länder werden verbindliche Unterrichtsinhalte festgelegt, deren Behandlung in der zentral gestellten Abiturprüfung vorausgesetzt wird. Die den Schulen vorgegebenen Unterrichtsschwerpunkte stellen dabei keine dauerhafte Festlegung dar, sondern werden in bestimmten zeitlichen Abständen geändert. Dass die jeweiligen Vorgaben auch auf Kritik bei Lehrerinnen und Lehrern sowie Schülerinnen und Schülern stoßen, ist nicht überraschend, spiegeln sich doch in der Beurteilung dessen, was in den Schulen gelesen werden sollte, immer auch persönliche literaturkritische Standpunkte, spezifische Vorlieben und subjektive Leseerfahrungen wider.

Die Schülerinnen und Schüler erhalten folgenden Schreibauftrag:

■ *„Tauben im Gras" – ein geeigneter Roman für den Unterricht?*
Verfassen Sie einen Brief an das Schulministerium, in dem Sie zu dieser Frage begründet Stellung nehmen. Gehen Sie dabei von Ihren Lektüre- und Unterrichtserfahrungen aus.

Die Auswertung der Briefe kann in leicht modifizierter Form analog zu den oben beschriebenen Verfahren erfolgen, wobei die didaktische Relevanz des Gegenstandes stärker in den Mittelpunkt rücken dürfte.

3. Durchführung einer Podiumsdiskussion

Ergänzend oder alternativ zu den beschriebenen Verfahren kann abschließend eine Podiumsdiskussion durchgeführt werden. Als Leitfrage kann dabei entweder die allgemeine Beurteilung des Romans oder die Frage nach der Eignung als Schullektüre als Orientierungsrahmen vorgegeben werden.

Auch in organisatorischer Hinsicht können zwei unterschiedliche Wege beschritten werden: Einerseits kann die Diskussion als Schülerdiskussion durchgeführt werden, wobei die Lernenden ihre subjektiven Erfahrungen zum Ausgangspunkt machen, andererseits ist denkbar, die Diskussion zunächst auf der Rollenebene zu bestreiten (mit anschließender Aufhebung der Rollen).

Im Folgenden wird exemplarisch ein Vorgehen skizziert (Eignung der Lektüre für den Unterricht/Podiumsdiskussion auf der Rollenebene), welches gegebenenfalls in einzelnen Punkten zu modifizieren ist:

Der Einstieg erfolgt durch eine kurze Information der Lehrperson zum Vorhaben. Anschließend werden Arbeitsgruppen gebildet, denen die beiden unterschiedlichen Arbeitsaufträge nach dem Zufallsprinzip zugewiesen werden. Bevor die Schülerinnen und Schüler in ihrer jeweiligen Gruppe Argumente und Begründungen für ihre These entwickeln, erarbeiten sie zunächst literarische Wertungskriterien, die sie ihrer Argumentation zugrunde legen. Eventuell kann in diesem Zusammenhang das **Arbeitsblatt 48**, S. 222, zusätzliche Anregungen liefern. Die einzelnen Gruppen sollen aber eigenverantwortlich entscheiden, ob und in welchem Maße sie auf die Kriterien aus der Literaturdidaktik bzw. aus den Lehrplänen zurückgreifen wollen. Im Anschluss erarbeiten sie auf der Basis ihrer Romankenntnis sowie der Auswahlkriterien Argumente, die sie in der Diskussion vorbringen möchten, um ihre Position zu stützen.

Für die Durchführung des Streitgesprächs entsendet jede Gruppe ein Mitglied in die Diskussionsrunde. Die Sitzordnung ist entsprechend zu gestalten (Podium/Stuhlreihen). Jede Teilnehmerin bzw. jeder Teilnehmer erhält zu Beginn die Möglichkeit eines kurzen Statements, anschließend sollen die Vertreter in eine Diskussion eintreten, in der sie weitere Argumente vortragen und die Argumente der Gegenseite zu entkräften versuchen. Die Moderation des Streitgesprächs kann einer Schülerin oder einem Schüler übertragen werden. Zwei weitere Mitglieder des Kurses führen während der Diskussion ein Protokoll, indem sie die wichtigsten vorgetragenen Argumente auf einer Folie sichern.

Am Ende der Diskussion ermöglichen die Moderatoren den Zuhörern, Fragen an die Diskutanten zu stellen. Auch hierbei sollte die Rollenebene eingehalten werden (die sich z. B. darin ausdrückt, dass sich die Schülerinnen und Schüler während des Gesprächs siezen).

In der nachfolgenden Phase wird die Rollenebene aufgehoben. Die Zuhörer geben den Rollenspielern eine kurze Rückmeldung zur gespielten Diskussion. Anschließend fassen die Protokollanten die wichtigsten Argumente der Pro- und Kontra-Seite noch einmal zusammen. Im folgenden Unterrichtsgespräch nehmen die Schülerinnen und Schüler aus ihrer individuellen Perspektive begründet Stellung zu der Leitfrage. Gegebenenfalls kann die Lehrperson die „Kriterien zur Auswahl der Unterrichtsinhalte" (**Arbeitsblatt 48**, S. 222) heranziehen und diese vor dem Hintergrund des Romans mit der Lerngruppe diskutieren.

Zum Abschluss des Vorhabens reflektieren die Lernenden die Planung und Durchführung des Streitgesprächs im Hinblick auf dessen Ertrag. Darüber hinaus sollten die Podiumsteilnehmer die Möglichkeit erhalten, sich zu möglichen Problemen bei der Antizipation ihrer Rollen zu äußern.

Die Arbeitsaufträge für die Gruppenarbeit sowie die Hinweise zu den einzelnen Rollen können wie auf **Arbeitsblatt 49**, S. 223 formuliert werden.

Es ist zu vermuten, dass es innerhalb der Lerngruppe unterschiedliche individuelle Bewertungen geben wird. Von besonderem Interesse dürfte dabei die Frage nach der Aktualität sein. Neben existenziellen Grundfragen des Einzelnen sowie Fragen der zwischenmenschlichen Beziehungen unter bestimmten gesellschaftlichen Bedingungen dürfte dabei auch die politische Dimension des Romans diskutiert werden. Die Mechanismen der Vorurteilsbildung sowie die Gegenwärtigkeit nationalistischer und rassistischer Haltungen und Ideologeme, wie sie in Deutschland durch rechtsextremistische Gruppierungen vertreten werden, könnten hier z. B. Gegenstand der Diskussion sein.

Hans Schwab-Felisch: Kritik und Widerruf (1952/1966)

Kritik (1952)

Was ist das – ein „Gegenwartsroman" als der uns dieses Buch angekündigt ist? Ist es ein Roman, der in der Gegenwart spielt? Dann kann das Erscheinen von *Tauben im Gras* nicht, wie auf dem Schutzumschlag des Verlages, als Sensation bezeichnet werden. Ist es aber ein Roman, der die Gegenwart, unsere Gegenwart fassen, begreifen, ganz beschreiben soll, dann müssen doch weit erheblichere und weitergehende Einschränkungen gemacht werden, als sie in dem ersten freudigen Schreck darüber laut geworden sind, dass sich nun einer gefunden hat, unsere Gegenwart im Roman zu deuten.

Koeppen [...] schildert Figuren und Vorgänge in einer süddeutschen Stadt der amerikanischen Besatzungszone – alle Indizien deuten auf München – im Laufe eines einzigen Tages. Die Handlungen, die Gespräche der Personen werden von dem Strömen ihres Unterbewusstseins begleitet, das an die literarische Oberfläche geholt wird. Auch das kommentierende Nebendenken der Sprechenden wird niedergeschrieben, sofern es interessante Effekte zu ihren wirklichen Äußerungen liefert. Koeppen beherrscht diese Technik der literarischen Doppelschichtigkeit bis zu einem gewissen Grade, oft aber bricht er aus diesem Stil aus, wird selbst zum Kommentator, der beschreibt, wo er eigentlich nur mittels der Aktion und ihrer unmittelbaren und mittelbaren Assoziationen seinen Stoff meistern wollte.

Es ist gewiss kein literarischer Einwand, wenn einige Äußerlichkeiten auf lebende Personen schließen lassen, obwohl diese Anhaltspunkte im Wust der sonstigen Charakterisierung untergehen. Doch ist dies symptomatisch: Koeppen hat nicht nur an kleine Gegebenheiten ganze Schicksale und Charaktere gehängt, um sie dann wie in beschlagenen Spiegeln zu reflektieren, er hat die Düsternis unserer Zeit zum ausschließlichen Ausgangspunkt gemacht.

Seine Welt, der er den Spiegel trauriger Verkommenheit und verlogener Ungenügsamkeit vorhält, versinkt in sich selbst. Fast will man glauben, Koeppen biedere sich an das Schicksal unausweichlicher Düsternis an: Sieh, wie ich dich erkannt habe, seht alle, wie gut ich mich auskenne; da hilft unsereinem nur die Beschwörung eben dieses Schicksals, indem man es entschleiert. Weiteres Heil ist nicht zu erwarten.

Weil dieses Buch sich fast ausschließlich im Morbiden, im Sumpfe tummelt, weil es außer in der Analyse dieser Gegebenheiten keine Kraft aufweist, weil sein Pessimismus keine substanzielle Größe hat – darum auch mangelt es ihm an dem Atem, an der Überzeugungskraft, die es hätte ausstrahlen können, wäre es nur von einer höheren Warte aus geschrieben worden. Kein billiger Optimismus wird verlangt, keine Schönfärberei, kein Versuch, die Dürftigkeit unserer Zeit, ihre Schamlosigkeit zu verleugnen; doch eine Erweiterung der Aspekte zumindest, wird schon der Anspruch erhoben, den deutschen Zeitroman geschrieben zu haben. Trotz allem seien Mut, Offenheit und nebenbei auch die Erneuerung des Joyce'schen Experiments auf verkleinerter Basis anerkannt.

Widerruf (1966)

Kein Kritiker, der nicht gelegentlich auch irrte. Das ist gewiss eine Binsenweisheit. Doch gibt es Irrtümer sehr unterschiedlicher, auch qualitativ unterschiedlicher Art. Vor der Instanz des eigenen Gewissens braucht eine allzu schroff ausgefallene Ablehnung kaum mehr ins Gewicht zu fallen, als ein zu hoch gegriffenes Lob, sofern nur die Richtung des Befundes zutraf. Wer einen guten Roman ausgezeichnet nannte oder ein mäßiges Theaterstück misslungen, ist damit noch nicht unbedingt einem Irrtum erlegen. Vielmehr kommt es wohl darauf an, den Kern eines Werkes zu erkennen, ihn herauszuarbeiten, seine formalen Qualitäten zu prüfen und erst dann, es richtig zu bewerten [...]. Zwar raffte ich mich zu einigen wohlwollenden Bemerkungen auf; doch überwog eine – wie mir heute klar ist – sauertöpfische Kritik. Dies allein wäre vielleicht nicht einmal sonderlich gravierend, obwohl mich der engbrüstige Gouvernanten-Ton, mit dem ich damals gegen Koeppen zu Felde zog, heute irritiert und unangenehm berührt [...]. Er [der Irrtum] läuft nicht darauf hinaus, einen Roman abgetan, sondern einem Autor Unrecht zugefügt zu haben.

Der Irrtum ist in dem Wörtchen „ganz" enthalten. Mit ihm wurde eine unzulässige Anforderung an Koeppens Roman gestellt, zumal der Autor selbst einen Anspruch dieser Art gar nicht angemeldet hatte. Koeppen war nicht daran gelegen, unsere (damalige) Gegenwart „ganz" zu begreifen und zu beschreiben. Was er wollte, hat er vielmehr später für die zweite Ausgabe des Romans skizziert: [...] „Diese Zeit, den Urgrund unseres Heute, habe ich geschildert. [...]"

Ich habe den Roman nicht erkannt, habe ihn verkannt, versimpelt, ihn fast nur gelesen mit den Augen des mürrischen Zeitbetrachters, obenhin, wenn auch Wort für Wort, rein äußerlich. Nicht gesehen habe ich das eigentliche Thema Koeppens, das die Kontaktlosigkeit ist, die Flucht des Menschen vor sich selbst, die eine Angst vor sich selbst ist. Nicht erkannt habe ich die Sorge des Autors Koeppen um diese Menschheit, seine große Trauer. Mir blieb – unbegreiflicherweise – der Rückgriff auf die Welt der Mythen verborgen, der kein aufgesetztes Bildungselement ist, sondern wesentlich dazugehört – Odysseus und Nausikaa, stygische Gewässer und die Flügel der Erinnyen, bis hin zur pandämonialen Unterwelt des Bräuhauses und zur Verbrüderung von Orpheus und Mars. Blind blieb ich gegenüber der Einbeziehung des deutschen, des Grimm'schen Märchens in die Welt des Grauens, die weiterlebt in Alpträumen und in der kindlichen Fantasie: die „Verschwundenen, Geraubten, Entführten, Geschlachteten, und der jüdisch-preußische Oberregierungsrat und sein stilles sanftes Sarah-Gretchen, abgeführt im Zuge der Liquidation", die am Bett „eines kranken Kindes in Santa Anna Californien, zu Gestalten aus Grimms deutschen Kinder- und Hausmärchen" wurden, „genauso wahr, genauso lieb, genauso traurig wie König Drosselbart, wie Däumling und Großmütterchen und der Wolf, und so unheimlich war's wie die Geschichte vom Machandelbaum." Auch diese Stelle habe ich nicht gesehen. [...]

Wo blieb in meiner Kritik der kunstvolle Aufbau der ersten zehn, zwanzig Seiten, in denen die seltsamen Figurenpaare eingeführt werden, die nebeneinander herleben, aber nicht miteinander, wo das Erkennen ihres paradigmatischen Standortes? Weiße und Neger, gescheiterte Existenzen und solche, deren Ruhm nur noch die hohle Floskel ist, zur falschen Bohème herabgesunkene Großbürgerlichkeit und kleinbürgerliches Ressentiment, platte Not und Frustration, Suche nach einer verlorenen Welt und odysseische Irrfahrt, Sucht nach Morbidität und triebhafte Gier, gefrorene Frömmigkeit, eitle Selbstbespiegelung des berühmten angelsächsischen Dichters und der Einbruch staunender Naivität in Gestalt der amerikanisch-frischen Lehrerinnen. [...]

Wichtig scheint mir nur zu bekunden, dass ich glaube, diesen Roman mittlerweile als ein Epos erkannt zu haben, das die Unruhe, die Unheimlichkeit unserer Welt über die Jahre hinweg widerspiegelt. Koeppens Pessimismus ist Trauer und tiefe Ratlosigkeit: „Vielleicht ist die Welt ein grausamer, dummer Zufall Gottes, keiner weiß, warum wir hier sind, die Vögel werden wieder auffliegen und wir werden weitergehen." Erst heute offenbart sich mir die strenge Schönheit und ganze Düsternis seines Romans.

Aus: Über Wolfgang Koeppen. Hrsg. von Ulrich Greiner. Frankfurt am Main: Suhrkamp 1976, S. 36–44

Aufgaben für die Gruppenarbeit

- Der Literaturkritiker Schwab-Felisch hat zwei Artikel zu „Tauben im Gras" verfasst: „Kritik" (1952) und „Widerruf" (1966). In den beiden Texten kommt er dabei zu sehr unterschiedlichen Einschätzungen des Romans.

- Rekonstruieren Sie die beiden Texte und stellen Sie jeweils eine sinnvolle Abfolge her.

- Stellen Sie anschließend die Bewertungen des Romans von 1952 und 1966 stichwortartig in einer Tabelle einander gegenüber.

- Diskutieren Sie in Ihrer Gruppe die Positionen des Autors. Was überzeugt Sie, was nicht?

- Im Einzelnen können Sie die Arbeit an der Rekonstruktion folgendermaßen organisieren:
  - Teilen Sie zunächst die Abschnitte, die Sie erhalten haben, unter Ihren Gruppenmitgliedern auf.
  - Ordnen Sie jeden Abschnitt entweder der „Kritik" (1952) oder dem „Widerruf" (1966) zu (Einzelarbeit). Anschließend informieren Sie die anderen über den Inhalt Ihres Auszugs.
  - Rekonstruieren Sie im Gruppengespräch die beiden Texte, indem Sie die Abschnitte in eine sinnvolle Abfolge bringen. Begründen Sie Ihre Fassung.

- Wie lautet das Lösungswort? Es handelt sich um den Kosenamen für Wolfgang Koeppen, den seine Frau Marion verwendete.

1. Abschnitt: 11. Wort, 5. Buchstabe	
2. Abschnitt: 1. Wort, 2. Buchstabe	
3. Abschnitt: 12. Wort, 1. Buchstabe	
4. Abschnitt: 1. Wort, 2. Buchstabe	
5. Abschnitt: 8. Wort, 3. Buchstabe	
6. Abschnitt: 1. Wort, 4. Buchstabe	
7. Abschnitt: 2. Wort, 1. Buchstabe	
8. Abschnitt: 6. Wort, 3. Buchstabe	
9. Abschnitt: 7. Wort, 2. Buchstabe	
10. Abschnitt: 2. Wort, 1. Buchstabe	

Marcel Reich-Ranicki: Der „Fall Koeppen" (1961)

Das literarische Talent ist nicht eine wunderliche Pflanze, die plötzlich aus geheimnisvollen Gründen erblüht, später aus ebenso unerklärlichen Gründen verdorrt und sich nach einiger Zeit höchst unerwartet
5 abermals entfaltet. Wie alle Menschen ist natürlich auch der Schriftsteller den Einflüssen seiner Umwelt ausgesetzt. Hierbei haben wir es – abgesehen von den ästhetischen, philosophischen und literarischen Einflüssen – vor allem mit zwei verschiedenen, wenn
10 auch keineswegs voneinander unabhängigen Formen der Einwirkung zu tun.
Einerseits sind die allgemeinen gesellschaftlichen, politischen, historischen und kulturpolitischen Verhältnisse Faktoren, die den Entwicklungsweg eines
15 jeden Schriftstellers auf mehr oder weniger sichtbare Weise erleichtern oder erschweren, beschleunigen oder hemmen, in diese oder jene Richtung drängen. Andererseits übt die unmittelbare Reaktion auf das Werk eines Schriftstellers – Publikumserfolg, Presse-
20 kritik, Literaturpreise und so weiter – einen gewissen Einfluss auf seine weiteren Bemühungen aus, und zwar nicht nur auf die Wahl der Stoffe und Probleme, sondern, in vielen Fällen, auch der Formen und Stile. Diese unmittelbare Reaktion tritt übrigens immer
25 ein, sie ist also, paradox ausgedrückt, auch dann vorhanden, wenn sie nicht vorhanden ist – etwa wenn Publikum und Presse ein Buch gänzlich ignorieren. Nichts klingt in den Ohren des Autors so schrill wie das Schweigen der Kritik; kein Echo ist auch ein
30 Echo.
Nun üben die allgemeinen zeitgeschichtlichen Verhältnisse auf die unmittelbare Reaktion, die einem literarischen Werk zukommt, einen starken, mitunter sogar entscheidenden Druck aus. Oft ist also der Rezen-
35 sent – um ein Wort von Virginia Woolf zu zitieren – „ein hin- und hergerissener Lappen am Schwanz des politischen Papierdrachens"; bisweilen sind die Juroren nur Sprecher bestimmter Organisationen und Interessengemeinschaften; häufig muss der Publikums-
40 erfolg auf außerliterarische Umstände zurückgeführt werden. Trotzdem ist es nützlich und notwendig, zwischen diesen beiden Faktoren, die auf das Werk eines Schriftstellers einwirken, genau zu unterscheiden: Während es sich nämlich im ersten Fall um den groß-
45 en Hintergrund handelt, der allen Zeitgenossen in einem Land mehr oder weniger gemeinsam ist, handelt es sich im zweiten Fall um Phänomene, die durch eine individuelle Leistung ausgelöst werden und sich vornehmlich innerhalb des literarischen Lebens ab-
50 spielen. So erschreckend die Vereinfachungen mancher marxistischer Kritiker sind, zu denen sie die Versuche geführt haben, einen unmittelbaren Kau-

salzusammenhang zwischen den gesellschaftlich-politischen Verhältnissen, der Lebensge-
55 schichte des Dichters und dem Werk zu konstruieren, so wenig es möglich ist, ein Kunstwerk gänzlich aus dem zeitgeschichtlichen Hintergrund abzuleiten, so sehr kann erst die Berücksichtigung dieses Hintergrundes den Entwicklungsweg eines Schriftstellers
60 mit den vielen oft überraschenden Höhe- und Tiefpunkten und Unterbrechungen verständlich machen – zumal in unserer, leider, so bewegten Zeit.
Und so wenig sich ein Schriftsteller, dem ein Buch misslungen ist, mit dem Hinweis auf seine Kritiker
65 rechtfertigen darf, so leichtsinnig wäre es, den Einfluss der Kritik und den anderer Formen der unmittelbaren Reaktion auf ein literarisches Werk zu unterschätzen oder gar zu ignorieren. [...] Wer schreibt, will ein Echo hören und lauscht dem Echo sehr auf-
70 merksam selbst dann, wenn er – wie Dickens – die Kritiker für Läuse hält, für „elende Geschöpfe in Menschengestalt, aber mit Teufelsherzen".
Die Kritik wirkt, wenn sie redet, und sie wirkt, wenn sie schweigt. Sie belehrt und erzieht, verführt und de-
75 moralisiert den Schriftsteller auch dann, wenn sie sich nur an das Publikum wendet oder wenn er entschlossen ist, sich ihrem Einfluss zu entziehen. Somit ist die Kritik mitverantwortlich für die Literatur ihres Landes (oder Sprachraums) – selbst wenn, wie in der Bundes-
80 republik, die Kritiker Einzelgänger bleiben, von denen jeder für sich allein das Risiko der kritischen Existenz tragen muss. Wie stark der Einfluss sein kann, den auf die Entwicklung eines Schriftstellers sowohl die allgemeinen gesellschaftlich-politischen Verhältnisse aus-
85 üben als auch das unmittelbare Echo auf sein Werk, wird mit besonderer Deutlichkeit am Weg des Wolfgang Koeppen sichtbar. –
Koeppen, Jahrgang 1906, ist Verfasser von fünf Romanen [...]. Der Roman *Eine unglückliche Liebe*, 1934
90 erschienen, ist bereits ein episches Bekenntnis [...]. 1935 folgte der Roman *Die Mauer schwankt*, in dessen Mittelpunkt abermals Resignationsmotive stehen. Der junge Koeppen musste sich nun, wie jeder in Deutschland verbliebener Schriftsteller, entscheiden:
95 Er konnte sich entweder mit den Machthabern arrangieren oder sich zurückziehen oder einen Kompromiss zwischen Anpassung und Ablehnung suchen. Er beschloss, sich zurückzuziehen: Er hörte also auf, Bücher zu schreiben. Der Druck der gesellschaftlich-
100 politischen Verhältnisse hatte den kaum begonnenen Weg eines jungen Schriftstellers jäh unterbrochen. Die nächsten Bücher Koeppens – die Romane *Tauben im Gras*, *Das Treibhaus* und *Der Tod in Rom* – stammen aus den Jahren 1951 bis 1954. In einer Zeit, in der die

meisten deutschen Nachkriegsautoren noch im Banne Hemingways standen, griff Koeppen zu anderen angelsächsischen Vorbildern: von Joyce bis Faulkner. In einer Zeit, in der noch das Kriegserlebnis die Thematik beherrschte, attackierte Koeppen in den *Tauben im Gras* die bundesrepublikanische Welt, in deren Leben er bereits – man schrieb das Jahr 1951 – jene Kennzeichen entdeckte, die erst mehrere Jahre später deutlich sichtbar werden sollten.

Die Kritik reagierte auf dieses Buch zwar mit Anerkennung, aber doch mit Befremden – alles war in den *Tauben im Gras* ungewöhnlich: die Technik, die sprachliche Kraft und nicht zuletzt die Aggressivität der gesellschaftskritischen Anklage. Charakteristisch ist die Rezension des *Monat*, der Koeppen vorwirft, er habe „die Düsternis unserer Zeit zum ausschließlichen Ausgangspunkt gemacht". Und: „Weil dieses Buch sich fast ausschließlich im Morbiden, im Sumpfe tummelt [...] darum auch mangelt es ihm an dem Atem, an der Überzeugungskraft [...]". Vielleicht kann man erst aus der heutigen Perspektive die beklemmende Hellsicht dieses Romans ermessen, in dem manche Abschnitte 1961 und nicht 1951 geschrieben zu sein scheinen. Und vielleicht vermochte Koeppen die Zeitatmosphäre deswegen so scharf einzufangen, weil er kühn genug war, eben „die Düsternis unserer Zeit zum ausschließlichen Ausgangspunkt" zu machen.

[...] Jeder der drei Romane dieser Periode wurde zunächst einmal vom Willen einer unerbittlichen Zeitanalyse getragen, jeder zeichnete sich durch eine moralische Leidenschaft und elegische Tonart aus, ein Verantwortungsgefühl und einen bitteren Ernst, die allen Vorwürfen, es handle sich um extravagante Spielereien mit dem Bösen und dem Düsteren, eigentlich den Boden entziehen sollten. Zugleich müssen diese drei Romane – trotz vieler Schwächen, die keinesfalls geleugnet werden sollen – als künstlerische Leistungen angesehen werden, die allem Konventionellen weit entrückt sind und denen zumindest auf dem Hintergrund der Literatur zwischen 1950 und 1960 außerordentliche Bedeutung zukommt: Es gibt in der deutschen Prosa dieser Zeit nur sehr wenig, was man Koeppen an die Seite stellen könnte.

Es erwies sich also, dass die bundesrepublikanische Öffentlichkeit für Koeppens epische Formulierungen anstößiger Wahrheiten zunächst wenig und später überhaupt kein Verständnis hatte. Keiner der drei Romane wurde zu einem Verkaufserfolg, keiner erhielt einen Preis, kein Taschenbuchverlag interessierte sich für *Tod in Rom*. Dass derartige Umstände zu einer Krise geführt haben, ist nicht verwunderlich. Niemand hat das Recht, Koeppen vorzuhalten, er hätte weiterhin gegen den Strom schwimmen sollen. Vielleicht hat er es versucht, wir wissen es nicht. [...] Durch die Verhältnisse in der Bundesrepublik und durch die unmittelbare Reaktion auf seine Bücher wurde der Romancier Koeppen von seiner eigentlichen Aufgabe weggedrängt. Die Reisebücher wurden zur Ausweichmöglichkeit. Der Seitenpfad des Romanciers, in dem manche unbedingt einen neuen und höchst erfreulichen Hauptweg sehen wollten, hat sich als eine Sackgasse erwiesen.

Aus: Über Wolfgang Koeppen. Hrsg. von Ulrich Greiner. Frankfurt am Main: Suhrkamp 1976, S. 101–108

- ■ *Analysieren Sie den Argumentationsgang und die Argumentationsstruktur des Textes.*
- ■ *Nehmen Sie Stellung zu Reich-Ranickis These vom „Fall Koeppen".*

Marcel Reich-Ranicki: Der „Fall Koeppen" – Partnerkorrektur

Aufgabe 1

Anforderungen Mein Partner/meine Partnerin ...	Meine Bewertung/mein Kommentar (Stichpunkte) (++/+/0/–/– –)
nennt in der Einleitung wichtige Informationen zum Text, z.B.: Autor, Textsorte, Entstehungszeit, Thema, Intention ...	
stellt den Argumentationsansatz Reich-Ranickis dar; z.B.: Wegdrängen Koeppens von seiner eigentlichen Aufgabe aufgrund der negativen Reaktionen auf seine Romane	
stellt den Aufbau und die Argumentationsstruktur des Textes dar: allgemeine Einführung zum Thema „Schriftsteller und Gesellschaft", konkrete Analyse der Situation des Autors Koeppen, viele Behauptungen, Darstellung einer Gegenposition, um sich abzugrenzen etc.	
beschreibt beispielhaft die sprachliche Gestaltung des Artikels und erklärt die Funktion einzelner Stilmittel und sprachlicher Merkmale: Metaphorik, Zitate, Hypotaxe ...	
fasst seine Analyseergebnisse abschließend zusammen.	

Aufgabe 2

setzt sich mit der Art der Argumentation des Autors kritisch auseinander.	
formuliert einen eigenen Standpunkt zum „Fall Koeppen" und begründet diesen nachvollziehbar.	
verarbeitet Kenntnisse und Erfahrungen aus dem Unterricht, indem z.B. Bezüge zu Koeppens Biografie und zu seinem Selbstverständnis als Schriftsteller hergestellt werden.	

Darstellung

hat seinen Text klar gegliedert.	
hat die Regeln für die Rechtschreibung, die Grammatik (Modus!), den Ausdruck und den Satzbau beachtet.	
hat richtig zitiert.	

Besonders gut gelungen ist dir: _____

_____

_____

Hieran musst du noch arbeiten: _____

_____

_____

Harro Müller-Michaels: Kriterien für die Auswahl der Unterrichtsinhalte

Historizität und Aktualität bedeuten, dass der literarische Text Einblicke in die historischen Zusammenhänge vermitteln muss, aus denen er entstanden ist (was sind die Fragen, auf die er eine Antwort gibt?),
5 zugleich aber mit seinem Sinnpotenzial in die Gegenwart hineinreichen muss, mit dem er den Schülern etwas sagen kann oder sie ihm etwas zu sagen haben (welche sind die Fragen, die noch immer gelten?) [...].

10 *Strukturalität und Anschaulichkeit* meinen zunächst, dass die Literatur zum Studium wichtiger literarischer Formen anregen muss: Genres der Lyrik, der Epik und Dramatik, Autobiografien, Auszüge aus Poetiken, aus literarischer Kritik können Grundlagen
15 für weiterführende eigene Entdeckungen in Literaturgeschichte und im literarischen Leben der Gegenwart werden [...].

Wissen und Handeln sind gegenüber den bisher genannten Kriterien mehr auf die Methoden als auf
20 Merkmale der Inhalte gerichtet. Dabei ist das Wissen zunächst auf Kenntnisse aus wichtigen Abschnitten der Literaturgeschichte und auf systematische Gliederung der Gattungen und Genres bezogen. Die Schüler sollten über die Behandlung von Einzelwer-
25 ken einen Einblick in bedeutende Epochen der Literaturgeschichte und in Typologien zur Ordnung der vielfältigen literarischen Werke bekommen. Dann aber ist das Wissen auch auf Stoffe, Motive, Figuren der Literatur selber gerichtet. Es ist ja ein Merkmal
30 der Literatur, dass bestimmte Motive, Stoffe und Themen zu verschiedenen Zeiten immer wieder aufgenommen und produktiv umgearbeitet worden sind (vgl. die antiken Mythen, biblische Episoden, Brennpunkte der Geschichte) [...].

35 *Exemplarität und Enzyklopädik* als Prinzipien sollen sicherstellen, dass die ausgewählten Gegenstände einerseits repräsentativ zur Gewinnung eines Verständnisses der Strebensziele und Leiden einer Epoche ("Nathan" und die Aufklärung, "Woyzeck" und
40 der Vormärz, "Malte Laurids Brigge" und die Jahrhundertwende) sowie der Strukturen, Inhalte, Funktionen von wiederkehrenden Genres der Literatur sein sollen (analytisches Drama, Ich-Erzählung, engagiertes Gedicht, Elemente des Komischen, Tragischen etc.), dass sie andererseits aber auch in Zusammen- 45 hänge gestellt werden können, auf die Aufmerksamkeit und Lernen bezogen sind: "Nathan" und die Frage "Was ist Aufklärung?", "Woyzeck" und Tendenzen, Themen, Formen sowie weitere literarische Beispiele des Vormärz, "Maltes" Aufzeichnungen von 50 Erfahrungen in Paris und die Entfremdung der Menschen in den Werken der Jahrhundertwende vom Naturalismus bis zum Expressionismus, "Groß und klein" als Ausdruck von Sprach- und Orientierungslosigkeit in Werken der Gegenwart [...]. 55

Aus: Harro Müller-Michaels: Deutschkurse. Modell und Erprobung angewandter Germanistik. Frankfurt am Main: Scriptor, 1987, ²1994, S. 37 ff.

Richtlinien und Lehrpläne

Kriterien für die Auswahl literarischer Texte sind ihre thematische, (literar)historische oder kulturelle Bedeutung, ihre sprachliche und künstlerische Qualität sowie ihr Gattungsbezug.

[...] Die *thematische* Bedeutung zeigt sich in der An- 5 bindung
- an Probleme der Lebenswelt
- an aktuelle Fragen
- an die Interessen und Fragestellungen der Schülerinnen und Schüler. 10

Die (literar-)historische und kulturelle Bedeutung sowie die sprachliche und künstlerische Qualität zeigen sich
- in nachhaltiger Wirkungsgeschichte
- in aktueller Rezeption 15
- in ihrer kulturhistorischen Repräsentanz (Akzentuierung der Umbrüche vom 18. zum 19., vom 19. zum 20. Jahrhundert und der Gegenwart)
- (für den Leistungskurs) in der Berücksichtigung von Literatur vor 1700 und des Umbruchs der 20 Nachkriegszeit.

Aus: Richtlinien und Lehrpläne für die Sekundarstufe II – Gymnasium/Gesamtschule in Nordrhein-Westfalen. Deutsch. Frechen: Ritterbach Verlag, 1999, S. 18

■ *Vergleichen Sie Ihre Beurteilungskriterien zur Leitfrage „,Tauben im Gras' – ein geeigneter Roman für den Unterricht?" mit denen des Literaturdidaktikers sowie der Richtlinien.*

■ *Überlegen Sie, ob Sie die dargestellten Kriterien oder Teile davon für sich übernehmen wollen.*

Podiumsdiskussion

„Tauben im Gras" – ein geeigneter Roman für den Unterricht?

Arbeitsaufträge und Rollenkarten

„Tauben im Gras" – <u>ein geeigneter Roman für den Unterricht</u>

– Durchführung einer Podiumsdiskussion –

Arbeitsauftrag für die Gruppenarbeit

- Bereiten Sie sich in Ihrer Gruppe auf eine Podiumdiskussion vor, indem Sie …

  1. Bewertungskriterien diskutieren und festlegen, die Sie bei der Beurteilung der Leitfrage zugrunde legen wollen,

  2. Ihre Kriterien mit denen des Literaturdidaktikers sowie der Richtlinien vergleichen (**Arbeitsblatt 48**) und überlegen, ob Sie diese Kriterien oder Teile davon für sich übernehmen wollen,

  3. Argumente sammeln und strukturieren, die Ihr Vertreter in der Diskussion vortragen soll.

„Tauben im Gras" – <u>kein</u> geeigneter Roman für den Unterricht

– Durchführung einer Podiumsdiskussion –

Arbeitsauftrag für die Gruppenarbeit

- Bereiten Sie sich in Ihrer Gruppe auf eine Podiumdiskussion vor, indem Sie …

  1. Bewertungskriterien diskutieren und festlegen, die Sie bei der Beurteilung der Leitfrage zugrunde legen wollen,

  2. Ihre Kriterien mit denen des Literaturdidaktikers sowie der Richtlinien vergleichen (**Arbeitsblatt 48**) und überlegen, ob Sie diese Kriterien oder Teile davon für sich übernehmen wollen,

  3. Argumente sammeln und strukturieren, die Ihr Vertreter in der Diskussion vortragen soll.

„Tauben im Gras" – ein geeigneter Roman für den Unterricht?

– Durchführung einer Podiumsdiskussion –

Rollenkarte für den/die Diskussionsteilnehmer/in

- Sie sind ausgewählt worden, den Standpunkt Ihrer Gruppe in der Podiumsdiskussion zu vertreten. Ihre Gruppe ist dafür verantwortlich, dass Sie auf dieses Gespräch gut vorbereitet werden.
Machen Sie sich Notizen zu Argumenten, die Sie in der Gesprächsrunde vortragen möchten.
Überlegen Sie sich in Ihrer Gruppe ein kurzes Eingangsstatement, in dem Sie Ihre Position zu der Leitfrage kurz begründet darlegen.

„Tauben im Gras" – ein geeigneter Roman für den Unterricht?

– Durchführung einer Podiumsdiskussion –

Rollenkarte für den/die Moderator/in

- Sie sind der Moderator/die Moderatorin der Diskussionsrunde. Bei Ihrer Gesprächsleitung sollten Sie folgende Punkte beachten:

  - Begrüßen Sie die Gesprächsteilnehmer/innen und geben Sie eine kurze Einführung in das Thema, indem Sie die Leitfrage der Diskussion verdeutlichen.
  - Fordern Sie die Gesprächsteilnehmer/innen auf, ein einführendes Statement zu ihrer Position abzugeben.
  - Geben Sie den Mitgliedern der Diskussionsrunde die Gelegenheit, ihre Argumente vorzutragen und achten Sie darauf, dass alle angemessen zu Wort kommen.
  - Achten Sie darauf, dass die Diskussion nach den Regeln der Fairness abläuft.
  - Verhalten Sie sich neutral und vermeiden Sie wertende Kommentare zu den Beiträgen.
  - Fordern Sie die Zuhörer/innen auf, Fragen an die Teilnehmenden der Diskussionsrunde zu richten.
  - Beenden Sie die Runde, indem Sie allen Diskutanten für ihre Teilnahme danken.

„Tauben im Gras" – Umschlaggestaltung

■ *Betrachten Sie die Titelbilder. Halten Sie diese für gelungen? Begründen Sie Ihre Meinung.*

■ *Der Roman „Tauben im Gras" soll aufgrund der hohen Nachfrage in einer Neuauflage erscheinen. Sie werden als Illustrator mit dem Entwurf des Umschlags beauftragt. Entwerfen Sie ein Titelbild und begründen Sie Ihren Entwurf.*

Deutschland nach 1945

1. Der Zusammenbruch

Der 2. Weltkrieg, den die Nationalsozialisten unter der Führung Hitlers begonnen hatten, um „Lebensraum" für das deutsche Volk zu erobern und ein „großgermanisches" Reich zu errichten, war mit der
5 bedingungslosen Kapitulation der deutschen Wehrmacht am 8. Mai 1945 zu Ende gegangen. Das Dritte Reich war damit zusammengebrochen, und das von Bismarck 1871 gegründete Deutsche Reich hatte faktisch aufgehört zu bestehen. Mit der vollständigen
10 Besetzung des deutschen Reichsgebietes durch die Armeen der Anti-Hitler-Koalition erlebten die Deutschen die bitterste Stunde in ihrer Geschichte, die totale Niederlage stand am Ende des von Goebbels fanatisch ausgerufenen „totalen Krieges". Doch sie
15 bedeutete auch die Befreiung von der nationalsozialistischen Terrorherrschaft, was vielen angesichts der Zerstörung erst später bewusst wurde. Denn zusammengebrochen waren nicht nur das Regime und der Staat, großenteils zusam-
20 mengebrochen waren infolge des Krieges auch die lebensnotwendigen Einrichtungen: Verkehrs- und Transporteinrich-
25 tungen waren zerstört, Eisenbahn und Post waren lahmgelegt, fast alle Behörden und Dienststellen hatten sich aufge-
30 löst. Die großen Städte, aber auch viele mittlere und kleine, lagen in Trümmern, rund 5 Millionen Wohnungen waren
35 total oder erheblich zerstört. Die Menschen in den Städten hausten in Kellern unter Trümmern, in Barackenlagern oder
40 notdürftig hergerichteten Behelfswohnungen. Die den Armeen nachfolgenden alliierten Militärverwaltungen hatten
45 vorrangig die wichtigsten Transportprobleme zu lösen und die Bevölkerung mit dem Notwendigsten an Lebensmit-
50 teln, Brennstoffen und

Bekleidung zu versorgen. Dazu waren sie von Anfang an auf die Mitarbeit der Deutschen angewiesen. Aus Männern und Frauen, die sie für politisch unbelastet hielten, wählten sie die Hilfskräfte aus, setzten Bürgermeister, Landräte und Ministerpräsidenten ein. 55 Nicht wenige politische Karrieren in der späteren Bundesrepublik Deutschland nahmen hier ihren Anfang. Außerordentlich verschärft wurde die katastrophale Versorgungslage in den ersten Monaten und Jahren durch den anhaltenden Zustrom von Flücht- 60 lingen und Vertriebenen aus dem Osten.

Man hat die damalige Situation der Deutschen als „Stunde Null" charakterisiert: Fast alles war zerstört, die materiellen und die immateriellen Werte. Die Hauptsorge der meisten Menschen galt der unmittel- 65 baren Existenzerhaltung, doch zugleich schien die Situation Deutschlands auch im positiven Sinne völlig offen zu sein. Man hoffte, die Vergangenheit völlig hinter sich lassen und mit der Gestaltung der Zukunft bei null anfangen zu können. 70

Dresden 1945

2. „Kalter Krieg" und Teilung Deutschlands

Bald nach der Beendigung des 2. Weltkriegs entwickelte sich der weltpolitische Gegensatz zwischen der Sowjetunion einerseits und den USA und den anderen Westmächten andererseits. Das Vorgehen 75 der Sowjetunion in Mittel- und Osteuropa, auch hinsichtlich der deutschpolnischen Grenze, hatte das Misstrauen und den Unwillen der Westmächte geweckt. Bereits am 5. März 1946 beschwor Churchill in einer Rede in den USA das Bild vom „Eisernen 80 Vorhang", der von Stettin bis Triest über Europa niedergegangen sei. Die Sowjetunion ihrerseits fühlte sich vom expansiv auftretenden Kapitalismus der USA bedroht, der das Verlangen nach freiem Welthandel und offenen Märkten mit der politischen For-85 derung verband, den Grundsätzen liberaler Demokratie weltweite Geltung zu verschaffen. Von daher bemühte sich die Sowjetunion, ihre im Krieg durch die Rote Armee geschaffene Einflusssphäre durch Förderung der kommunistischen Parteien und v. a. mit 90 polizeistaatlichen Mitteln zu konsolidieren. Amerikanisch-sowjetische Interessenkonflikte in Iran, in Griechenland und in der Türkei 1946/47 markierten den Beginn des Kalten Krieges – ein „heißer" Krieg zwischen den beiden Weltmächten wurde von bei-95 den sorgsam vermieden. Die nun betriebene amerikanische Politik der Eindämmung („containment") ging von der Teilung der Welt in eine amerikanische und eine sowjetische Einflusssphäre aus, beantwortete jedoch jeden sowjetischen Versuch einer Ände-100 rung des Status quo mit militärischem Gegendruck. Auf das besiegte und besetzte Deutschland wirkte sich der Kalte Krieg besonders stark aus. Die Sowjetunion beurteilte die von der US-Regierung vorgeschlagene wirtschaftliche Vereinigung der Be-satzungszonen zur Verbesserung der Versorgung der 105 Bevölkerung – ebenso wie später den Marshallplan – als gezielte Maßnahmen des „amerikanischen Wirtschaftsimperialismus", zumal auch die von ihr immer wieder erhobene Forderung nach einer Beteiligung an der Kontrolle des Ruhrgebietes von den 110 Briten abgelehnt wurde. Die sowjetische Deutschlandpolitik wurde von den USA entsprechend der Eindämmungsdoktrin als der Versuch angesehen, ganz Deutschland in die sowjetische Einflusssphäre einzubeziehen. Alle Aktionen der Machtstabilisie-115 rung in der sowjetisch besetzten Zone wurden unter diesem Blickwinkel betrachtet. Dabei bleibt die Frage offen, ob nicht das deutschlandpolitische Konzept Stalins weniger auf Einbeziehung Deutschlands in den eigenen Machtbereich abzielte als vielmehr dar-120 auf, den Anschluss Deutschlands an den kapitalistischen Westen zu verhindern und ein bürgerliches, neutrales, der Sowjetunion nicht feindlich gegenüberstehendes Gesamtdeutschland zu schaffen. Die amerikanische Führung jedenfalls meinte vor der Al-125 ternative zu stehen, ganz Deutschland an die Sowjetunion zu verlieren oder die Teilung Deutschlands zu akzeptieren; sie entschied sich für die Errichtung eines westdeutschen Teilstaates. Der Versuch Stalins, dies mit der Berliner Blockade 1948/49, dem bis da-130 hin schwersten Konflikt der Westmächte mit der UdSSR in der Nachkriegszeit, zu verhindern, schlug fehl. So führte die Politik der Siegermächte im Kalten Krieg zur Gründung der Bundesrepublik Deutschland und der Deutschen Demokratischen Republik im Jah-135 re 1949.

Aus: Helmut M. Müller: Schlaglichter der deutschen Geschichte. Sonderausgabe für die Bundeszentrale für politische Bildung. Bonn, 2009, S. 305 f. und 318 f.
© Bibliographisches Instiut & F. A. Brockhaus, Mannheim

■ *Halten Sie unter der Überschrift „Zusammenbruch" und „Kalter Krieg" die zentralen Inhalte der beiden Texte stichwortartig fest.*

■ *Erläutern Sie zusammenfassend, wodurch die Situation in Deutschland nach 1945 bestimmt ist.*

Einen Text beschreiben und deuten – die Analyse eines Romanauszugs

Das Verfassen einer Textanalyse erfolgt grundlegend in verschiedenen Arbeitsschritten:

1. <u>Vorarbeiten:</u> Die sachgerechte Analyse eines Textes erfordert das genaue Lesen und Bearbeiten des Textes. Auffälligkeiten sollten markiert werden (sprachliche Gestaltung, Untersuchungsaspekte, Bezüge etc.), die grundlegende Struktur der Arbeit sollte stichwortartig in Form eines Konzeptes festgehalten werden.

2. <u>Niederschrift:</u> Auf der Grundlage der Notizen erfolgt das strukturierte Verfassen der Analyse, die sich in Einleitung, Hauptteil und Schluss gliedern lässt.

Es gibt grundsätzlich zwei Verfahren, einen literarischen Text zu analysieren:

Das lineare Verfahren, bei dem der Text in der vorgegebenen Reihenfolge vom Anfang bis zum Ende untersucht wird. Chronologisch (linear) Gefahr: Mangelnder Überblick verhindert eine tiefergehende Deutung.	Das aspektorientierte Verfahren, bei dem einzelne Gesichtspunkte untersucht werden. 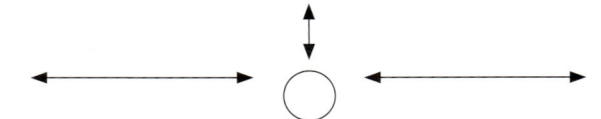 Gefahr: Verengung des Blickfeldes, wichtige Phänomene bleiben unberücksichtigt.

Der Aufbau einer Textanalyse

1. Einleitung
- Grundinformationen (Autor, Textart, Titel, Erscheinungsjahr, Informationen über die literarische Epoche, Thema, intentionale Aspekte)
- Angaben zum Text (Zeit, Ort, Figuren, kurze Inhaltsübersicht)

2. Hauptteil
- kurze Einordnung in den Handlungszusammenhang
- Angaben zur Erzählweise/Hauptinhalt des Textauszuges

lineares Verfahren
- Analyse und Deutung der einzelnen Textabschnitte
- Aussagen zur sprachlich-stilistischen Gestaltung als Beleg für die Deutungen

aspektorientiertes Verfahren
- ggf. Nennen des Untersuchungsaspekts und Begründung seiner Relevanz
- Analyse entsprechend den zuvor genannten Schwerpunkten
- Aussagen zur sprachlichen Gestaltung als Beleg für die Deutungen

3. Schluss
- Zusammenfassen der Ergebnisse/des abschließenden Textverständnisses
- Einordnung der Ergebnisse in einen übergeordneten Zusammenhang/zeitgeschichtlichen Kontext
- persönliche Stellungnahme

Die <u>Darstellung</u> Ihres Textes veranschaulicht zugleich auch Ihren Verstehensprozess, sodass Sie auf folgende Aspekte achten sollten:
- Übersichtlichkeit (Gliederung, Absätze, Informationen zum Vorgehen)
- Verbindung von Beschreibung und Deutung (deutliche Verknüpfung von beiden Bereichen, Arbeit mit Zitaten und Verweis auf sprachliche Besonderheiten)
- Fachsprache (Tempusform Präsens, Verwendung von Fachbegriffen, logische Verknüpfungen, indirekte Redewiedergabe, korrektes Zitieren)

Wahrnehmungsexperiment

■ *Beschreiben Sie Ihre Wahrnehmung.*

Kleines Dichterlexikon

Winckelmann, Johann Joachim (1717 – 1768)[1]

Bedeutender Schriftsteller durch s. dichterische, aus innerem Erleben gestaltete Kunstprosa. Von weitester Wirkung auf s. Jh. (Lessing, Goethe); maßgebl. für die Wendung vom galanten Antikebild des Barock und
5 Rokoko zum idealist. Antikebild der dt. Klassik mit ihrem humanist. Griechenideal (statt der bisherigen Blickrichtung auf Rom) und dem klassizist. Schönheitsbegriff (‚edle Einfalt und stille Größe‘).

Goethe, Johann Wolfgang (seit 1782) von (1749 – 1832)[2]

Größter dt. Dichter und Haupt der dt. Klassik, zugleich in der vielseitigen Ausbildung s. Interessen universeller, maßgebl. Denker von stärkstem Einfluss auf die europ. Lit. und Geistesgesch. der Neuzeit. [...]
5 In der vom Erlebnis der Antike ausgehenden klass. Epoche formstrenge, überpersönl. und harmon. Dichtungen von geläuterter, streng stilisierter Sprache bes. um das Verhältnis des Einzelnen zur Gesellschaft in Seelendramen und gleichnishafter Epik um
10 ins Zeitlose idealisierte Vertreter hohen Menschtums.

Platen, August Graf von (1796 – 1835)[3]

Lyriker der Nachromantik von großer Formbegabung, meisterhafter Beherrschung strenger antiker, roman. und oriental. Versmaße (Ode, Sonett) und leidenschaftl. Schönheitssuche auf dem Hintergrund
5 innerer Unruhe, Zerrissenheit und pessimist. Grübertums. Erstrebte e. Verklärung und Überhöhung des Daseins in ästhetisch verfeinerter Form.

Baudelaire, Charles (1821 – 1867)[4]

gilt heute als einer der größten französischen Lyriker überhaupt und als einer der wichtigsten Wegbereiter der europäischen literarischen Moderne. 1857 veröffentlichte Baudelaire *Les Fleurs du Mal* (*Die Blumen des*
5 *Bösen*), eine Sammlung von 100 Gedichten. Die Grundstimmung dieser formal und sprachlich äußerst ausgefeilten Gedichte ist Desillusion, Pessimismus, Melancholie; die evozierte Realität erscheint als überwiegend hässlich und morbide.

Benn, Gottfried (1886 – 1956)[5]

Lyriker, Dramatiker, Erzähler und Essayist von eigenwilliger, radikal mod. Problemstellung und erregender Wirkung auf intellektuelle Kreise und die junge Lyrik. Begann als expressionist. Lyriker von eruptiver
5 Sprachkraft mit gefühlskalt-zyn. registrierten Visionen von Verfall, Krankheit und Verwesung und zeigte mit der krassen, unerbittl. radikalen Sachlichkeit des Arztes und der Technik des sezierenden Chirurgen ungeschminkt das Ekelerregende hinter der
10 Maske der Gesellschaft.

Sartre, Jean-Paul (1905 – 1980)[6]

Sartre gilt als ein Hauptvertreter des französischen Existentialismus. Neben zahlreichen philosophischen Schriften veröffentlichte er auch eine Reihe von Romanen und Dramen. In seiner Philosophie und in
5 seinem literarischen Werk steht die Frage nach der Freiheit des Menschen im Zentrum. Sartre geht davon aus, dass der Mensch zur Freiheit verurteilt ist. Da er sich nicht auf einen Gott berufen könne, müsse sich der Mensch in seiner Existenz selbst bestim-
10 men und die volle Verantwortung für sein Leben übernehmen.

[1, 2, 3, 5] Aus: Gero von Wilpert: Deutsches Dichterlexikon, Kröners Taschenbuchausgabe Band 288, Stuttgart: Alfred Kröner, 1988
[4] Quelle: Wikipedia
[6] Autorentext

Hans-Ulrich Treichel: Wolfgang Koeppen – „Einer der schreibt"

Der Schriftsteller Koeppen bleibt auch als Gesprächspartner „einer der schreibt". Koeppens Sprechweise
ist seiner Schreibweise oftmals sehr nahe. Insofern
bekommen nicht alle, wohl aber einige seiner Inter-
5 views Werkcharakter, und zumal diejenigen, bei denen sich Koeppen eine schriftliche Überarbeitung
vorbehalten hatte. Die literarische Diktion des Ge-
sprächspartners Koeppen mag ein Indiz dafür sein,
wie sehr sich Leben und Werk, Sprechen und Schrei-
10 ben, Alltagserfahrung und literarische Erfahrung be-
rühren und auch überschneiden. Darin liegt das
schöpferische Kapital des Erzählers Koeppen, darin
aber liegt auch seine Gefährdung. Denn wo ein Autor
sagen kann: „Mein Tag ist mein großer Roman", da
15 droht die Differenz zu schwinden, die das Werk vom
Alltag trennt und damit erst ermöglicht. Und wo ein
Autor zugleich sagen kann: „Ich komme mir selber
sehr oft als eine Romanfigur vor", da stellt sich
zwangsläufig die Frage: „Wer aber schreibt dann den
20 Roman?" Koeppen hat ihn geschrieben, und er hat
ihn nicht geschrieben. Dort, wo er ihn nicht geschrieben hat, hat er ihn möglicherweise erlebt, den Tag zu
seinem Roman gemacht und sich selbst zur Romanfigur. Dieser ‚Romanfigur Koeppen' begegnen wir
25 auch in seinen Gesprächen und Interviews. Sie ist der
hilfreiche Gefährte des Autors und steht ihm dort zur
Seite, wo die Neugier und das Interesse der Frager den
Autor wie hartnäckige Gläubiger bedrängen, als
schulde er ihnen die Wahrheit über seine Person. Er
30 ist nicht gewillt, sie preiszugeben, und dies vielleicht
auch, weil er nicht über sie verfügt. Auf die von
Schriftstellern am meisten gefürchtete Frage: „Warum schreiben Sie?", antwortet er denn auch mit
einem entschiedenen: „Ich verstumme darauf. Ich
weiß gar nicht, was ich dazu sagen soll." Lieber als 35
über das Warum spricht Koeppen über das Wie des
Schreibens, das ein gelegentlich lustvoller, zuweilen
peinigender und nicht selten äußerst störungsanfäl-
liger Prozess ist. Dass diese Störungen nicht nur tech-
nischer oder alltagspraktischer, sondern vor allem 40
existenzieller Natur sind, macht Koeppen dort deutlich, wo er sein Schreiben „eine Fahrt durch die
Nacht" nennt, „mit starken Abweichungen vom gar
nicht festgesetzten Kurs". Schreiben wird sowohl zur
Lebensmetapher als auch zu einer Tätigkeit, die von 45
Anfang an im Bunde ist mit der anderen, der Nacht-
seite des Lebens, dem Tod. Denn dieser schreibt auf
seine Weise mit am Werk des Autors, so wie er mit-
schreibt am Leben selbst. Wo sich Letzteres vollendet,
dort ist es nicht mehr. Und ganz ähnlich mag dem 50
„Schweiger" Koeppen auch das fertige Werk als „To-
tenmaske der Konzeption" (Walter Benjamin) und
der mit dieser Konzeption verbundenen Wünsche
und vorauseilenden Hoffnungen erschienen sein.
Koeppen freilich wusste schon sehr früh um diese 55
paradoxale Spannung des Schöpferischen. Denn er
hatte nicht nur bereits als Kind den Wunsch, ein
schöpferischer Mensch, ein Schriftsteller zu werden.
Er hatte zugleich bereits als kleiner Junge ein Schild
an seine Tür gehängt, auf dem zu lesen stand: „Herr 60
Tod, Literat."

Hans-Ulrich Treichel im Vorwort zu: Wolfgang Koeppen. Einer der schreibt. Gespräche und Interviews. Hrsg. von Hans-Ulrich Treichel. Frankfurt am Main: Suhrkamp, 1995, S. 9ff.

Die Texterörterung

Das Verfassen einer textgebundenen Erörterung basiert auf folgenden Schritten: Zunächst wird die zentrale Problemstellung des vorgegebenen Textes dargelegt und seine argumentative Struktur einschließlich sprachlicher Gestaltung (Argumentationsstruktur) analysiert. Im Anschluss erfolgt eine selbstständige Auseinandersetzung zu einer aus dem Text abgeleiteten Problemstellung/Position, mit dem Ziel, begründet einen eigenen Standpunkt zu entwickeln.

Der Aufbau einer textgebundenen Erörterung

I. Textanalyse
1.Einleitung
- Verfasser, Titel, Textart, Erscheinungsort und -zeitpunkt
- zentrales Thema/Problemstellung
- Inhalt/Intention
- ggf. Anlass der Textveröffentlichung, Biografisches über den Autor, Angaben zum Adressatenkreis
- ggf. Gliederung des Textes

2.Hauptteil
- strukturierte, aspektgeleitete Analyse des Textes bezogen auf den Argumentationsansatz, den Argumentationsaufbau, die Argumentationsstruktur und die sprachliche Gestaltung
- ggf. Aufzeigen des Zusammenhangs von Intention/Adressatenkreis/Entstehungskontext

3.Schluss
- kurze Zusammenfassung der Ergebnisse sowie Überleitung zur persönlichen Stellungnahme (Erörterung)

II. Texterörterung/kritische Stellungnahme
- ggf. kurze Einleitung in die zu erörternde Problemstellung
- Der Aufbau der kritischen Texterörterung orientiert sich an einem der vier Grundverfahren:

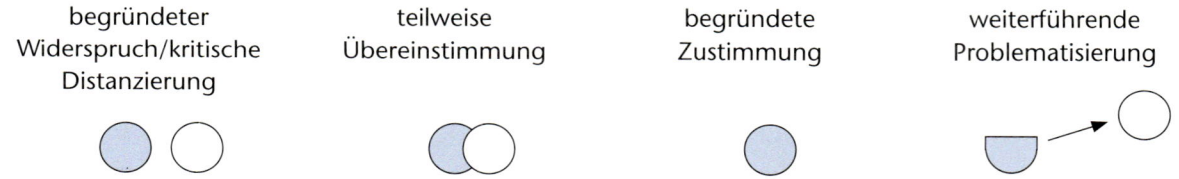

| begründeter Widerspruch/kritische Distanzierung | teilweise Übereinstimmung | begründete Zustimmung | weiterführende Problematisierung |

- Die Darlegung der eigenen Argumente erfolgt nach einer vorgegebenen Struktur:

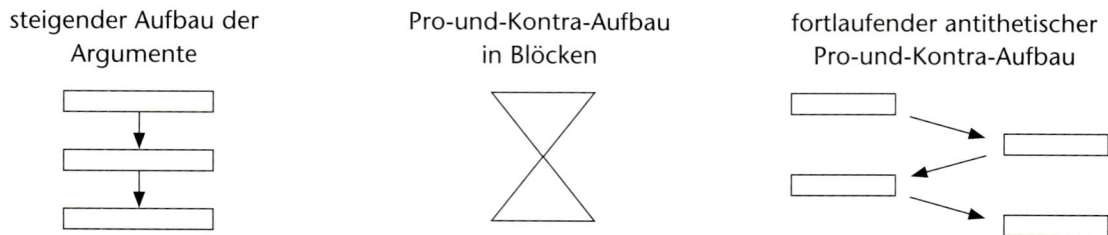

| steigender Aufbau der Argumente | Pro-und-Kontra-Aufbau in Blöcken | fortlaufender antithetischer Pro-und-Kontra-Aufbau |

III. Schluss (Beurteilung des Gesamttextes bzw. der Problematik)
<u>Allgemeine Hinweise</u>

Insgesamt betrachtet ist die Texterörterung eine sehr komplexe Arbeitsaufgabe, sie verlangt …
- eine eigenständige gedankliche Leistung, d. h. keine reine Paraphrase des vorgelegten Textes.
- gedankliche Stringenz, d. h. die sichere Beherrschung von Grundregeln der Argumentation und Gegenargumentation.
- eine Textkohärenz, d. h. sprachliche Verknüpfung der Aussagen.
- Genauigkeit bei der Textwiedergabe, beim Zitieren und im Ausdruck.

Wolfgang von Einsiedel: Ein dichterischer Zeitroman (1952)

Je bedrängender, unfasslicher, fantastischer die Zeitwirklichkeit, umso stärker das Verlangen und die Versuchung, sie im Bilde zu objektivieren; umso gewagter aber gleichzeitig das Unterfangen, ihr künstlerisch
5 Gestalt zu verleihen. Darum ist auch bei den meisten der heutigen Zeitromane der Impuls so echt wie der Erfolg fragmentarisch: Allzu häufig begnügen sich ihre Urheber mit der – künstlerisch mehr oder weniger ehrgeizigen – Wiedergabe einer erfahrenen, erdul
10 deten Wirklichkeit, Teilwirklichkeit (Reportage); oder aber sie mühen sich, diese Wirklichkeit ihrer allzu aktuellen Stofflichkeit zu entkleiden und sie in ein gleichsam zeitloses Vakuum zu versetzen (Allegorie oder Utopie). Wolfgang Koeppen, der Anfang der
15 Dreißigerjahre mit seinen ersten Büchern Aufsehen erregte, ist es in seinem nach langem, vielsagendem Schweigen veröffentlichten Roman *Tauben im Gras* weder um das eine noch um das andere zu tun. Es liegt ihm fern, eine – heute schon fast zur Historie
20 gewordene – Gegenwart realistisch beschreiben oder symbolisch umschreiben zu wollen. Er verdichtet sie vielmehr und lockert gleichzeitig ihre Schranken. Sein Roman spielt an einem bestimmten Tage des bestimmten Jahres 1951 in einer bestimmten deut
25 schen Großstadt: in München. Zeit und Ort des Geschehens bleiben dem Leser sinnkräftig gegenwärtig. Aber die Zeit des Romans ist jede geschichtliche Stunde, die lediglich der Erinnerung und der Ahnung Daseinsrecht zu vergönnen scheint: einer Erinnerung,
30 die sowohl Zuflucht wie Alptraum ist, einer Ahnung, die zwischen Hoffnung und Grauen zittert. Und der Ort der Erzählung ist jede größere Stadt, über die das Verhängnis der Zerstörung hereingebrochen; in der der Terror menschlicher Zwangsherrschaft abgelöst
35 worden ist vom Terror der täglichen Umstände; und in der lähmende Verzweiflung mit einem wild aufflackernden Daseinswillen im Kampfe liegt. Das Drama nun, das auf dieser Zeitbühne vor sich geht, ist – wie könnte es anders sein? – grimmiger und zugleich –
40 wie wäre es sonst erträglich? – ironischer Art. Selbst auf dem Antlitz seiner Akteure liegt noch das Zwielicht des Tragikomischen. Dumpfe und Überwache, Einfältige und Zwiegespaltene, Unbelehrbare und Wissende, Unschuldige und Verderbte, Dunkelhäu
45 tige und Hellfarbige; Geschlagene, die sich verschlagen zeigen; Eroberer, die ihnen zur Beute fallen; Bodenständige, die entwurzelt, und Unbehauste, die in ihrem eigenen Wesen geborgen sind; Tagesberühmtheiten, die ihre Selbstzweifel hinter brüchiger
50 Maske verbergen, und Namenlose, die sich in übermenschlicher Leistung verzehren; überlebende Gespenster einer toten Vergangenheit und lebensvolle Vorboten einer ungeborenen Zukunft: Sie alle geistern in hektisch-entfesseltem Daseinstanz umeinander. Es gibt keinen „Helden", es gibt kein Einzel
55 schicksal, das für alle Stände, Lebensalter, Rassen-, Charaktertypen verbindlich wäre – es gibt nur eine Reihe persönlicher Schicksale, die, einander streifend und gelegentlich überschneidend, fast im gleichen Augenblick zu einer Art Krise gelangen. Und diese –
60 unter sich selbst ungemein eindrucksvoll kontrastierten und abgestuften – Splitterschicksale fügen sich zu einem in seiner Weise typischen Kollektivschicksal. Sie stellen nicht eigentlich Episoden eines Romans, als vielmehr Kompositionselemente eines Bildes dar
65 – eines umfassenden, bewegten, in zarten und grellen Farben leuchtenden Bildes, das gleichzeitig Spiegel- und Sinnbild ist.

Worin aber liegt das Ungewöhnliche, Überraschende, Befremdliche und zuletzt Bezwingende dieses Bildes?
70 Koeppen scheint die Technik des Malers mit der des Grafikers zu vereinen. Er verzichtet auf alle konventionelle Linienführung. Er beginnt mit Strichen und Tupfen. Es sind zunächst nur Stichworte oder vielmehr Wortstiche, mit denen er weniger die Erinne
75 rung, die Gesinnung, das Alltagsbewusstsein des Lesers zu aktivieren sucht als seine Fantasie und Intelligenz (beides ist bei ihm selbst nicht zu sondern). Und doch ist sein Verfahren kaum, wie man im ersten Augenblick vermuten könnte, experimen
80 teller Natur. Er verwertet lediglich auf eigenwillig-überzeugende Weise die Resultate, die frühere literarische Experimente – durch die Namen James Joyce, Virginia Woolf, Dos Passos und Huxley zu kennzeichnen – in den Zwanziger- und frühen Dreißigerjahren
85 gezeitigt haben. Darum dienen auch die zahlreichen aktuellen, im engeren Sinn des Wortes zeitgebundenen Anspielungen des Romans nicht dazu, eine künstliche Gegenwartsatmosphäre zu schaffen. Vielmehr soll gerade durch Kontrastierung mit der
90 Scheinwelt der großen und lauten Worte, der Schlagzeilen, Inserate, Plakate, Filmstreifen die Wirklichkeit der Vorgänge selbst umso stärkeres Licht empfangen. Und diese Wirklichkeit nimmt fast apokalyptische Züge an. Auch von den Gestalten werden mit kargen
95 und scharfen Strichen nur eben die Umrisse angedeutet. Zunächst glaubt man Typen oder gar Karikaturen vor sich zu sehen – bis sich die Umrisse plötzlich mit Schatten und Farbtönen füllen und eine flächenhafte Figur leibliches Dasein gewinnt (wobei sie gelegent
100 lich allzu „lebensnah", will sagen porträthaft zu geraten scheint, auch wenn Koeppen selbst jede Ähn-

lichkeit mit „Personen des Lebens" ausdrücklich in Abrede stellt): Der Lächerliche enthüllt unversehens 105 schmerzliche, der Simple vieldeutige, der Triviale unheimliche Züge. Unaufhörlich wechselt, um einer tieferen Objektivierung willen, Abstand, Blickpunkt, Belichtung. Die wesentlichen Gestalten des Romans werden jeweils von außen wie von innen gespiegelt 110 – und merkwürdigerweise sind es oft gerade ihre Reflexionen oder dumpfen Assoziationen, die das Bild ihrer äußeren Erscheinung noch verschärfen. So bezwingend aber in diesem Zeitenfresko die Fülle der Stofflichkeit: Das tiefere Geheimnis seiner Wirkung 115 liegt doch in seiner künstlerischen und geistigen Intensität; einer Intensität, die umso lauterer ist, als Koeppen sich weder in Klagen noch Anklagen ergeht. Er verzeichnet, stellt fest, sagt aus. Und er scheint die Gabe des doppelten Gesichts, des doppelten Gehörs

zu besitzen. Er nimmt, mit der gleichen wachen Emp- 120 fänglichkeit, wahr, was vor den Sinnen, was jenseits der Sinne liegt. Er ist zugleich Opfer und Augenzeuge katastrophischen Geschehens, ist betroffen und unbeteiligt, überlegen und mitverstrickt, unverletzbar und wund. Die Leidenschaft der künstlerischen Aus- 125 sage – die selbst als Aussage stets noch Andeutung bleibt – hat bei ihm jene der Erfahrung abgelöst, aufgesogen. Und darum will es auch scheinen, als werde dieses kompakte und durchsichtige, weitflächige und tiefräumige, realistische und visionäre Bild einer ge- 130 spenstischen Zeitwirklichkeit in einem tieferen Sinn gegenwärtig bleiben als das verblassende Bild der Erinnerung.

Aus: Über Wolfgang Koeppen. Hrsg. von Ulrich Greiner. Frankfurt am Main: Suhrkamp 1976, S. 33–35

■ *Analysieren Sie den Text.*

■ *Nehmen Sie vor dem Hintergrund Ihrer Kenntnis des Romans Stellung zu Wolfgang von Einsiedels Position.*

„Wortwolke"[1] zu Wolfgang Koeppen: „Tauben im Gras" (Auszug)

Die Schreie der Sirenen drangen in den Bräuhaussaal und entzündeten die Biergeister. Die Fama, die allmächtige Unheil webende Fama erhob aufs neue ihr Haupt und kündete ihre Mär. Die Neger hatten ein
5 neues Verbrechen begangen. Sie hatten ein Kind in die Ruinen gelockt und es erschlagen. Die Polizei war am Tatort. Die verstümmelte Leiche des Kindes war gefunden worden. Die Volksstimme gesellte sich der Fama. Die Fama und die Volksstimme sprachen im
10 Chor: „Wie lange wollen wir das noch mit ansehen? Wie lange wollen wir uns das noch gefallen lassen?" Vielen war der Negerklub ein Ärgernis. Vielen waren die Mädchen, die Frauen, die sich mit Negern einließen, ein Ärgernis. Die Neger in Uniform, ihr Klub,
15 ihre Mädchen, waren sie nicht ein schwarzes Symbol der Niederlage, der Schmach des Besiegtseins, waren sie nicht das Zeichen der Erniedrigung und der Schande? Noch einen Augenblick lang zögerte die Menge. Der Führer fehlte. [...] In einem Auflauf weiß man
20 nie, wer den ersten Stein wirft. Wer den ersten Stein wirft, weiß nicht, warum er es tut, es sei denn, man habe ihn dafür bezahlt. Aber einer wirft den ersten Stein. Die andern Steine fliegen dann schnell und leicht. Die Fenster des Negerklubs zerbrachen unter den Steinen. [...] Die Steine, die Steine, die sie gewor- 25
fen hatte, das klirrende Glas, die fallenden Scherben erschreckten die Menge. Die Älteren fühlten sich an etwas erinnert; sie fühlten sich an eine andere Blindheit, an eine frühere Aktion, an andere Scherben erinnert. Mit Scherben hatte es damals begonnen, und 30 mit Scherben hatte es geendet. Die Scherben, mit denen es endete, waren die Scherben ihrer eigenen Fenster gewesen. [...] Die Steine flogen gegen die horizontblaue Limousine. Sie trafen Carla und Washington, sie trafen Richard Kirsch, der hier Amerika ver- 35 teidigte, das freie, brüderliche Amerika, indem er den Gefährdeten beistand, die ruchlos geworfenen Steine trafen Amerika und Europa, sie schändeten den oft berufenen europäischen Geist, sie verletzten die Menschheit, sie trafen den Traum von Paris, den 40 Traum von Washington's Inn, den Traum *Niemand ist unerwünscht*, aber sie konnten den Traum nicht töten, der stärker als jeder Steinwurf ist

Aus: Wolfgang Koeppen: Tauben im Gras. Frankfurt am Main: Suhrkamp 2008, S. 192f., S. 199, S. 201

---

[1] Der Textauszug als „Wortwolke" – erstellt mit http://www. wordle.net/

■ *Stellen Sie Vermutungen zur Darstellungsweise der „Wortwolke" an.*

■ *Setzen Sie die Abbildung und den Textauszug zueinander in Bezug.*

■ *Analysieren Sie den vorliegenden Textauszug unter sprachlichen Aspekten.*

Hans Schwab-Felisch: Kritik und Widerruf (1952/1966)

Kritik

Was ist das – ein „Gegenwartsroman", als der uns dieses Buch angekündigt ist? Ist es ein Roman, der in der Gegenwart spielt? Dann kann das Erscheinen von *Tauben im Gras* nicht, wie auf dem Schutzumschlag 5 des Verlages, als Sensation bezeichnet werden. Ist es aber ein Roman, der die Gegenwart, unsere Gegenwart fassen, begreifen, ganz beschreiben soll, dann müssen doch weit erheblichere und weiter gehende Einschränkungen gemacht werden, als sie in dem 10 ersten freudigen Schreck darüber laut geworden sind, dass sich nun einer gefunden hat, unsere Gegenwart im Roman zu deuten. Ein mutiges Unterfangen bleibt Koeppens Roman immerhin, auch hebt er sich von anderen Bemühungen um die Gegenwart in Stil, 15 Form und auch Gehalt durchaus vorteilhaft ab. Er ist ein literarischer Wurf; ein epochales, umwerfendes Ereignis ist er nicht.

Koeppen hat sich der Technik von James Joyce erinnert; auch besitzt er eine gewisse Wahlverwandtschaft 20 zu Gertrude Stein, der er auch den Titel seines Buches entliehen hat. Er schildert Figuren und Vorgänge in einer süddeutschen Stadt der amerikanischen Besatzungszone – alle Indizien deuten auf München – im Laufe eines einzigen Tages. Die Handlungen, die Ge- 25 spräche der Personen werden von dem Strömen ihres Unterbewusstseins begleitet, das an die literarische Oberfläche geholt wird. Auch das kommentierende Nebendenken der Sprechenden wird niedergeschrieben, sofern es interessante Effekte zu ihren wirklichen 30 Äußerungen liefert. Koeppen beherrscht diese Technik der literarischen Doppelschichtigkeit bis zu einem gewissen Grade, oft aber bricht er aus diesem Stil aus, wird selbst zum Kommentator, der beschreibt, wo er eigentlich nur mittels der Aktion und ihrer unmittel- 35 baren und mittelbaren Assoziationen seinen Stoff meistern wollte.

Die süddeutsche Stadt unter der Besatzung: da ist ein Schauspielerehepaar. Er, im Film der große Frauenheld, im Leben aber schwammig, gedunsen, müde, 40 schlaff. Sie, eine unförmige Gestalt, mit perversen Gelüsten, eine Löwenjägerin, bei deren Partys sexuell ausgeschritten wird. Ein ausgebrannter deutscher und ein eitler, von unverbindlicher Humanität triefender amerikanischer Schriftsteller. Eine lesbische 45 Malerin. Ein Negersoldat, Odysseus mit Namen (Achtung: James Joyce!), der wie ein staunendes Kind durch die Stadt geht, begleitet von einem alten Dienstmann, der ihm das Kofferradio nachträgt; die verkommene Melodie der Zeit also ist ständig gegen- 50 wärtiger Begleiter. Ein anderer Neger namens

Washington ist die einzig gütige Figur des Romans. Er liebt eine deutsche Frau, die ein Kind von ihm erwartet, sie wollen in Paris ein Lokal aufmachen, *Washington's Inn* – an der Tür ein Schild „Niemand unerwünscht!" Weiter eine ganze Reihe von Figuren, 55 die nebeneinander stehen, sich selten nur begegnen, einander nicht vom Innern her zugehörig sind.

Es ist gewiss kein literarischer Einwand, wenn einige Äußerlichkeiten auf lebende Personen schließen lassen, obwohl diese Anhaltspunkte im Wust der sons- 60 tigen Charakterisierung untergehen. Doch ist dies symptomatisch: Koeppen hat nicht nur an kleine Gegebenheiten ganze Schicksale und Charaktere gehängt, um sie dann wie in beschlagenen Spiegeln zu reflektieren, er hat die Düsternis unserer Zeit zum 65 ausschließlichen Ausgangspunkt gemacht, die Verkommenheit zur Grundsubstanz, aus der sich nur eine Figur, der Neger Washington, vermöge seiner ungebrochenen Kraft unangefochten herauswindet. Das ist nicht der ganze Tatbestand des Nachkriegs- 70 deutschlands. Es ist indessen sicher ein Aspekt und zwar ein legitimer. Er wird am Ende des Romans ganz enthüllt:

Die Zeit ist vom Zufall beherrscht, morbid, versumpft, zynisch, man spricht von hohen ethischen Dingen, 75 ist doch gleichzeitig voller Unruhe, ob das nächtliche Abenteuer sich auch einstellen werde.

„Wie Tauben im Gras betrachteten gewisse Zivilisationsgeister die Menschen, indem sie sich bemühten, das Sinnlose und scheinbar Zufällige der mensch- 80 lichen Existenz bloßzustellen, den Menschen frei von Gott zu schildern, um ihn dann frei im Nichts flattern zu lassen, sinnlos, wertlos, frei und von Schlingen bedroht, dem Metzger preisgegeben, aber stolz auf die eingebildete, zu nichts als Elend führende 85 Freiheit von Gott und göttlicher Herkunft."

Das ist nicht etwa die negative Antithese Koeppens. Indem er die Worte dem hypokritischen, edeltriefigen amerikanischen Schriftsteller in den Mund legt, pervertiert er gleichzeitig den Tatbestand. Seine Welt, 90 der er den Spiegel trauriger Verkommenheit und verlogener Ungenügsamkeit vorhält, versinkt in sich selbst. Fast will man glauben, Koeppen biedere sich an das Schicksal unausweichlicher Düsternis an: Sieh, wie ich dich erkannt habe, seht alle, wie gut ich mich 95 auskenne; da hilft unsereinem nur die Beschwörung eben dieses Schicksals, indem man es entschleiert. Weiteres Heil ist nicht zu erwarten.

Weil dieses Buch sich fast ausschließlich im Morbiden, im Sumpfe tummelt, weil es außer in der Analy- 100 se dieser Gegebenheiten keine Kraft aufweist, weil sein Pessimismus keine substanzielle Größe hat – da-

rum auch mangelt es ihm an dem Atem, an der Überzeugungskraft, die es hätte ausstrahlen können, wäre
105 es nur von einer höheren Warte aus geschrieben worden. Kein billiger Optimismus wird verlangt, keine
Schönfärberei, kein Versuch, die Dürftigkeit unserer
Zeit, ihre Schamlosigkeit zu verleugnen; doch eine
Erweiterung der Aspekte zumindest, wird schon der
110 Anspruch erhoben, den deutschen Zeitroman geschrieben zu haben. Trotz allen, seien Mut, Offenheit
und nebenbei auch die Erneuerung des Joyce'schen
Experiments auf verkleinerter Basis anerkannt.
(1952)

Widerruf

115 Kein Kritiker, der nicht gelegentlich auch irrte. Das
ist gewiss eine Binsenweisheit. Doch gibt es Irrtümer
sehr unterschiedlicher, auch qualitativ unterschiedlicher Art. Vor der Instanz des eigenen Gewissens
braucht eine allzu schroff ausgefallene Ablehnung
120 kaum mehr ins Gewicht zu fallen als ein zu hoch
gegriffenes Lob, sofern nur die Richtung des Befundes
zutraf. Wer einen guten Roman ausgezeichnet nannte oder ein mäßiges Theaterstück misslungen, ist damit noch nicht unbedingt einem Irrtum erlegen.
125 Vielmehr kommt es wohl darauf an, den Kern eines
Werkes zu erkennen, ihn herauszuarbeiten, seine formalen Qualitäten zu prüfen und erst dann, es richtig
zu bewerten [...]. Zwar raffte ich mich zu einigen
wohlwollenden Bemerkungen auf; doch überwog ei-
130 ne – wie mir heute klar ist – sauertöpfische Kritik.
Dies allein wäre vielleicht nicht einmal sonderlich
gravierend, obwohl mich der engbrüstige Gouvernanten-Ton, mit dem ich damals gegen Koeppen zu
Felde zog, heute irritiert und unangenehm berührt.
135 [...] Er [der Irrtum] läuft nicht darauf hinaus, einen
Roman abgetan, sondern einem Autor Unrecht zugefügt zu haben.
[...] Als nun *Tauben im Gras* auf meinen Schreibtisch
kam, las ich den Klappentert des Verlages Scherz &
140 Goverts:
„Ein deutscher Gegenwartsroman ist an sich schon
eine Sensation, dieses Buch aber, das 1951 in einer
deutschen Großstadt spielt, ist wahrscheinlich die
bedeutendste literarische Gestaltung der Nachkriegs-
145 zeit."
Der Verlag hatte damit sogar Recht. Bis 1951 waren
sicher einige bedeutendere Romane deutscher Autoren erschienen als *Tauben im Gras*. Aber sie behandelten nicht die deutsche Nachkriegszeit. Indessen ver-
150 ärgerte mich der Verlags-Superlativ, ungeachtet der
Tatsache, dass Klappentexte nicht sonderlich ernst
genommen werden sollten.
So beginnt denn mein Beitrag im Monat auch mit
einer rhetorischen Attacke gegen den Verlagstext.
155 Wenn man das Wort „Gegenwartsroman", so heißt

es dort, als einen Roman zu deuten habe, der die
Gegenwart, „unsere Gegenwart fassen, begreifen,
ganz beschreiben soll", dann müssten erhebliche Ein-
schränkungen gemacht werden.
Der Irrtum ist in dem Wörtchen „ganz" enthalten. 160
Mit ihm wurde eine unzulässige Anforderung an
Koeppens Roman gestellt, zumal der Autor selbst ei-
nen Anspruch dieser Art gar nicht angemeldet hatte.
Koeppen war nicht daran gelegen, unsere (damalige)
Gegenwart „ganz" zu begreifen und zu beschreiben. 165
Was er wollte, hat er vielmehr später für die zweite
Ausgabe des Romans skizziert: [...] „Diese Zeit, den
Urgrund unseres Heute, habe ich geschildert."
Die Gegenwart stellte sich mir aber anders dar als
Koeppen. Und sie stellte sich damals – wahrschein- 170
lich – den meisten Berlinern anders dar als den Bun-
desdeutschen in München und anderswo. Gewiss
fürchtete man auch in Berlin einen dritten Weltkrieg:
Korea war eine stete Mahnung. Gewiss war auch in
Berlin der Bauch endlich zu füllen und hatten die 175
Sparer verloren, was sie besaßen. Diesen „Urgrund
unseres Heute" gab es auch dort.
Doch war der Staat noch jung. Und Bonn war weit.
Berlin fühlte sich noch als aktives Verbindungsglied
zwischen West und Ost; in anders gearteter Weise als 180
heute. Die Berliner waren daher weniger geneigt, die
gesellschaftliche Entwicklung in der Bundesrepublik
mit kritischen Augen zu betrachten. Wer sich in einer
extremen Situation befindet, hält jedem, von dem er
abhängt, einiges zugute. Blind waren die Berliner 185
nicht; manches mögen sie sogar schärfer gesehen haben als die Münchner, Kölner oder Hamburger. Einige Erscheinungsformen des Lebens in der Bundesrepublik aber vermochten sie kaum zu erkennen. Sie
waren mit ihnen nicht vertraut. 190
Berlin war arm, sehr arm. Arbeitslosigkeit und der
tägliche Flüchtlingsstrom gaben der Stadt das Geprä-
ge. Man blickte hoffnungsvoll auf die Alliierten, deren Luftbrücke die Rettung gewesen war, und man
blickte hoffnungsvoll auf Bonn. In den Mauern der 195
Stadt sorgte der politische Gegner für das Mindest-
maß an Solidarität, das die Berliner miteinander verband. Sie wurde auch auf Bonn übertragen.
Ist es so verwunderlich, dass die Gesellschaftskritik
Koeppens in Berlin – nicht allein bei mir – mehr Un- 200
behagen auslöste als Zustimmung? Vielleicht war
auch ein wenig unbewusste Notwehr gegen den von
Koeppen anvisierten „Urgrund unseres Heute" in
meiner Kritik enthalten.
[...] 205
Ich habe den Roman nicht erkannt, habe ihn verkannt, versimpelt, ihn fast nur gelesen mit den Augen des mürrischen Zeitbetrachters, obenhin, wenn
auch Wort für Wort, rein äußerlich. Nicht gesehen
habe ich das eigentliche Thema Koeppens, das die 210
Kontaktlosigkeit ist, die Flucht des Menschen vor sich

selbst, die eine Angst vor sich selbst ist. Nicht erkannt habe ich die Sorge des Autors Koeppen um diese Menschheit, seine große Trauer. Mir blieb – unbe-
215 greiflicherweise – der Rückgriff auf die Welt der Mythen verborgen, der kein aufgesetztes Bildungselement ist, sondern wesentlich dazugehört – Odysseus und Nausikaa, stygische Gewässer und die Flügel der Erinnyen, bis hin zur pandämonialen Unterwelt des
220 Bräuhauses und zur Verbrüderung von Orpheus und Mars. Blind blieb ich gegenüber der Einbeziehung des deutschen, des Grimm'schen Märchens in die Welt des Grauens, die weiterlebt in Alpträumen und in der kindlichen Fantasie: die „Verschwundenen, Ge-
225 raubten, Entführten, Geschlachteten, und der jüdisch-preußische Oberregierungsrat und sein stilles sanftes Sarah-Gretchen, abgeführt im Zuge der Liquidation", die am Bett „eines kranken Kindes in Santa Anna Californien, zu Gestalten aus Grimms deut-
230 schen Kinder- und Hausmärchen" wurden, „genauso wahr, genauso lieb, genauso traurig wie König Drosselbart, wie Däumling und Großmütterchen und der Wolf, und so unheimlich war's wie die Geschichte vom Machandelbaum." Auch diese Stelle habe ich
235 nicht gesehen, obwohl ich sie mir hinten im Deckel des Leseexemplars ausdrücklich notiert hatte.
Wo blieb in meiner Kritik der kunstvolle Aufbau der ersten zehn, zwanzig Seiten, in denen die seltsamen Figurenpaare eingeführt werden, die nebeneinander
240 herleben, aber nicht miteinander, wo das Erkennen ihres paradigmatischen Standortes? Weiße und Neger, gescheiterte Existenzen und solche, deren Ruhm nur noch die hohle Floskel ist, zur falschen Bohème herabgesunkene Großbürgerlichkeit und kleinbür-
245 gerliches Ressentiment, platte Not und Frustration, Suche nach einer verlorenen Welt und odysseische

Irrfahrt, Sucht nach Morbidität und triebhafte Gier, gefrorene Frömmigkeit, eitle Selbstbespiegelung des berühmten angelsächsischen Dichters und der Einbruch staunender Naivität in Gestalt der amerika- 250 nisch-frischen Lehrerinnen.
München als *melting-pot,* als Brennpunkt, in dem sich die alte und die neue Welt treffen. München als der Ort, an dem die alten Sagen und Märchen grausam und heimlich zusammenfließen mit der Wirklichkeit 255 jener Jahre, in denen der „Urgrund" unseres Heute sich bildet. Zusammenhänge werden heraufgeholt aus den Tiefen des Unterbewusstseins, aus den Mythen, die weiterleben. Der innere Monolog als die angemessene Technik, das Wurzelwerk von Geschich- 260 te und Gegenwart, von Traum und Erlebnis, Ur-Erinnerung und plötzlicher Konfrontation mit der praktischen Realität zusammenzuhalten. Der Kontrapunkt als erhellende Schock-Therapie.
Einiges von diesen Elementen habe ich zwar ver- 265 merkt. Aber es blieb am Rande, hatte kaum mehr Wahrheitsgehalt als den einer Redensart, weil der Ansatzpunkt meiner Kritik verfehlt und einseitig war [...].
Wichtig scheint mir nur zu bekunden, dass ich glau- 270 be, diesen Roman mittlerweile als ein Epos erkannt zu haben, das die Unruhe, die Unheimlichkeit unserer Welt über die Jahre hinweg widerspiegelt. Koeppens Pessimismus ist Trauer und tiefe Ratlosigkeit: „Vielleicht ist die Welt ein grausamer, dummer Zufall 275 Gottes, keiner weiß, warum wir hier sind, die Vögel werden wieder auffliegen und wir werden weitergehen." Erst heute offenbart sich mir die strenge Schönheit und ganze Düsternis seines Romans. (1966)

Aus: Über Wolfgang Koeppen. Hrsg. von Ulrich Greiner. Frankfurt am Main: Suhrkamp 1976, S. 36-44

Facharbeitsthemen, Klausurvorschläge und Möglichkeiten der Vernetzung

Facharbeitsthemen

Zu allen Bausteinen des Modells können vertiefend und weiterführend Facharbeitsthemen gewählt werden. Exemplarisch werden einige Themenformulierungen angegeben.

Baustein 3
- „Tauben im Gras" – ein Zeitroman? Die Darstellung der Nachkriegszeit und die Zeitkritik in Wolfgang Koeppens Roman
- Wolfgang Koeppens Kritik der westdeutschen Restauration in seinem Roman „Das Treibhaus"
- Auseinandersetzung mit dem Faschismus im Roman? Ein Vergleich zwischen Thomas Manns „Mario und der Zauberer" und Wolfgang Koeppens „Tauben im Gras"
- Die Darstellung der Nachkriegszeit in Wolfgang Koeppens Roman „Tauben im Gras" und Heinrich Bölls Roman „Und sagte kein einziges Wort" unter besonderer Berücksichtigung der Liebesbeziehungen und ihrer erzählerischen Gestaltung

Baustein 4
- Motivik und Symbolik in Theodor Fontanes Roman „Effi Briest" und Wolfgang Koeppens Roman „Tauben im Gras"
- Erzählerische Darstellungsformen und ihre Funktion im Vergleich anhand Arthur Schnitzlers „Lieutnant Gustl" und Wolfgang Koeppens „Tauben im Gras"
- Der Erzähler im modernen Roman – Robert Schneider „Schlafes Bruder" und Wolfgang Koeppen „Tauben im Gras"
- Das Todesmotiv in der Literatur anhand ausgewählter Texte und im Roman „Tauben im Gras"
- Die Bedeutung und Funktion des Spiegelmotivs in der Romantik und im Roman „Tauben im Gras"
- „Ich reise etwa wie eine Romanfigur" – Wolfgang Koeppens Erzähl- und Darstellungstechniken in seinen Reisebüchern im Vergleich zu traditionellen Reiseführern

Baustein 5
- Philipp – Keetenheuve – Siegfried Pfaffrath: Die Darstellung der Künstlerfiguren in der Romantrilogie „Tauben im Gras", „Das Treibhaus" und „Der Tod in Rom"
- Die Darstellung von Kirche und Religion in den Romanen „Tauben im Gras" (Wolfgang Koeppen) und „Und sagte kein einziges Wort" (Heinrich Böll), erarbeitet anhand ausgewählter Figuren

Baustein 7
- Fontanes Vorstellungen vom „poetischen Realismus" im Vergleich zu Koeppens Konzeption von Wirklichkeit in „Tauben im Gras"
- Spuren der Romantik in der Moderne? E.T.A. Hoffmanns „Der Sandmann" im Vergleich zu Koeppens Roman „Tauben im Gras"
- Die Darstellung der Stadt in Alfred Döblins Roman „Berlin Alexanderplatz" und Wolfgang Koeppens Roman „Tauben im Gras"

Klausurvorschläge

Thema 1

- Analysieren Sie den folgenden Erzählabschnitt S. 66, Z. 23 – S. 67, Z. 32 unter besonderer Berücksichtigung der erzählerischen Mittel.
- Nehmen Sie vor dem Hintergrund der gesamten Romanhandlung begründet Stellung zu dem nachfolgenden Zitat: „Wir haben es mit einem satirischen Roman zu tun, der die psychischen, mentalen Sachverhalte pointiert hervorhebt und gelegentlich übertreibt. Seine Hauptintention ist die Analyse von Vorurteilen und Ressentiments; er peilt eine tiefere Schicht an als die der politischen Meinung." (Josef Quack: Wolfgang Koeppen Erzähler der Zeit. Würzburg: Königshausen & Neumann, 1997, S. 116)

Thema 2

- Analysieren Sie den Erzählabschnitt von S. 165, Z. 15 bis S. 166, Z. 25 unter besonderer Beachtung der Figurencharakteristik.
- Im Rahmen der Interpretation des Romans kommt der Figur des Washington Price eine besondere Position zu. Erläutern Sie vor dem Hintergrund der Romanhandlung die Bedeutung Washingtons.

Thema 3

- Analysieren Sie den Erzählabschnitt von S. 153, Z. 4 bis S. 154, Z. 30 unter besonderer Beachtung der Figurencharakteristik Alexanders.
- Nehmen Sie vor dem Hintergrund des Romans Stellung zu dem Zitat des Literaturkritikers Marcel Reich-Ranicki „Tauben im Gras – das ist vor allem eine Studie über die Angst. Die Handlungen und Episoden sind Variationen eines einzigen Themas, das in mannigfaltigen Spiegeln reflektiert wird. Und da Koeppens Gestalten auf der Flucht vor sich selber sind, da sie von Lebensangst gepeinigt werden, können sie nie zueinander kommen." In: Jahrbuch der Internationalen Wolfgang Koeppen Gesellschaft. Marcel Reich-Ranicki: Der Poet als Zeuge. München: Stauffenburg Verlag 2006, S. 21.

Thema 4

- Analysieren Sie den Anfang der Rede Edwins im Amerikahaus (S. 190, Z. 34 – S. 192, Z. 16) unter besonderer Berücksichtigung der Situationsbeschreibung.
- Nehmen Sie abschließend begründet zu der Frage Stellung, ob es sich bei Koeppens Roman um ein Werk der literarischen Moderne handelt.

Thema 5

- Untersuchen Sie die Beziehung und die Kommunikation zwischen den Figuren Ezra und Heinz im Roman „Tauben im Gras" (z. B.: S. 79, Z. 17 – S. 81, Z. 26; S. 206, Z. 21 – S. 208, Z. 16)
- Diskutieren Sie die Frage, inwieweit das Verhältnis der Kinder als Widerspiegelung einer deformierten Erwachsenenwelt begriffen werden kann.

Thema 6

- Analysieren Sie das Romanende (S. 226 ff.) vor dem Hintergrund der Romanhandlung und dem zeitgeschichtlichen Kontext.
- Erschließen Sie die zentralen Aussagen von Kunerts Gedicht „Über einige Davongekommene" (1949) und setzen Sie es in Bezug zum Roman.

Günter Kunert (1949):
Über einige Davongekommene

Als der Mensch
Unter den Trümmern
Seines
Bombardierten Hauses
5 Hervorgezogen wurde,
Schüttelte er sich
Und sagte:
Nie wieder.

Jedenfalls nicht gleich.

Aus: Günter Kunert: Erinnerungen an einen Planeten.
München, Wien: Hanser 1963, S. 9

Thema 7

- Analysieren Sie das vorliegende Gedicht „Beschwörung" von Marie Luise Kaschnitz.
- Erläutern Sie, inwiefern sich die Kernaussagen in Bezug setzen lassen zu Wolfgang Koeppens Roman „Tauben im Gras".

Marie Luise Kaschnitz (1901–1974):
Beschwörung I (1947)

Hebt es schon an, dies
Raunen: Wie war es doch?
Schlägt uns in Bann, dies
Tastende: wißt ihr noch?
Ach, schon beschwören wir
Und schon erhören wir
Zeiten des Grauens
Wie lichte Gefilde,
wie schöne Gebilde,
Feurig im Blauen,
Kaum erst entronnen
Stockt unser Gang,
Blutiger Sonnen
Untergang.
Brennender Nächte
Donner und Schrei –
Eben noch weinten wir,
Und schon erschien es mir,
wir sehnten's herbei.

Aus: Marie Luise Kaschnitz: Beschwörung I (1947)
© 1965 Claassen Verlag in der Ullstein Buchverlage GmbH, Berlin
(Aus lizenzrechtlichen Gründen nicht in reformierter Schreibung)

Thema 8

- Analysieren Sie den vorliegenden Text von Jochen Vogt.
- Nehmen Sie vor dem Hintergrund Ihrer Kenntnis des Romans Stellung zu der Position des Autors.
Jochen Vogt: Modelle nonkonformistischen Erzählens – Wolfgang Koeppens Romane

Koeppen hatte schon 1934/35 zwei Romane publiziert, die kaum mehr Beachtung fanden; 1951, 1953 und 1954 erscheinen nun die drei „weit vorgeschobenen Werke", deren poetische Sprengkraft sein Generationsgenosse Alfred Andersch noch 1976 rühmt. *Tauben im Gras, Das Treibhaus* und *Der Tod in Rom*
5 behandeln, ohne im strengen Sinne eine Trilogie zu bilden, einen Gegenstand: die „Teilung der Welt, die Desillusionierung der Demokratie, die Fortexistenz des Faschismus" – und zwar zu einer Zeit, da andere Autoren sich noch schreibend um Distanz zum über-
10 wältigenden Kriegserleben mühen. Die Nachkriegsjahre, Wiederaufschwung und Wohlleben versprechend, durchschaut Koeppen bereits als neue Vorkriegszeit (Korea); den nachlebenden Faschismus begreift er – im Alltag wie in den Grundstrukturen
15 der Politik – als Gefährdung einer Zukunft, die noch kaum begonnen hat. Dabei ist der Autor Koeppen seinen jüngeren Kollegen doppelt überlegen: lebensgeschichtlich bringt er die „Kontinuität von Krisenerfahrungen" seit dem Ersten Weltkrieg in seine Ge-
20 genwartsanalyse ein; literarisch knüpft er an Motive und Verfahren der modernen Weltliteratur von Baudelaire bis Joyce an. Die enge Verwobenheit dieser beiden Tendenzen macht die kritische Streitfrage, ob hier ein politischer oder ein introspektiver Autor die
25 Feder führe, müßig: Koeppens Romane sind avancierteste Versuche einer kritisch eingreifenden Literatur, die „zugleich aber in radikaler Konsequenz die Autonomie der Literatur gegenüber der Realität zu wahren sucht" (Erhard Schütz). Der Titel *Tauben im Gras* zi-
30 tiert einen Vers der Avantgarde-Poetin Gertrude Stein als Metapher für die Orientierungsnot der Menschen in der Nachkriegszeit. Die Romanstruktur ist hingegen überdeutlich an James Joyces *Ulysses* (deutsch 1926) geschult, auch wenn der schwarze GI Odysseus
35 Cotton (!), der einen Tag lang durchs zerstörte München zieht, neben zwanzig annähernd gleichgewichtigen Figuren steht. In etwa hundert Prosasequenzen, meist assoziativ verkettet, wird ein „Vielfältigkeitsroman" entfaltet, in dem farbige Besatzungssoldaten
40 (Eroberer und Untermenschen zugleich!) neben deutschen Mädchen, verarmte Großbürgerstöchter neben nonkonformistischen Intellektuellen, Kulturbetriebsgrößen neben vaterlosen Halbwüchsigen ihre jeweiligen Interessen verfolgen und sie doch ebenso regelmäßig verfehlen wie sie, durch filmische Schnitt- 45 technik sehr anschaulich, einander verfehlen. Vereinzelung und Entfremdung des Subjekts in einer ungesteuerten Gesellschaft mit zerfallenen Institutionen – so könnte das soziologische Fazit aus diesem Nachkriegs-Panorama lauten. Nur ästhetisch wird 50 diese Zersplitterung aufgehoben; denn die Kunstmittel, mit deren Hilfe Isolation und Partialisierung ausgedrückt werden: Montage, Bewusstseinsstrom, metaphorische Verkettung und Literaturzitat, konstituieren zugleich eine übergreifende Einheit, in der 55 „das Ganze des Romans als eine Art stream-of-consciousness des auktorialen Erzählers – und darin die Figuren als dessen Projektionen" erscheinen. „Das antirealistische Moment des neuen Romans, seine metaphysische Dimension, wird selber gezeitigt von 60 seinem realen Gegenstand, einer Gesellschaft, in der die Menschen voneinander und von sich selbst gerissen sind." (Adorno).

Es versteht sich, dass diesem Buch kein Verkaufserfolg beschieden war; die – meist ablehnende – Kritik 65 blieb weithin unter dem Niveau ihres Gegenstandes; für das Zeitklima bezeichnend ist jedoch, dass literarisches Unverständnis und politisch motivierte Abwehr gegen das *zersetzende* Buch sich meist verschoben, das heißt im Vorwurf der Immoralität, äußern. 70 „Weil dieses Buch sich fast ausschließlich im Morbiden, im Sumpfe tummelt", mangele es ihm an Überzeugungskraft; – und kaum ein nonkonformistischer Erzähler wird in der Folgezeit vom Pornografievorwurf verschont bleiben, wenn er – wie begründet 75 auch immer – seinen Blick auf den Zusammenhang von Politik und Triebstruktur richtet.

Aus: ders.: „Nonkonformismus in der Erzählliteratur der Adenauerzeit". In: Fischer, Ludwig (Hg.): Literatur in der Bundesrepublik Deutschland bis 1967. München: Deutscher Taschenbuch Verlag, 1986, S. 281–283. (= Hansers Sozialgeschichte der deutschen Literatur vom 16. Jahrhundert bis zur Gegenwart. Hrsg. von Rolf Grimminger. Band 10. München, Wien: Carl Hanser Verlag 1986).

Möglichkeiten der Vernetzung – Gedankenexperimente

1. Gedankenexperiment: Verschiedene Schriftsteller begegnen sich

■ *Stellen Sie sich vor, Friedrich Schiller, Georg Büchner, Theodor Fontane und Wolfgang Koeppen wären sich begegnet. Verfassen Sie ein fiktives Streitgespräch zwischen den Dichtern über die Funktion und Aufgabe von Literatur oder führen Sie eine Podiumsdiskussion durch.*

Hilfsfragen zur Orientierung:
● *Welche Aufgabe hat der Dichter/Schriftsteller?*

- *Wie soll er schreiben und wie nicht?*
- *Wie sieht das Verhältnis zwischen Wirklichkeit und Literatur aus?*
- *Wie sollen die Figuren konzipiert sein?*
- *Welche Sprache sollte verwendet werden?*
- *Welches Ziel wird mit Dichtung verfolgt/welche Funktion wird der Dichtung zugeschrieben?*
- *Was kann und sollte Literatur leisten?*
- *…*

2. Gedankenexperiment: Koeppen und der Schloon – einen Text umschreiben

■ *Wie hätte Wolfgang Koeppen die Kutschfahrt durch den Schloon gestaltet? Schreiben Sie Koeppens Version und begründen Sie Ihre Gestaltung.*

Theodor Fontane: Effi Briest (Auszug)

Effi war einen Augenblick unschlüssig, rückte dann aber rasch von der einen Seite nach der anderen hinüber, und Crampas nahm links neben ihr Platz.
All dies hätte vielleicht missdeutet werden können,
5 Crampas selbst aber war zu sehr Frauenkenner, um es sich bloß in Eitelkeit zurechtzulegen. Er sah deutlich, dass Effi nur tat, was nach Lage der Sache das einzig Richtige war. Es war unmöglich für sie, sich seine Gegenwart zu verbitten. Und so ging es denn im
10 Fluge den beiden anderen Schlitten nach, immer dicht an dem Wasserlauf hin, an dessen anderem Ufer dunkle Waldmassen aufragten. Effi sah hinüber und nahm an, dass schließlich an dem landeinwärts gelegenen Außenrand des Waldes hin die Weiterfahrt
15 gehen würde, genau also den Weg entlang, auf dem man in früher Nachmittagsstunde gekommen war. Innstetten aber hatte sich inzwischen einen anderen Plan gemacht, und im selben Augenblick, wo sein Schlitten die Bohlenbrücke passierte, bog er, statt den
20 Außenweg zu wählen, in einen schmaleren Weg ein, der mitten durch die dichte Waldmasse hindurchführte. Effi schrak zusammen. Bis dahin waren Luft und Licht um sie her gewesen, aber jetzt war es damit vorbei, und die dunklen Kronen wölbten sich über
25 ihr. Ein Zittern überkam sie, und sie schob die Finger

fest ineinander, um sich einen Halt zu geben. Gedanken und Bilder jagten sich, und eines dieser Bilder war das Mütterchen in dem Gedichte, das die „Gottesmauer" hieß, und wie das Mütterchen, so betete auch sie jetzt, dass Gott eine Mauer um sie her bauen 30 möge. Zwei, drei Male kam es auch über ihre Lippen, aber mit einem Mal fühlte sie, dass es tote Worte waren. Sie fürchtete sich und war doch zugleich wie in einem Zauberbann und wollte auch nicht heraus. 35
„Effi", klang es jetzt leise an ihr Ohr, und sie hörte, dass seine Stimme zitterte. Dann nahm er ihre Hand und löste die Finger, die sie noch immer geschlossen hielt, und überdeckte sie mit heißen Küssen. Es war ihr, als wandle sie eine Ohnmacht an. 40
Als sie die Augen wieder öffnete, war man aus dem Wald heraus, und in geringer Entfernung vor sich hörte sie das Geläut der vorauseilenden Schlitten. Immer vernehmlicher klang es, und als man, dicht vor Utpatels Mühle, von den Dünen her in die Stadt 45 einbog, lagen rechts die kleinen Häuser mit ihren Schneedächern neben ihnen. Effi blickte sich um, und im nächsten Augenblick hielt der Schlitten vor dem landrätlichen Hause.

Aus: Theodor Fontane: Effi Briest. Hrsg. von J. Diekhans. Paderborn: Schöningh Verlag 2005, S. 185 f.

3. Gedankenexperiment: Zwei Ärzte treffen aufeinander

■ *Stellen Sie sich vor, Dr. Frahm („Tauben im Gras") und der Doktor („Woyzeck") könnten sich begegnen. Worüber würden die beiden sprechen?*

■ *Legen Sie thematische Schwerpunkte fest und notieren Sie sich dazu Stichpunkte.*

■ *Sprechen und spielen Sie das Gespräch.*

4. Gedankenexperiment: Die Eröffnung des Washington's Inn

■ *Stellen Sie sich vor, Washington eröffnet seine Bar, das Washington's Inn in Paris. Selbstverständlich lässt sich das Schild „Niemand ist unerwünscht" am Eingang lesen und so sind alle Figuren, die Sie in den unterschiedlichsten Werken kennengelernt haben, auch eingeladen. Aber werden auch alle zur Eröffnung erscheinen?*
Welche Figuren werden Ihrer Meinung nach kommen, welche werden der Einladung nicht folgen? Begründen Sie Ihre Meinung.

EinFach Deutsch

Unterrichtsmodelle

Herausgegeben von Johannes Diekhans

Ausgewählte Titel der Reihe:

Unterrichtsmodelle – Klassen 5–7

Germanische und deutsche Sagen
91 S., DIN A4, kart.   Best.-Nr. 022337

Otfried Preußler: Krabat
131 S., DIN A4, kart.   Best.-Nr. 022331

Unterrichtsmodelle – Klassen 8–10

Gottfried Keller: Kleider machen Leute
64 S., DIN A4, geh.   Best.-Nr. 022326

Das Tagebuch der Anne Frank
112 S., DIN A4, kart.   Best.-Nr. 022272

Friedrich Schiller: Wilhelm Tell
90 S., DIN A4, geh.   Best.-Nr. 022301

Unterrichtsmodelle – Gymnasiale Oberstufe

Das Nibelungenlied
178 S., DIN A4, kart.   Best.-Nr. 022437

Mittelalter
122 S., DIN A4, kart.   Best.-Nr. 022377

Barock
152 S., DIN A4, kart.   Best.-Nr. 022418

Zeitalter der Aufklärung
198 S., DIN A4, kart.   Best.-Nr. 022330

Romantik
155 S., DIN A4, kart.   Best.-Nr. 022382

Literatur vom Vormärz bis zur Jahrhundertwende
202 S., DIN A4, kart.   Best.-Nr. 022435

Expressionismus
141 S., DIN A4, kart.   Best.-Nr. 022384

Liebeslyrik
244 S., DIN A4, kart.   Best.-Nr. 022381

Lyrik nach 1945
191 S., DIN A4, kart.   Best.-Nr. 022379

Literatur seit 1945
197 S., DIN A4, kart.   Best.-Nr. 022386

Klassische Kurzgeschichten
170 S., DIN A4, kart.   Best.-Nr. 022402

Die Kurzgeschichte auf dem Weg ins 21. Jahrhundert
132 S., DIN A4, kart.   Best.-Nr. 022396

Die Stadt
190 S., DIN A4, kart.   Best.-Nr. 022390

Kommunikation
109 S., DIN A4, kart.   Best.-Nr. 022371

Rhetorik
131 S., DIN A4, kart.   Best.-Nr. 022411

Sprache – Denken – (Medien-)Wirklichkeit
262 S., DIN A4, kart.   Best.-Nr. 022412

Sprachursprung – Sprachskepsis – Sprachwandel
274 S., DIN A4, kart.   Best.-Nr. 022455

Dramentheorie
186 S., DIN A4, kart.   Best.-Nr. 022433

Georg Büchner: Woyzeck
115 S., DIN A4, kart.   Best.-Nr. 022313

Theodor Fontane: Effi Briest
140 S., DIN A4, kart.   Best.-Nr. 022409

Johann Wolfgang von Goethe: Faust I
145 S., DIN A4, kart.   Best.-Nr. 022277

Johann Wolfgang von Goethe: Iphigenie auf Tauris
104 S., DIN A4, kart.   Best.-Nr. 022307

Schöningh Verlag
Postfach 2540
33055 Paderborn

Schöningh

Fordern Sie unseren Prospekt zur kompletten Reihe an:
Informationen 0800 / 18 18 787 (freecall)
info@schoeningh.de / www.schoeningh-schulbuch.de